国家社科基金西部项目

西北大学专门史国家重点学科资助出版项目

《中庸》学与儒家形而上学关系研究

郑 熊◎著

人民出版社

目　录

绪　论 ……………………………………………………………… 001

第一章　先秦《中庸》学与儒家形而上学的构建 …………… 024

　　第一节　前《中庸》时代的儒家形而上思想 ……………… 024

　　第二节　《中庸》的形而上学 ……………………………… 050

　　第三节　孟荀及《易传》的《中庸》学与儒家形而上学 …… 065

第二章　汉唐《中庸》学与儒家形而上学的延续与深化 ……… 083

　　第一节　董仲舒等的《中庸》学与儒家形而上学的延续 …… 084

　　第二节　李翱等的《中庸》学与儒家形而上学的深化 …… 100

第三章　北宋理学《中庸》学与儒家本体论的构建 ………… 120

　　第一节　《中庸》与周敦颐诚本论 ………………………… 120

　　第二节　《中庸》与张载"太虚"论 ……………………… 134

　　第三节　《中庸》与洛学本体的多样化 …………………… 157

第四章 南宋理学《中庸》学与儒家本体论的深化 ·········· 196

第一节 《中庸》与朱熹的心性论 ············· 196

第二节 《中庸》与张栻的性本论 ············· 229

第三节 《中庸》与陆九渊的心本论 ············· 251

第五章 明清《中庸》学与儒家本体论发展的多样化 ·········· 271

第一节 《中庸》与明中叶心学的本体论 ············· 271

第二节 《中庸》与刘宗周的慎独说 ············· 307

第三节 《中庸》与王夫之的实有论 ············· 331

结 语 ·· 352

参考文献 ·· 359

绪　　论

《中庸》作为儒家非常重要的一部经典,在儒学发展史上具有重要的地位。就思想特点来说,《中庸》与《易传》一样具有非常明显的哲学性。陈荣捷就称赞《中庸》说:"它是本哲学的著作,而且很可能是古代儒家文献中,最富有哲学意味的一本。"①自《中庸》出现以后,历代对其都有阐述,围绕《中庸》的阐述,形成了《中庸》学史。儒家形而上学的发展,就与《中庸》学史紧密联系在一起。本书就具体探讨《中庸》学与儒家形而上学之间的互动关系,既要考察《中庸》学是如何带动儒家形而上学的发展,同时也考察儒家形而上学的发展反过来又是如何推动《中庸》学的发展。当然,在二者之间,以《中庸》学带动儒家形而上学的发展为考察重心。

一、相关概念辨析

要考察《中庸》学与儒家形而上学的关系,首先有必要对涉及的概念进行界定,也只有在界定清楚概念之后,才可能进一步讨论研究现状。本书涉及的主要概念有形而上学、本体论以及二者同儒家结合形成的儒家形而上学、儒家本体论,此外还有《中庸》学。

---

① 陈荣捷编著,杨儒宾等译:《中国哲学文献选编》,江苏教育出版社 2006 年版,第 106 页。

1. 形而上学

何谓形而上学？众多学者对此都有自己的看法。沈顺福指出："形而上学既是一门学问,同时也是一种方法。作为一门学问,它研究存在的基本问题,即现象、本体、知识、价值以及处置这些问题的方法。作为一种方法,形而上学是一种人类的在世方式,是一种做的事情。"①这就把形而上学看成是一门学问,其有具体的研究问题;同时又认为形而上学还是一种方法,即通过实践来实现在世的方式。宋建平等说："这里的形而上学,是本体论意义上的形而上学,指研究以超感觉经验和有形体的东西之外为对象的学问。"②这就从本体论的角度来看形而上学,蕴含着本体论是形而上学的一种表现形式,此外也指出形而上学是以看不见、摸不着的东西为具体研究对象。宫哲兵认为："近代以来,形而上学有两种涵义。一是它本来涵义,与'形而下'相对,表示它研究关于存在和本质等抽象的、超验的问题。这可以说是本体论涵义。二是方法论涵义,与辩证法相反,形而上学方法是把自然界分成个别的互不相关的部分,使用孤立、静止的方法观察世界。"③这种界定与前面比较起来,最大的区别在于认为形而上学还是与辩证法相反的一种方法论。张茂泽等认为："所谓形而上学,我们理解,大概有三层含义。一指研究抽象的'道'的学问。……二指以德国古典哲学为代表的思辨哲学,与经验实证科学不同,但与生活实践是有关系的,与所谓本体、人性、良知、理想等密切相关。……三指一种与辩证思维方式相对立的思维方式或思路,即形而上学思维方式。"④这把形而上学看成是研究抽象的"道"的学问,其来自"形而上谓之道"⑤;而把形

---

① 沈顺福:《谈谈什么是形而上学》,《哲学研究》2007 年第 1 期。

② 宋建平、黄建湖:《关于形而上学的几点思考》,《广西社会科学》2001 年第 2 期。

③ 宫哲兵:《中国古代哲学有没有形而上学——中国哲学史新探之四》,《广西民族学院学报》(哲学社会科学版)1996 年第 4 期。

④ 张茂泽等:《孔孟学述》,三秦出版社 2003 年版,第 362—363 页。

⑤ 《易传·系辞上》,高亨:《周易大传今注》,齐鲁书社,1998 年版,第 407 页。下文出处相同。

而上学看成是一种思辨哲学、一种思维方式,则是来源于西方的形而上学观点。可见,这种看法实际上把中西关于形而上学的看法融合在了一起。

　　以上这些对形而上学的界定,反映出形而上学作为哲学的一个问题广泛受到了学人的关注,同时也凸显出形而上学与本体论之间有着密切的关系,并且中西方对形而上学都有界定。要了解形而上学讨论的内容,就有必要知道中西方对形而上学是如何界定的。就西方来说,众所周知,亚里士多德是形而上学的创始人。对亚里士多德形而上学的含义,有学者认为:"亚里士多德似乎将形而上学划分为三个相关的学科:一是研究'作为存在的存在'的科学,二是涉及'最高种类的存在'的神学,三是研究'第一原理'的科学,它对于每一存在物而言都是真的,并且构成一切论证和推理的基础。"①归纳起来,实际上就是认为亚里士多德的形而上学大致包含三个方面的含义:关于终极原因和原则的科学;研究"作为存在的存在"的科学;探索不动的动者的"神学"。后来西方形而上学的发展,一定程度上就是在亚里士多德形而上学讨论的范围内前行的。比如,中世纪的形而上学,主要就表现在对"神学"的探讨上;海德格尔"此在"的提出,就是对"作为存在的存在"的一种发展。当然,西方形而上学的发展也不仅仅局限于亚里士多德所讨论的范围。近代的黑格尔首先把形而上学作为一种与辩证法相反的思维方法,他说:"根据前次的一番讨论,试再对于旧形而上学的方法加以概观,则我们便可见到,其主要特点,在于以抽象的有限的知性规定去把握理性的对象,并将抽象的同一性认作最高原则。"②"旧形而上学方法"指的就是与辩证法相反的思维方法。只是黑格尔对这种思维方法表述得不清楚、不系统,后来的马克思、恩格斯第一次对形而上学作出与辩证法相反的、具有普遍方法论意义的科学规定。

　　对西方形而上学发展演变的阐述,能够凸显出其形而上学的核心内容所在。有学者研究指出:"早期形而上学主要表现为本体论(存在论)哲学,追求

---

①　张志伟主编:《形而上学的历史演变》,中国人民大学出版社 2010 年版,第 1 页。
②　[德]黑格尔著,贺麟译:《小逻辑》,商务印书馆 1980 年版,第 109 页。

超越感觉经验,运用逻辑方法,通过概念、范畴、命题寻求宇宙万物存在的最终原因","古代本体论形而上学和中世纪宗教形而上学形成一种实体性思维方式,近代形而上学则主要表现为知识论","后现代主义……其哲学特征可概括为三个'终结':哲学的终结、非哲学转向——彻底结束两千年来形而上学一统天下的局面及其思辨哲学的传统,宣告形而上学和体系哲学的死亡……质言之,就是反对苏格拉底、柏拉图以降的一切传统哲学与文化——形而上学"①。这实际上认为西方形而上学的发展存在着从古代本体论到近代知识论,最后是后现代形而上学的终结;从古代本体论到近代知识论的转变,是把形而上学本体论转化为形而上学的知识论。然而,不管是形而上学的本体论,还是形而上学的知识论,它们对宇宙万物存在的终极原因和原则都十分重视。此外,还有学者也指出:"迄今为止的西方形而上学发展史是由以下三次翻转构成的:首先是以笛卡尔、康德、黑格尔为代表的'主体性形而上学'对柏拉图主义的'在场形而上学'的翻转;其次是在主体性形而上学的内部,以叔本华、尼采为代表的'意志形而上学'对以笛卡尔、康德、黑格尔为代表的'理性形而上学'的翻转;再次是后期海德格尔的'世界之四重整体的形而上学'对其前期的'此在形而上学'的翻转。"②这是从海德格尔的视角出发,对西方形而上学的几次转变进行了阐述。需要指出的是,第一、二次转变中的"在场形而上学""主体性形而上学"以及"意志形而上学",实际上讨论的一定程度上还是宇宙万物存在的终极原因和原则。

总之,通过对西方形而上学含义以及演变历程的介绍,可以发现西方形而上学的含义中有一点尤为重要,就是宇宙万物存在的终极原因和原则。西方在对宇宙万物存在的终极原因和原则追寻的过程中,不停地抽象和超越感觉经验。由赫拉克利特的"火"、巴门尼德的"存在",到柏拉图的"理念",再到

---

① 周维功:《形而上学的历史嬗变与当代命运》,《学术界》2010 年第 10 期。
② 俞吾金:《形而上学发展史上的三次翻转——海德格尔形而上学之思的启迪》,《中国社会科学》2009 年第 6 期。

后来笛卡儿的"自我"、黑格尔的"绝对精神",都可以看出作为宇宙万物存在的终极原因和原则逐渐脱离了具体实在之物,向抽象的理念、精神发展。中国古代对形而上学的界定,也有这个特点。中国古代对形而上学的界定,来自《易传》"形而上谓之道,形而下谓之器"①。这里的"形而上",主要指所谓的抽象世界,它认为抽象世界就是"道"的世界,而有形有象的就是现实"器"的世界。根据这种对世界的划分方法,那么,研究抽象的"道"世界且构成体系的学问,就是形而上学。中国古代的形而上学,主要就是立足于对抽象"道"的研究而形成的学问。需要指出的是,"道"是中国文化中最核心的概念,因而宇宙万物存在的终极原因和原则最后都被归结于道。

西方形而上学含义中所讨论的"作为存在的存在"以及作为与辩证法相反的思维方法,中国古代的形而上学是否也有这些内容? 这是一个值得讨论的问题。在讨论此问题之前,还涉及中国是否存在形而上学的问题。黑格尔在谈到包括中国哲学在内的东方哲学时说:"我们所以要提到它,只是为了表明何以我们不多讲它,以及它对思想,对于真正的哲学有何种关系。"这意味着黑格尔认为孔子等人的思想并不是真正的哲学,只是"一种一般东方人的宗教思想方式"②。黑格尔主张中国是没有哲学的,既然中国没有哲学,也就谈不上有作为哲学分支的形而上学。用今天的眼光来看,这根本不是一个问题。虽然中西方形而上学存在差异,但是不能以此来否定中国形而上学的存在。至于中国形而上学是否讨论"作为存在的存在",张东荪和俞宣孟等人持否定态度。张东荪通过举例说明"'是'字向与'此'字通","'是'字在文言上并不能与英文的 to be 相当",即"是"字并没有当作动词用,之所以会这样,是"因为中国文可以有时无动词"③。这也带来了张东荪认为中国形而上学并不

---

① 《易传·系辞上》,高亨:《周易大传今注》,第407页。
② [德]黑格尔著,贺麟、王太庆等译:《哲学史讲演录》第1卷,商务印书馆1995年版,第115页。
③ 张东荪:《知识与文化》,岳麓书社2011年版,第196页。

讨论"作为存在的存在"。俞宣孟指出："所谓本体论就是运用以'是'为核心的范畴,逻辑地构造出来的哲学原理系统","从形式上讲,本体论是关于'是'的哲学,'是'是经过哲学家改造以后而成为的一个具有最高、最普遍的逻辑规定性的概念,它包容其余种种作为'所是'的逻辑规定性"①。这里所说的"本体论"就是"存在论""是论",其就是讨论形而上学中的"作为存在的存在"。俞宣孟通过对中西哲学的比较,认为中国哲学既不讲逻辑推理,同时也没有"是"的哲学,因而中国形而上学没有"作为存在的存在"的内容。这些看法,具有一定的合理性。

形而上学作为思维方式,就是指静止地、片面地、孤立地看问题,而辩证法则是指动态地、全面地、联系地看问题。至于中国形而上学是否有与辩证法相反的思维方法,二者之间的关系怎样,学者对此都有讨论。有学者认为"哲学上的形而上学思维方式,其产生必须具备两个条件。一是近代实验科学产生了自然科学领域中的形而上学,二是经验论者和机械唯物论者将它带到哲学领域",并以董仲舒所处的时代为例说明中国古代不可能出现以上两个条件;同时又结合形而上学的思维特点,认为"中国古代哲学的思维方式显然不是形而上学,它具有整体性、求合(和)性、尚变性的特点"②,最后得出中国古代没有产生形而上学的思维方式。既然中国古代没有形而上学的思维方式,当然也就谈不上形而上学与辩证法的对立。有学者还从学理上来分析形而上学和辩证法的关系,认为:"形而上学思维方式并不必然排斥辩证思维方式","作为矛盾的双方,辩证法与形而上学固然有斗争性,也应当有统一性,有相互贯通的一面,作为思维方法,都是认识活动所必需的"③。这就把形而上学思维方式,作为认识活动中非常重要的组成部分。

---

① 俞宣孟:《本体论研究》,上海人民出版社 2005 年版,第 27 页。

② 宫哲兵:《中国古代辩证法与形而上学斗争史质疑——兼论董仲舒不是形而上学哲学家》,《江汉论坛》1997 年第 11 期。

③ 杨世宏:《对形而上学的几点思考》,《齐鲁学刊》2007 年第 5 期。

通过对中西方形而上学的阐述,我们可以发现二者的含义中都有一个核心的内容,即都讨论宇宙万物存在的终极原因和原则,就是要讨论具体事物之后的东西,并且对此都不断地抽象,实现对感觉经验的超越。本书所讲的形而上学,就是指围绕宇宙万物存在的终极原因和原则进行讨论而产生的学问。需要说明的是,宇宙万物存在终极原因和原则,在中国古代哲学中一定程度上可以用"道"来概括,因而本书所讲的形而上学就是指研究抽象的"道"的学问。

2. 本体论

通过前面的阐述,可知本体论与形而上学之间存在着紧密的关系。俞宣孟说:"西方形而上学的核心形式表达为一个纯粹思辨的概念体系,称为本体论。"[1]王路也说:"形而上学的核心问题之一就是本体论。"[2]李祥俊则说:"本体论的主旨是关于终极存在的学说,它既是西方哲学的核心问题,也是中国传统哲学的核心问题。"[3]这都说明不管是在西方形而上学中,还是在中国形而上学中,本体论都是形而上学的核心。如何来理解这个看法,关键在于对本体论的界定上,本体论的含义不同,其作为形而上学核心的含义也就不同。

中国本来没有"本体论"一词,只有"本""体""本体"等词汇。"本体论"是外来词,是人们在翻译外来语时所产生的,其最早对应的是英文 ontology。刘立群考证说:"最初把'ontology'译为'本体论'的是日本学者。日本哲学界普遍采用'本体论'这个译名。这影响到我国并延续到今天。但是 30 年代以后,略有变化,日本学者逐步采用'存在论'一词。大约从 50 年代至今便几乎完全用'存在论',而不再用'本体论'译'ontology'一词。"[4]可见,"本体论"是外来的哲学概念。"本体论"一词来源于英文 ontology,英文 ontology 又是根据

---

① 俞宣孟:《两种不同形态的形而上学》,《中国社会科学》1995 年第 5 期。
② 王路:《"是"与"真"——形而上学的基石》,人民出版社 2013 年版,第 1 页。
③ 李祥俊:《本体论与中国传统哲学的终极探求》,《阴山学刊》2006 年第 6 期。
④ 刘立群:《"本体论"译名辩正》,《哲学研究》1992 年第 12 期。

德文 Ontologie 转译的，二者都来源于拉丁文 ontologia。拉丁文 ontologia 分为两部分，一部分是 onto，意为"存在""是""有"等等；另一部分是 logia，意为"学科""学问""科学"等等。① 俞宣孟为此说："像 biology（生物学）、sociology（社会学）这类词分别是由词干 bio（生命、生物）、socio（社会）缀以表示'科学'、'学说'的词尾 -logy 构成的，同样，ontology 是由 ont 加上 -logy 构成的，那么，它当是一门关于 ont 的学问了。……像相当一部分表示学科名称的词由希腊文构成的一样，ontology 这类词也是借助于希腊文构成的。"② 因而，俞宣孟认为用"本体论"翻译 ontology 是不准确的，他最后得出的结论是所谓"本体论"，"其实并不是关于'本体'的学说，而是关于'是'的学说"③，应当以为"是论"。可见，前面俞宣孟认为本体论是形而上学的核心，实际上是说"是论"是形而上学的核心，具体来说形而上学就是以"作为存在的存在"为讨论的核心。至于前面王路所说的"本体论"同样指"是论"，他所认为的本体论是形而上学的核心，也是说"作为存在的存在"是形而上学讨论的核心。

除了把本体论理解为"是论"外，还有其他的理解。谢维营就明确说："如果说 ontology 的'本义'是一种'是论'或'存在论'，是一种超验的'纯粹的逻辑规定性'，是'西方哲学特有的一种形态'……是比一切其他哲学思维都更纯正的'第一哲学'的话，那么在中国的'水土'上，'本体论'已经具有了比西方的 ontology 丰富得无可比拟的'转义'。这种'转义'包括了人类对世界上一切'最高'、'最终'、'最根本'、'最普遍'、'最重要'的事物（或事件、事情、事实、事理等等）的追求，包括了人类对各种经验的和超验的'逻辑'、'原理'、'范畴'的把握和运用，包括了人类'溯本求源式的意向性和无穷无尽的指向性思维'及其所获得的成果，包括了人类'超越有限，指向无限'从而能动地实

---

① 参见谢维营：《本体论研究的几个问题》，《山西师范大学学报》（社会科学版）2009 年第 5 期。

② 俞宣孟：《本体论研究》，上海人民出版社 2005 年版，第 14 页。

③ 俞宣孟：《本体论研究》，上海人民出版社 2005 年版，第 19 页。

现人生根本意义的终极关怀。"①这就把讨论"作为存在的存在"的"是论"或"存在论"看成是本体论的本义,而把人类对最重要等的事物的追求、对各种经验和超验的逻辑等的把握和运用以及实现人生根本意义的终极关怀等看成是本体论的转义。同时,谢维营还明确地说:"凡是讨论世界或宇宙的原因、根据、本原、始基、本体、本质、实体等等内容的哲学理论都属于'本体论'范畴。"②可见,谢维营所说的本体论,一定程度上指的是形而上学当中的"宇宙万物存在的终极原因和原则"。在这种情况下,说本体论是形而上学的核心,实际上是说"宇宙万物存在的终极原因和原则"是形而上学的核心。谢维营还以"终极原因和原则"的变化为根据,认为:"在西方哲学史上,本体论的演化经历了古代本体论、中世纪本体论、近代本体论和现代本体论四个主要阶段。"③比如,西方古代本体论又可以划分为始基本体论、属性本体论和概念本体论三种主要学说;中世纪本体论只有一个学派,那就是基督教神学本体论;近代本体论最基本的学说是人学本体论、物质本体论和精神本体论;现代本体论或当代本体论就是"本体论承诺"。

上面两种对本体论的界定,其内容都是来自形而上学含义中的某一方面,注重的也是相应的某一方面。当然,也有学者把"作为存在的存在"与"宇宙万物存在的终极原因和原则"结合在一起,看成是本体论。杨国荣说:"本体论这一范畴被引入中国现代哲学后,也非仅仅是 ontology 的对应概念,它在相当程度上既蕴含了 ontology 所涉及的'存在'之义,又融入了中国传统哲学的相关观念,从而获得了其较为独特的涵义。"④钱善刚也说:"从正面看,本体论的本土化表现为:首先,本体论是讨论本体的理论","其次,本体论包容存在

---

① 谢维营:《本体论的"本义"与"转义"》,《烟台大学学报》(哲学社会科学版)2008 年第 4 期。
② 谢维营:《本体论研究的几个问题》,《山西师范大学学报》(社会科学版)2009 年第 5 期。
③ 谢维营:《关于本体论演化的历史考察》,《烟台大学学报》(哲学社会科学版)2004 年第 2 期。
④ 杨国荣:《存在之维》,人民出版社 2005 年版,第 5 页。

论。二者在西语中正如译名之争所显示的那样含义确实不同,但在中国学人的使用中往往把二者等同,人们一般界定本体论时,认为本体论就是关于存在的学说,是关于存在之所以为存在的学说"①。这里都把 ontology 所涉及的"存在"之义,即"存在论",还有"讨论本体的理论",都看成是本体论的组成部分。"存在论"就是研究"作为存在的存在","讨论本体的理论"则是指研究"宇宙万物存在的终极原因和原则"。需要说明的是,把二者结合来讨论,主要是在中国哲学界进行,而且一定程度上二者之间也是有主次之分的,是以讨论"终极原因和原则"为核心。前面李祥俊所说的以"终极存在的学说"为本体论的核心,就是指本体论以讨论"终极原因和原则"为核心。李祥俊还从"探求终极存在的终极之思的维度看",认为:"中国传统哲学中有丰富本体论学说,大致可以划分为四种思路,即本源论的思路、外在超越的思路、追求永恒实体的思路与追求永恒规律的思路。"②比如,本源论的思路主要代表为道家、道教哲学,永恒规律的思路主要代表为《易》学哲学和程朱理学等。

本书所说的本体论不同于上面所说的三种观点,不过与它们还是有关系。具体来说,本书所说的本体论不是"是论"或"存在论",也不完全是讨论"宇宙万物存在的终极原因和原则",更不是把"是论"与讨论"宇宙万物存在的终极原因和原则"结合起来,而是"宇宙万物存在的终极原因和原则"中的一部分。前面说到本书所讨论的形而上学指"宇宙万物存在的终极原因和原则",结合中国古代哲学的特点,本书所讲的形而上学就是研究抽象的"道"的学问,这个抽象的"道"的学问就是要排除有形有象的、实在的东西,寻求具体事物之后的东西。我们知道,"宇宙万物存在的终极原因和原则"指代的范围非常广,比如谢维营所说的"原因、根据、本原、始基、本体、本质、实体"等都属于此范围,不过其中的原因、始基、本质、实体等则不属于本书所讨论的本体论。本书所讨论的本体论是围绕天地万物存在的根据、本原而说的,这个本体论同样

---

① 钱善刚:《中国语境下的本体论》,《东方丛刊》2008 年第 2 期。
② 李祥俊:《本体论与中国传统哲学的终极探求》,《阴山学刊》2006 年第 6 期。

也是本书所讨论的形而上学的核心,只不过它与本书所讨论的形而上学比较起来,又前进了一步,不仅实现了抽象,而且它构建的本体成为了天地万物存在的根据、本原,即构建的本体既是人类社会的根据、本原,同样也是自然社会的根据、本原。

本体论虽然是一个外来词,但是其表达的意思在中国古代哲学中已经产生。这个意思主要体现在"本""体""本体"等词汇上,这就有必要从词源学上来考察一下它们的含义。就这一点,目前取得了非常显著的成果。①《诗经》中有"枝叶未有害,本实先拨"②,"本"指草木的根、干。此外,"本"还进一步指根本、根据,如"君子务本,本立而道生"③,"本乎天者亲上,本乎地者亲下"④。"本"还有原始、本原的意思,如"乐者,音之所由生也,其本在人心之感于物也"⑤。对于"体"来说,有较多的意思,既指人或事物的全体,也指全体的一部分。如,"心广体胖"⑥,"四体不勤,五谷不分"⑦。"体"还指法式、规矩的意思,如"君明、相信、五官肃、士廉、农愚、商工愿,则上下体"⑧。此外,"体"还有一种比较特殊的用法,可指卦体或者占卜的卦兆,如"尔卜尔筮,体无咎言"⑨。"本"与"体"结合成为"本体"一词,最早出现在汉代。京房说:"乾分三阳为长中少,至艮为少男。本体属阳,阳极则至,反生阴象。"⑩京房的本体,指由纯阳爻或纯阴爻构成的乾坤本初卦体。"本体"一词,后来在魏晋

① 参见谢维营:《本体论的"本义"与"转义"》,《烟台大学学报》(哲学社会科学版)2008 年第 4 期;向世陵:《中国哲学的"本体"概念与"本体论"》,《哲学研究》2010 年 9 期;谢荣华:《中国古代哲学中的"本体"概念考辨》,《中国哲学史》2005 年第 1 期。

② 《诗经·大雅·荡》,王秀梅译注:《诗经》,中华书局 2015 年版,第 672 页。下文出处相同。

③ 《论语·学而》,杨伯峻:《论语译注》,中华书局 2013 年版,第 2 页。下文出处相同。

④ 《易传·乾·文言》,高亨:《周易大传今注》,第 51 页。

⑤ 《礼记·乐记》,《十三经注疏》,上海古籍出版社 1997 年版,第 1527 页。下文出处相同。

⑥ 《大学》,朱熹:《四书章句集注》,新编诸子集成本,中华书局 1983 年版,第 7 页。下文出处相同。

⑦ 《论语·微子》,杨伯峻:《论语译注》,第 195 页。

⑧ 《管子·君臣上》,黎翔凤撰、梁运华整理:《管子校注》,中华书局 2004 年版,第 550 页。

⑨ 《诗经·卫风·氓》,王秀梅译注:《诗经》,第 119—120 页。

⑩ (汉)京房著,卢央解读:《京氏易传解读》,九州出版社 2004 年版,第 473 页。

南北朝时期不断发展,含义也包含了质料、规范等。随着佛教的传入,"本体"一词被佛教广泛使用,不断抽象,并与体用论结合起来,在隋唐时期众多宗派的出现,都构建自己的本体,比如禅宗的心本体等。到宋明理学时期,张载、谢良佐、朱熹等人都频繁地使用"本体"一词,其含义虽然有指本然状况、本然性质等,但是更为重要的是其有了根据、根原的含义,这种根据、根源指的是天地万物之所以产生、发展的根据、根源。

3. 儒家形而上学、儒家本体论、《中庸》学

形而上学、本体论与儒学相结合,形成了儒家形而上学、儒家本体论。儒家形而上学就是指儒家围绕抽象的"道"进行研究而产生的学问。这个"道"在儒学中,可以有众多的表现形式。就天来说,可以表现为天理、天道、太极等;就人来说,可以表现为诚、中、中庸等。它们就是来自对现实的抽象,来自对天、人某些特点的归纳、总结。儒家本体论则是儒家形而上学的核心,它是儒家形而上学进一步发展的结果。如果说儒家形而上学实现了从现实到抽象,把视角从有形有象的世界转向无形无象、看不见、摸不着的世界,那么儒家本体论则是在无形无象、看不见、摸不着的世界的基础上更进一步,为天地万物的产生、发展追寻根据、根源。

儒家形而上学是伴随着孔子开创儒学出现的,它的出现是对三代形而上学思想吸收的结果,同时也是儒学抽象思维的体现。之所以称之为儒家形而上学,就是因为其带有鲜明的儒家特点,即它是来源于儒家对现实生活特别是来源于儒家对人事的关注而进行抽象的结果。至于儒家本体论出现于何时,则有众多的说法,本书在此暂且不论。不过,就儒家本体论的实质来说,有学者研究指出:"儒学本体论的共同特点是将儒学所倡导的道德范畴上升为'天道'的内涵,使儒家纲常成为绝对宇宙精神,从而导致长盛不衰的儒家伦理本位与道德本体论。"[①]这就把儒家本体论的实质看成是道德本体论,其具有一

---

① 李禹阶:《儒家道德本体论的哲学反思》,《涪陵师范学院学报》2003 年第 5 期。

定的合理性。不过,这种看法只注意到了儒家本体论建构方式中从人到天的途径,即把人的相关内容哲学化为本体,包括把人的道德范畴上升为天道,实际上儒家本体论的建构方式还包括从天到人,即把天道下降为人性,或者说天道转化为具体的人性。

《中庸》学是指围绕《中庸》相关问题研究而形成的学问。围绕《中庸》相关问题进行研究,不仅指历朝历代学人对《中庸》的整体注释,同时也指对《中庸》中的某些核心概念或命题,如道、中和、中庸、诚、尊德性、道问学等进行注释,还指对《中庸》天人合一思维模式的发展与创新等。需要说明的是,《中庸》学作为一种学问,是一种泛称,并不是说《中庸》学就像某一具体的学科,有体系、有目标。此外,《中庸》学是不断发展的,在不同时期有不同的表现,而且不同时期关注的重心也有所不同。对《中庸》学的研究,就是要以《中庸》为研究基点,同时一方面考察《中庸》对前人的思想是如何吸收发展的,另一方面就是要对后人的《中庸》诠释进行研究。

二、研究现状

在搞清楚本书所讲的形而上学、本体论以及儒家形而上学、儒家本体论含义的基础上,具体评述一下《中庸》学与儒家形而上学关系的研究现状。需要指出的是,对于《中庸》学与儒家形而上学关系的研究,虽然涉及佛教的《中庸》学,但其主旨根本不是为儒家形而上学的发展服务,这也决定了《中庸》学与儒家形而上学关系的研究指的是研究儒家《中庸》学与儒家形而上学之间的关系。目前,学界围绕此课题取得了一些成果,主要包括以下几方面:

第一,从整个时期或汉唐、元明清时期来考察《中庸》学与儒家形而上学关系的研究。

对《中庸》学与儒家形而上学关系的研究,应该关注整个《中庸》学与儒家形而上学的关系;同时也不能仅仅局限于先秦或两宋时期的《中庸》学与儒家形而上学的关系,对汉唐和元明清的《中庸》学与儒家形而上学的关系也应该重视。目前,整体来研究《中庸》学与儒家形而上学的关系,有一些典型成果。如,陈科华《儒家中庸之道研究》①以"中庸之道"来概括整个儒家思想,并从"时中论""和中论""性中论""致中论""致德论"等方面来阐述"中庸之道"的具体内容,在阐述这些具体内容中又按照时间线索勾画出了从先秦到宋明时期一些重要思想家在"中庸之道"上的观点。董根洪在《儒家中和哲学通论》②中认为儒家哲学的实质就是中和哲学,以"先秦儒家政论中庸哲学""汉唐阴阳中和哲学""宋明心性中和哲学"为题,把整个儒学连贯起来。然而,不管是"中庸之道",还是"中和",它们都是《中庸》形而上学思想的体现,把它们的演变史同整个儒学结合起来考察,凸显的就是《中庸》学与儒家形而上学的关系。另外,徐儒宗《中庸论》③从"原道论""中正论""中和论""时中论""经权论""中行论"等方面,阐释了儒家中庸论的相关内容,并且在阐释的过程中结合儒学的发展历程来进行,这也显现出《中庸》学与儒家形而上学的关系。

此外,目前单独对汉唐和元明清时期的《中庸》学与儒家形而上学关系的研究也取得了一些成果。刘力《天地之道"中和"为美——董仲舒阴阳五行的中和论》④、张宏斌《"道之大原出于天"——董仲舒天命信仰下的王道理想》⑤,通过对董仲舒"中和""天"概念的分析,来凸显董仲舒的形而上学思想;景云《"中道"——王通哲学的基石》⑥、董虹凌《试论王通〈中说〉之"道"观》⑦,通过对王通的"中道""道"含义以及具体表现的阐述,来凸显王通《中

---

① 参见陈科华:《儒家中庸之道研究》,广西师范大学出版社2000年版。
② 参见董根洪:《儒家中和哲学通论》,齐鲁书社2001年版。
③ 参见徐儒宗:《中庸论》,浙江古籍出版社2004年版。
④ 刘力:《天地之道"中和"为美——董仲舒阴阳五行的中和论》,《重庆师范大学学报》(哲学社会科学版)2004年第4期。
⑤ 张宏斌:《"道之大原出于天"——董仲舒天命信仰下的王道理想》,《世界宗教研究》2013年第6期。
⑥ 景云:《"中道"——王通哲学的基石》,《船山学刊》2000年第4期。
⑦ 董虹凌:《试论王通〈中说〉之"道"观》,《华南理工大学学报》(社会科学版)2004年第2期。

庸》学与其形而上学思想的关系;林耘《李翱论"诚"》仔细分析了李翱"诚"的概念,认为"诚成为超越一切思虑、超越动静之对待的绝对的静,是寂然不动的至静状态",认为"在对'诚'的论述中加入了'虚'"①,而这使诚的形而上学特征更为明显。此外,周春健《元代四书学研究》②在研究元代四书学的过程中,也涉及了许衡、许谦等人的《中庸》学,并谈到了其对理学发展的影响;孙建伟《清代〈中庸〉学研究》③,具体阐述了王夫之、孙奇逢、李光地等人的《中庸》学,凸显了它们与清代王学、程朱理学的关系;章启辉《王夫之的〈四书〉研究及其早期启蒙思想》④的第三章"传统《中庸》观的重新定位"、陈来《诠释与重建——王船山的哲学精神》⑤的第二章"船山的《中庸》首章诠释及其思想",通过对王夫之"诚""中"等概念的解读,来体现《中庸》与王夫之思想体系的关系。

第二,注重对《中庸》本身形而上学思想的研究,同时也旁及孟子、荀子、《易传》等的《中庸》学与儒家形而上学的关系。

学界对《中庸》学与儒家形而上学的关系的研究,重心主要放在先秦和两宋时期。就先秦时期来说,又主要集中在对《中庸》本身形而上学思想的阐发上。对《中庸》形而上学思想的研究,主要表现在两个方面:

一是认为《中庸》具有非常明显的形而上学思想,体现在"诚"等概念上。王邦雄等著的《中国哲学史》,认为《中庸》"其思想性格乃是属于道德形上学,也是以孔孟践仁以知天、尽心知性知天的智慧为根据,而发展出的形上思想"⑥。吴怡认为:"在中庸里,这个诚字有两大特质,一是由下而上,为天人合

---

① 林耘:《李翱论"诚"》,《孔子研究》2003 年第 3 期。
② 参见周春健:《元代四书学研究》,华东师范大学出版社 2008 年版。
③ 孙建伟:《清代〈中庸〉学研究》,博士学位论文,华东师范大学 2015 年。
④ 章启辉:《王夫之的〈四书〉研究及其早期启蒙思想》,博士学位论文,中国社会科学院 2002 年。
⑤ 参见陈来:《诠释与重建——王船山的哲学精神》,北京大学出版社 2004 年版。
⑥ 王邦雄等:《中国哲学史》(上),里仁书局 2015 年版,第 94 页。

一之道,一是由内而外,为内圣外王之道。"①高柏园指出:"《中庸》最主要之问题,乃解决心性论、道德学与形上学之关系,并由道德形上学的角度加以重建。"②以上的这些看法,一定程度上都蕴含着《中庸》是有本体论的,只是没有明确而已。

二是通过对"诚""中和""天道"等概念的分析,认为《中庸》构建了本体论。张亚宁《〈中庸〉"诚"的思想》认为:"在《中庸》里,'诚'被赋予了伦理与哲学的双重意蕴,其既是沟通天道与人道的桥梁,也是道德修养的途径和功夫。"③谭宇权认为:"前者(指'诚者,天之道也',笔者注)谓:诚乃宇宙之道。换言之,《中庸》作者以'诚'作为宇宙万物的根本法则。但何谓'诚者,物之终始'。……'终始'不是始终,而是一个特殊的概念。意为'根源'。故以上这句话,意思就是说:诚,乃万物的第一原理。……今将以上那两句话合观,即说:'诚'乃构成宇宙万物的第一原理。"④这都认为《中庸》以诚为本体。雷庆翼《"中"、"中庸"、"中和"平议》认为:"'中庸'为中常或中常之道,反映的是对事物本质规律的认识,属于哲学上的本体和认识论范畴,是儒家思想的哲学基础。"⑤这则认为《中庸》构建了中庸本体。陈满铭《学庸义理别裁》则通过对《易传》与《中庸》的比较,认为:"两书的作者同样都认为天道的本体是神而不秘、作用是生生不息的;在他们看来,天道即寓于生生之理中,而当它把生生之理赋予万物时,也把自己融入了万物。"⑥杨祖汉也说:"中庸所说的天,是指使一切存在能成为存在的天道而言","一切物之存在,一切物之活动,皆是道的'显现'"⑦。这些都认为《中庸》建构的是天道本体。

---

① 吴怡:《中庸诚的哲学》,东大图书股份有限公司1990年版,第50页。
② 高柏园:《中庸形上思想》,东大图书股份有限公司1988年版,第89页。
③ 张亚宁:《〈中庸〉"诚"的思想》,《孔子研究》2009年第6期。
④ 谭宇权:《中庸哲学研究》,文津出版社1995年版,第139页。
⑤ 雷庆翼:《"中"、"中庸"、"中和"平议》,《孔子研究》2000年第3期。
⑥ 陈满铭:《学庸义理别裁》,万卷楼图书有限公司2002年版,第121页。
⑦ 杨祖汉:《中庸义理疏解》,鹅湖月刊社1984年版,第98、106页。

学界对先秦时期其他儒者《中庸》学的研究,也显现出与儒家形而上学的关系。高尚渠《〈周易〉中庸思想管窥》"从《周易》爻位、卦象、谦节卦等不同角度分析",认为"《周易》中蕴含着丰富的中庸思想"①。戴劲《论孔子中庸之道》②认为中庸之道既是思想方法,也是思想境界。这些研究一方面凸显出在《中庸》之前儒家形而上学思想的表现,另一方面也为《中庸》的形而上学思想提供了思想资源。罗彩认为:"孟子继承《中庸》'自诚明'的路向,着重从人的内在心性来阐释,把'诚'等同于'仁义',通过道德心之'思'来反求诸己,使仁义之心由内向外不断扩充,由诚而明善。"③这就认为孟子发展了《中庸》的"诚",并同人的内在心性结合起来,推动了儒家形而上学的发展。方光华认为思孟学派建立了道德本体论,"诚"作为本体,"将人的道德属性上升为自然和人类社会的共同依据,其实质是企图在人的道德属性上统一自然与人类本身"④。徐克谦《论荀子的"中道"哲学》⑤则从"'中'是先王之道的核心精神""'中道'与'礼义'""'中道'与权衡、变通"等几个方面,阐述了荀子的中道观。这凸显了战国末期《中庸》学与儒家形而上学的关系。

第三,通过对两宋《四书学》与儒家形而上学关系的研究以及通过对两宋《中庸》学概念范畴的分析,来凸显两宋《中庸》学与儒家形而上学的关系。

学界对《中庸》学与儒家形而上学关系的研究,除了把重心放在先秦《中庸》上,同时还把重心也放在两宋时期。两宋时期儒家的《中庸》学,既涉及理学家的《中庸》学,还涉及一般儒者的《中庸》学。在二者之间,理学家的《中庸》学才是重心。学界也就是通过对理学家《中庸》学的研究,来凸显儒家形而上学的发展。这种研究主要表现为两种方式:

一是通过对理学家《四书》学与儒家形而上学关系的研究,来显现《中庸》

---

① 高尚渠:《〈周易〉中庸思想管窥》,《齐鲁学刊》2003 年第 3 期。
② 戴劲:《论孔子中庸之道》,《社会科学论坛》2008 年第 2 期(下)。
③ 罗彩:《孟荀对〈中庸〉"诚"思想的继承与发挥》,《理论界》2012 年第 9 期。
④ 方光华:《中国古代本体思想史稿》,中国社会科学出版社 2005 年版,第 73 页。
⑤ 徐克谦:《论荀子的"中道"哲学》,《中国哲学史》2011 年第 1 期。

学与儒家形而上学的关系。朱汉民等的《宋代〈四书〉学与理学》①，就通过对"宋代《四书》学的形成与理学体系的建构""宋代《四书》学定型与理学体系完成"的阐述，凸显出周敦颐、张载、二程、陆九渊、朱熹等的《中庸》学在其思想体系建构中的地位，认为《中庸》与他们建构本体论息息相关。肖永明在《胡宏理学体系的建构与〈四书〉》中指出胡宏"从《中庸》'天命之谓性'的命题出发，将'性'确定为其本体论的最高范畴"②。

　　二是通过对理学家的"诚""中和""道"等范畴的阐释，来体现《中庸》学与儒家形而上学的关系。闵仕君《"诚"——周敦颐对天道与人道的贯通》认为："周子贯穿天道人道的关键环节在于'诚'"，"源于乾元的'诚'因此便具有宇宙本体的意义"③。此外，牟宗三《心体与性体》上④第二部分"论一：濂溪与横渠"的第一章"周濂溪对于道体之体悟"、蔡仁厚《宋明理学・北宋篇》⑤第一章"周濂溪（一）：对于道体之妙悟"以及王邦雄《中国哲学史》下⑥第六篇"宋明理学"中有"周濂溪对道体的体会"都认为周敦颐通过对《中庸》"诚"的阐发，构建了诚本论。对于"中和"与理学家思想体系的关系，则集中在对朱熹中和问题的分析上。牟宗三《心体与性体》下⑦、蔡仁厚《宋明理学・南宋篇》⑧、刘述先《朱子哲学思想的发展与完成》⑨、陈来《朱子哲学研究》⑩以及束景南《朱子大传》下⑪等，都有专章讨论朱子的中和问题，都认为朱子正是通

---

① 参见朱汉民等：《宋代〈四书〉学与理学》，中华书局 2009 年版。

② 肖永明：《胡宏理学体系的建构与〈四书〉》，《船山学刊》2003 年第 3 期。

③ 闵仕君：《"诚"——周敦颐对天道与人道的贯通》，《聊城大学学报》（哲学社会科学版）2002 年第 4 期。

④ 参见牟宗三：《心体与性体》（上），上海古籍出版社 1999 年版。

⑤ 参见蔡仁厚：《宋明理学》，吉林出版集团有限责任公司 2009 年版。

⑥ 参见王邦雄等：《中国哲学史》（下），里仁书局 2015 年版。

⑦ 参见牟宗三：《心体与性体》（下），上海古籍出版社 1999 年版。

⑧ 参见蔡仁厚：《宋明理学》，吉林出版集团有限责任公司 2009 年版。

⑨ 参见刘述先：《朱子哲学思想的发展与完成》，吉林出版集团有限责任公司 2015 年版。

⑩ 参见陈来：《朱子哲学研究》，华东师范大学出版社 2000 年版。

⑪ 参见束景南：《朱子大传》（下），商务印书馆 2003 年版。

过对中和问题的研究,才推动了其思想发展,才推动儒家形而上学的发展。还有通过对"道"的讨论,来看《中庸》学与儒家形而上学的关系。卢雪崑在《儒家的心性学与道德形上学》第三章"中庸对北宋三子道体观念的影响"中,就具体分析了《中庸》与周敦颐、张载、程颢三人道体的关系。如,认为周敦颐"以诚体合释乾道","太极之道即中庸诚道"①。唐君毅《中国哲学原论·原教篇》②对周敦颐、张载、二程、陆九渊、朱熹、王阳明的道都进行了详细讨论,也凸显出与儒家形而上学的关系。

此外,学界对宋代一般儒者的《中庸》学与儒家形而上学的关系也有探讨。郭晓冬《论司马光"中和"学说及其在道学史上意义与局限》认为:"司马光未能考虑到将'未发'之'中'放在一个'本体'的视域下加以诠释,有'用'而无'体',从而使得他在工夫层面上存在诸多不能如理的地方。"③这就认为司马光对"中和"的阐发,未能建立起本体论。《叶适评传》④的第四章"叶适的批判精神"中就对叶适的《中庸》研究有所介绍,谈到了叶适对《中庸》的"命""性""道""教""过"等概念的解释;肖永明《叶适〈习学记言序目〉的学术批评》⑤也涉及了叶适对《中庸》的一些研究。不过,他们都认为叶适通过对《中庸》的诠释,延续的仍然是传统的形而上学思想。

第四,儒家形而上学对《中庸》学发展影响的研究。

对《中庸》学与儒家形而上学的关系来说,应该是互动的,不仅要考察《中庸》学对儒家形而上学的影响,同时也要考察儒家形而上学对《中庸》学的影响。就儒家形而上学对《中庸》学的影响来说,也取得了一些成果。唐君毅

---

① 卢雪崑:《儒家的心性学与道德形上学》,文津出版社1991年版,第160、165页。

② 参见唐君毅:《中国哲学原论》,中国社会科学出版社2006年版,下文出处相同。

③ 郭晓冬:《论司马光"中和"学说及其在道学史上意义与局限》,《陕西师范大学学报》(哲学社会科学版)2010年第4期。

④ 张义德:《叶适评传》,南京大学出版社1994年版,第162—189页。

⑤ 肖永明:《叶适〈习学记言序目〉的学术批评》,《湖南大学学报》(社会科学版)2002年第4期。

说:"宋学之初起,乃是以经学开其先。在经学之中,则先是《春秋》与《易》之见重,然后及于《诗》《书》之经学;再及于《易传》、《中庸》、《大学》及《孟子》、《论语》等汉唐人所谓五经之传记;终乃归至于重此传记之书,过于重五经。"①这就以宋初学人对所重视的经典的转变,来说明《中庸》之所以在宋代地位能够上升,在于儒学的发展所需,即对儒学之道的回归所需。吴国武说:"范仲淹之重《中庸》也必须放在这样的背景下来理解,所谓'儒者自有名教'即指《中庸》可以明'修身治人之道'。陈襄、张载、周敦颐、司马光、二程等人之重《中庸》,亦是如此。"②这以范仲淹等人为例,来说明他们之所以重视《中庸》、阐发《中庸》,就在于"修身治人之道"所需,"修身治人之道"就是儒家形而上学的表现。陈来在《朱子哲学研究》中指出朱熹思想重心从本体论向致知论的过渡,即儒家本体论的深入推动了朱熹《中庸》研究的演变。

以上,就是学界对课题"《中庸》学与儒家形而上学关系"所取得的主要成果。通过分析,目前的研究主要存在以下几个问题:

其一,注重对先秦、两宋时期儒家《中庸》学与儒家形而上学关系的研究,对汉唐、明清时期儒家《中庸》学与儒家形而上学关系研究不足。

其二,注重对《中庸》本身形而上学思想的研究,对《中庸》形而上学思想的渊源以及郭店楚简、孟子、荀子、《易传》等的《中庸》学与儒家形而上学关系研究不够,更谈不上系统梳理先秦《中庸》学与儒家形而上学的关系;此外,认为儒学本体论形成于先秦、思孟学派构建了本体论等说法都值得商榷。

其三,注重对两宋《四书》学与儒家形而上学关系的整体研究,对两宋《中庸》学与儒家形而上学关系的研究不够深入;注重通过概念范畴的分析来凸显两宋《中庸》学与儒家形而上学的关系,对两宋《中庸》学与儒家形而上学的关系系统把握不足。

其四,注重《中庸》学对儒家形而上学发展演变影响的研究,对儒家形而

① 唐君毅:《中国哲学原论》,中国社会科学出版社 2006 年版,第 7 页。
② 吴国武:《经术与性理——北宋儒学转型考论》,学苑出版社 2009 年版,第 104 页。

上学反过来促进《中庸》学演变关注不够。

三、研究思路及内容

针对目前《中庸》学与儒家形而上学关系研究存在的问题,本书致力于全面梳理《中庸》学与儒家形而上学的关系。研究的思路有:

一是系统归纳不同时期儒家《中庸》学与儒家形而上学的关系。这就要求不仅要研究先秦和两宋时期的《中庸》学与儒家形而上学的关系,同时也要进一步研究汉唐以及元明清时期的《中庸》学与儒家形而上学的关系。二是在研究先秦《中庸》学与儒家形而上学的关系时,要深入探讨《中庸》形而上学的思想渊源,同时还要考察孟子、荀子、《易传》等《中庸》学是如何促进儒家形而上学的发展。三是对宋代儒家《中庸》学的研究要同儒家本体论的构建与深化联系起来。四是把明清儒家《中庸》学同儒家本体论发展的多样化联系起来。五是比较《中庸》学与易学在儒家形而上学发展史中所起的作用。希望通过这些探索,能够对《中庸》学与儒家形而上学的关系形成整体认识,更好的还原儒家形而上学的发展史,从而进一步推动儒家哲学研究走向深入。总的来说,就是要考察《中庸》学在儒家形而上学形成、发展、演变过程中所起的作用,而关键就是要探究《中庸》学在儒家本体论的构建、发展等过程中所起的作用。

在以上思路的指导下,本文主要内容有:

其一,先秦《中庸》学与儒家形而上学的构建。这首先要考察前《中庸》时代的儒家形而上思想,涉及的典籍有《尚书》、《论语》、郭店楚简等,且主要通过对中、庸、中庸、道、天等范畴的考察来实现;其次,考察《中庸》的形而上学思想;再次,考察孟子、荀子、《易传》等的《中庸》学所体现的形而上学思想。其二,汉唐《中庸》学与儒家形而上学的延续与深化。这部分主要包括两方面:一是考察董仲舒、王通、孔颖达以及刘禹锡等人的《中庸》学所蕴含的形而上学思想,他们的形而上学思想是对孔子等人的形而上学思想的延续;二是考察李翱《中庸》学的形而上学思想,这是对《中庸》、孟子的形而上学思想的延续,也带来了汉唐儒家形而上学思想的转向。其三,宋代理学《中庸》学与儒家本体论的构建与深化。这主要涉及了周敦颐、张载、二程及后学、朱熹、陆九渊、张栻等。其四,明清《中庸》学与儒家本体论发展的多样化。这主要涉及陈献章、湛若水、王阳明、刘宗周以及王夫之等人。

四、研究方法

第一,思想史与学术史相结合的方法。就思想史与学术史相结合而言,张岂之简明扼要地指出:"思想史更加偏重理论思维(或逻辑思维)演变和发展的研究",同时又说:"学术史必须研究'学术',而'学术'的载体主要是学术著作……要求学术史研究并评论有代表性的学术成果,以阐明其学术意义和历史意义。"①结合本书来说,就是以《中庸》为载体,考察不同时期学人对其的阐释,从而构成《中庸》学史;而通过对《中庸》学史的解读,来凸显儒家形而上学的发展变化,这种变化就是把有形有象的世界抽象成无形无象、看不见、摸不着的世界,最后上升至为天地万物的产生、发展追寻根据、根源。

第二,思想史与社会史相结合的方法。对《中庸》学与儒家形而上学关系的研究,不仅要考察《中庸》学演变带来了儒家形而上学的发展变化,同时还要考察儒家形而上学的变化反过来是如何推动《中庸》学发展的。儒家形而上学的变化反过来推动《中庸》学的发展,一定程度上就同社会史结合起来。比如,儒学在唐代为了与佛老相抗衡,就希望回归到先秦的孔孟仁义之道,回归到讲心性的思孟学派,这就带来了唐代后期对《孟子》《中庸》等经典的重视。

第三,历史与逻辑相统一的方法。它既是历史学研究的基本原则,又是其重要的研究方法。本书在对儒家形而上学的阐述中,就要注意到其演变过程,

---

① 张岂之主编,王宇信等撰述:《中国近代史学学术史》,中国社会科学出版社1996年版,"序"第1页。

同时还要寻找出其演变的内在逻辑性。我们把儒家形而上学看成在宋代前后有两种不同层次:在宋之前的儒家形而上学只是实现了抽象,而没有构建儒家本体论,只有在进入宋代以后理学家才构建起了儒家本体论。这种阶段划分既体现了历史性,更体现了逻辑性。

第四,从第一手资料出发,采取比较、归纳、综合的方法。这表现在对不同时期的《中庸》学与儒家形而上学关系的阐述中,根据《中庸》学的具体内容来归纳出其与儒家形而上学的关系;同时为了凸显《中庸》学在儒家形而上学发展过程中的作用,就必须同易学在儒家形而上学发展过程中的作用相比较。

第一章 先秦《中庸》学与儒家
形而上学的构建

《中庸》作为儒家文献中哲学性比较强的著作,蕴含着丰富的形而上学思想。正是因为《中庸》蕴含着丰富的形而上学思想,所以历朝历代对《中庸》都有研究和注释。这种研究和注释,在先秦时期就产生了。同时《中庸》形而上学思想的出现,并不是无本之源,它也有自己的思想渊源。因而,要梳理先秦《中庸》学与儒家形而上学的关系,就要探讨《中庸》形而上学思想的来源、《中庸》形而上学思想的具体表现、孟荀等的《中庸》学与儒家形而上学之间的关系。

第一节 前《中庸》时代的儒家形而上思想

《中庸》的形而上学思想来源于对前《中庸》时代思想的吸收,特别是来源于对前《中庸》时代儒家形而上思想的吸收。一定程度上,可以说《中庸》的形而上学思想就是对前人思想的继承与发展。同时,这反映的是儒家形而上学对《中庸》学发展的促进作用。需要说明的是,《中庸》的形而上思想比较成熟,有一套成型的体系。而在《中庸》之前,儒家形而上思想主要体现在一些零散的概念上,如中、庸、中庸、道、天等,它们又散落在《诗经》《易经》《尚书》

《论语》以及郭店楚简等中。因而,对前《中庸》时代儒家形而上思想的探讨,就是要探讨《诗经》《易经》《尚书》《论语》以及郭店楚简等当中这些概念所蕴含的形而上思想。当然,并不是说在《中庸》之前,儒家就没有出现成体系的形而上学思想,只是说它们不如《中庸》那么成熟而已。

一、《诗经》《易经》《尚书》对中、庸、道的界定

孔子儒学的开创,来源于对三代时期特别是对西周礼乐文明的吸收。三代的思想,又主要集中在"五经"中,而且经过孔子的删改,一定程度上可以看成儒家思想的体现。本书就以《诗经》《尚书》《易经》为考察对象,来探讨在儒学开创之前的形而上思想内容,而这又主要通过对这些著作中的"中""庸""道"含义的分析来体现。

1. 中

"中"在《诗经》《尚书》以及《易经》中经常出现,通过分析它的含义就能显现出抽象的形而上思想。"中"字的原义是什么?《说文解字》中有:"中,内也。从口、丨,下上通也。"①段玉裁注:"按中字会意之恉,必当从口,音围。卫宏说:用字从卜中。则中之不从口明矣。俗皆从口,失之。云下上通者,谓中直或引而上或引而下皆入其内也。"②这就认为"中"是以"内"为本义。这种看法是否合理呢? 唐兰说:"余谓中者最初为氏族社会之徽帜,《周礼·司常》所谓'皆画其象焉,官府各象其事,州里各象其名,家各象其号',显为皇古图腾制度之孑遗。此其徽帜,古时用于集众,《周礼·大司马》:'教大阅,建旗以致民,民至,仆之,诛后来者,亦古之遗制也。'盖古有大事,聚众于旷地,先建中焉,群众望见中而趋附,群众来自四方,则建中之地为中央焉。列众为陈,建中之酋长或贵族,恒居中央,而群众左之右之望见中之所在,即知为中央矣。

---

① （汉）许慎撰,（清）段玉裁注:《说文解字注》,上海古籍出版社1988年版,第20页。下文出处相同。

② 《说文解字注》,第20页。

然则中本徽帜,而其所立之地,恒为中央,遂引申为中央之义,因更引申为一切之中。后人既习中央等引申之义,而中之本义晦。"①可见,唐兰认为"中"的本来含义指旗帜,后来引申为"中央""中间"的"中"。有学者不同意唐兰的观点,认为:"以'中'为旗帜,是一种误解,旗字来源于㫃","'中'字的本义应是事物的中点或中部,推而广之则为中央、中间。又由于'中'的重要特点是平衡,于是有了'正'的意思,正则不偏不倚,故常常'中正'连言,然后再由具体事物的正中而又推广到抽象的事物,则又有'中正'。"②这就认为"中"的本义应该为"事物的中点或中部",后来才引申为"中央""中间""中正"的"中"。对于"中"的本义,还有其他看法。③ 不过,从上面的诸观点可以看出,"中"最开始不管是旗帜还是事物的中点或中部等,都指的是具体事物,后来才引申为空间意义上的中,再后来才引申为具有形而上意义的中,即从德上来说的"中正"。

"中"具体在《诗经》《尚书》《易经》中有哪些含义? 如何来体现形而上思想? 这就需要解析这些著作当中的"中"字。"中"字,在殷商甲骨文中已经出现。卜辞中有许多关于"中"的辞例,如"壬申卜,殻贞,我立中"④,"丙子其立中,无风,八月"⑤,"丁酉贞,王作三师右中左"⑥,"中日往,不雨,吉"⑦。仔细分析,可以发现上面几条甲骨文的"中"字实际上包含两层含义:第一、二条当中的"中"字与"立"联合构成"立中",此处的"中"指的是旗帜,为中的本义;而第三、四条当中的"中"字,含义有所变化,是在其本义的基础上引申为中央之义,然后再发展为方位以及时辰的"中"。可见,这些"中"字指的是具体事

---

① 唐兰:《殷墟文字记》,中华书局 1981 年版,第 53—54 页。

② 雷庆翼:《"中"、"中庸"、"中和"平议》,《孔子研究》2000 年第 3 期。

③ 参见萧兵:《中庸的文化省察——一个字的思想史》,湖北人民出版社 1997 年版,第 3—100 页。

④ 郭沫若主编:《甲骨文合集》811,中华书局 1982 年版。下文出处相同。

⑤ 郭沫若主编:《甲骨文合集》7369。

⑥ 郭沫若主编:《甲骨文合集》33006。

⑦ 郭沫若主编:《甲骨文合集》28569。

物或事物的性质。

《诗经》当中也有许多"中"字,其含义主要有两个:一个是表示时间、方位等,这主要是从外在方面来说的,而且这方面的用法最多。"简兮简兮,方将万舞。日之方中,在前上处。"①"方中",指的是正好中午。"昔在中叶,有震且业。允也天子,降予卿士。"②中叶,即中世,指成汤时。可见,作为时间的"中",是指一天的正午或某段时期的中叶。《诗经》的"中"绝大部分是用来表示方位的"中"。如,表示在……中,"葛之覃兮,施于中谷"③,"肃肃兔罝,施于中林"④,"泛彼柏舟,在彼中河"⑤,"瞻彼中原,其祁孔有"⑥,"鸿雁于飞,集于中泽"⑦。这些"中",就是指的山谷中、树林中、河流中、原野中、水泽中。此外,表示方位的"中",还具体指某一事物的内部。"清人在轴,驷介陶陶。左旋右抽,中军作好"⑧,"中军"指军中。"中唐有甓,邛有旨鹝"⑨,"中唐"指的是古代堂前或门内的甬道。另一个是表示内心、心中,这是从内在方位来说的。这方面的例子也比较多,如"终风且暴,顾我则笑。谑浪笑敖,中心是悼"⑩,意思是:大风越刮越厉害,你对我的戏弄和调笑太放纵,使我内心感到既害怕又烦恼。"二子乘舟,泛泛其景。愿言思子,中心养养"⑪,看着乘舟远远而去的两位朋友,深深的思念使我心中充满了惆怅。

《易经》对"中"含义的界定则主要包括以下三个方面:

首先,从时间、空间上看,"中"指中间。"中"从时间上来说,首先指事情

① 《诗经·邶风·简兮》,王秀梅译注:《诗经》,第75—76页。
② 《诗经·商颂·长发》,王秀梅译注:《诗经》,第824页。
③ 《诗经·周南·葛覃》,王秀梅译注:《诗经》,第4—5页。
④ 《诗经·周南·兔罝》,王秀梅译注:《诗经》,第14页。
⑤ 《诗经·鄘风·柏舟》,王秀梅译注:《诗经》,第89页。
⑥ 《诗经·小雅·吉日》,王秀梅译注:《诗经》,第388页。
⑦ 《诗经·小雅·鸿雁》,王秀梅译注:《诗经》,第390页。
⑧ 《诗经·郑风·清人》,王秀梅译注:《诗经》,第162页。
⑨ 《诗经·陈风·防有鹊巢》,王秀梅译注:《诗经》,第277页。
⑩ 《诗经·邶风·终风》,王秀梅译注:《诗经》,第57页。
⑪ 《诗经·邶风·二子乘舟》,王秀梅译注:《诗经》,第88页。

进行到中间、中途。《讼》卦的卦辞有"有孚,窒惕,中吉终凶"①,"中"与"终"相对应。对于这句话的解释有多种,高亨在《周易大传今注》说:"筮遇此卦,战争中有所俘虏,但须恐惧警惕,其过程是中段吉、终段凶。"②《复》卦爻辞有"六四:中行独复"③,"中行"指"中途","中行独复"意味着与他人同行,而行至中途,自己一人独返。"中"还指"日中",即正午。《丰》卦的卦辞为:"亨,王假之,勿忧,宜日中。"④举行享祭,君王应该亲自到祭祀处,有危难事也不要打扰,享祭的时间最好在正午。《丰》卦的爻辞也多次谈及"日中",如"六二:丰其蔀,日中见斗,往得疑疾,有孚,发若吉"⑤,"九三:丰其沛,日中见沫,折其右肱,无咎","九四:丰其蔀,日中见斗,遇其夷主,吉"⑥。"中"从空间上说,指在……中间。《屯》卦爻辞有:"六三:即鹿无虞,惟入于林中,君子几不如舍,往吝"⑦,这是说君子逐鹿而没有虞官的帮助,鹿跑入林中,则求之不如舍之,如果仍要去求之,亦很难得到。《师》卦爻辞也有:"九二:在师中吉,无咎,王三锡命"⑧,身在军旅之中就吉利,也没有灾害,且受到君王多次奖赏并委以重任。其次,"中"作为动词,有"射中"的意思,这实际上是由名词"中心"转化过来的。《中孚》的卦辞为:"中孚豚鱼,吉。"⑨"中",射中也。孚,借为浮,漂浮在水面。"中浮豚鱼",射中漂浮在水面上的豚鱼。再次,《易经》对"中"的界定,还体现在把"中"与人的行为联系起来,"中"作为形容词"正"的意思。《夬》卦爻辞有:"九五:苋陆夬夬中行,无咎。"⑩这里读苋为宽,读陆为

① 《易经·讼》,高亨:《周易大传今注》,第87页。
② 高亨:《周易大传今注》,第87页。
③ 《易经·复》,高亨:《周易大传今注》,第184页。
④ 《易经·丰》,高亨:《周易大传今注》,第337页。
⑤ 《易经·丰》,高亨:《周易大传今注》,第338页。
⑥ 《易经·丰》,高亨:《周易大传今注》,第339页。
⑦ 《易经·屯》,高亨:《周易大传今注》,第73页。
⑧ 《易经·师》,高亨:《周易大传今注》,第93页。
⑨ 《易经·中孚》,高亨:《周易大传今注》,第360页。
⑩ 《易经·夬》,高亨:《周易大传今注》,第281页。

睦。宽睦谓对人宽大和睦。夬夬,决决也,谓行事非常果断。中,正也。行,行为。中行,中正的行为。以上这句话的意思就是说人对人宽大和睦,坚决果断,此乃是中正的行为,所以没有错误。

《尚书》对"中"也有阐述,其含义与《诗经》和《易经》的比较起来有明显的差别。首先,从时间、方位、等级等方面来阐释"中"。"自朝至于日中昃,不遑暇食,用咸和万民。文王不敢盘于游田,以庶邦惟正之供。文王受命惟中身,厥享国五十年。"①"日中"指中午,"中身"指中年。二者都是从时间上来看的,涉及一日的中午以及人一生的中年。"今休,王不敢后。用顾畏于民碞,王来绍上帝,自服于土中。"②"土中",即中土、中国,当时的洛邑一带居天下之中,故称中土。"厥土惟白壤,厥赋惟上上,错,厥田惟中中。"③"厥田惟中下,厥赋贞,作十有三载乃同。"④这两句话中的"中中""中下",指的是田地的高下和肥瘠的等次。一共分九等,"中中"是第五等,"中下"则是第六等。

其次,"中"指适当、合乎。"兹式有慎,以列用中罚。"⑤"中",指适当地。"中罚"指适当地实施处罚、轻重适中的处罚。"丕惟曰:尔克永观省,作稽中德。"⑥"中",合乎。"中德",合乎道德,"作稽中德"指人的举止也合乎道德。也有种说法,认为"中德"为中正之德。这实际上在合乎道德的基础上更进一步,提出人要有中正之德。

再次,"中"指公平以及在此基础上推出的中正之道。"民兴胥渐,泯泯棼棼,罔中于信,以覆诅盟。"⑦"永畏惟罚,非天不中,惟人在命。"⑧"中",公平。

---

① 《尚书·无逸》,李民、王健撰:《尚书译注》,上海古籍出版社2004年版,第315页。下文出处相同。

② 《尚书·召诰》,李民、王健撰:《尚书译注》,第289页。

③ 《尚书·禹贡》,李民、王健撰:《尚书译注》,第55页。

④ 《尚书·禹贡》,李民、王健撰:《尚书译注》,第58页。

⑤ 《尚书·立政》,李民、王健撰:《尚书译注》,第356页。

⑥ 《尚书·酒诰》,李民、王健撰:《尚书译注》,第270页。

⑦ 《尚书·吕刑》,李民、王健撰:《尚书译注》,第399页。

⑧ 《尚书·吕刑》,李民、王健撰:《尚书译注》,第409页。

"罔中于信",没有公平和信义。"非天不中",不是上天对你们不公平。人们行事公平、公正,所体现出来的就是大中之道。《尚书》中就有:"汝分猷念以相从,各设中于乃心。"①这句话的意思是说人们应当同心同德、团结一致,各自心中都要有中正之道。

总之,通过对《诗经》《易经》"中"字的分析,可以知道,《诗经》《易经》的"中"主要是从时间、空间等角度来定性,并没有实现抽象,从而出现形而上思想。虽然,《易经》也讲"中行",即中正的行为,但是并没有进一步提升为中道。《尚书》则有所不同,它在讲"内心""心中"的基础上,引申出人们举止要合乎内在道德,要公平、公正,最后推出人们要有中正之道。中正之道就是对各种具体行为规范总结抽象的基础上,提升而来的中道,它具有明显的形而上特点。

2. 庸

对于"庸"字,《说文解字》中有:"庸,用也。从用庚。庚,更事也。"②如何来理解这段话?有学者研究指出:"'用'为施行,'庚'为继续,'庸'便是'连续施行'的意思。"③这实际上把"庸"看成"常",由"用"变为了"常"。那么,"庸"的原义是什么呢?这就有必要考察一下《诗经》《尚书》等当中"庸"字的含义。《诗经》中的"庸"字不多,大概不到十处。"云谁之思?美孟庸矣"④当中的"庸",指庸姓;"因是谢人,以作尔庸"⑤和"庸鼓有斁,万舞有奕"⑥当中的"庸"字为假借字,分别同"墉"和"镛",分别指"城"和"大钟"。此外,"锡之山川,土田附庸"⑦当中的"庸"字并不是独立的,它和"附"构成一个词。在

---

① 《尚书·盘庚中》,李民、王健撰:《尚书译注》,第162页。
② 《说文解字注》,用部,三篇下,第128页。
③ 雷庆翼:《"中"、"中庸"、"中和"平议》,《孔子研究》2000年第3期。
④ 《诗经·鄘风·桑中》,王秀梅译注:《诗经》,第97页。
⑤ 《诗经·大雅·嵩高》,王秀梅译注:《诗经》,第703页。
⑥ 《诗经·商颂·那》,王秀梅译注:《诗经》,第813页。
⑦ 《诗经·鲁颂·閟宫》,王秀梅译注:《诗经》,第803页。

《诗经》当中，只有"鲁道有荡，齐子庸止。既曰庸止，曷又从止"①中的"庸"字，有"用""由"的含义。"鲁道有荡，齐子庸止"的意思是说：鲁国道路平坦，文姜出嫁由此路远行，或文姜用此路远行。

如果说，《诗经》当中的"庸"字解释为"用"并不多见，那么《尚书》中的"庸"字作为"用"来讲就比较普遍。如，"朕在位七十载，汝能庸命巽朕位"②当中的"庸命"，就是指用命、顺应天命。"天秩有礼，自我五礼有庸哉！"③的"庸"，也是指"用"。这句话的意思是说：上天规定了天下人的尊卑等级之礼，因此才有天下君臣、父子、兄弟、夫妇、朋友这五礼的运用。此外，更为明显的是"惟乃丕显考文王，克明德慎罚，不敢侮鳏寡，庸庸，祗祗，威威，显民"④当中的"庸庸"，前一个"庸"字是动词，指任用，后一个"庸"字是名词，指应受任用的人，"庸庸"就是指任用应当任用的人。需要指出的是，《尚书》中的"庸"字还有其他用法。如"无总于货宝，生生自庸"⑤中的"庸"指功事，此句的意思是要求人们不要敛财，而是要通过建功立业来为民众谋求生活幸福。此外，"庸、蜀、羌、髳、微、卢、彭、濮人"⑥中的"庸"，则是指庸国，曾助周灭商，后被楚国所灭。

通过对《诗经》《尚书》中"庸"字含义的考察，可以发现，"庸"作为"用"在《诗经》中并不多见，而在《尚书》中则非常普遍，它们都还没有演变为"常"，也更谈不上对其进行抽象而发展为"常道"。此外，三代时期，"庸"字有时还指一种品德。《周礼·春官宗伯》有："大司乐……以乐德教国子：中、和、祗、庸、孝、友。"郑玄注："中犹忠也。和，刚柔适也。祗，敬。庸，有常也。善父母曰孝，善兄弟曰友。"⑦这就把"庸"看成是与"中""和"等并排的品德，一种言

---

① 《诗经·齐风·南山》，王秀梅译注：《诗经》，第 195 页。
② 《尚书·尧典》，李民、王健撰：《尚书译注》，第 9 页。
③ 《尚书·皋陶谟》，李民、王健撰：《尚书译注》，第 37—38 页。
④ 《尚书·康诰》，李民、王健撰：《尚书译注》，第 257 页。
⑤ 《尚书·盘庚下》，李民、王健撰：《尚书译注》，第 166 页。
⑥ 《尚书·牧誓》，李民、王健撰：《尚书译注》，第 204 页。
⑦ （汉）郑玄注，（唐）贾公彦疏：《周礼注疏》卷二二《春官宗伯·大司乐》，《十三经注疏》本，第 787 页。

行有常、始终如一的品德。

3. 道

对人事和自然的规律进行归纳总结,提高至人道、天道的层次,预示着形而上思想的形成。对三代形而上思想进行考察,就有必要对《诗经》《尚书》等当中的"道"字进行分析。道的本义是道路,这在《诗经》有很多体现。不过,《尚书》对"道"的界定并不仅仅局限于此。

《诗经》"道"字有三层含义:第一,指道路。这种含义占的比例最大。"载驱薄薄,簟茀朱鞹。鲁道有荡,齐子发夕。"①"有饛簋飧,有捄棘匕。周道如砥,其直如矢。"②"绵蛮黄鸟,止于丘阿。道之云远,我劳如何。"③这几段话中的"道",指的就是道路、大道。第二,指方法。这是在第一层意思的基础上引申而来的。"诞后稷之穑,有相之道。"④后稷他会种庄稼,他有生产的好方法。第三,指言说。这也是对本义"道路"引申的结果。"中冓之言,不可道也。所可道也,言之丑也。"⑤这里的"道",就是指"言说"。全段话的意思是说:宫闱中的私房话,是不能在外言说的;如果传出去,就丑不可言啊!

《尚书》中的"道"字有 11 个,涉及内容比较丰富。首先,"道"作为动词,指疏通、述说、交代之意。《禹贡》中有:"九河既道,雷夏既泽,灉、沮会同。"⑥"嵎夷既略,潍、淄其道。"⑦"岷、嶓既艺,沱、潜既道。"⑧这几个"道"通"导",疏通、疏导。"皇后凭玉几,道扬末命。"⑨此处的"道扬"为同义叠用,道指传授、述说。全句话的意思是:周成王靠着玉几,述说他的临终遗命。"适尔,既

---

① 《诗经·齐风·载驱》,王秀梅译注:《诗经》,第 202 页。
② 《诗经·小雅·大东》,王秀梅译注:《诗经》,第 477 页。
③ 《诗经·小雅·绵蛮》,王秀梅译注:《诗经》,第 566 页。
④ 《诗经·大雅·生民》,王秀梅译注:《诗经》,第 626—627 页。
⑤ 《诗经·鄘风·墙有茨》,王秀梅译注:《诗经》,第 91 页。
⑥ 《尚书·禹贡》,李民、王健撰:《尚书译注》,第 58 页。
⑦ 《尚书·禹贡》,李民、王健撰:《尚书译注》,第 60 页。
⑧ 《尚书·禹贡》,李民、王健撰:《尚书译注》,第 70 页。
⑨ 《尚书·顾命》,李民、王健撰:《尚书译注》,第 376 页。

道极厥辜,时乃不可杀。"①道,指交待、言说。人偶尔犯罪,已经把自己的罪行交待清楚,这样的人是不可杀掉的。其次,道为名词,指道理、法则。《泰誓下》有:"天有显道,厥类惟彰。"②上帝有明显的法则,他的法则应当被宣扬。最后,道指中道。《洪范》中有:"无偏无陂,遵王之义;无有作好,遵王之道;无有作恶,遵王之路;无偏无党,王道荡荡;无党无偏,王道平平;无反无侧,王道正直。会其有极,归其有极。"③有学者就把这段话中的道注释为"中道"④。这是非常有见地的。此处的"道"的确指"中道",它是与"作好"和"作恶"、"偏"和"党"、"反"与"侧"等相对应的,追求恰到好处之道。

总之,通过对《诗经》《尚书》中"道"概念含义的分析,可以获悉作为形而上意义的"中道"已经在《尚书》中出现。这种"中道"的出现,实际上是对道理、法则进一步提升的结果,同时也是与"中"的含义结合的结果。前文在分析"中"字时,也指出《尚书》的"中"有"中道"的含义。这都说明在三代前儒学时代,作为儒学思想来源之一的《尚书》中已经含有形而上思想,不过这种思想还是散落在概念"中""道"上,并没有形成形而上学。此外,作为"中庸"语素之一的"庸"字,在此时其含义指"用"以及"终始如一的品德",它也不具备形而上特点。

二、《论语》的形而上学思想

本书所讲的形而上学,就是指研究抽象道的学问。作为形而上学,应该有体系。要称之为形而上学,就必须围绕道的探讨形成体系。前文所讲的《尚书》有形而上思想,只是说它在解说"中""道"时,一定程度上实现了抽象,具有形而上的特点,但是它并没有形成形而上学。《论语》则与之不同,孔子围

---

① 《尚书·康诰》,李民、王健撰:《尚书译注》,第 262 页。
② 《尚书·泰誓下》,李民、王健撰:《尚书译注》,第 201 页。
③ 《尚书·洪范》,李民、王健撰:《尚书译注》,第 222 页。
④ 李民、王健:《尚书译注》,第 223 页。

绕着道的探讨,形成了形而上学。《论语》的形而上学与《中庸》等相比虽然不够成熟,但是与《尚书》等相比却有很大的进步。可以说,从儒家形而上学的发展史来看,《论语》就是从《尚书》发展到《中庸》中的关键一环。同时,还要指出的是,《论语》形而上学思想的构建,得力于对前面"中""庸""道"观念的吸收。

对于孔子思想中的核心概念,到底是仁,还是礼,或其他? 对此,学界有多种看法。有学者指出:"孔子对中国哲学的形而上学也有很大的贡献,而且他的形而上学体系中的最基本概念也是'道',而不是'仁'。"[1]这里,不讨论这种观点是否合理,但说明了一个问题,那就是孔子对道是非常重视的,道在孔子的思想体系中具有重要的地位。孔子明确地说:"朝闻道,夕死可矣。"[2]这就把"闻道"看成是人生的奋斗目标,认为只要"闻道",人一生足矣。为此,孔子还进一步说:"志于道,据于德,依于仁,游于艺。"[3]人一定要以道为追求的目标,也只有这样,人才能活得有价值。孔子之所以重视道,是由于道与人的日常行为是紧密联系在一起的。《论语》有:"谁能出不由户? 何莫由斯道也?"[4]"富与贵,是人之所欲也;不以其道得之,不处也。贫与贱,是人之所恶也;不以其道得之,不去也。君子去仁,恶乎成名? 君子无终食之间违仁,造次必于是,颠沛必于是。"[5]"君子学道则爱人,小人学道则易使也。"[6]第一句语是说人对道的运用,犹如进入房屋必须经过房门一样,是不可能离开道的。第二段话则是以富贵、贫贱的得与去为例,说明仁道跟人是时刻紧密结合在一块的,不管是在仓卒匆忙之时,还是在颠沛流离之时,仁道都没有离人而去。第

---

① 贾海涛:《孔子的形而上学及其对中国本体论的贡献》,《暨南学报》(哲学社会科学版)2006 年第 5 期。

② 《论语·里仁》,杨伯峻:《论语译注》,第 37 页。

③ 《论语·述而》,杨伯峻:《论语译注》,第 67 页。

④ 《论语·雍也》,杨伯峻:《论语译注》,第 61 页。

⑤ 《论语·里仁》,杨伯峻:《论语译注》,第 36 页。

⑥ 《论语·阳货》,杨伯峻:《论语译注》,第 181 页。

三句话则是以君子、小人学道的结果，再一次说明任何人都是不可能离道而去的。

如何来重视道，这也是《论语》研究抽象道的学问要解决的问题。首先，认为要处理好"道"与"食"的关系。《论语》说："君子谋道不谋食。耕者，馁在其中矣；学也，禄在其中矣。君子忧道不忧贫。""士志于道，而耻恶衣恶食者，未足与议也。"孔子认为君子追求的应该是道，而不要被外在的吃穿所左右，君子着急的是得不到道、而不是财。其次，要发挥主观能动性。"人能弘道，非道弘人"①，就是说道要靠人去宣扬，而不是反过来由道来宣扬人。人们在弘道的过程中，"士不可以不弘毅，任重而道远"②，"执德不弘，信道不笃，焉能为有？焉能为亡？"③人在弘道时一定要有毅力、要坚信不渝，也只有这样才可能"任重而道远"。再次，要通过学的方式来获得道。《论语》有："百工居肆以成其事，君子学以致其道。""虽小道，必有可观者焉；致远恐泥，是以君子不为也。"④君子要获得道，就要通过学习来进行，比如通过考察百工的"小道"（即小技术）来加深对道的认知。最后，探讨了人如何应对"天下无道"的问题。何谓"天下无道"？孔子说："天下有道，则礼乐征伐自天子出；天下无道，则礼乐征伐自诸侯出。自诸侯出，盖十世希不失矣；自大夫出，五世希不失矣；陪臣执国命，三世希不失矣。天下有道，则政不在大夫。天下有道，则庶人不议。"⑤这段话指出了"天下无道"有三种现象：第一种，由最高统治者天子做决定的制礼、作乐、出兵征伐等一类大事，变成了由诸侯、大夫以及陪臣来决定；第二种，大权旁落，大夫或陪臣掌握了政权，政治秩序非常混乱；第三种，平民百姓开始议论朝政。针对"天下无道"的现状，孔子认为人们要去努力改

---

① 《论语·卫灵公》，杨伯峻：《论语译注》，第168页。
② 《论语·泰伯》，杨伯峻：《论语译注》，第80页。
③ 《论语·子张》，杨伯峻：《论语译注》，第199页。
④ 《论语·子张》，杨伯峻：《论语译注》，第200页。
⑤ 《论语·季氏》，杨伯峻：《论语译注》，第174页。

变,"天下有道,丘不与易也"①。假如通过自己的努力,还是不能改变天下无道的现状,此时人们就应该归隐。《论语》中多处讨论"归隐",如:"天下有道则见,无道则隐。"②"君子哉蘧伯玉! 邦有道,则仕;邦无道,则可卷而怀之。"③这就以蘧伯玉为例子来说明,当政治清明时就应该入仕,当政治黑暗时就应该归隐,就应该把自己的本事收起来。

道作为核心概念,它贯穿了孔子的整个思想。《论语》说:"参乎,吾道一以贯之。"④如何来理解这个"一"或者"道",是一个非常重要的问题,它涉及了孔子"道"的具体内容。在讨论此问题之前,先考察一下《论语》对夏商周三代"道"含义的延续以及对道种类的阐述。"道听而途说,德之弃也。"⑤"力不足者,中道而废。"⑥此两处的"道",指道路。"君子易事而难说也。说之不以其道,不说也;及其使人也,器之。小人难事而易说也。说之虽不以道,说之;及其使人也,求备焉。"⑦此句话中的"道",则指正当的方式、方法,这都是把道看成是名词。此外,道还有引导、称道、治理等动词义。"忠告而善道之,不可则止,无自辱焉。"⑧这就是说在对待朋友的时候,要忠心地劝告他,并好好地引导他,如果他不听从就应该放弃。"益者三乐,损者三乐。乐节礼乐,乐道人之善,乐多贤友,益矣。"⑨有益的快乐有三种,其中就包括善于称道、宣扬别人的好处。"道千乘之国,敬事而信,节用而爱人,使民以时。"⑩此句的"道",就是治理之义,"道千乘之国"就是治理具有一千辆兵车的国家。以上,

① 《论语·微子》,杨伯峻:《论语译注》,第194页。
② 《论语·泰伯》,杨伯峻:《论语译注》,第82页。
③ 《论语·卫灵公》,杨伯峻:《论语译注》,第163页。
④ 《论语·里仁》,杨伯峻:《论语译注》,第39页。
⑤ 《论语·阳货》,杨伯峻:《论语译注》,第186页。
⑥ 《论语·雍也》,杨伯峻:《论语译注》,第59页。
⑦ 《论语·子路》,杨伯峻:《论语译注》,第143页。
⑧ 《论语·颜渊》,杨伯峻:《论语译注》,第132页。
⑨ 《论语·季氏》,杨伯峻:《论语译注》,第176页。
⑩ 《论语·学而》,杨伯峻:《论语译注》,第4页。

作为道路、方式以及引导、称道等义的"道"，都是对夏商周三代《诗经》《尚书》"道"含义的延续。不过，需要指出的是，《论语》对道的探讨，更是在此基础上实现对道的进一步抽象，构建起系统的形而上学。

《论语》中也谈到了道的种类。"父在，观其志；父没，观其行；三年无改于父之道，可谓孝矣。"①"父之道"，就是要继承父亲的志向，延续父亲志向中合理的内容。"文武之道，未堕于地，在人。"②"先王之道，斯为美。"③"文武之道"和"先王之道"，指的是先王的治国之道。此外，还有事君之道，"所谓大臣者，以道事君，不可则止"④。仔细分析，"父之道""文武之道"以及"事君之道"等，实际上都是围绕着现实社会来探讨的，它们都属于人道。对于孔子道的分类，有学者研究指出："从孔子《论语》对'道'的言说来看，他的道包含两个方面的意思：形而上超越层面的天道和形而下经验层面的人道。"⑤把孔子的道分成了天道与人道两类，这是合理的。

对于孔子天道与人道的关系，有学者说："天道为宇宙万物的存在和发展建立了本体的根据，万物的生长发育之道体现了天道的固有之德；人道是对天道本体之德的自觉把握，因而也就是天道的逻辑展开。"⑥这就凸显出人道来源于天道，认为天道是形而上超越层面的本体。有学者又说："《论语》里面已经显示出'道'是孔子哲学的本体。"⑦这是把道认为是孔子的哲学本体。此外，有学者还认为天"不仅为孔孟儒学提供了信仰的精神支柱，而且是儒家以伦理道德为核心的价值体系和知识体系的终极依据"⑧。天道、道或者天，是

---

① 《论语·学而》，杨伯峻：《论语译注》，第7页。

② 《论语·子张》，杨伯峻：《论语译注》，第203页。

③ 《论语·学而》，杨伯峻：《论语译注》，第8页。

④ 《论语·先进》，杨伯峻：《论语译注》，第117页。

⑤ 王新华：《孔子道学形而上学探本》，《湖州职业技术学院学报》2006年第2期。

⑥ 王新华：《孔子道学形而上学探本》，《湖州职业技术学院学报》2006年第2期。

⑦ 贾海涛：《孔子的形而上学及其对中国本体论的贡献》，《暨南学报》（哲学社会科学版）2006年第5期。

⑧ 郭君铭等：《孔孟天论的形而上学意义》，《江西农业大学学报》（社会科学版）2004年第2期。

否是孔子哲学的本体,这是值得商榷的问题。进一步说,孔子哲学是否存在本体,更是值得探讨的问题。我们知道,要成为本体,必须是天地万物存在的根据、根源,即构建的本体既是人类社会的根据、本原,同样也是自然社会的根据、本原。经过分析,可以发现孔子哲学实际上关注的是人类社会,他对人类社会之外的自然社会基本上没有涉及。对道的重视,也仅仅是重视人道部分,道并没有真正地贯穿天道与人道,或者说孔子并没有把人道提升到哲学本体的高度,他并没有建构起道本体。此外,对于天道来说,它也没有成为孔子哲学之本体。《论语》有:"夫子之文章,可得而闻也;夫子之言性与天道,不可得而闻也。"[1]也就是说,孔子虽然谈到了性与天道的关系,但是他并没有详细论证二者之间到底存在什么关系,并没有实现性与天道的内在合一。

孔子对天道的阐述,主要集中在天命上,对天命的探讨又集中在对天的界定上。孔子继承了西周人关于"天"的思想,承认"天"对于人生死寿夭、富贵贫贱等的主宰作用。比如:"获罪于天,无所祷也。"[2]"颜渊死。子曰:'噫!天丧予!天丧予!'"[3]"子见南子,子路不说。夫子矢之曰:'予所否者,天厌之,天厌之!'"[4]在孔子的观念里,从人的功利眼光看,"天"有给人降罪的能力,有"丧"害人的能力,有"弃绝"人的能力。所以,世人总要向"天"祷告,以图趋利避害。但是,孔子指出,如果一个人已经"获罪于天",那么,他即使要祷告也找不到地方,无论他怎么祷告也没有用处。这样的"天",具有一定的超越人间的意义。值得注意的是,"天"与人还有内在联系。在孔子看来,"天"具有"生德"的能力,使世人的天性"直"。《论语》记载:"子曰:'人之生也直,罔之生也幸而免。'"[5]此外,孔子还从人文(人创造的文化)的历史命运角度看天。《论语》记载:"子畏于匡,曰:'文王既没,文不在兹乎? 天之将丧

---

① 《论语·公冶长》,杨伯峻:《论语译注》,第46页。
② 《论语·八佾》,杨伯峻:《论语译注》,第27页。
③ 《论语·先进》,杨伯峻:《论语译注》,第112页。
④ 《论语·雍也》,杨伯峻:《论语译注》,第64页。
⑤ 《论语·雍也》,杨伯峻:《论语译注》,第61页。

斯文也,后死者不得与于斯文也;天之未丧斯文也,匡人其如予何?'"①在孔子那里,"天"还有主宰"斯文"命运的能力,可以"丧斯文"或不"丧斯文"。总之,孔子所谓的"天",主要是主宰之天,或者说是意志之天。它不仅是人的本性("德")的源泉,而且还主宰着人的功利得失,主宰着人所创造的历史文化的命运。这也说明孔子并没有把天提升到本体的高度,并没有实现超越。人道与天道的关系,在孔子这里还是一种外在的合一关系。

孔子对道的探讨就集中在人道上。"吾道一以贯之",就是指人道贯穿整个社会。那么,贯穿了整个社会的人道,具体指的是什么呢? 孔子的学生曾子认为是忠恕,"夫子之道,忠恕而已矣"②。对此,学界也有众多的看法。有学者认为是仁,"它体现了孔子思想的根本特征,构成了孔子伦理思想的核心"③。有学者研究指出:"孔子似乎理所当然地认为存在着一种'礼',并且,'礼'与一个更为广大的宇宙之道相和谐。"④这就认为是礼。此外,徐复观、庞朴等人则认为是中庸。徐复观说:"曾子以'忠恕'为孔子'一贯之道',则中庸正是孔子一贯之道。"⑤庞朴也说:"孔子思想是有一个'一'的,有一个'中心'的,这个'一',这个'中心',简单点说,就是'执两用中',或者叫'中庸'。"⑥仔细分析,不管是仁,还是礼,以及中庸,它们实际上都是孔子人道的具体表现,都是形而上的道的具体表现,而且一定程度上仁和中庸本身也具有了形而上色彩。孔子"吾道一以贯之",一定程度上是说在仁、礼以及中庸三者之间,应该以谁为核心。笔者倾向于孔子思想应该是以仁为核心。

作为孔子思想核心的仁有哪些方面的含义呢? 有学者研究指出:"根据

---

① 《论语·子罕》,杨伯峻:《论语译注》,第 88 页。
② 《论语·里仁》,杨伯峻:《论语译注》,第 39 页。
③ 朱贻庭:《中国伦理思想史》,华东师范大学出版社 1994 年版,第 38 页。
④ [美]赫伯特·芬格莱特著,彭国祥等译:《孔子:即凡而圣》,江苏人民出版社 2002 年版,第 58 页。
⑤ 徐复观:《中国人性论史》(先秦篇),上海三联书店 2001 年版,第 100—101 页。
⑥ 庞朴:《沉思集》,上海人民出版社 1982 年版,第 137 页。

《论语》提供的材料,分析地看,孔子揭示出'仁'的具体意义可能有二层:第一层为'恭'、'敬'、'惠'等具体道德规范,以及由这些规范组合成为的最高道德观念;第二层为'爱人',这是一种心理情感活动。"①在仁的这两层含义中,第一层含义凸显出仁与众多道德规范之间的关系,显现出仁的形而上特点。《论语》说:"有君子之道四焉:其行己也恭,其事上也敬,其养民也惠,其使民也义。"②这四种所谓的"君子之道":恭、敬、惠、义,就是仁的具体表现。此外,《论语》还记载:"子张问仁于孔子,孔子曰:'能行五者于天下,为仁矣。'请问之。曰:'恭、宽、信、敏、惠。恭则不侮,宽则得众,信则人任焉,敏则有功,惠则足以使人。'"③这又把恭、宽、信、敏、惠五德看成是仁的具体表现。可见,仁一方面可以表现为恭、宽、信、敏、惠等具体道德,另一方面它又是各种具体道德德目的总和,任何具体的道德德目也不等同于仁。仁具有了超越性,具有了形而上特点。仁具有形而上特点,还表现在它与礼的体用关系上。"人而不仁,如礼何? 人而不仁,如乐何?"④一个人如果没有"仁"德作基础,那么他所主张或实行的"礼"也只能是虚文,就不能是真正的"礼"。此外,在《论语》中,孔子多次强调人们在实行"礼"时,如果缺乏内在的"仁"等作必要的基础,那么只会导致"礼"不成其为真正的礼。《论语》记载:"子游问孝。子曰:'今之孝者,是谓能养。至于犬马,皆能有养;不敬,何以别乎?'"⑤子女在孝敬父母、赡养父母时,除了让他们吃饱穿暖、有房住,更重要的是要从内心去尊敬父母。如果我们在赡养父母时,内心里面毫无尊敬的情感,而只注重外在的吃饱穿暖、有房住等外在礼规范,那这和养猫养狗有什么区别呢? 从上分析,可见仁与礼之间应该存在着体用关系、内外关系,即以仁为体、礼为用,以仁为内在素质、礼为外在规范。对于孔子具有形而上特点的"仁"有什么地位,有学者

---

① 张茂泽等:《孔孟学述》,三秦出版社 2003 年版,第 122 页。
② 《论语·公冶长》,杨伯峻:《论语译注》,第 47—48 页。
③ 《论语·阳货》,杨伯峻:《论语译注》,第 183 页。
④ 《论语·八佾》,杨伯峻:《论语译注》,第 24 页。
⑤ 《论语·为政》,杨伯峻:《论语译注》,第 14 页。

指出:孔子"从根本上确立的仁学的伦理学立场,这个阶段既是认识仁体的基础阶段,也是仁体发显的基础阶段"①。这实际上指出孔子对仁的界定处于仁体发展史的基础阶段,即开始推动仁的形而上学化。

作为人道之一的中庸,在孔子思想中也具有重要的地位。"中庸"一词,首先出现在《论语》中,它是孔子对前人思想吸收的结果。有学者就研究指出:"孔子将'中'与'庸'结合为一体,既保留了'中'的原有含义,又将它发展为先秦儒家的哲学方法论和道德行为原则,形成儒家特有的'中庸'思想。"②这是非常有见地的。孔子的确保留了"中"原有的含义,比如中间以及中道等。"饭疏食饮水,曲肱而枕之,乐亦在其中矣。"③"咨!尔舜!天之历数在尔躬,允执其中。四海困穷,天禄永终。"④前者的"中"就是指中间之义,后者的"中"则是指"中道"。这个"中道",就是儒家道统论所讲的儒家传承有序的"道"。同时,孔子把"中"和"庸"结合而成的"中庸",既是一种道德,也更是一种为人处事之方法。《论语》说:"中庸之为德也,其至矣乎!民鲜久矣。"⑤这就把"中庸"认为是最高的道德,一种大家已经长久缺乏的道德。对于中庸之德与中、庸二德的关系,有学者也认为:"中、庸本为二德。中为中正之德,庸为恒常之德。中、庸二德,自古为人所重。孔子继承以往传统,赋予中、庸以新的内涵,将二者结合在一起,大力倡导中庸之德。"⑥这都认为作为道德的中庸实际上是来源于对"中""庸"二德的结合。当然,这并不是二者简单的叠加,中庸作为道德,有比其他道德更进一步的特点。有学者就指出:"孔丘认定'中庸'乃至上之德,这样的德是人们的一种内在的品质或德性","中庸作为一种德性,它所表明的是人们在社会生活中,处理人伦时的一种道

---

① 陈来:《仁学本体论》,生活·读书·新知三联书店 2014 年版,第 105—106 页。
② 商国君:《"中庸"思想辨析》,《陕西师范大学学报》(哲学社会科学版)1997 年第 3 期。
③ 《论语·述而》,杨伯峻:《论语译注》,第 70—71 页。
④ 《论语·尧曰》,杨伯峻:《论语译注》,第 207 页。
⑤ 《论语·雍也》,杨伯峻:《论语译注》,第 64 页。
⑥ 李京:《从中、庸到〈中庸〉》,《孔子研究》2007 年第 5 期。

德动机,一种道德情感,或说一种价值取向"①。可见,中庸之德同中、庸二德比较起来,它已经实行了抽象化,作为内在的德性,而不是作为外在具体伦理规范或一般行为规范的德行。此外,中庸作为为人处事的方法,在《论语》当中也有众多的记载。作为方法论的中庸,主要包含着时中、权变等思想。《论语》记载:"《关雎》,乐而不淫,哀而不伤。"②"子贡问:'师与商也孰贤?'子曰:'师也过,商也不及。'曰:'然则师愈与?'子曰:'过犹不及。'"③前者认为《关雎》这首诗体现出的快乐而不放荡、悲哀而不痛苦的情感,恰到好处。后者则以子张和子夏行事的例子来说明,子张的"过"与子夏的"不及"都一样,都不是最好的。最好的为人处事方法,就是中庸,就是要时中,就是要达到"子温而厉,威而不猛,恭而安"④的境界。在这种境界下,人体现出温和而严厉、有威仪而不凶猛、庄严而安详的时中面貌。至于中庸方法所蕴含的权变、变通思想,《论语》也有阐述。"季子然问:'仲由、冉求可谓大臣与?'子曰:'吾以子为异之问,曾由与求之问。所谓大臣者,以道事君,不可则止。今由与求也,可谓具臣矣。'曰:'然则从之者与?'子曰:'杀父与君,亦不从也。'"⑤这就以子路、冉求如何做大臣的例子来说明,臣子应该要用最合于仁义的内容和方式来对待君王,但是也不能一切顺从君王,对待弑父弑君者应该要学会权变,而不能一味顺从。

综上所述,通过对孔子道概念的解析,特别是对人道的具体体现——仁、中庸的含义分析,可知《论语》有着明显的形而上学思想。它与《尚书》相比较,已由道具有形而上特点转变为道具有形而上学。不过,需要说明的是,《论语》的形而上学还主要体现在对人道的阐述上,在天道的形而上学化方面

---

① 田文军:《道德的中庸与伦理的中庸》,《武汉大学学报》(哲学社会科学版)2004年第5期。

② 《论语·八佾》,杨伯峻:《论语译注》,第30页。

③ 《论语·先进》,杨伯峻:《论语译注》,第114页。

④ 《论语·述而》,杨伯峻:《论语译注》,第77页。

⑤ 《论语·先进》,杨伯峻:《论语译注》,第117页。

还任重而道远,这有待后学的进一步推动。

三、《郭店楚简》儒家文献的形而上学思想

《郭店楚简》中儒家文献主要有十三篇①,包括《缁衣》《五行》《鲁穆公问子思》《穷达以时》《唐虞之道》《忠信之道》、《性》(原题"性自命出")、《教》(原题"成之闻之")、《六位》(原题"六德")、《尊德义》、《父无恶》(原题"语丛三")、《物由望生》(原题"语丛一")、《名数》(原题"语丛二")。解析《郭店楚简》儒家文献的形而上学思想,主要是以《性》篇为考察的中心,同时涉及其他篇目。之所以要以《性》为考察中心,主要是由于它所蕴含的形而上学尤为明显。需要指出的是,《五行》篇并不在考察范围内。把《五行》篇排除在范围之外,主要是基于《五行》篇思想与其他篇思想有很大的区别,《五行》篇属于子思的思想②。

对于《郭店楚简》儒家文献形而上学思想的考察,也是围绕着道来进行。道具有普遍性,它是对天地万物规律的总结,因而天地万物都有道。《性》有:"道者,群物之道。"③《尊德义》也说:"莫不有道焉"④。这都说明道遍及天地万物,天地万物都应该以道为规范。对于核心概念道,它在《郭店楚简》儒家文献诸篇中都有呈现,且体现出不同的种类。《缁衣》中有:"禹立三年,百姓以仁道。"这以夏禹为例说明,仁道是君王获得民众拥护的根本保障,而且"上

---

① 注:本文所认为的《郭店楚简》儒家文献有十三篇,且每篇的命名都是取自李零《郭店楚简校读记》(增订本)(中国人民大学出版社 2007 年版),下文出处相同。

② 注:对于《郭店楚简·五行》的学派归属,陈来在文章《〈五行〉经说分别为子思、孟子所作论——兼论郭店楚简〈五行〉篇出土的历史意义》、《竹简〈五行〉篇与子思思想研究》(见杜维明主编《思想·文献·历史——思孟学派新探》,北京大学出版社 2008 年版,第 1—44 页)中,梁涛在《郭店楚简与思孟学派》(中国人民大学出版社 2008 年版)的第四章《思孟学派的形成:子思学派研究(上)》的第一节"子思《五行》新探"中,都认为它应属于思孟学派,与子思有着紧密关系。

③ 《性》,李零:《郭店楚简校读记》(增订本),第 136 页。

④ 《尊德义》,李零:《郭店楚简校读记》(增订本),第 182 页。

好仁,则下之为仁也争先"①,即君王必须以实行仁道为己任。此外,《唐虞之道》中有:"唐虞之道,禅而不传。尧舜之王,利天下而弗利也。禅而不传,圣之盛也。利天下而弗利也,仁之至也。故昔贤仁圣者如此。身穷不贪,没而弗利,穷仁矣。必正其身,然后正世,圣道备矣。故唐虞之道,禅也。"②这就以禅让制来说明尧舜时代的治国理念,认为此时部落首领的传承是跳出家族之外的传承,且部落首领的行事是为天下谋公利,而非为小家谋私利,也正是通过他们以身作则使天下得到治理。以上所讲的"仁道""唐虞之道",实际上讲的是人道当中的为政之道。此外,对于人道,还有众多的表现。《忠信之道》:"忠之为道也,百工不楛,而人养皆足。信之为道也,群物皆成,而百善皆立。"③如果人人讲求诚实,那么百工就不会粗制滥造,人人都会富足;如果人人讲求诚信,那么万物就会产生,百善也能得到传承。《六位》中有:"何谓六德?圣、智也,仁、义也,忠、信也。"④这就在忠、信二德之外,又加上了圣、智、仁、义四德。然而不管是忠、信,还是圣、智、仁、义,实际上都是为人之道。

为政之道以及为人之道都是人道的具体表现,它们来源于哪里?《物由望生》有:"人之道也,或由中出,或由外入。由中出者,仁、忠、信。由外入者,礼、乐、刑。"这就指出仁、忠、信的人道"由中出",而礼、乐、刑的人道"由外入"。"由外入",指的是礼、乐、刑等具体规范来源于对外在现实经验的归纳总结。"由中出",则是指仁、忠、信等具体的人伦道德来源于内在的人性外化。人性又来源于哪里?这就涉及人道与天道的关系。《论语》在此问题上,认为人性是由天赋予的。《郭店楚简》相关篇章在此上,与《论语》的观点有所不同,它们认为人性是由天(气)在大化流行中产生的。《物由望生》有:"天生

---

① 《缁衣》,李零:《郭店楚简校读记》(增订本),第78页。
② 《唐虞之道》,李零:《郭店楚简校读记》(增订本),第123页。
③ 《忠信之道》,李零:《郭店楚简校读记》(增订本),第130页。
④ 《六位》,李零:《郭店楚简校读记》(增订本),第170页。

百物,人为贵。"①《父无恶》说:"有天有命,有命有性,是谓生。"②有学者也研究指出:"儒简说的'天',属于一般性的统称,不似专指神学、义理或自然某一种'天'。在它看来,诸如'命'、'物'、'地'、'形'等形下层面的存在,都是'天'按其生成理序所流化的结果,它们皆以'天'为其存在的根据。"③人性来源于天的大化流行,这就说明《郭店楚简》一定程度上在人道与天道的关系上还处于初步探索阶段,它不仅没有延续孔子在此的看法,反而还有所退步。

《郭店楚简》的形而上学思想,主要集中在《性》篇。对于《性》所论述的主题是什么,学界有多种观点。有学者说:"竹简《性自命出》以三十五简为界,可以分为前后两个部分。两部分的主旨虽各有侧重,但主要都是讨论心性问题,是一篇专门的心性论之作。"④也有学者认为:"《性自命出》所论述的主题是道。这个'道'因为其'可道',故为'人道'。此'人道'始自'人情'出自'天道',终于'义'回复于天道。"⑤仔细分析这两种观点,实际上二者并不矛盾。作为道种类之一的人道,就是以人类社会为考察对象,其中涉及的核心问题必然是人的心性问题。换种说法,《性》核心探讨的问题是人道,并不是天道。那么,人道与天道有何关系。按照上面的第二种观点,实际上就认为人道出自天道。人道出自天道,必然涉及作为人道讨论核心的心性与天道到底是什么关系。此时的天道又是以天、天命等为讨论核心,因而人道出自天道就是要讨论心性与天、天命存在什么关系。前文,我们已经探讨《论语》在此上的观点为人性是由天赋予的,《郭店楚简》相关篇章在此上的观点则是认为人性是天(气)在大化流行中产生的。那么,作为《郭店楚简》形而上学尤为明显的《性》是否也持这种观点,是值得探讨的。

① 《物由望生》,李零:《郭店楚简校读记》(增订本),第 207 页。
② 《父无恶》,李零:《郭店楚简校读记》(增订本),第 194 页。
③ 丁原明:《郭店儒简"性"、"情"说探微》,《齐鲁学刊》2002 年第 1 期。
④ 梁涛:《郭店楚简与思孟学派》,中国人民大学出版社 2008 年版,第 135 页。
⑤ 王博等:《简书〈性自命出〉所论之"道"》,《学术探索》2015 年第 1 期。

《性》之所以以人道为讨论的核心,是有其原因的。具体来说,就是因为"人道"是"可道"的。《性》两次说到:"道四术,唯人道为可道也"①,"所为道者四,唯人道为可道也"②。在分析为什么"人道""可道"之前,我们也考察一下所谓的"道四术"指哪四种道。有学者依据前后文所提到的一些概念将"道四术"解释为心术、诗、书、礼乐。③ 也有学者说:"四术,四道。在通常所说的天、地、人之外的一道,当是前述'群物之道'。先秦时往往将天、地、物、人四者并列……简书自开篇至此反复谈性与物、主体与客体的关系,又明确提到'群物之道',这里所谓道之四术,似不致将其排除在外。"④这是将"道四术"解为"天、地、人、物"之道。还有学者将"道四术"解为"天、地、鬼神、人"之道,认为:"'三术'指天、地、鬼神三道。'道之而已'的'道'用为'导',谓遵循;此三道难以言说,但遵循而已。"⑤笔者倾向于最后一种观点,把"道四术"理解为天、地、鬼神、人等四道,这四道实际上就把天地万物之道都囊括进去了。此外,"唯人道为可道也"中的第二个"道"字,指导引、言说。为什么只有人道可以导引和言说的呢? 有学者认为:"'人道'并非顺应人的本性,而是对人之'性'所加予的意义与价值规划,并借《诗》、《书》、《礼》、《乐》四者以推展之。故简文称'为人道为可道'……这种考虑,或许较合于简文的思想。"⑥这就指出人道一定程度上并不是本性的体现,而是对人性加以引导和规范,而天道、地道、鬼神之道统称为的天道则是不可言说和不可导引的,因为它体现的是自然之道,具有顺其自然的特点。

《性》的形而上学思想,主要体现在构建了一个体系,这个体系以人道为核心,同时也涉及与天道之关系。《性》说:"性自命出,命自天降。道始于情,

---

① 《性》,李零:《郭店楚简校读记》(增订本),第136页。
② 《性》,李零:《郭店楚简校读记》(增订本),第138页。
③ 参见王中江:《简帛文明与古代思想世界》(北京大学出版社2011年版)第203页。
④ 陈伟:《郭店简书〈人虽有性〉校释》,《中国哲学史》2000年第4期。
⑤ 赵建伟:《郭店竹简〈忠信之道〉、〈性自命出〉校释》,《中国哲学史》1999年第2期。
⑥ 丁原植:《楚简儒家性情说研究》,万卷楼图书有限公司2002年版,第95页。

情生于性。"①它构建的体系为：天—命—性—情—道。在这个体系中，"天—命"部分讲述的是天道与人道的关系，"命—性—情—道"部分讲述的是人道，需要说明的是这个体系中的"道"具体指的是人伦规范②，它与性、情都是人道的具体体现。《性》以人道的心性问题为核心，而其中又以"性"为核心概念。围绕"性"，《性》讨论的主要关系有：天、命与性、性与情、性与教、性与心等。

　　首先，就天、命与性的关系来说，它是解决人性的来源问题。《性》说："性自命出，命自天降。"这涉及天、命、性三个概念，天与命并没有结合在一起，各自都是独立的概念。就"命"的含义来说，笔者认为应当作"生命"解。"命自天降"，讲的就是在天的大化流行中产生了人的生命，人的生命就是在自然界中自然而然出现的。对于性与命的关系来说，则性是命的一部分。之所以得出这样的结论，一定程度上是与《性》对"性"的界定有关的。《性》中有："喜怒哀乐之气，性也"，"好恶，性也"，"善不善，性也"③。如何来理解这三句话？有学者认为《性》从三个层次来探讨了性，"第一个层次是从情感质料的角度来论性的，第二个层次是从情感能力的角度来论性的，第三个层次是从人文价值指向的视角来论性的"④。归纳起来，这三个层次可以划分为两个方面，一个方面是从情感的材质来说性，另一方面则是从情感的价值取向来说性，总而言之都是以情释性。针对《性》以情感的材质来说性，有学者进一步指出："'喜怒哀乐之气，性也'，显然是以气言行，非以理言性，或者说是气性而不是道德之性、义理之性"，"《性情》（指《性》，笔者注）所说的性是气性、材质之性；是就情以言性、就欲而言性，或者说是欲性"⑤。这就指出《性》所讲之性，

---

① 《性》，李零：《郭店楚简校读记》（增订本），第 136 页。

② 注：对于"天—命—性—情—道"当中"道"的含义，或者说"道始于情"中"道"的含义，连劭名在《论郭店楚简〈性自命出〉中的"道"》（《中国哲学史》2000 年第 4 期）认为："此处之'道'，当指儒家推崇的'礼'，郭店楚简《语丛》二云：'情生于性，礼生于情。'两相对照，'道'即'礼'"。

③ 《性》，李零：《郭店楚简校读记》（增订本），第 136 页。

④ 郭振香：《〈性自命出〉情论辨析——兼论其学派归属问题》，《孔子研究》2005 年第 2 期。

⑤ 颜炳罡：《郭店楚简〈性自命出〉与荀子的情性哲学》，《中国哲学史》2009 年第 1 期。

实际上说的是人的自然属性,而人的自然属性本身就是生命的一部分、本身就是天在大化流行的过程中产生的。总之,《性》在论证天、命与性的关系时,采用的是从经验层面自人回溯到天的论说角度,来阐述性的渊源问题。

其次,就性与情的关系来说,就是性内情外、性动而情生。这就涉及以情释性的第二点,即《性》是如何从情感的价值趋向来说性。喜、怒、哀、乐、好、恶等具体情绪来源于性,性是它们产生的内在根据,性与情之间存在性内情外的关系。那么,性是如何产生情的?《性》中有:"凡动性者,物也"。性要表现为情,就需要外物的刺激才行。"所好所恶,物也。""及其见于外,则物取之也。"这两句话都提到了物的作用。至于什么是物?"见者之谓物",指看得见的东西称之为物。这实际上就把物看成是具体实在的形而下的东西。正是有物的刺激所以才产生了情,比如就是因为有好恶之物,人在针对好恶之物时才出现了好恶之情。同样的,喜怒哀悲之气要发而为喜怒哀悲之情,也需要外物的刺激才能有感而发。当然,在性与物之间,性是占主导地位的,物只是使性表现出来的外在条件;同时没有物这个外在条件,性也是没有办法表现出来的。《性》中的"凡性为主,物取之也""绌性者,势也"①,就是对性物关系的总结。此外,对于"善不善,性也"的理解,就涉及《性》人性论的属性问题。有学者研究指出:"作者(指《性》,笔者注)持的是无善恶的自然人性论。"②有学者也说:"不论是'喜怒哀乐之气'还是'好恶',它们均是自然人性,是'生之谓性'。"③的确,《性》的人性论是一种自然人性论、一种气性论,它讨论的是人的自然属性,对道德人性根本上没有涉及。至于所说的"善不善,性也",实际上是说每一个人有为善为不善的能力,而到底是为善还是为不善,则是由外在形势决定,形势使人善则善、使人不善则不善。

第三,性与教的关系,是对性与情关系的进一步延伸。人性受外物的刺

---

① 《性》,李零:《郭店楚简校读记》(增订本),第 136 页。
② 陈代波:《郭店楚简〈性自命出〉篇的人性论简析》,《东疆学刊》2000 年第 4 期。
③ 梁涛:《竹简〈性自命出〉的人性论问题》,《管子学刊》2002 年第 1 期。

激,会使人为善,也可能使人不善。具体来说,人性受外物的刺激而发展为外在的表现,有一个过程,即"凡性,或动之,或逆之,或交之,或厉之,或绌之,或养之,或长之"①。对于这段话的理解,有学者说:"使'性'能兴动者,是外在的事物;使'性'能迎受者,是通达的欣悦;使'性'能充实者,是人文的礼制;使'性'能砥砺者,是义理的价值;使'性'能制约者,是处势的准则;使'性'能教养者,是自我的调节;而人道抚育著'性'的一切展现。"②这就把人性的展现受到的诸多因素,一一揭示出来。如何来使人规避走向不善,这就需要教化。《性》有:"四海之内,其性一也,其用心各异,教使然也。"③这就认为本来每个人的性都是一样的,并没有善恶之分,后来之所以出现善与不善,就是人们受到的教育不同造成的。因而,要使人人都为善,就必须充分发挥教育的功能。《性》说:"诗书礼乐,其始出皆生于人。诗,有为为之也。书,有为言之也。礼乐,有为举之也。圣人比其类而论会之,观其先后而逆顺之,体其义而节文之,理其情而出入之,然后复以教。"④这一方面指出了教育的具体内容为《诗》《书》《礼》《乐》,另一方面则认为之所以要以此为教育内容,就是因为它们是"圣人"创作的,在创造中以人情为出发点且融会了人伦道德在里面。

第四,性与心的关系,也是对性与情关系的进一步延伸。人性要表现为情,在外需要物的刺激,而在内则需要心的参与。《性》有:"人之虽有性心,弗取不出。"⑤也就是说,虽然人人都有性,但是没有心的参与,性也没法表现为外在的情。为了进一步说明心的这个作用,《性》有:"凡忧思而后悲,凡乐思而后忻,凡思之用心为甚。叹,思之方也。其声变,则心从之。其心变,则其声亦然。吟,游哀也。噪,游乐也。啾,游声也。呕,游心也。"⑥这就认为忧乐等

---

① 《性》,李零:《郭店楚简校读记》(增订本),第 136 页。
② 丁原植:《楚简儒家性情说研究》,万卷楼图书有限公司 2002 年版,第 82 页。
③ 《性》,李零:《郭店楚简校读记》(增订本),第 136 页。
④ 《性》,李零:《郭店楚简校读记》(增订本),第 136—137 页。
⑤ 《性》,李零:《郭店楚简校读记》(增订本),第 136 页。
⑥ 《性》,李零:《郭店楚简校读记》(增订本),第 137 页。

情感都来源于人的心思发用和心态的变化。比如忧愁就来源于思,人们经常会越想越难过;同样欢乐也是来源于思,人们也会经常越想越欢乐。声音变化与心态变化,是相应的。比如,低吟是哀伤的流露,欢呼是高兴的表现;低沉的微声是声音的展现,高亢的歌唱是心灵的畅发。此外,就心的作用来说,还表现为作为事事物物的道同样需要心去领悟和把握。《性》有:"凡道,心术为主"①,就是认为人们对道的认知和运用,离不开心的主导作用。

总之,通过对《郭店楚简》,特别是对《性》篇形而上学思想的阐发,可以认识到《郭店楚简》的形而上学思想主要还是集中在人道上,对天道的探讨不多;就天道与人道的关系来说,也没有真正打通,反而由《论语》的人性由天赋予变为人性是天(气)在大化流行中产生的。不过,就人道而言,《性》构建了一个以"性"为核心的形而上学体系,涉及了对性与天、性与情、性与教、性与心等关系的探讨。如果说《论语》的人道注重的是中庸、仁等道德规范的探讨,那么《性》的人道注重的则是心性问题的探讨,二者之间的这种变化体现出儒学的发展有由外在向内在转向的趋势。不过,需要说明的是由于《性》的人性论为自然人性论,这就决定了它对心性问题的探讨不可能深入。只有把人性论界定为德性论,才可能谈得上真正打通天道与人道、也才可能引导心性论探讨的深入。后来的《中庸》以及《孟子》,就是在此前提下前行的。

第二节 《中庸》的形而上学

对于《中庸》的研究,一直是学界的热点。对《中庸》的研究,主要涉及《中庸》的产生时代、《中庸》的作者以及《中庸》的具体思想等问题。对于前两者,目前学界有众多看法②。我们一般认为《中庸》产生在孟子之前,是由孔子的孙子子思所作,其蕴含着丰富的形而上学思想。有学者就指出:"虽然《中庸》

---

① 《性》,李零:《郭店楚简校读记》(增订本),第 136 页。
② 参见拙著《宋儒〈中庸〉学研究》,陕西人民出版社 2010 年版,第 26—30 页。

常被视为儒家形而上学的巅峰,但它其实也是儒家形而上学的滥觞。"①《中庸》的确含有丰富的形而上学思想,一定程度上可以说它是对前面的《尚书》《论语》《郭店楚简》等形而上学思想的集大成者。对于《中庸》的形而上学思想,有学者研究指出:"《中庸》形上思想之主要性格,乃为一道德形上学,而其中的二个主要面向是:一、道德实践的超越根据问题,亦即是性与天道之关系,以及其所涉及之形上学;二、道德实践的工夫论问题,此即至诚尽性,率性修道之义理规模。"②还有学者也认为《中庸》的形上义理主要包括"天道——形上学意义的创生实体""性体的宇宙论意义与形上学意义""诚体——心性与道体的统一""天道性命通而为一""超越体证之工夫论"③等内容。仔细分析这两种看法,就涉及的具体内涵不论,探讨《中庸》形而上学应该包括天道、人道以及联系二者的工夫论,还有天道与人道合一所体现出来的天人合一思想。

一、天道

《中庸》对天道的讨论也是非常少,这是孔子开创儒家以来的一贯传统,儒家也主要把关注的重心放在对人道的探讨上。儒家对天道的探讨,根本目的就是要解决人道的来源问题。对天道探讨的层次不同,也就决定了形而上学的层次不同。《论语》把天看成是主宰之天,人性由天赋予,而《性》则把天看成自然之天,人性是天在大化流行中产生的。这些看法都体现出它们对天道的探讨处在起始阶段,一定程度上并没有把性与天道实现真正的合一。《中庸》对天道的探讨,就是在它们的基础上前行的。《中庸》对天道的探讨,主要集中在对"天命"和"诚"的探讨上。

---

① 杨儒宾:《〈中庸〉的"参赞"工夫论》,《湖南大学学报》2016 年第 1 期。
② 高柏园:《中庸形上思想》,东大图书股份有限公司 1988 年版,第 113 页。
③ 参见卢雪崑:《儒家的心性学与道德形上学》,文津出版社 1991 年版,第 137—157 页。

《中庸》说："天命之谓性,率性之谓道,修道之谓教。"①这句话是《中庸》全文的纲领,其中的"天命之谓性"就涉及对天道表现形式之一——"天命"的探讨。"天命"一词很早就出现,且在《论语》中有集中讨论。《论语》中有："君子有三畏:畏天命,畏大人,畏圣人之言。小人不知天命而不畏也,狎大人,侮圣人之言。"②"不知命,无以为君子也。"③"吾……五十而知天命。"④仔细分析这三个引语,可知《论语》对"天命"的态度实际上有两种:"畏天命"和"知天命"。"畏天命"指敬畏外在于人的天命,如天对人生死、富贵、贫贱、寿夭等的决定;"知天命"则是认识到天赋予给人的、又由人的内在本性发出的人的使命。不管是"畏天命"还是"知天命",都体现出"天命"是天之所命,指天赋予给人的东西。《中庸》所讲"天命"的含义是什么呢?它与《论语》"天命"的含义有何关系?这可以结合与性的关系来探讨。

有学者研究指出:"《中庸》'天命之谓性'则通过一种定义性的陈述,界定了性的内涵:天命即性,或者天之所命为性,性直接地回证、肯定天之所命者。"⑤这实际上认为"天命之谓性"有"天命即性"和"天之所命为性"两种选择。二者之间有着非常明显的差别,前者蕴含着天命即是性的意思,它取消了天命与性的差别,而直接把天命等同于性,在这种情况下《中庸》就实现了性与天道的同一,构建起了天道本体;后者关注的是人性的来源问题,认为人性来源于天,天赋予给人的东西就是人性。哪一种观点更适合《中庸》呢?杨祖汉认为:"中庸所说的天,是指使一切存在成为存在的天道而言。天道生生不已,使一切存在能发育生成,使宇宙的生化能持续而不断灭。故中庸所说的天,是指形而上的实体、创造原理及生化原理,而不是指自然之天,亦不是意谓

---

① 《中庸》第一章,《四书章句集注》。下文仅表明是第几章。另本文《中庸》的分章,来源于朱熹,他将《中庸》划分为三十三章。
② 《论语·季氏》,杨伯峻:《论语译注》,第177页。
③ 《论语·尧曰》,杨伯峻:《论语译注》,第211页。
④ 《论语·为政》,杨伯峻:《论语译注》,第12页。
⑤ 丁四新:《郭店楚墓竹简思想研究》,东方出版社2000年版,第176页。

人格神的上帝。"①这实际上就认为《中庸》以天道为本体。有学者研究则认为："'天命之谓性'既非本体论命题,亦非价值论命题,而至多只是个从万物生成的角度描述自然人性形成的事实命题","《中庸》并无哲学本体论的自觉,更无本体论与价值论融合的自觉"②。这就通过对"天命之谓性"命题的解读,认为《中庸》根本上就没有建构起本体论。还有学者认为："'天命之谓性'命题中的'天'范畴不具备形上的义理,它是人格意志的宗教之'天'","'天命之谓性'中的'天'属于哲学上本源论,而非本体论"③。这就直接认为"天命之谓性"中的"天"不是本体。当然,从以上两篇否定"天命之谓性"具有构建本体功能的陈述来看,它们又认为"天"与人性之间有着密切关系,天是人性的来源。这也间接论证了《中庸》"天命之谓性"的含义应该是天之所命为性。笔者也趋向于"天之所命为性"的观点,把天看成是主宰之天,看成是对《论语》天论的延续。之所以得出这种看法,在于《中庸》天命对天道的描述还只是处于从外在形式来探讨,并没有深入探讨天道的实质是什么,天命与性之间是一种纵向的派生关系,这也决定了天命不可能等同于人性。

《中庸》对天道的探讨,还表现在"诚"上。《中庸》说:"诚者,天之道也;诚之者,人之道也。"(第二十章)这就把诚看成是天道。前文我们提到天命也是天道的表现,那么天命与诚之间存在什么关系? 我们认为,"诚"和"天命"虽然都是天道的表现,但是二者之间存在层次之分,诚在天命的基础上进一步推动对天道实质的探讨。有学者就研究指出:"《中庸》接续孔子、曾子思路,继承并改造三代天道观,将超越而外在的、神格的、具有德性并依据德性主宰人事的'天'进一步转化为超越而内在的、作为包括人在内的宇宙万物之终极本原的道德本体。……德性之天并非外在地宰制着社会人事和宇宙万物;'天'于生人物之初,便已将德性赋予了人物,使天德内在于人物之性",同时

---

①　杨祖汉:《中庸义理疏解》,鹅湖月刊社 1984 年版,第 98 页。
②　王新水:《"天命之谓性"既非本体论亦非价值论的命题》,《人文杂志》2014 年第 5 期。
③　陆建猷等:《重识〈中庸〉"天命之谓性"中的"天"范畴》,《理论学刊》2015 年第 6 期。

又说:"那么天德的内涵究竟是什么呢? 一言以蔽之,就是'诚'。"①这表面是说《中庸》将孔子等人的外在的"天"改造为内在的道德本体,这个内在道德本体就是"诚",换种说法就是《中庸》以诚为本体。但实际上,《中庸》本身内部也存在着作为天道的诚对天命的发展,只是是否构建了诚本体值得商榷。当然,也有学者直接将"天命"等同于"诚",蒙培元就说:"天命就是天道,天道就是诚。"②这种说法取消了天命与诚之间的差别,把《中庸》看成是前后思想内容一致的著作,这一定程度上与事实是不符的。

要搞清楚天道之诚与天命的关系,首先就必须对天道之诚的含义进行分析。《说文解字》:"诚,信也。从言,成声。"③"言"为会意字,在甲骨文中已经出现,主要为告祭之意,意思是指在对祖先、神的告祭活动中不能有丝毫的欺蒙和亵渎之心,必须始终处于一种虔诚的宗教情感和心理状态才能完成告祭,并与祖先的神灵相通。可见,诚最开始指的是人们对鬼神的态度,要求人们要虔诚,不要尔虞我诈。后来,诚就由人对鬼神的态度发展为人和人之间要真实无妄、诚信不欺。那么,人所具有的"诚"德来源于哪里?《中庸》有:"自诚明,谓之性。"(第二十一章)作为人道德的诚是来源于天。诚既是天道,又是人道,二者之间有什么差别呢? 作为人道的诚是说人具有真实无妄、诚信不欺的道德,而作为天道的诚只是指出天具有真实无妄、诚信不欺的特点,并没有指出天道之诚的含义到底是什么。围绕天道之诚的理解,学者们有不同的观点。有学者通过研究,认为作为"天道"的"诚"包含以下含义:"首先,'诚'显现为'信',但'信'不一定是'诚'","其次,'诚'是自身统一","第三,'诚'是自明的","第四,'诚'乃自我实现的创生","第五,'诚'是自身同一","第六,'诚'作为自身同一的形式,具有创生性质,因其'明善'","最后,'诚'作为伦

---

① 胡治洪:《〈中庸〉新诠》,《齐鲁学刊》2007 年第 4 期。
② 蒙培元:《〈中庸〉的"参赞化育说"》,《泉州师范学院学报》(社会科学)2002 年第 5 期。
③ 《说文解字注》,言部,三篇上,第 92 页。

理道德规范的本体基础和价值之源"。① 这里,对"诚"涉及的方方面面进行了归纳,最后认为诚就有本体色彩。谭宇权则进一步指出:"前者(指'诚者,天之道也',笔者注)谓:诚乃宇宙之道。换言之,《中庸》作者以'诚'作为宇宙万物的根本法则。但何谓'诚者,物之终始'。……'终始'不是始终,而是一个特殊的概念。意为'根源'。故以上这句话,意思就是说:诚,乃万物的第一原理。……今将以上(第廿、廿五章)那两句话合观,即说:'诚'乃构成宇宙万物的第一原理。"②这就直接认为作为天道的诚是本体,它是天地万物产生的根据、根源。需要指出的是,《中庸》是否构建了本体论,是否以诚为本体,这是值得商榷的问题。

我们知道本体论的建构有两种方式:天道伦理化为人性、人性本体化为天道,而且前者体现为下行路线,后者体现为上行路线,最终目的都是实现天道与人性的同一。《中庸》的思维模式的第一步为天→人,如果以"诚"为本体,以"诚"为构成宇宙万物的第一原理,那么天道"诚"就会伦理化为人性,人性又体现为具体的人道,天道与人道应该是同一的。按照这种逻辑推理下来,"诚者,天之道也;诚之者,人之道也"这句话中的天道——"诚"应该与人道——"诚之"同一,《中庸》也的确有这种逻辑存在。然而,"诚"含义的不明确,导致它不可能成为本体。诚虽然不是本体,但是它具有了本体色彩,一定程度上推动了天道内涵的明确化。或者说,用诚来界定天道与用天命来表达天道相比较,意味着对天道的探讨从外在转向了内在,相应的天道与人性的关系由天命派生人性转为寻求诚与人性的同一。当然,诚与人性的同一对《中庸》来说并没有实现。作为天道的诚虽然含义不明确,但是天道却具有诚的这个特点。此外,《中庸》又说:"天地之道:博也,厚也,高也,明也,悠也,久也。"(第二十六章)这实际上指出天道还具有博厚、高明、悠久的特点。

---

① 龚建平:《先秦儒家"诚"的内涵、思想渊源及其文化意义》,《陕西理工学院学报》(社会科学版)2011年第1期。

② 谭宇权:《中庸哲学研究》,文津出版社1995年版,第139页。

二、人道

《中庸》的形而上学除了表现在天道上,还表现在人道上,而且它对人道的探讨也更为精深。在讨论人道之前,先对人道的基础——人性作界定。《中庸》首章所说的"天命之谓性,率性之谓道,修道之谓教",实际上提供了一个逻辑思路:天命—性—道—教,"性"恰好处在天命和道之间。前文讲到"天命之谓性"是说人性是由天赋予的,"率性之谓道"①则是说循性而行体现出道。《中庸》对人性的界定,主要集中在"喜怒哀乐之未发,谓之中;发而皆中节,谓之和。中也者,天下之大本也;和也者,天下之达道也"(第一章)这段话中。《中庸》对性的界定与《性》一样,采用以情释性的方式来进行。《中庸》虽然也是以情释性,不过只是说"喜怒哀乐之未发,谓之中"。"中"是一种状态,即情未发时无所偏倚的状态,也可以说是处于静止的状态,这如《礼记·乐记》所说的"人生而静,天之性也;感物而动,性之欲也"②。喜怒哀乐之情未发时,情处于不偏不倚的"中"态,就是人的本性,就是《中庸》所说的"性"。《中庸》还进一步指出:"中也者,天下之大本也",意思是性是产生情的大本。《中庸》虽没有明确提出体用这对概念,但性为情之大本,已经蕴含着性为体、情为用的意味。这种用情之未发状态来定义性与《性》用"气"来定义"性"有着明显的差别,有学者就指出:"《中庸》似乎看到了这一点,它抛弃了'气'这一概念,而明确地提出了'喜怒哀乐之未发谓之中'的思想,这就明确了'性'的内容,'喜怒哀乐之未发谓之中',即为天下之大本('性')。'中'即为性。

---

① 注:对"率性之谓道"有多种解释,其中关键在于对"率"的解释。郑玄、朱熹都将"率"解释为"循",比如朱熹就说:"率,循也。"(《中庸章句》第一章,朱熹:《四书章句集注》,第 17 页。)也有学者则认为:"将'率'解释为'循'是误解了子思的本义,而应将'率'解释成'帅'。"(田永胜:《中庸伦理思想新探》,《齐鲁学刊》1998 年第 6 期。)笔者同意郑玄、朱熹等人的观点,将"率"解释为"循"。

② 《礼记·乐记》,《十三经注疏》,第 1529 页。

这就克服了《性自命出》中'气'的不稳定性。"①除了这个区别,《中庸》与《性》在性的来源上也是有差别的:《中庸》的性是由天赋予的,而《性》的性是生命的一部分,它是由于天(气)的大化流行而产生的。由此,笔者认为二者最根本的区别应在于《性》的"性"为"气性",而《中庸》的"性"为"德性"。

人们按照人性行事就会显现出人道,《中庸》的人道主要涉及中庸、诚、中和等概念范畴,它们是人性在人身上体现出来的规律。

对于中庸来说,它是《中庸》前半部分主要讨论的人道。《中庸》认为人道有众多的特点,这个特点一定程度是结合中庸之道来说的。《中庸》说:"道也者,不可须臾离也;可离,非道也"(第一章)、"道不远人,人之为道而远人,不可以为道"(第十三章)。这都认为道与人是紧密联系在一起的,离开了人就不称之为道。《中庸》还举例子来进一步说明这一特点,"回之为人也,择乎中庸,得一善,则拳拳服膺而弗失之矣"(第八章)。颜回在选择中庸之道之后,从中领悟了相关道理,就会牢牢记在心中,而且永远不会把它丢掉。《中庸》还说:"君子之道,费而隐。……君子之道,造端乎夫妇,及其至也,察乎天地。"(第十二章)这就认为君子所恪守的中庸之道用途广大,无穷无尽,同时又精细隐微,无处不在;中庸之道的广大表现在匹夫匹妇都可以知、可以行,精微则表现在通过它可以洞察天地之间的一切事物。

那么,中庸之道的内容是什么呢?《中庸》说:"中庸其至矣乎! 民鲜能久矣。"(第三章)这是把中庸看成人的一种道德品质,不过在现实中人们很少能够做到。此外,《中庸》又说:"仲尼曰:'君子中庸,小人反中庸。君子之中庸也,君子而时中;小人之中庸也,小人而无忌惮也。'"(第二章)"舜其大知也与! 舜好问而好察迩言,隐恶而扬善。执其两端,用其中于民,其斯以为舜乎!"(第六章)这则是把中庸看成是为人处世的原则、方法。中庸作为方法,是与"过"与"不及"相对应的。那么,中庸是否就是"过"与"不及"的折中,还

---

① 许抗生:《〈性自命出〉、〈中庸〉、〈孟子〉思想的比较研究》,《孔子研究》2002 年第 1 期。

是本身就是一种独立的处世方法？有学者指出："由于有'两'，故有'中'，捉住两端，中就显露出来了……有两有中是为三，所以说，中庸是三分法的又一认识成果。"①中庸作为一种为人处世的独立方法，它不是"过"与"不及"之间的中间值，而是人们在为人处世时的最佳状态。总之，中庸之道，不仅是人的道德品质，同时还是为人处世的方法。《中庸》的这些观点，是对《论语》中庸思想的吸收和发展。当然，对于《中庸》对孔子中庸思想的发展，有学者研究指出："《中庸》的思想主旨，实际上拓宽了孔丘'中庸'观念。《中庸》的作者不仅从道德品质的角度理解中庸，而且将中庸理解为世间万物的普遍法则"，"这样的'中庸'，既是人们的道德品质，又是世间事物存在发展的理则与根据"②。这就认为《中庸》当中的概念"中庸"不仅仅是指道德品质，还是天地万物存在发展的理则和根据，这一定程度认为"中庸"具有本体性质。有学者也认为在《中庸》当中，"'中庸'为中常或中常之道，反映的是对事物本质规律的认识，属于哲学上本体和认识论范畴，是儒家思想的哲学基础，而一般人把它看成是道德论和方法论，这就局限和缩小了'中庸'的意义"③。这把"中庸"理解为中常之道，认为中庸就是本体。中庸是否是本体，这是值得商榷的。中庸要成为本体，只可能采取从人→天的路径，也就是把人性本体化为天道，但是《中庸》根本就没有这种思维方式，《中庸》所体现的思维方式为天→人→天，而且中庸作为道德品质和为人处世的方法，它实际上来源于天命所赋予给人的人性所展现出来的，体现的是《中庸》思维方式中的天→人。

中庸作为道德品质和为人处世的方法，在现实生活中人们很难达到其标准。《中庸》采取比较的方式来说明，"天下国家可均也，爵禄可辞也，白刃可

---

① 庞朴：《一分为三论》，上海古籍出版社 2003 年版，第 25 页。

② 田文军：《道德的中庸与伦理的中庸》，《武汉大学学报》（哲学社会科学版）2004 年第 5 期。

③ 雷庆翼：《"中"、"中庸"、"中和"平议》，《孔子研究》2000 年第 3 期。

蹈也,中庸不可能也"(第九章)。中庸之道不像天下和国家可以平定治理,不像爵位和俸禄可以推辞不受,不像锋利的刀刃可以踩踏而过,人们是很难符合它的标准的。为什么会这样呢?《中庸》就说:"道之不行也,我知之矣:知者过之,愚者不及也。"(第四章)就是因为在现实生活中,聪明的人做事往往超过了它的标准,而愚笨之人做事却又达不到它的标准。正是由于人们很难达到中庸的标准,所以中庸之道也就很难实行,"道其不行矣夫"(第五章)。当然,中庸之道很难实行,还有其他原因,比如"人皆曰:'予知';择乎中庸而不能期月守也"(第七章)。这就是说人人都认为自己是明智的,可是当他们选择了中庸这一道德准则后,却就连一个月的时间都不能坚持下去。虽然中庸之道很难实行,但是我们还是要积极地去实践。《中庸》就说:"君子依乎中庸,遁世不见知而不悔,唯圣者能之。"(第十一章)真正有德的君子,凡事都依靠中庸之道去做,即使遇到挫折,也绝不反悔。那么如何来做呢?《中庸》说:"君子素其位而行,不愿乎其外"(第十四章),"君子之道,辟如行远必自迩,辟如登高必自卑"(第十五章)。前者是说讲求中庸之道的君子,安心地坐在平时的位置上做自己应该做的事,不羡慕本分以外的名利;后者是说君子在讲求中庸之道时,应该由浅入深,就像行远路一定从近处出发,登高山一定从低处起步。人们按中庸之道行事,就要用中庸之道来调节五种人伦关系,即五达道(指君臣、父子、夫妇、昆弟、朋友五种关系),同时把中庸之道运用于国家的九经中,即运用于"修身""尊贤""亲亲""敬大臣""体群臣""子庶民""来百工""柔远人""怀诸侯"当中。

诚是《中庸》人道涉及的第二方面,它也是人的道德品质。需要说明的是,诚在《中庸》中具有多种含义,除了作为天道外,还表现为人道,而作为人道既是人的道德品质,同时还是修养方法。诚作为人的道德品质,也就是人性体现出的真实无妄、诚信不欺的品德,而且这种品德君子尤为重视,"是故君子诚之为贵"(第二十五章)。诚作为人追求的道德品质,达到"至诚"境界就会带来众多的意义和功效。《中庸》说:"唯天下至诚为能化"(第二十三章),

"至诚之道,可以前知"(第二十四章),"唯天下至诚,为能经纶天下之大经,立天下之大本,知天地之化育"(第三十二章)。也就是说只有至诚之人,才可以化育万物而达到至善之境;也只有至诚之人,才可以预知未来;同样也只有达到至诚最高境界的圣人,才能够创制治理天下的根本大法,树立起天下的根本大德,通晓天地化育万物的道理。

中和也是人道涉及的内容,它主要从境界上来说。"中和"一词首先出现在《中庸》中,它是对"中"与"和"思想融合的结果。前文探讨了"中"在《诗经》《尚书》以及《论语》等著作中的体现,"和"在这些著作中也是有体现的。《说文解字》有多种对"和"的解释,如:"盉(和),调味也"①;"和"又作"咊",从口而禾声,意为"相应的"②;……杨树达对《说文解字》的这些训释则作诠释说:"乐调谓之和,味调谓之盉,事之调适者谓之和,其义一也。"③这实际是说"和"的本意为声音相和,后来引申为五味调和、办事适当等意,因而"和"可以解释为和谐、适中、和合等。《诗经》有:"既和且平,依我磬声。"④"和",就是指曲调协调。此外,《诗经》又有:"兄弟既具,和乐且孺"⑤,《尚书》有:"协和万邦"⑥。这两处的"和",则是指和谐。《中庸》有:"致中和,天地位焉,万物育焉。"(第一章)"中和"的提出,就是把"中""和"结合在一起。这就指出如果能够达到"中和"的境界,即达到中正不偏,和谐不戾的境界,那么天地就可以各就其位而运行不息,万物也能各随其性而生长发育。中庸和中和都是人道的表现,二者之间存在着密切的关系。有学者就指出:"'中庸'是就客观事物存在、发展、变化的基本规律而言,'中

① 《说文解字注》,皿部,五篇上,第212页。
② 《说文解字注》,口部,二篇上,第57页。
③ 杨树达:《论语疏证》,吉林出版集团股份有限公司2017年版,第25页。
④ 《诗经·商颂·那》,王秀梅译注:《诗经》,第813页。
⑤ 《诗经·小雅·常棣》,王秀梅译注:《诗经》,第334页。
⑥ 《尚书·尧典》,李民、王健撰:《尚书译注》,第1页。

和'则主要指人们运用'中庸'而达到理想的和谐境界而言。"①这就指出了二者之间的关系。

三、修养论、致知论

如何来涵养中庸、诚以及中和,如何来认知道,这就涉及了《中庸》的工夫论。对此,学界多有研究。高柏园就从"率性之谓道""修道之谓教""君子之道""至诚至圣"四个方面来揭示《中庸》的工夫论。② 此外,卢雪崑也指出:"'率性之谓道'就一切人物而言,然吾人受气质的限制,故此,中庸言'修道之谓教。'中庸紧接著言'慎独'、'中和',就是专就人的道德实践而说的逆觉体证之工夫。"③以上的讨论非常宽泛,涉及了《中庸》工夫论的诸方面,不过为了集中阐述《中庸》的工夫论,本文从尊德性、道问学两方面来具体分析,即从《中庸》的修养论和致知论来探讨。

"尊德性"探讨的是《中庸》的修养论,主要涉及"慎独"等概念。对于《中庸》"慎独"的含义,自古至今,有众多的解释。郑玄说:"慎独者,慎其间居之所为。小人于隐者,动作言语,自以为不见睹、不见闻,则必肆尽其情也。"④徐儒宗也认为:"慎独是儒家的一种'内求'的道德修养方法。慎,慎重,谨慎。独,指一人独处之时。"⑤这实际上都把"慎独"解释为谨慎对待独处,也就是说在独处时不能肆意妄为,应该也要注重自省。朱熹则说:"独者,人所不知而己所独知之地也。言幽暗之中,细微之事,迹虽未形而几则已动,人虽不知而己独知之,则是天下之事无有著见明显而过于此者。"⑥这是把"慎独"看成

---

① 雷庆翼:《"中"、"中庸"、"中和"平议》,《孔子研究》2000 年第 3 期。
② 参见高柏园《中庸形上思想》,东大图书股份有限公司 1988 年版,第 131—139 页。
③ 卢雪崑:《儒家的心性学与道德形上学》,文津出版社 1991 年版,第 153 页。
④ (汉)郑玄注,(唐)孔颖达等正义:《礼记正义》卷五二《中庸》,《十三经注疏》本,第1625 页。
⑤ 陈晓芬、徐儒宗译注:《论语·大学·中庸》,中华书局 2015 年版,第 289 页。
⑥ 《中庸章句》第一章,朱熹:《四书章句集注》,第 18 页。

慎重对待独见,应时而保持独见的正确性。那么,在两种看法中,哪种更适合《中庸》呢? 笔者趋向于第二种,把《中庸》"慎独"解释为慎重对待独见。① "慎独"来源于"是故,君子戒慎乎其所不睹,恐惧乎其所不闻。莫见乎隐,莫显乎微,故君子慎其独也"(第一章),它是针对"道"的"莫见乎隐,莫显乎微"的特点来说的,也就是要求人们在道处于幽暗、细微之时应该谨慎对待自己关于道的认知。那么,如何来慎重对待有关道的独见,实际上就是要讲求内省,注重自己的内在修养。

"道问学"是"尊德性"的补充,它是探讨如何来认识道的问题。如果说"尊德性"是从内部入手,是对性进行涵养,那么"道问学"则是从外部入手,通过诸多方式来认知"道"。《中庸》对道的认知主要体现为"诚之""明诚"。《中庸》为此还专门提出了"诚之"的细目:"博学之、审问之、慎思之、明辨之、笃行之",希望通过这些方式达到"虽愚必明,虽柔必强"(第二十章)。这五种之中的"博学""审问""明辨""笃行"都是外部功夫,意思是要人们广泛地学习,审慎地询问,明确地辨析,切实地履行;而其中的"慎思之"则是内部功夫,要求人们慎重地思考,一定程度上属于"尊德性",即属于修养工夫。在《中庸》中,"尊德性"与"道问学"关注重心不同,前者倾向于从内部入手,希望通过对心、性的修养向外发展,而后者注重从外部入手去认知道,二者是有机地结合在一起的。

四、天人合一

前文探讨了《中庸》的天道、人道的具体内容,以及如何来涵养性和认知道的修养论和致知论,那么天道与人道存在什么关系? 这就有必要考察《中

---

① 注:对于《中庸》"慎独"的理解还可以参考任蜜林的《〈大学〉〈中庸〉不同论》,其将《大学》和《中庸》的"慎独"进行了比较,最后认为:"《大学》的'慎独'可以包含内、外两方面,而《中庸》仅仅有内在的方面。《大学》的'慎独'是'诚意'的意思,虽然侧重内心,但不否定'独处'的含义。而《中庸》的'慎独'则是就'性'而言的。"(《哲学研究》2015 年第 3 期)

庸》的天人关系。《中庸》的天人关系体现为天人合一，它对《论语》的天人合一有所延续和发展。《中庸》天人合一思路为：天→人→天，其中的第一个"天"指天道，"人"指人道，第二个"天"也是指"天道"，不过与第一个"天道"比较起来发生了变化，它是通过人认知后的天道，表示天道与人道的统一，或者说人性努力的最终方向或终极目的就在于与天道为一；第一个"→"指天将人性赋予给人的过程，第二个"→"则指人性返归天命的历程。对于《中庸》的天人合一所涉及的具体内容，钱穆认为："《中庸》阐述天人合一，主要有两义。一曰诚与明，二曰中与和。"①钱穆把"诚与明"作为《中庸》天人合一讨论的内容，是非常有见地的，不过，把"中与和"也作为《中庸》天人合一讨论的内容则有待商榷。实际上，《中庸》的天人合一除了体现在"诚与明"上，还主要体现在"天命—性—道—教"上。

《中庸》首章所说的"天命之谓性，率性之谓道，修道之谓教"，体现的就是天人合一的思想，展现的是"天→人→天"的逻辑思路。这句话是说，人性是由天赋予的，遵循人性发展的规律而体现出来的就是道，把道加以修明并推广于民众就是教。需要说明的是，对道的修明与推广意味着对道的涵养和认知，但这并不是最终目的，最终目的是实现对天命的回归与超越。在《中庸》中体现"天→人→天"逻辑思路，还表现在"诚与明"的关系中。《中庸》说："诚者，天之道也；诚之者，人之道也。"（第二十章）又说："自诚明，谓之性；自明诚，谓之教。诚则明矣，明则诚矣。"（第二十一章）这两段话揭示出诚与明的关系为诚—明—诚，"诚—明"是说人性来源于天道，是"自诚明"的过程；"明—诚"是说通过人的努力重新回归天道，是"诚之""自明诚"的过程。对于《中庸》的天人合一，有学者认为："天道与人道是上下贯通的，即人道由天道而来，天道亦可通过人道的修养而达到。"②这是非常确切的。

此外，"天→人→天"的逻辑思路所蕴含的"天→人"和"人→天"两部分，

---

① 钱穆：《中国学术思想史论丛》（二），生活·读书·新知三联书店 2009 年版，第 43 页。
② 任蜜林：《〈五行〉、〈中庸〉差异论》，《中国哲学史》2013 年第 4 期。

在《中庸》中也多有体现。比如,"诚者,不勉而中,不思而得,从容中道,圣人也"(第二十章)体现的就是"天→人"思路,认为圣人就是天然具有真诚的人,他的诚就是由天赋予的。《中庸》中的"唯天下至诚,为能尽其性;能尽其性,则能尽人之性;能尽人之性,则能尽物之性;能尽物之性,则可以赞天地之化育;可以赞天地之化育,则可以与天地参矣"(第二十二章),体现的则是"人→天"的思路。意思是说达到至诚境界的人,通过充分发挥自己固有的本性、充分调动一切人所固有的本性、充分领会万物固有的本性、协助天地造化养育万物等方式,最终实现对天道的认知。需要说明的是在《中庸》天人合一思想中,"天→人"部分实际上包括天命赋予人性以及天道之诚赋予人道之诚两部分内容,对于二者来说它们之间是有差别的。《中庸》"天命赋予人性"的思想来源于对《论语》天人合一思想的延续,天为主宰之天,天具有鲜明的人格色彩;而天道之诚赋予人道之诚,虽然天还具有人格色彩,但是人格色彩已经淡化,天一定程度上已经向义理之天转化,这种转化来源于用"诚"去理解天道,也正是由于此,所以许多学者认为《中庸》构建了诚本体。

总之,《中庸》在吸收前人思想的基础上,构建了鲜明的形而上学体系。这个形而上学体系以道为探讨中心,道又分为天道和人道,对于人道来说需要涵养和认知,并通过与天道的合一建构起天人合一思想。需要指出的是,《中庸》对天道的探讨已经比《论语》《性》等深入得多,特别是以"诚"来解天道的影响特别大;《中庸》"天→人"的逻辑思路,后来为建构本体论方式之一的"天道伦理化为人性"所吸收;此外,《中庸》所涉及的中庸、中和、已发、未发、慎独、尊德性、道问学等概念范畴也成为后来思想家构建形而上学体系的思想元素。有学者就鲜明地指出:"《中庸》这部极具玄思的著作,不但是儒家形而上学的经典,它也在后儒成德的实践哲学论述,也就是在工夫论中扮演极关键的角色。"①这就指出《中庸》对后学的工夫论影响极大,当然,《中庸》对后学的

---

① 杨儒宾:《〈中庸〉的"参赞"工夫论》,《湖南大学学报》2016 年第 1 期。

影响不仅仅于此。

第三节　孟荀及《易传》的《中庸》学与儒家形而上学

《中庸》在《论语》等基础上构建的形而上学体系,进一步完善了儒家形而上学的框架结构,对天道、人道以及天人合一思维方式等方面的探讨都有所深入。随后的孟子、荀子以及《易传》对《中庸》都有所研究,它们的《中庸》学一定程度上也推动了先秦儒家形而上学的发展。需要说明的是,孟子、荀子以及《易传》对《中庸》的研究,其重心是有所不同的,孟子侧重于阐发《中庸》的内在心性问题,而荀子侧重于从礼法来诠释人道,《易传》则侧重于对形而上学理论的探讨。

一、孟子《中庸》学与道的内化

孟子《中庸》学,主要体现在对《中庸》心性问题、诚等的研究上,而这又都是围绕道来展开的。孟子对道是非常重视的,认为:"天下有道,以道殉身;天下无道,以身殉道;未闻以道殉乎人者也。"①他又说:"尽其道而死者,正命也。"②前者通过对"天下有道"与"天下无道"时道与身关系的比较,凸显出为了道的实行不惜牺牲生命;后者则认为尽力行道而死的人,是死得其所。这实际上都认为道高于一切,为了道可以牺牲一切。既然道非常重要,那么在现实生活中我们的所作所为就应该按照道来行事。孟子说:"伊尹耕于有莘之野,而乐尧舜之道焉。非其义也,非其道也,禄之以天下,弗顾也;系马千驷,弗视

---

① 《孟子·尽心上》,杨伯峻:《孟子译注》,中华书局 2010 年版,第 297 页。下文出处相同。

② 《孟子·尽心上》,杨伯峻:《孟子译注》,第 278 页。

也。非其义也,非其道也,一介不以与人,一介不以取诸人。"①这里就以伊尹的例子来说明,如果不合道义,即使以天下的财富作为俸禄,即使有四千匹马系在那里,伊尹都是不会要的。推而广之,如果不合道义,人们在给予与获取上,就是一点点也是不行的。按照道来行事,孟子认为就是要按照礼义、仁义来行事。他说:"言非礼义,谓之自暴也;吾身不能居仁由义,谓之自弃也。仁,人之安宅也;义,人之正路也。旷安宅而弗居,舍正路而不由,哀哉!"②孟子通过对"自暴""自弃"的解释,认为礼义与仁义,特别是仁义是人们尤为应该重视的道,应该按照仁义来行事。孟子对道的重视,还表现在他认为应该要向孔子学习,学习孔子对道的态度。孟子针对万章问"然则孔子之仕也,非事道与",回答"事道也"③,也就是要人们像孔子一样为了行道而入仕。孟子同时又认为在入仕时,"可以仕则仕,可以止则止,可以久则久,可以速则速,孔子也。……乃所愿,则学孔子也"④。也就是说我们应该学孔子,如果能行道则入仕,反之不能行道而且有损于道就应该卸任。

孟子还对道进行了系统分析,体现出形而上的特点。孟子说:"夫道一而已矣。"⑤如何来理解"道一"的"一"? 有学者研究指出:"联系到孟子的整个思想来看,他所谓'道一'的'一',主要不是数学上的意义,而是人与人关系上的意义。'一'的意义主要是'同'或'同一',指人与人之间拥有同一的性质或共性,所以人与人之间是一类。'一'的这个意义,孟子又称之为'同道'。"⑥这实际上认为道虽然有众多表现,但实质是相同的,所以道只有一个。孟子为了进一步说明"道一",他又说:"禹、稷、颜回同道。禹思天下有溺者,由己溺之也;稷思天下有饥者,由己饥之也,是以如是其急也。禹、稷、颜子易

---

① 《孟子·万章上》,杨伯峻:《孟子译注》,第207页。
② 《孟子·离娄上》,杨伯峻:《孟子译注》,第157页。
③ 《孟子·万章下》,杨伯峻:《孟子译注》,第222页。
④ 《孟子·公孙丑上》,杨伯峻:《孟子译注》,第58页。
⑤ 《孟子·滕文公上》,杨伯峻:《孟子译注》,第102页。
⑥ 张茂泽等:《孔孟学述》,三秦出版社2003年版,第271页。

地则皆然"①,"曾子、子思同道。曾子,师也,父兄也;子思,臣也,微也。曾子、子思易地则皆然"②。这里就以夏禹、后稷、颜回以及曾子、子思的例子来说明天下之道只有一个,虽然人们的行为举止因人而异,但都是在追寻或践行着道。就如夏禹、后稷为挽救万民于洪灾、饥荒之中,可以三过家门而不入,颜回处陋巷之中,"一箪食,一瓢饮"而自得其乐,这都是由形势所决定的;反之,如果三人互相交换位置,颜回也会三过家门而不入,夏禹、后稷也会自得其乐。

　　道虽然只有一个,但在现实生活中却有众多的表现。孟子说:"今有仁心仁闻而民不被其泽、不可法于后世者,不行先王之道也。"又说:"事君无义,进退无礼,言则非先王之道者,犹沓沓也。"③这都提到了"先王之道",且认为"先王之道"没有得到实行。究其原因,主要是由于先王之道衰微,而杨墨之道横行于世。孟子明确说:"圣王不作,诸侯放恣,处士横议,杨朱、墨翟之言盈天下。天下之言不归杨,则归墨。……杨墨之道不息,孔子之道不著,是邪说诬民,充塞仁义也。仁义充塞,则率兽食人,人将相食。吾为此惧,闲先圣之道,距杨墨,放淫辞,邪说者不得作。作于其心,害于其事;作于其事,害于其政。"④正是由于杨墨之道横行于世,孔子学说才没有办法发扬,导致先王讲求的仁义之道被阻塞,并且杨墨之道对社会危害极大,在这种情况之下,必须要同杨墨之道相论辩。同时,这段话也说明先王之道的内容就有仁义。"尧舜之道,不以仁政,不能平治天下"⑤,也凸显出"仁"在先王之道中的地位。孟子还说:"尧舜之道,孝弟而已矣"⑥,"于此有人焉,入则孝,出则弟,守先王之道,以待后之学者,而不得食于子"⑦。这又认为先王之道的内容还包含着孝

---

① 《孟子·离娄下》,杨伯峻:《孟子译注》,第 183 页。
② 《孟子·离娄下》,杨伯峻:《孟子译注》,第 186 页。
③ 《孟子·离娄上》,杨伯峻:《孟子译注》,第 148 页。
④ 《孟子·滕文公下》,杨伯峻:《孟子译注》,第 141—142 页。
⑤ 《孟子·离娄上》,杨伯峻:《孟子译注》,第 148 页。
⑥ 《孟子·告子下》,杨伯峻:《孟子译注》,第 255 页。
⑦ 《孟子·滕文公下》,杨伯峻:《孟子译注》,第 133 页。

悌。需要说明的是,先王之道实际上就是政治之道,君王学习先王之道就是要把它付诸实践。孟子为此说:"欲为君,尽君道;欲为臣,尽臣道。二者皆法尧舜而已矣。不以舜之所以事尧事君,不敬其君者也;不以尧之所以治民,贼其民者也。"①孟子认为君臣之道皆取法于尧舜,大臣就要像舜一样来服侍君王,君王也要像尧一样来治理百姓。

道除了表现为先王之道,即政治之道外,还表现为为人处世之道,它们都属于人道的表现。孟子说:"责善,朋友之道也。"②朋友之道就是为人处世当中涉及的一个问题,它应该以善相责,即以为善来要求朋友。为人处世,应该遵循什么原则呢?这就是中庸之道。中庸之道不仅适用于人际关系,同样也适用于社会生活的其他方面。孟子说:"男女授受不亲,礼也;嫂溺,援之以手者,权也。"③这就以"嫂溺,援之以手"的事例来说明人们在特殊情况下应该变通,而不能恪守礼法、因循守旧。权变,体现的就是中庸之道。此外,孟子又说:"杨子取为我,拔一毛而利天下,不为也。墨子兼爱,摩顶放踵利天下,为之。子莫执中。执中为近之。执中无权,犹执一也。所恶执一者,为其贼道也,举一而废百也。"④这里,就以杨朱、墨翟、子莫的例子来说明人应该要持中道,同时更为重要的是要时中,也就是要人在持中道时注意灵活性,不能执着一点,而要随时变通;如果持中而不会改变,那么同样会危害仁义之道。对于中庸之道的运用,有学者还把它同政治联系起来,认为:"《孟子》中蕴含着丰富的中庸思想,其主要表现在治国平天下的经济措施、政刑措施和社会伦理中。经济措施以中庸之道的适度、权和时中为原则制民之产、使用民力、征收赋税和对自然界物品的获取,主张'以佚道使民';政刑措施以无过无不及的中正之道为纲,要求树立为全民谋利、注重大节的整体观,否定只顾个体利益

---

① 《孟子·离娄上》,杨伯峻:《孟子译注》,第151页。
② 《孟子·离娄下》,杨伯峻:《孟子译注》,第184页。
③ 《孟子·离娄上》,杨伯峻:《孟子译注》,第162页。
④ 《孟子·尽心上》,杨伯峻:《孟子译注》,第289页。

的偏激行为,主张'以生道杀民';社会伦理要求个人行为中正、以身作则,强调权、时中等对中庸之道的灵活运用。"①这是非常有见地的。中庸之道作为为人处世之道,的确适用于包括政治在内的社会生活的各个方面。

孟子所阐述的先王之道、为人处世之道来源于哪里? 这是值得探讨的问题。孟子继承了《中庸》"率性之谓道"的思路,认为道同样来源于人性,道是人性的表现。孟子说:"人皆有不忍人之心。先王有不忍人之心,斯有不忍人之政矣。以不忍人之心,行不忍人之政,治天下可运之掌上。"②在孟子看来,人人都有同情心,先王同样也有同情心,所以才有同情人的政治,即仁政。仔细分析孟子这一段话,可以发现,孟子所谓的"仁政",实际上就是统治者根据自己的"不忍人之心""推己及人"的结果。孟子实际上就把外在的治道和内在的心性联系在一起,为外在的治道找到了内在的根据——心性。孟子对《中庸》形而上学的发展,主要就体现在对道的来源,即人性问题进一步加强研究,并同心结合起来进行。心性问题是孟子思想的核心,它主要探讨的就是性的具体内容及价值判断、心的含义以及心性之间的关系等。就性的价值判断来说,孟子持的是人性善观点,本文就不在此赘叙。就性的具体内容来说,孟子说:"恻隐之心,仁之端也;羞恶之心,义之端也;辞让之心,礼之端也;是非之心,智之端也。"③这就认为人性主要包含仁义礼智四德,同时还认为四心来源于四德,比如同情之心是仁的萌芽,羞耻之心是义的萌芽,推让之心是礼的萌芽,是非之心是智的萌芽。四心来源于四德,也就是说四心同人性有着紧密的关系。就心与性的关系来说,孟子还认为性是以心为寓所的,也就是性是在心中的。孟子为此说:"君子所以异于人者,以其存心也。君子以仁存心,以礼存心。"④孟子又说:"心之所同然者何也? 谓理也,义也。"⑤这就认为君

① 高兵:《〈孟子〉治国平天下与中庸思想》,《船山学刊》2015 年第 5 期。
② 《孟子·公孙丑上》,杨伯峻:《孟子译注》,第 72 页。
③ 《孟子·公孙丑上》,杨伯峻:《孟子译注》,第 72—73 页。
④ 《孟子·离娄下》,杨伯峻:《孟子译注》,第 182 页。
⑤ 《孟子·告子上》,杨伯峻:《孟子译注》,第 241 页。

子之所以不同于他人,就是因为他心中有仁义;同时又换一角度来说,人们在心上的相同在于大家心中都有理义,也就是说心中有性。孟子对性的界定,与《性》《中庸》对性的界定是有所不同的。有学者就研究指出:"《性自命出》与《中庸》皆是以情释性的,而与孟子以心(道德心)释性,两者是有着根本上的区别的。"①这是非常确切的。从《性》到《中庸》,再到《孟子》,它们对性的界定体现出从以情释性向以道德心释性的转变,这是先秦儒家形而上学发展的表现。当然,需要说明的是,《性》和《中庸》虽然都是以情释性,但是二者之间是有所差别的,《性》的性指人的自然属性,而《中庸》的性则指人的道德属性,到《孟子》时性的道德属性更为明显。

孟子的人性来源于哪里,也就是说仁义礼智来源于哪里? 这是孟子思想中也要解决的一个问题,它实际上涉及了天人关系。孟子明确说:"仁义礼智,非由外铄我也,我固有之也,弗思耳矣。"②这就认为仁义礼智是人本来就有的,并不是外人给予的,只不过不曾探讨它罢了。为了进一步强调这个观点,孟子说:"人之所不学而能者,其良能也;所不虑而知者,其良知也。孩提之童无不知爱其亲者,及其长也,无不知敬其兄也。"③人具有"不学而能"的良能和"不虑而知"的良知,它们的存在就像小孩生来就会爱亲敬长一样,都是本来就有的。这种本来就有的仁义礼智就是"天爵",它们是自然而然就有的,并不像公卿大夫这种"人爵",是后天得到的。仁义礼智是人固有的,一定程度上是说它们都是由天赋予的。孟子在此上的观点,实际上是继承了《论语》《中庸》所说的"天命之谓性"的思路,把人性看成是天赋予的。不过,需要说明的是,孟子并不仅仅局限于此,他一定程度上还有所发展,把孔子、子思所讲的主宰之天向义理之天转变。孟子说:"耳目之官不思,而蔽于物,物交物,则引之而已矣。心之官则思,思则得之,不思则不得也。此天之所与我者。先

---

① 许抗生:《〈性自命出〉、〈中庸〉、〈孟子〉思想的比较研究》,《孔子研究》2002 年第 1 期。
② 《孟子·告子上》,杨伯峻:《孟子译注》,第 239 页。
③ 《孟子·尽心上》,杨伯峻:《孟子译注》,第 283—284 页。

立乎其大者,则其小者弗能夺也。"①这里就认为作为"大体"的"心之官"所具有的道德自觉能力就来源于天,这里的天不再是主宰之天,而是义理之天。如果说人的道德属性可以认为是主宰之天赋予的,那么人的道德自觉能力就只能是义理之天所转化的。总之,在孟子这里,人性的来源存在从"我固有之"向"天之所与"转变的说法,这种转变体现出从主宰之天向义理之天的过渡。对于义理之天在孟子思想中的地位,有学者研究指出:"义理之天作为无意志的道德化之天,是人之道德性的最终源泉。"②

　　心性问题作为孟子形而上学讨论的核心,它上承义理之天,下衍中庸等人道。如何来涵养心性,就成为孟子哲学不可或缺的一环。孟子对心性的涵养,一定程度上也继承了《中庸》的修养方法。在探讨它与《中庸》修养论关系之前,先考察一下其他的修养方法。孟子非常注重内在修养,他说:"养心莫善于寡欲。"③这就从"寡欲"来讲修养方法,要求人们不要有过多的欲望,否则只会让人心不宁。此外,孟子又说:"舍其路而弗由,放其心而不知求,哀哉!人有鸡犬放,则知求之;有放心,而不知求。学问之道无他,求其放心而已矣。"④这又提出了"求其放心"的修养方法,认为人们应该像丢失了鸡和狗会想方设法去寻找一样,也要把丧失的善良之心找回来。至于孟子对《中庸》修养方法的继承,主要体现在对"诚"上。《孟子》中有:"悦亲有道,反身不诚,不悦于亲矣。诚身有道,不明乎善,不诚其身矣。……至诚而不动者,未之有也;不诚,未有能动者也。"⑤要使父母高兴,就必须从内心去修养,诚心诚意地对待父母;要使自己诚心诚意,注重内心修养,首先就要明白善;把内心修养发展到极端而不能使别人感动的事是没有的,反过来不诚心就想感动别人也是不

①　《孟子·告子上》,杨伯峻:《孟子译注》,第249—250页。
②　陈代波:《试论天、命在孟子哲学中不同角色和地位》,《哲学研究》2014年第11期。
③　《孟子·尽心下》,杨伯峻:《孟子译注》,第315页。
④　《孟子·告子上》,杨伯峻:《孟子译注》,第247页。
⑤　《孟子·离娄上》,杨伯峻:《孟子译注》,第158页。

可能的。对于诚的修养方法,孟子还说:"万物皆备于我矣。反身而诚,乐莫大焉。"①在孟子看来,世界的一切完全为我所有,通过诚的内心修养方法就能把握一切,这便是最大的快乐。

二、荀子《中庸》学与道的具体化

荀子对《中庸》的研究主要是结合对孟子的批判来进行的。他说:"略法先王而不知其统,犹然而材剧志大,闻见杂博。案往旧造说,谓之五行,甚僻违而无类,幽隐而无说,闭约而无解。案饰其辞而祗敬之曰:此真先君子之言也。子思唱之,孟轲和之,世俗之沟犹瞀儒,嚾嚾然不知其所非也,遂受而传之,以为仲尼、子游为兹厚于后世,是则子思、孟轲之罪。"②这实际上就涉及荀子对思孟学派批判的具体内容:"略法先王而不知其统""五行"学说。那么,荀子对思孟学派的这两个方面是如何批判的呢? 有学者研究指出:"第一个方面是'法先王'还是'法后王'的问题。荀子提出'法后王',但荀子并非不法'先王',只不过荀子认为'先王之道'和'后王之道'是相同的,其主要内容是礼乐制度,而思孟学派只是效法'先王',就其内容来说,是效法先王的禅让与仁政,因此受到荀子的激烈批判。第二个方面是对'思孟五行'的批判。因'思孟五行'是子思比类原始五行思想而创立,这在荀子看来是'无类',又因早期《五行》没有解、说,因此被荀子批判为'无解'、'无说'。"③这种解释具有合理性,特别把法先王和法后王同礼乐制度联系起来解释,凸显出思孟学派"法先王"而不知先王所讲求的内容。先王、后王追求的"统"就涉及形而上学的"道"具体化,以及如何来求道等问题。

荀子对道的界定首先体现在天道与人性的关系。荀子说:"天行有常,不

---

① 《孟子·尽心上》,杨伯峻:《孟子译注》,第 279 页。

② 《荀子·非十二子》,王先谦撰:《荀子集解》,中华书局 1988 年版,第 94—95 页。下文出处相同。

③ 谢耀亭:《论荀子对思孟的批判》,《孔子研究》2015 年第 3 期。

为尧存，不为桀亡。应之以治则吉，应之以乱则凶。强本而节用，则天不能贫，养备而动时，则天不能病；修道而不贰，则天不能祸。……故明于天人之分，则可谓至人矣。不为而成，不求而得，夫是之谓天职。"①这里，需要说明的是，荀子所说的天指自然之天，天道指自然之天所体现的规律。仔细分析这段话，它实际包含了几层意思：第一，天道不会因人而改变；第二，人们能认识天道，并利用天道来为人服务；第三，天人相分，这是说天道与人道的职能是不同的，天道体现出顺其自然的特点。可见，天人相分实际上并没有真正指出天道与人性之间的关系。荀子又说："万物各得其和以生，各得其养以成，不见其事而见其功，夫是之谓神。皆知其所以成，莫知其无形，夫是之谓天。"这就认为天地万物都是由天(气)在大化流行中产生的，都是自然而然出现的。具体到万物之灵人来说，同样也是天在大化流行中产生的。荀子详细阐述了个人情感等的产生与天的关系，"天职既立，天功既成，形具而神生，好恶、喜怒、哀乐臧焉，夫是之谓天情。耳目鼻口形能，各有接而不相能也，夫是之谓天官。心居中虚以治五官，夫是之谓天君。财非其类，以养其类，夫是之谓天养"②。人的喜、怒、哀、乐等情感，耳、目、鼻、口、心以及形体，人生活需要的供养，都是天在大化流行中自然而然出现的。为了进一步说明人来源于天的大化流行，荀子把人性同天联系来说明，"生之所以然者谓之性。性之和所生，精合感应，不事而自然谓之性"③。人性是由阴阳之气相和而产生，且是不经过人为加工自然而然出现的。荀子又认为："凡性者，天之就也，不可学，不可事；礼义者，圣人之所生也，人之所学而能，所事而成者也。"④这就通过人性与礼义产生过程的比较，再次强调人性是天然生成的，它不像礼义等是由圣人制定，需要后天学习才能产生。总之，在荀子看来，人性是天在大化流行中自然而然产生的，

① 《荀子·天论》，王先谦撰：《荀子集解》，第306—308页。
② 《荀子·天论》，王先谦撰：《荀子集解》，第309页。
③ 《荀子·正名》，王先谦撰：《荀子集解》，第412页。
④ 《荀子·性恶》，王先谦撰：《荀子集解》，第435页。

天人是合一的。

人道是荀子讨论的重心,它涉及众多的内容。在荀子看来人性是恶的,人们所作所为体现的人道实际上就是在化恶为善,人道就是人为的表现。对于人道来说,有众多的体现形式,比如君道、臣道、先王之道、后王之道等。在荀子看来,这些道应该是相同的,特别是先王之道和后王之道更是相同的。荀子说:"天下无二道,圣人无两心。"①又说:"圣人也者,道之管也。天下之道管是矣,百王之道一是矣。"②这两句话蕴含了两层意思:一,先王之道和后王之道都是相同的;二,圣人是大道的枢要,他们对道的认识都一样。也正是由于不管是先王,还是后王,他们对道的认识是一样的,所以才带来先王之道和后王之道的同一。那么,为什么后王和先王的认识会一样呢?荀子说:"故千人万人之情,一人之情是也;天地始者,今日是也;百王之道,后王是也"③,"圣人者,以己度者也。故以人度人,以情度情,以类度类,以说度功,以道观尽,古今一度也"④。这就认为千人万人的性情就是一个人的性情,当然后王和先王的性情是一样的,同时圣人又能用己意判断事物,以今人推断古人、以今人之情推断古人之情、以现在的某一类事物推断古代同类事物、以流传下来的言论推断古人的功业、以客观规律推断万事万物的道理,这都决定了后王和先王的认识是一样的,必然也就会带来后王和先王的治国之道是一样的。

既然先王之道和后王之道是一样的,荀子所说的法后王实际上也是在法先王。这就涉及所法之道的实质问题。荀子说:"先王之道,仁之隆也,比中而行之。"⑤又说:"百王之无变,足以为道贯。……故道之所善,中则可从,畸则不可为,匿则大惑。"⑥这两段话实际上就认为先王之道就是中道,"荀子清

---

① 《荀子·解蔽》,王先谦撰:《荀子集解》,第 386 页。

② 《荀子·儒效》,王先谦撰:《荀子集解》,第 133 页。

③ 《荀子·不苟》,王先谦撰:《荀子集解》,第 48 页。

④ 《荀子·非相》,王先谦撰:《荀子集解》,第 82 页。

⑤ 《荀子·儒效》,王先谦撰:《荀子集解》,第 121 页。

⑥ 《荀子·天论》,王先谦撰:《荀子集解》,第 318 页。

楚地领会到,历代‘先王’传下来的‘道’,一以贯之的核心精神就是一个‘中’”①。的确,作为先王之道的核心精神就是中,先王之道的具体表现都要以中为准则,偏离了中就不可以施行,违背了中就会带来了极大的惑乱。中道贯穿了人们的生活,《荀子》中有:“凡事行,有益于理者立之,无益于理者废之,夫是之谓中事。凡知说,有益于理者为之,无益于理者舍之,夫是之谓中说。事行失中谓之奸事,知说失中谓之奸道。奸事奸道,治世之所弃,而乱世之所从服也。”②这是从人们的行事和言论来说的,要求不能“失中”,如果“失中”就成了“奸事”“奸道”,“奸事”“奸道”是安定的社会所抛弃,而混乱的社会所依从的。此外,荀子又说:“故其立文饰也至于窕冶;其立粗衰也,不至于瘠弃;其立声乐恬愉,不至于流淫惰慢;其立哭泣哀戚也,不至于隘慑伤生:是礼之中流也。”③这就从设立仪式的修饰以及设立不同类型的仪式时的要求,来说明一定要持中,不能过也不能不及。如,“其立哭泣哀戚也,不至于隘慑伤生”就是说在设立哭泣悲哀的仪式时,不要过分悲伤、损害身体,一定要有度。

在荀子看来,先王之道和后王之道都是一样的,而且道的核心精神为“中”。那么,中道到底体现为什么呢？这就涉及道的具体化问题。荀子明确说:“曷谓中？曰:礼义是也。”④这就涉及“中”与“礼”的关系。有学者研究指出:“‘礼’的内容比较具体,可以说是形而下的‘器’;而‘中’则是比较抽象的更高的原则,是形而上的‘道’。”⑤这是非常有见地的。“礼”的确是中道的具体表现之一,中道还可以体现为仁义等。荀子说:“仁、义、礼、乐,其致一也。君子处仁以义,然后仁也;行义以礼,然后义也;制礼反本成末,然后礼也。三者皆通,然后道也。”⑥仁、义、礼、乐都是道的具体表现,而且它们之间还存在

①　徐克谦:《论〈荀子〉的“中道”哲学》,《中国哲学史》2011 年第 1 期。
②　《荀子·儒效》,王先谦撰:《荀子集解》,第 124 页。
③　《荀子·礼论》,王先谦撰:《荀子集解》,第 363—364 页。
④　《荀子·儒效》,王先谦撰:《荀子集解》,第 122 页。
⑤　徐克谦:《论〈荀子〉的“中道”哲学》,《中国哲学史》2011 年第 1 期。
⑥　《荀子·大略》,王先谦撰:《荀子集解》,第 492 页。

着密切的关系,不过,它们的目标都是实现道。在这些具体表现中,荀子最重视的就是礼义。荀子认为:"故怀负石而赴河,是行之难为者也,而申徒狄能之;然而君子不贵者,非礼义之中也。……故曰:君子行不贵苟难,说不贵苟察,名不贵苟传,唯其当之为贵。"①这就以申徒狄抱石投河自杀等行为来说明,君子并不认为这些行为是可贵的,因为它们不符合礼义,所以荀子最后认为只有符合礼义才难能可贵。礼义之所以重要,特别是对于礼来说,因为它是治国的根本,而且也是人们行事的准则。荀子再三强调:"礼者,治辨之极也,强国之本也,威行之道也,功名之总也"②,"故人之命在天,国之命在礼"③。国家命运取决于礼,礼是治国的根本。荀子又说:"请问为人君?曰:以礼分施,均遍而不偏。请问为人臣?曰:以礼侍君,忠顺而不懈。请问为人父?曰:宽惠而有礼。请问为人子?曰:敬爱而致文。请问为人兄?曰:慈爱而见友。请问为人弟?曰:敬诎而不苟。请问为人夫?曰:致功而不流,致临而有辨。请问为人妻?曰:夫有礼,则柔从听侍;夫无礼,则恐惧而自竦也。"④这就以如何做"人君""人臣""人父""人子""人兄""人弟""人夫""人妻"的例子来说明礼义的重要性,只有通晓礼义才可能全面做到以上各点。

荀子的《中庸》学还表现在对"诚"的重视上。⑤ 这里,笔者主要从修养论上来谈荀子对《中庸》"诚"的发展。荀子的修养论涉及众多的内容,比如虚壹而静。荀子说:"人何以知道?曰:心。心何以知?曰:虚壹而静。心未尝不藏也,然而有所谓虚;心未尝不满也,然而有所谓一;心未尝不动也,然而有所谓静。"⑥这里从表面上看,谈论的是心如何来知道,应该属于致知论,但实际

① 《荀子·不苟》,王先谦撰:《荀子集解》,第37—39页。
② 《荀子·议兵》,王先谦撰:《荀子集解》,第281页。
③ 《荀子·强国》,王先谦撰:《荀子集解》,第291页。
④ 《荀子·君道》,王先谦撰:《荀子集解》,第232—233页。
⑤ 参见张洪波《〈中庸〉之"诚"范畴考辨》认为:"《中庸》的主题在《荀子》中全部都有,其一是诚则能化的主题,其二是以诚为天道的主题,其三是诚与天地化育的关系。"[《武汉大学学报》(哲学社会科学版)2007年第4期]
⑥ 《荀子·解蔽》,王先谦撰:《荀子集解》,第395页。

上谈论的是心如何达到虚壹而静的状态，这属于修养论。具体来说，就是要修养心，让心虚空、专一、安静，即让心在储藏东西时能虚空，让心在认识事物时能专一，让心在活动时有所安静。要修心，荀子认为"诚"更为重要。他说："君子养心莫善于诚，致诚则无它事矣，唯仁之为守，唯义之为行。诚心守仁则形，形则神，神则能化矣；诚心行义则理，理则明，明则能变矣。"①这段话包含了几层意思：一是认为"诚"是最好的修身养心方法；二是作为养心的"诚"与外在的仁、义规范是紧密联系在一起的，通过诚，外在的仁、义在行为上就有表现，就能认知和改变万物。可见，荀子对《中庸》的"诚"进行了改造。对此，有学者认为："荀子对'诚'所作的这种改造，显然是对《诚明》及孟子夸大主观实践能力的否定，他的'唯仁之为守，唯义之为行'可以说是孟子'由仁义行，非行仁义也'的反命题，从这一点看，荀子的思想更接近'自明诚'，而不同于'自诚明'。"②这实际上指出了荀子的"诚"为养心功夫，只有通过诚才能认知外在的仁义。荀子又说："善之为道者，不诚则不独，不独则不形，不形则虽作于心，见于色，出于言，民犹若未从也，虽从必疑。"③只有通过"诚"才能认识到仁义，认识到仁义之后德行才能表现在外面，德行不表现在外面，人们是不会顺从他的，即使顺从他也会产生怀疑。

总之，荀子的《中庸》学主要表现在认为道的核心精神就是"中"，中道又具体化为外在的仁义礼乐等，要认知仁义等，就必须通过"诚"。荀子《中庸》学不像孟子《中庸》学注重内在的心性问题，也就是说不注重道的内化，而注重的是道的具体化。这对推动儒学形而上学的发展，特别是推动儒家形而上学与现实的结合尤为重要。

---

① 《荀子·不苟》，王先谦撰：《荀子集解》，第46页。
② 梁涛：《荀子与〈中庸〉》，《中国社会科学院研究生院学报》2002年第5期。
③ 《荀子·不苟》，王先谦撰：《荀子集解》，第47—48页。

三、《易传》的《中庸》学与儒家形而上学理论构建

《易传》对《中庸》也有研究,主要集中在道、中等概念上,特别是通过对道的研究,提出了"形而上"概念,这是对前面儒家形而上学从理论上进行了归纳总结。

道是《易传》讨论的核心,《易传》围绕着道展开了多层次的探讨。首先,表现在对道的界定上。《易传》对道的界定主要体现在"一阴一阳之谓道"①"形而上者谓之道,形而下者谓之器"两句话中。对于前者的理解,关键在于对"阴""阳"的理解。阴阳,既可以理解为阴阳二气,也可以理解为阴阳二爻,还可以理解为阴阳对立的双方。不过,学界普遍将其理解为阴阳对立的双方。② 因而,"一阴一阳之谓道"指阴阳对立的双方互相依存和相互转化体现出来的规律便称之为道,道"内在的规定性是'阴阳'"③。对于后者的理解,有学者研究指出:"'形而上',即有形之上,意谓无形;'形而下',意谓有形。'道',指阴阳变易的法则……'器',指有形的器物,此处指卦画……这两句话是说,乾坤两卦,其阴阳之义是无形的,其卦画是有形的,或者说,奇偶卦画隐藏着阴阳变易的法则。"④的确,"形而上者谓之道,形而下者谓之器"的原意就是从卦画以及卦画所蕴含的法则来说的。《易传》作为对《易经》诠释形成的哲学书,就是要对《易经》六十四卦所包含的阴阳变易法则进行抽象,进行理论总结,"形而上""形而下"的提出以及与"道""器"结合就是在进行理论构建。当然,后来学人超越了用阴阳变易法则与卦画来理解"道"和"器",认为"形而上者谓之道,形而下者谓之器"指抽象的、看不见、摸不着的就是道,具体实在的、看得见、摸得着的东西就是器。

---

① 《易传·系辞上》,《周易大传今注》,第 387 页。
② 参见陈鼓应等:《周易今注今译》,商务印书馆 2005 年版,第 599 页;金景芳等:《周易全解》,上海古籍出版社 2005 年版,第 526 页;高亨:《周易大传今注》,第 387 页;杨天才等译注:《周易》,中华书局 2011 年版,第 572 页等。
③ 杨庆中:《论〈易传〉中的"道"》,《中国哲学史》2005 年第 4 期。
④ 朱伯崑:《易学哲学史》(一),昆仑出版社 2009 年版,第 87 页。

有形的卦画体现了无形的变易法则——道,这个道在《易传》中被称为"易道"。《易传》有:"其道甚大,百物不废。惧以终始,其要无咎。此之谓《易》之道也。"①如何来理解"易道"?有学者认为:"易道乃超越时空性的道(或本体);由于它能超越时空,才能包罗万事万物。由于它能超越时间,才能始终心存戒惧。故此处用的'终始'可以作为对易道本质的一种形容,意即它是超越时间的一种本体。"②这就把"易道"看成是本体。③这种看法是值得商榷的。实际上,这句话的意思是说:易道包含的道理是非常广大的,一切事物都包含在内,如果人自始至终对其都能保持敬惧之心,那么做起事来大体就不会有过失;这就是所谓的《周易》真谛。就易道的来源来说,它又和《易传》中所讲的天道、人道等产生了联系。《易传》说:"《易》与天地准,故能弥纶天地之道。仰以观于天文,俯以察于地理,是故知幽明之故。原始反终,故知死生之说。"④又说:"古者包牺氏之王天下也,仰则观象于天,俯则观法于地,观鸟兽之文与地之宜,近取诸身,远取诸物,于是始作八卦,以通神明之德,以类万物之情。"⑤这两段话实际上包含两层含义:一是,"易道主要是对天道与人道的摹写"⑥,即来源于对自然现象和社会现象的观察,将其得出的规律用六十四卦的卦象来记录;二是,由于易道取法于天道、人道,所以能包括天地之道,即能包括一切之道。对于天道、人道,《易传》中有"《易》之为书也,广大悉备,有天道焉,有人道焉,有地道焉"⑦,"是以立天之道曰阴与阳,立地之道曰柔与刚,立人之道曰仁与义"⑧。这里的天道、地道总的说都是自然之道,可以统称

---

① 《易传·系辞下》,《周易大传今注》,第444页。
② 谭宇权:《中庸哲学研究》,文津出版社1995年版,139页。
③ 注:张汝金也认为"易道"是《易传》本体,他说:"阴阳不是道,'一阴一阳'才是'道',所以易道就具有了哲学本体的意义。"(《解经与弘道——〈易传〉之形上学研究》,齐鲁书社2007年版,第215页)
④ 《易传·系辞上》,高亨:《周易大传今注》,第386页。
⑤ 《易传·系辞下》,高亨:《周易大传今注》,第419页。
⑥ 梁韦弦:《〈易传〉中的易道与天道、人道及神道》,《齐鲁学刊》2001年第6期。
⑦ 《易传·系辞下》,高亨:《周易大传今注》,第443页。
⑧ 《易传·说卦》,高亨:《周易大传今注》,第455页。

为天道,主要是指阴阳对立统一的自然发展变化规律;人道主要指仁与义相反相成的社会生活法则。同时,也正是由于易道来源于对天地之道的摹写,来源于对天地之道的记录,并不是来源于对天道或人道的转化或提升,这就决定易道不可能是本体。此外,要构建本体,实现的应该是天道和人性的真正同一,体现的是天与人的纵向关系,而易道对天道、人道的摹写、记录与此毫无关系,这也决定易道不可能是本体。

《易传》的本体是什么?《易传》是否存在本体? 这是研究《易传》形而上学需要解决的一个问题。学界对于《易传》本体的观点,除了前文所说的"易道"外,还有其他看法。有学者认为:"《易传》通过对宇宙本根——太极这一最高本体范畴的确立、以气(元气或精气)为太极范畴内涵的诠释以及对太极的宇宙本体属性——一阴一阳变化之道的创见,运用立足于阴阳学说的精湛的本体论与丰富的辩证法,阐述了由本体的太极化生天地、由天地化生万物的宇宙大化流行的过程。"[①]这是把太极认为是《易传》的本体。有学者则认为:"'易'这个概念,在《易传》中主要指万物的本原、本体的意思。"[②]这则是把"易"认为是《易传》的本体。那么,《易传》到底以哪一个为本体? 进一步说《易传》是否有本体呢? 要解决这个问题,必须同《易传》的天人关系联系起来考察。要构建本体,在天人关系上,其思维模式体现为天←→人,也就是天道和人性要实现真正的同一。不过,仔细分析《易传》的天人关系,它主要体现为人→天和天→人两种思维模式。前者说的是人道取法于天道,如,"是故天生神物,圣人则之。天地变化,圣人效之。天垂象,见吉凶,圣人象之。河出图,洛出书,圣人则之。"[③]后者是说人性是天在大化流行中产生的,如"乾道变

---

① 刘玉建:《〈易传〉宇宙生成论的建构——〈易传〉天人合一哲学体系的基本理论前提》,《周易研究》2009 年第 5 期。

② 张丽:《论"易"作为〈易传〉的本体概念》,《广东社会科学》2010 年第 3 期。

③ 《易传·系辞上》,高亨:《周易大传今注》,第 405 页。

化,各正性命"①,"成性存存,道义之门"②。《易传》中的"太极"来源于"是故易有太极,是生两仪,两仪生四象,四象生八卦"③,体现的也是天→人的思维模式。此外,在笔者看来太极指的是混沌未分的气,"两仪"则指阴阳二气,太极与阴阳之间是包含关系,并不是把太极认为是本体,太极与阴阳二气之间不存在着体用不二的关系。可见,《易传》并没有建构起天←→人的思维模式,它也不可能建构起本体,当然也谈不上以太极等为本体。

　　《易传》的《中庸》学还体现在对中的研究上,这体现出形而上的特点。前文谈到,《中庸》的"中"是一种状态,即情未发时无所偏倚的状态,就是人的本性,中一定程度是用来修饰人性的,且与道德密切联系。《易传》对中的界定,一定程度上就是对《易经》《尚书》《中庸》等"中"观的继承。《易传》对中的界定主要表现为:首先,把"中"解释为时间、空间上的"中间",且又与人联系起来,"中"指人自身、人的内心。如,《易传》把"中"看成空间上的"中间",有"地中有山"④等。《易传》又将"中"与人联系起来,且从人自身到人内心。《易传》说:"'需于沙',衍在中也。"⑤衍,过也。中,内也,指人自身。"衍在中",指过失在人自身。《易传》有:"君子'黄'中通理,正位居体,美在其中,而畅于四支,发于事业,美之至也。"⑥"中"就是指内心,"美在其中"就是说美德在人内心。其次,《易传》延续了《易经》"中,正也"的观点。《易传》说:"《蒙》'亨',以亨行时中也。"⑦这里的"中"就是"正"的意思,"时中"指得其时又得其正也。再次,《易传》把"中"的含义引申为"正中之德"以及"中正之道"。"中"由空间上的中间,引申为人的内心,同时"中"又有"正"的含义,

① 《易传·乾·彖辞》,高亨:《周易大传今注》,第43页。
② 《易传·系辞上》,高亨:《周易大传今注》,第390页。
③ 《易传·系辞上》,高亨:《周易大传今注》,第403—404页。
④ 《易传·谦·象》,高亨:《周易大传今注》,第137页。
⑤ 《易传·需·象》,高亨:《周易大传今注》,第83页。
⑥ 《易传·坤·文言》,高亨:《周易大传今注》,第67页。
⑦ 《易传·蒙·彖辞》,高亨:《周易大传今注》,第77页。

"正"在人内心的体现就是人有中正之德。《易传》有："维心亨,乃以刚中也。"①"刚中"指刚健、正中之德。《易传》说："'大蹇朋来',以中节也。"②人有大险难,有朋友来助,这是因为其有正中(高尚)的节操也。人有正中之德,体现出来就是正中之道。《易传》有："龙,德而正中者也。"③这是把"在田"之龙比喻为有才德而行正中之道的大人。《易传》还把"中"与"庸"联系起来用,从而来凸显"正中之道"。《易传》说："庸言之信,庸行之谨,闲邪存其诚,善世而不伐,德博而化。"④庸,平常。具有正中之道的大人平常所言必讲信用、平常的行为也是谨慎的,他防止邪恶而内心保持真诚,他有功于人、有惠于民而从不自我夸耀,其道德广大而能感化人心。

综上所述,在先秦时期,《中庸》学与儒家形而上学的构建有着紧密的关系。在前《中庸》时代,《诗经》《易经》《尚书》《论语》以及郭店楚简《性》对中、中庸、道等都有研究,在这些研究中体现出形而上特点,特别是对于《论语》和《性》来说,它们构建了初步的儒家形而上学。《中庸》就是在它们的基础上,以道为探讨核心,通过对天道——天命、诚,以及人道——中庸、诚、中和的阐发,再通过对尊德性、道问学等修养论、致知论的探讨,凸显了天人合一的思维模式,最终构建了内容完善的儒家形而上学。《中庸》所讨论的概念、命题为后学提供了丰富的思想资源,他们通过阐释,一方面促进了《中庸》学的发展,另一方面则推动了儒家形而上学的发展。孟子、荀子以及《易传》就是通过对《中庸》的诠释,来推动《中庸》学以及儒家形而上学的发展。当然,这三者的《中庸》学是各具特点的,比如孟子《中庸》学就与心性问题结合起来,实现道的内化;而荀子《中庸》学则与外在的规范结合起来,把道具体化为礼义等;而《易传》则通过对道的界定,来构建儒家形而上学的理论。

---

① 《易传·坎·象辞》,高亨:《周易大传今注》,第207页。
② 《易传·蹇·象》,高亨:《周易大传今注》,第261页。
③ 《易传·乾·文言》,高亨:《周易大传今注》,第49页。
④ 《易传·乾·文言》,高亨:《周易大传今注》,第49—50页。

第二章 汉唐《中庸》学与儒家 形而上学的延续与深化

要研究汉唐时期的《中庸》学与儒家形而上学的关系,有必要先搞清楚汉唐时期《中庸》学的状况。据《四库全书总目提要》记载:"《中庸说》二篇见《汉书·艺文志》。戴颙《中庸传》二卷,梁武帝《中庸疏解》一卷见《隋书·经籍志》。……然《书录解题》载司马光有《大学广义》一卷、《中庸广义》一卷,已在二程之前。"①这说明在汉唐时期,直接对《中庸》单篇进行独立研究的大概只有《中庸说》《中庸传》以及《中庸疏解》三部。不过,这三部著作都已经失佚。因而对汉唐《中庸》学的研究只能放在对汉唐《礼记》的注释本上,当然也放在对《中庸》某些概念进行注释而形成的只言片语的材料上。这主要涉及董仲舒、郑玄、王通、孔颖达、欧阳詹、韩愈、李翱等人。

此外,汉唐时期的《中庸》学作为汉唐儒学的重要组成部分,其演变发展也应该同汉唐时期儒学发展情况相一致。对于汉唐时期儒学的发展情况,清代阮逸说:"彼韩愈氏力排异端,儒之功者也,故称孟子能拒杨、墨,而功不在禹下。孟轲氏,儒之道者也,故称颜回,谓与禹、稷同道。愈不称文中子,其先

---

① (清)永瑢等撰:《四库全书总目提要》卷三十五,《经部·四书类一》,中华书局 1965 年版,第 293 页。

功而后道欤？犹文中子不称孟轲,道存而功在其中矣。"①这就认为韩愈重视"儒之功",即重视对佛、道异端的排斥,而王通则重在阐明"儒之道"且"道存而功在其中"。这种看法具有合理性,王通和韩愈的儒学思想的确存在重心不同,不过不能以此就把"儒之道"与"儒之功"完全割裂,因为二者存在着密切的关系,一定程度上"儒之道"与"儒之功"互为因果。按照研究的重心不同,汉唐儒学一定程度上说就可以分为前后两个时期:第一个时期就是以阐明"儒之道"为核心的时期,第二个时期则是重视"儒之道"与"儒之功"相结合的时期。汉唐《中庸》学也可以分为阐明"儒之道"和重视"儒之道"与"儒之功"相结合两个时期。结合具体涉及的人物,前一个时期的《中庸》学主要涉及董仲舒、郑玄、王通、孔颖达等人的《中庸》研究,后一个时期的主要指韩愈、李翱等人的《中庸》学。对汉唐《中庸》学与儒家形而上学关系的研究,本书就按照这两个时期来进行,而且通过对汉唐时期《中庸》学的研究,可以发现汉唐儒家形而上学对先秦儒家形而上学既有延续又有深化。

第一节　董仲舒等的《中庸》学与儒家
形而上学的延续

前文说到《中庸》的形而上学主要体现在天道、人道以及天人关系等方面,汉代的董仲舒、郑玄以及唐代的王通、孔颖达等人的《中庸》学在以上方面并没有实现突破,他们的儒家形而上学就是对前人的延续。

一、对道的界定

董仲舒、王通等人对《中庸》的研究,首先就表现在对道的界定上。对道的界定,主要涉及对道具体内容的进一步明确化。董仲舒等人之所以会对道

---

① （清）阮逸:《〈文中子中说〉序》,《中说译注》,上海古籍出版社 2011 年版,第 273 页。

的具体内容明确化,得力于他们对道的重视以及对道作用的认知。董仲舒说:"《春秋》之道,大得之则以王,小得之则以霸。故曾子、子石盛美齐侯,安诸侯,尊天子。"①这就以君王获得道的多少来决定称王还是称霸,并以齐侯称霸的例子,来说明道的重要性。王通说:"吾于天下,无去也,无就也,惟道之从。"②这就认为做任何事都应该以道为准则。至于这个道指的是什么,王通又说:"卓哉,周、孔之道! 其神之所为乎? 顺之则吉,逆之则凶。"③道指的就是儒家之道,它具有重要的作用,人们按照道行事则会顺利,反之违背道则会带来危险。对于道的应用,王通通过举一些具体的事例来说明。"古之事君也以道,不可则止;今之事君也以佞,无所不至。"④"不知道,无以为人臣,况君乎?"⑤"士有靡衣鲜食而乐道者,吾未之见也。"⑥前二者以侍奉君主必须要用道以及要成为真正的君主和大臣必须要识道来说明道的重要性;后者则认为在现实生活中既要锦衣玉食而又乐于道的士人是没有的,这蕴含着道是万事万物的准则,按照道行事必然在生活上就会素朴。

在探讨董仲舒等人对道内容的明确化之前,还有必要对董仲舒等人对道的分类作一说明。董仲舒说:"天道施,地道化,人道义。"⑦这里虽然在说天道有施与、地道有养育、人道有按义行事的功能,但是实际上把道划分为了天道、地道以及人道三部分。董仲舒还说:"古之造文者,三画而连其中,谓之王。三画者,天、地与人也,而连其中者,通其道也。"⑧董仲舒通过对"王"字外形的解说,来说明道应该包含着天、地、人三道。对于道的种类,王通在针对弟子

---

① 《春秋繁露·俞序》,张世亮等译注:《春秋繁露》,中华书局 2012 年版,第 186 页。下文出处相同。

② (隋)王通:《中说·天地》,张沛撰:《中说译注》,上海古籍出版社 2011 年版,第 63 页。下文出处相同。

③ 《中说·王道》,张沛撰:《中说译注》,第 10 页。

④ 《中说·事君》,张沛撰:《中说译注》,第 84 页。

⑤ 《中说·关朗》,张沛撰:《中说译注》,第 249 页。

⑥ 《中说·天地》,张沛撰:《中说译注》,第 40 页。

⑦ 张世亮等译注:《春秋繁露·天道施》,第 654 页。

⑧ 张世亮等译注:《春秋繁露·王道通三》,第 421 页。

董常所问"子之《十二策》奚禀也"时,回答说:"有天道焉,有地道焉,有人道焉,此其禀也。"①这同样是把道划分为天、地、人三道。在这三者中,王通等人都把重心放在对人道的阐发上,而且又指出人道有众多的体现。《中说》一书中,人道具体体现为"王道""帝王之道""事鬼神之道""事人之道""圣人之道""正家之道"等,归纳起来就是为政、为人之道。有学者也指出:"王通的'道'观是将其超越性弥漫于王道,以导出尊君、崇君,同时将其人间性落实于世俗的君道、臣道、家道、人道,……在表述上,他将道划分为在国、在家、在群、在人四个层次。"②这则是从另一种角度来谈王通人道的表现。

王通对王道是非常重视的,他从多方面讨论了王道。王通在回答弟子薛收所问的"帝制其出王道乎"的问题时说:"不能出也。后之帝者,非昔之帝也。其杂百王之道,而取帝名乎?"③这里讨论的是王道的来源问题,王通认为帝制不能生出王道,这是因为后世的帝王驳杂于王道,他们已经不是古代的帝王,仅仅以帝命名而已。这实际上说明了一个问题:王道能否实行的关键在于人。王通也为此明确指出:"悠悠素餐者天下皆是,王道从何而兴乎?"④王道之所以不能兴,就是因为到处是尸位素餐之人。要改变这种现状,就必须要有有道之人,因为只有他们"不就利、不违害、不强交、不苟绝"⑤,即有道之人有不趋利避害、不勉强交往、不轻易断绝的特性。那么到底什么是王道? 有学者研究指出:"王通一生志行王道,其大端有五:曰封建,曰井田,曰世卿,曰肉刑,曰至公。"⑥这种说法主要是从具体的政治措施来定性王道,其是不完全的,王道应该还包括更多的内容。王通就指出:"二三子皆朝之预议者也,今

---

① 《中说·述史》,张沛撰:《中说译注》,第 191 页。
② 董虹凌:《试论王通〈中说〉之"道"观》,《华南理工大学学报》(社会科学版)2004 年第 2 期。
③ 《中说·问易》,张沛撰:《中说译注》,第 135 页。
④ 《中说·王道》,张沛撰:《中说译注》,第 25 页。
⑤ 《中说·天地》,张沛撰:《中说译注》,第 44 页。
⑥ 张沛:《斯文在中:王通〈中说〉大义抉要》,《晋阳学刊》2009 年第 6 期。

言政而不及化,是天下无礼也;言声而不及雅,是天下无乐也;言文而不及理,是天下无文也。王道从何而兴乎? 吾所以忧也。"①王通说自己之所以忧虑,就是因为就连在朝廷中参加议政的人,都是只谈政事而不谈教化、只谈声律而不谈雅乐、只谈虚文而不谈实理,这就使天下没有了礼制、乐教以及文道,当然也就不可能实现王道。这也说明王道包含教化、文道等内容。

董仲舒等人对道内容的明确化,首先表现在对人道内容的明确化。前文,我们讲到《中庸》的人道主要体现在中庸、诚、中和等方面,它们涉及人的道德品质、为人处世方法以及人所达到的境界等内容,而且主要是从德行来入手的。董仲舒、郑玄、王通等人对人道内容的明确化,则是从德性来入手,来为中庸、诚等具体的德行找最根本的依据。董仲舒说:"《春秋》之所治,人与我也。所以治人与我者,仁与义也。以仁安人,以义正我,故仁之为言人也,义之为言我也,言名以别矣。"②这就从《春秋》所研究的重心在讨论别人与自我关系来说明仁、义的重要性,并认为仁在于安定别人、义在于端正自我,也正是有了仁、义才能够很好地区分自己与他人。董仲舒所说的仁、义就是人道的具体表现,它们除了表现为具体的规范(德行),更是基础性的精神特质(德性)。郑玄在董仲舒的基础上,进一步把人道细化和明确化。他说:"天命,谓天所命生人者也,是谓性命。木神则仁,金神则义,火神则礼,水神则信,土神则知。"③郑玄把人性同五行结合起来,并且认为人性有仁、义、礼、智、信五者。对于这两者来说,在《中庸》中都是没有的。需要说明的是,作为人性的仁、义、礼、智、信实际上讲的就是人道。王通对人道内容也有阐述,他说:"仁者吾不得而见也,得见智者,斯可矣。智者吾不得而见也,得见义者,斯可矣"④,"礼信仁义,则吾论之;孤虚诈力,吾不与也"⑤。前者说到仁、义、智,后者则说

---

① 《中说·王道》,张沛撰:《中说译注》,第 12 页。
② 张世亮等译注:《春秋繁露·仁义法》,第 314 页。
③ 《礼记正义》卷五二《中庸》,《十三经注疏》本,第 1626 页。
④ 《中说·王道》,张沛撰:《中说译注》,第 27 页。
⑤ 《中说·天地》,张沛撰:《中说译注》,第 37 页。

到仁、义、礼、信,合起来认为人道也是包括仁、义、礼、智、信五者。《中说》中还有:"薛收问仁。子曰:'五常之始也。'问性。子曰:'五常之本也。'问道。子曰:'五常一也。'"①王通认为仁是五常之始、性是五常之本,且五常合一就是道。这就凸显出仁在五常中的地位,并且也再次说明道包含了五常。对于王通道与五常的关系,有学者就明确指出:"王通复兴儒学,他所推崇的就是儒学强调的君臣、父子、夫妇和仁、义、礼、智、信的三纲五常之道。"②《中说》又说:"张玄素问礼。子曰:'直尔心,俨尔形;动思恭,静思正。'问道。子曰:'礼得而道存矣。'"③"杜淹……又问道之旨。子曰:'非礼勿动,非礼勿视,非礼勿听。'淹曰:'此仁者之目也。'子曰:'道在其中矣。'"④王通具体探讨了礼、仁等与道的关系,认为道就是具体存在于礼、仁当中。

王通等对人道内容的明确化,有利于对道的把握以及认识到如何来行道。王通认为"道"和"文"是紧密联系在一起的,文以贯道。他说:"学者,博诵云乎哉?必也贯乎道。文者,苟作云乎哉?必也济乎义。"⑤也就是说,文章中蕴含着道,文章是用来表现道的。为了进一步说明此问题,《中说》通过对诗、史书等与道关系的阐述来凸显。《中说》通过李伯药与薛收关于"诗"的讨论,认为王通论诗"上明三纲,下达五常。于是征存亡,辩得失;故小人歌之以贡其俗,君子赋之以见其志,圣人采之以观其变。今子营营驰骋乎末流,是夫子之所痛也,不答则有由矣。"⑥诗是道的载体,王通论诗重视的是其所蕴含的道,外在的末流是他所抛弃的。王通说:"古之史也辩道,今之史也耀文。"⑦"古之史"重在阐明事理,"今之史"则重在炫耀文采。此外,王通还说:"《书》以

---

① 《中说·述史》,张沛撰:《中说译注》,第 181 页。
② 张怀承:《王通"道在五常"的思想简论》,《湖南师范大学社会科学学报》2006 年第 6 期。
③ 《中说·魏相》,张沛撰:《中说译注》,第 203 页。
④ 《中说·关朗》,张沛撰:《中说译注》,第 251 页。
⑤ 《中说·天地》,张沛撰:《中说译注》,第 39 页。
⑥ 《中说·天地》,张沛撰:《中说译注》,第 37 页。
⑦ 《中说·事君》,张沛撰:《中说译注》,第 79 页。

辩事,《诗》以正性,《礼》以制行,《乐》以和德,《春秋》、《元经》以举往,《易》以知来:先王之蕴尽矣。"①这再次把五经等看成是道的载体,认为道就蕴含在五经等当中。如何行道? 王通针对繁师玄所说的"远矣,吾视《易》之道,何其难乎",回答说:"有是夫? 终日乾乾可也。视之不臧,我思不远。"②这就认为要行道必须贵在坚持,同时还要不能被外在的环境所左右,要认识到"天不为人怨咨而辍其寒暑,君子不为人之丑恶而辍其正直"③。此外,王通还认为行道应该从日常生活做起,"父母安之,兄弟爱之,朋友信之,施于有政,道亦行矣。奚谓不行?"④同时,还要尽力把道付诸实践,王通为此说"知之者不如行之者,行之者不如安之者"⑤。即知道不如勉力而行,勉力而行不如出于自然。王通认为在行道的过程中按照本心来进行,一切都顺其自然,这种观点体现出受到道家的影响。

董仲舒等人对道内容的明确化,其次表现在对天道内容的明确化。在董仲舒眼中,天有自然之天和主宰之天,天道也就有自然之道和主宰之道。董仲舒虽然把重心放在主宰之道,不过对自然之道也有众多的描述。他说:"天之道,有序而时,有度而节,变而有常,反而有相奉,微而至远,踔而致精,一而少积蓄,广而实,虚而盈"⑥,"天之道,终而复始"⑦。这就把天道看成是不断变化的自然之道,其具有终而复始的特点。董仲舒同时又认为:"天之常道,相反之物也,不得两起,故谓之一。一而不二者,天之行也。阴与阳,相反之物也,故或出或入,或左或右。"⑧董仲舒又以阴阳这两个相反之物,来说明自然之道内部不可能同时共存阴阳,而只能有一个。王通对自然之道也有描述,

---

① 《中说·魏相》,张沛撰:《中说译注》,第198页。
② 《中说·周公》,张沛撰:《中说译注》,第115页。
③ 《中说·魏相》,张沛撰:《中说译注》,第219页。
④ 《中说·礼乐》,张沛撰:《中说译注》,第147页。
⑤ 《中说·礼乐》,张沛撰:《中说译注》,第170页。
⑥ 张世亮等译注:《春秋繁露·天容》,第430页。
⑦ 张世亮等译注:《春秋繁露·阴阳终始》,第440页。
⑧ 张世亮等译注:《春秋繁露·天道无二》,第454页。

《中说》中有："子宴宾无贰馔。食必去生，味必适。果菜非其时不食，曰'非天道也'；非其土不食，曰'非地道也。'"①这就从味道、食材等方面来说明饮食应该要依照自然之道。孔颖达对天道的界定，则不同于董仲舒和王通，他用"至诚"来诠释天道。孔颖达明确说："至诚之道，天之性也。"同时，孔颖达还把至诚同圣人、贤人以及"尊德性""道问学"结合说明。他说："唯圣人能然，谓不勉励而自中当于善，不思虑而自得于善，从容间暇而自中乎道，以圣人性合于天道自然"，"'诚之者，择善而固执之者也'，此覆说上文'诚之者，人之道也'，谓由学而致此至诚，谓贤人也"②。这就认为圣人能够自然而然地达到至诚，而贤人则必须经过后天努力才能达到至诚。孔颖达又说："'君子尊德性'者，谓君子贤人尊敬此圣人道德之性自然至诚也"，"'而道问学'者，言贤人行道由于问学，谓勤学乃致至诚也"③。"尊德性"指圣人能够自然达到至诚，而"道问学"指贤人通过学习达到至诚。孔颖达还进一步指出人们在达到至诚后所带来的变化。他说："圣人、贤人俱有至诚之行，天所不欺，可知前事"④，"言人有至诚，非但自成就己身而已，又能成就外物"⑤。人们在达到至诚后，能够"如神"般通晓一切事情，而且不仅能够"成己"，还能够成就万物。

可见，董仲舒等人通过对道的界定，把《中庸》所讨论的天道和人道的内容进一步明确化，把人道看成是具体的仁、义、礼、智、信等，而天道则是指自然之道以及至诚，这些都是儒家形而上学在汉代以及唐初的一些表现。不过，它们与先秦儒家之道比较起来，延续大于发展，一定程度上并没有实现突破。

二、天人关系的新变化

《中庸》构建的天人关系体现出"天→人→天"的天人合一思路，其中"天

---

① 《中说·事君》，张沛撰：《中说译注》，第86页。
② 《礼记正义》卷五三《中庸》，《十三经注疏》本，第1632页。
③ 《礼记正义》卷五三《中庸》，《十三经注疏》本，第1633页。
④ 《礼记正义》卷五三《中庸》，《十三经注疏》本，第1632页。
⑤ 《礼记正义》卷五三《中庸》，《十三经注疏》本，第1633页。

→人"部分实际上包括天命赋予人性以及天道之诚赋予人道之诚两方面内容,"人→天"部分则是指通过人的努力实现对天命或天道的回归。对于《中庸》的这个思路,董仲舒等人有所损益。前文我们谈到董仲舒所谈论的天包含自然之天和主宰之天,因而其天人关系必然也要涉及自然之天和主宰之天同人关系的讨论。需要指出的是,董仲舒天人关系当中的人主要指的是君王,一定程度就把天人关系的讨论限制为君王同天关系的探讨。《春秋繁露》中有:"为人主者,以无为为道,以不私为宝。立无为之位而乘备具之官,足不自动而相者导进,口不自言而摈者赞辞,心不自虑而群臣效当,故莫见其为之而功成矣,此人主所以法天之行也。"①这就以君王采取无为之治来源于对天的取法,来说明人合于天。它是董仲舒天人合一关系中的一种,这里的天指的是自然之天。不过,董仲舒天人合一关系更注重探讨主宰之天同人的关系,而且进一步强化《中庸》"天→人"过程中天对人的主宰作用。在董仲舒看来,人是天的副本,人副天数。《春秋繁露》中有:"人之人本于天,天亦人之曾祖父也,此人之所以乃上类天也。人之形体,化天数而成;人之血气,化天志而仁;人之德行,化天理而义;人之好恶,化天之暖清;人之喜怒,化天之寒暑;人之受命,化天之四时。……天之副在乎人。"②这就把人看成是天的副本,天有什么,人就有什么,人所具有的形体、血气、德行、好恶、喜怒等就分别同天数、天志、天理、天之暖清、天之寒暑等对应。也正是由于人副天数,所以天人之间存在着感应关系,人就应该按照天意办事。"天之道,春暖以生,夏暑以养,秋清以杀,冬寒以藏。暖暑清寒,异气而同功,皆天之所以成岁也。圣人副天之所行以为政,故以庆副暖而当春,以赏副暑而当夏,以罚副清而当秋,以刑副寒而当冬。庆赏罚刑,异事而同功,皆王者之所以成德也。庆赏罚刑与春夏秋冬,以类相应也,如合符。故曰王者配天,谓其道。"③这就认为君王应该按照春夏秋

---

① 张世亮等译注:《春秋繁露·离合根》,第190页。
② 张世亮等译注:《春秋繁露·为人者天》,第398页。
③ 张世亮等译注:《春秋繁露·四时之副》,第470页。

冬具有的暖暑清寒特点,来采取相对应的庆赏罚刑政策。可见,董仲舒对天人关系的界定,特别是对主宰之天与人关系的界定,与《中庸》天人关系相比,进一步把天提到至高的地位,凸显出天的神秘性。

王通对天人关系的界定,存有多方面的内容。前文谈到,王通把天看成是自然之天,因而讨论王通的天人关系首先讨论的是自然之天与人的关系。他说:"春生之,夏长之,秋成之,冬敛之;父得其为父,子得其为子,君得其为君,臣得其为臣,万类咸宜。"①这就把父子君臣关系的产生看成是天道自然而然的行为,或者说天道为万物各得其所。此外,作为儒者,王通并没有完全把主宰之天抛弃,只不过,他没有过多强调主宰之天对人事的决定作用,而是反过来认为天命是根据人事而构建的,也就是说把人事的来源推到天道。王通说:"命之立也,其称人事乎? 故君子畏之。无远近高深而不应也,无洪纤曲直而不当也,故归之于天。"②这就是为了烘托人事,反过来为人事找到天道这个根源。为什么要这样呢? 王通说:"心者非他也,穷理者也,故悉本于天;推神于天,盖尊而远之也。"③也就是说,通过把来源归结于天,才能够更好地推行人事。

孔颖达对《中庸》天人关系的改造,首先体现在用自然之天来诠释"天命之谓性"。他说:"'天命之谓性'者,天本无体,亦无言语之命,但人感自然而生,有贤愚吉凶,若天之付命遣使之然,故云'天命'。……但人自然感生,有刚柔好恶,或仁、或义、或礼、或知、或信,是天性自然,故云'谓之性'。"孔颖达认为所谓的"天命"就是指人们从自然中各得其所,这是一个自然而然的过程,并没有意志之天在起作用;性则是指人们从自然中获得并在人身上体现出来的仁、义、礼、智、信等属性。通过这种方式,孔颖达就把《中庸》中"天→人"过程中所说天赋予人性转化为人性从自然中自然而然地产生。其次,孔颖达

---

① 《中说·王道》,张沛撰:《中说译注》,第19页。
② 《中说·立命》,张沛撰:《中说译注》,第223页。
③ 《中说·立命》,张沛撰:《中说译注》,第237页。

还把人性的讨论同气结合起来。他说:"但感五行,在人为五常,得其清气备者则为圣人,得其浊气简者则为愚人。降圣以下,愚人以上,所禀或多或少,不可言一,故分为九等。"①孔颖达在郑玄把人性同五行相结合的基础上来以气论性,把仁、义、礼、智、信看成人们禀气的结果,而且认为人们由于禀气的不同可以分为九等,其中禀清气者为圣人、禀浊气者为愚人,圣人、愚人实际上就是在禀赋五常的两种极端。

总之,董仲舒等人对《中庸》的天人关系进行了改造,其中尤为重要的两点就是:一从自然之天入手,把"天→人"过程中所说的天赋予人性转化为人性是在大化流行中自然而然产生的;二从主宰之天入手,强化"天→人"过程中"天"的意志性,把天提高到无与伦比的地位。

三、对"中道""中和"等的诠释

董仲舒等人对《中庸》的研究,除了以上所讲的对道的界定以及对天人关系的改造外,还表现在对《中庸》一些具体问题的讨论上,比如"中道""中和"等。当然,它们实际上也是人道,不过是人道的现实体现。

就中道来说,董仲舒有详细的讨论。首先体现在权变思想上。他说:"故凡人之有为也,前枉而后义者,谓之中权,虽不能成,《春秋》善之,鲁隐公、郑祭仲是也;前正而后有枉者,谓之邪道,虽能成之,《春秋》不爱,齐顷公、逢丑父是也。"②董仲舒通过对鲁隐公、郑祭仲与齐顷公、逢丑父例子的对比,来说明权变与邪道是不同的,权变是指为了获得最后的成功而暂时性放弃某些东西,而邪道则是指虽然有所改变,但是并不是向好的方向发展。董仲舒还进一步指出,事物的变与不变是有一定范围的,只有在充分了解了变与不变的范围之后,才可能真正谈得上权变思想。为此,董仲舒明确地说:"权之端焉,不可

---

①　《礼记正义》卷五二《中庸》,《十三经注疏》本,第1625页。
②　张世亮等译注:《春秋繁露·竹林》,第61页。

不察也。夫权虽反经,亦必在可以然之域。"①其次,董仲舒对中也有具体阐述,提倡适中。他说:"是故志意随天地,缓急仿阴阳。然而人事之宜行者,无所郁滞,且恕于人,顺于天,天人之道兼举,此谓执其中。"②这就从人事顺天意且应兼顾人情入手,认为不能偏执任何一方,应该适中,即达到二者的最佳融合状态。同时,董仲舒还从具体的政治活动入手来讨论如何适中,"故圣人之制民,使之有欲,不得过节;使之敦朴,不得无欲。无欲有欲,各得以足,而君道得矣"③。君主治理国家,就应该采取适中的政策,让民众不能走向极端,如让民众有需求但不能没有节度,让民众保持淳朴但又不能禁欲。

《中庸》讲的"中和"是从境界上来讨论的,董仲舒对其进行了更广泛的讨论。对于董仲舒的中和之道,有学者研究指出:"'中和之道'是修身之道、圣人之道,更是天地之道、治国之道。"④这实际上认为"中和之道"涉及自然社会以及人类社会的各个方面,这是毫无问题的。有学者则进一步认为董仲舒"不仅论述了'中和'在生成万物中的重大作用与'和政'在治理社会中的重大意义和作用,而且他还进而在伦理观上得出了一个'德莫大于和,而道莫正于中'的更为深刻和更具普遍性意义的重大结论。"⑤董仲舒对中和之道的阐述的确就是从天地万物的产生、政治以及修养三个方面来进行的。从中和之道与天地万物的产生来说,董仲舒说:"中者,天地之所终始也;而和者,天地之所生成也"⑥,"中之所为,而必就于和。故曰和其要也。和者,天之正也,阴阳之平也,其气最良,物之所生也,诚择其和者"⑦。这就认为天地万物是在中和状态中产生的。那么,这里所讲的"中和"是从什么角度来谈的呢?《春秋繁

---

① 张世亮等译注:《春秋繁露·玉英》,第81页。
② 张世亮等译注:《春秋繁露·如天之为》,第643页。
③ 张世亮等译注:《春秋繁露·保位权》,第203—204页。
④ 刘力:《天地之道"中和"为美——董仲舒阴阳五行的中和论》,《重庆师范大学学报》(哲学社会科学版)2004年第4期。
⑤ 王永祥:《董仲舒的"和"论》,《社会科学论坛》2010年第6期。
⑥ 张世亮等译注:《春秋繁露·循天之道》,第606页。
⑦ 张世亮等译注:《春秋繁露·循天之道》,第610页。

露》中有："天有两和,以成二中,岁立其中,用之无穷。是北方之中用合阴,而物始动于下;南方之中用合阳,而养始美于上。其动于下者,不得东方之和不能生,中春是也;其养于上者,不得西方之和不能成,中秋是也。然则天地之美恶在? 两和之处,二中之所来归,而遂其为也。是故和东方生而西方成,东方和生,北方之所起;西方和成,南方之所养长。起之,不至于和之所不能生;养长之,不至于和之所不能成。"①这就从季节的角度来谈中和,认为"二和"为中春和中秋、"二中"为中夏和中冬,万物的生成和养成都是在交替的"中""和"中进行的。具体来说,在董仲舒看来,"和"就是在春秋两季阴阳持平时,此时"其气最良",即中春、中秋的阴阳二气对万物的产生和养成最为适宜;同时,又认为"二和"同"二中"又是紧密联系在一起的,东方的"和生"乃是北方之所起,西方的"和成"乃是南方之所起,"成于和,生必和也;始于中,止必中也"。董仲舒又说:"是故能以中和理天下者,其德大盛;能以中和养其身者,其寿极命。"②用中和来"理天下""养其身",讨论的就是中和之道在政治以及修养上的作用。对于前者,《春秋繁露》中有众多的记载,如,"缘天下之所新乐,而为之文曲,且以和政,且以兴德。天下未遍合和,王者不虚作乐"③,"政有三端:父子不亲,则致其爱慈;大臣不和,则敬顺其礼;百姓不安,则力其孝弟"④。这都体现出中和之道在治国理政当中的各方面体现,既有制乐,也有人际关系的调整等。至于中和之道在修身方面的功用,董仲舒也作了详细阐述。他说:"夫德莫大于和,而道莫正于中。"这里"和"被提高到了"至德"的层面,提升到了人类伦理道德的最高层面。对董仲舒作为"至德"的"和",有学者研究指出:"大致有这样三层意思:一是'和'为所有道德规范的最高之德;二是在'和'的内涵中,除其自身的含义外,它还涵盖或兼具了其他道德规

---

① 张世亮等译注:《春秋繁露·循天之道》,第 605—606 页。
② 张世亮等译注:《春秋繁露·循天之道》,第 606 页。
③ 张世亮等译注:《春秋繁露·楚庄王》,第 21 页。
④ 张世亮等译注:《春秋繁露·为人者天》,第 401 页。

范的内涵于自身;三是'和'还是使其他各种道德规范所以能成之为德的前提。"①作为"至德"的"和"的确在人们修养中具有重要的作用,董仲舒结合着"中"认为:"是故男女体其盛,臭味取其胜,居处就其和,劳佚居其中,寒暖无失适,饥饱无过平,欲恶度礼,动静顺性,喜怒止于中,忧惧反之正,此中和常在乎其身,谓之得天地泰。大得天地泰者,其寿引而长;不得天地泰者,其寿伤而短"②。这就通过"中""和"在人们的"嗅味""居处""劳佚"等上的体现,来说明中和之道对修养具有至关重要的作用,得"中和"才能长寿,反之失"中和"只会短命。

对"中道",王通也多有阐发。王通的学生董常就说:"夫子《六经》,皇极之能事毕矣。"③这就认为王通所著的《六经》体现的是"皇极",即中道。对于王通的中道,清代阮逸给出了众多的名称。他说:"中之为义!在《易》为二五,在《春秋》为权衡,在《书》为皇极,在《礼》为中庸。谓乎无形,非中也;谓乎有象,非中也。上不荡于虚无,下不局于器用;惟变所适,惟义所在;此中之大略也。"④这就认为王通的"中道"虽然有众多的说法,但其实质只有一个,那就是"中道";同时还指出"中道"是无形与有形、无象与有象的统一,说它无却不流荡于虚无,说它有却不拘泥于具体事物,中道不断变化,却有义理存在于其中。那么,王通的中道到底体现在哪些方面呢?有学者研究指出:"首先,王通将'中道'原则运用于传统的'天人感应论'而提出了'措之事业则有主焉'的朴素唯物主义哲学命题","其次,王通将'中道'原则运用于政治,提出了'圣人之道',认为这是社会历史以至宇宙万物的真正主宰","再次,王通将'中道'原则运用于对待三教,提出了'三教于是乎可一矣'的思想"⑤。这

① 王永祥:《董仲舒的"和"论》,《社会科学论坛》2010年第6期。
② 张世亮等译注:《春秋繁露·循天之道》,第620—621页。
③ 《中说·魏相》,张沛撰:《中说译注》,第200页。
④ 阮逸:《〈文中子中说〉序》,《中说译注·附录》,上海古籍出版社2011年,第274页。
⑤ 景云:《"中道"——王通哲学的基石》,《船山学刊》2000年第4期。

就从几个方面说明了王通"中道"的表现,具有一定的合理性。实际上,王通的"中道"思想主要体现在为政以及为人等方面。王通说:"政猛,宁若恩;法速,宁若缓;狱繁,宁若简;臣主之际,其猜也宁信。执其中者,惟圣人乎?"①"圣人所以向明而节天下也。其得中道乎?故能辩上下,定民志。"②从为政方面来说,君王应该采取"中道",因为只有采取"中道"才能使政治趋于平和,而不会出现严刑峻法等,也只有采取"中道"才能够处理好上下级关系以及正确引导民众。至于"中道"思想在为人方面的应用,王通主要以其为标准来评判士人。王通评价董常说:"其动也权,其静也至。"③这就认为董常善于权变,对中道掌握得很好。王通还把程元与董常相比,认为"常则然矣,而汝于仁义未数数然也。其于彼有所至乎?"④董常达到了从容中道的境界,而程元则没有达到,因为其连基本的仁义都未能完全达到。又如,对崔浩的评价为"迫人也。执小道,乱大经"⑤,即认为崔浩认识浅陋,并没有达到中道的境界。

综上所述,董仲舒、王通等人对《中庸》所说的"中道"以及"中和"都有阐发,不过实质上并没有实现突破,仅仅在内容上有所扩展,体现出了延续性。

四、与佛、道的关系

从上面的论述中,可以发现孔颖达等人对《中庸》的研究受到了佛、道的影响,特别是王通对三教关系还提出"三教可一"的观点。需要说明的是,他们研究《中庸》是为了明"儒之道",也就是要搞清楚儒道的相关内容,在这个过程中由于时代学术背景的影响,即汉代和唐初佛、道的发展,使其不可避免地受到了佛、道的影响。

孔颖达等人的《中庸》研究,受到了道家、道教的影响。前文讲到,孔颖达

---

① 《中说·关朗》,张沛撰:《中说译注》,第 250 页。
② 《中说·礼乐》,张沛撰:《中说译注》,第 159 页。
③ 《中说·天地》,张沛撰:《中说译注》,第 36 页。
④ 《中说·天地》,张沛撰:《中说译注》,第 54 页。
⑤ 《中说·周公》,张沛撰:《中说译注》,第 98 页。

用自然之天来解释"天命之谓性",就是运用了道家的天道自然观点,认为人性来源于人们对自然的禀赋,没有丝毫外力在起推动作用。王通也同样受到道家、道教的影响。有学者就通过研究,整理出《中说》中道家的言辞。① 具体来说,王通受道家的影响体现在许多方面,比如为人方面、政治治理方面等。弟子贾琼几次询问如何接人待物,王通回答说:"庄以待之,信以从之。去者不追,来者不拒,泛如也。斯可矣。"②也就是说在接人待物时要顺其自然,不必从外在方面刻意去追求。在政治治理方面,王通针对房玄龄所问的"正主庇民之道",回答说:"夫能遗其身,然后能无私;无私,然后能至公;至公,然后以天下为心矣,道可行矣。"③这体现的就是道家的寡欲思想,认为只要实现了寡欲必然就会把道付诸实践。通过道的实行,王通认为是能够恢复到上古的淳朴状态的。他明确地说:"兴衰资乎人,得失在乎教。其曰太古不可复,是未知先王之有化也。《诗》、《书》、《礼》、《乐》复何为哉?"④要恢复上古的淳朴状态得力于教化,《诗》、《书》、《礼》、《乐》等就是为了实现这一目标的,而王通所说的上古淳朴状态实际上体现的就是道家老子小国寡民思想。至于王通同道教的关系,一方面体现在对道教的长生修仙之道进行批判。他说:"仁义不修,孝悌不立,奚为长生?甚矣,人之无厌也!"⑤在王通看来,道教对做人最基本的仁义、孝悌都不修、不立而去追求长生是贪得无厌的。另一方面,又吸收道教的某些思想。《中说》中有:"常也其殆坐忘乎?静不证理而足用焉,思则或妙。"⑥这体现的就是对道教"坐忘"思想的吸收。

---

① 参见:董虹凌《试论王通〈中说〉之"道"观》,《华南理工大学学报》(社会科学版)2004年第2期。

② 《中说·述史》,张沛撰:《中说译注》,第190页。

③ 《中说·魏相》,张沛撰:《中说译注》,第206页。

④ 《中说·立命》,张沛撰:《中说译注》,第233页。

⑤ 《中说·礼乐》,张沛撰:《中说译注》,第166页。

⑥ 《中说·天地》,张沛撰:《中说译注》,第52页。

王通与佛、道的关系,还体现在提出了"三教可一"的观点。他这个观点的得出,来源于他对佛、道的看法,特别是来源于对佛教的看法。《中说》中有:"或问佛。子曰:'圣人也。'曰:'其教何如?'曰:'西方之教也,中国则泥。轩车不可以适越,冠冕不可以之胡,古之道也。'"①王通把佛祖看成是圣人,同时认为佛教作为西方的学说,其产生有特定环境,佛教是不适应中国的具体社会现状和民众心理的。那么,佛教是否可以废除呢? 王通又说:"非尔所及也。真君、建德之事,适足推波助澜,纵风止燎尔。"②在他看来,废除佛教是不可行的,就像魏武帝、北周武帝的灭佛不仅未能真正实现其目的,在他们之后佛教反而进一步的更加发展。面对这种情况,王通认为不能简单地废除佛、道,他提出了"三教于是乎可一"的观点,即"三教可一"。之所以能够实现"三教可一",就是因为三教都有"使民不倦"③的功能。"使民不倦"就是说三教的实质都一样,都有政治教化功能,三教正是由于有此功能,所以三教才可能可一。对此,王通有清楚的认识,他认为在现实生活中导致国家灭亡并不是宗教本身,而是在于统治者未能充分认识和发挥宗教的教化功能,他所说的"《诗》、《书》盛而秦世灭,非仲尼之罪也;虚玄长而晋室乱,非老、庄之罪也;斋戒修而梁国亡,非释迦之罪也"④就是很好的例证。既然三教都具有教化功能,那么应该以谁为主呢? 这就涉及对"三教可一"的进一步理解。有学者研究指出:"三教可一之'一',应该不是平行地统一、合一,而应该是以儒学去'一'其他两教,通过容纳、融汇最终消融其他两教。"⑤这种看法是非常适合当时的现实情况的,因为虽然在隋唐时期佛、道二教非常兴盛,但占据社会主流思想的仍然是儒家,之所以会这样,是与中国古代社会的经济结构等息息相

---

① 《中说·周公》,张沛撰:《中说译注》,第 198 页。
② 《中说·问易》,张沛撰:《中说译注》,第 129 页。
③ 《中说·问易》,张沛撰:《中说译注》,第 130 页。
④ 《中说·周公》,张沛撰:《中说译注》,第 107 页。
⑤ 张怀承:《王通"道在五常"的思想简论》,《湖南师范大学社会科学学报》2006 年第 6 期。

关的。

总之,通过从道的界定、天人关系的变化以及对"中道""中和"等问题的阐发,对董仲舒、郑玄、王通、孔颖达的《中庸》学有了一个清楚的认识。不过,需要着重指出的是,董仲舒等人的《中庸》研究所体现出来的儒家形而上学并没有实现对先秦儒家形而上学的突破,很大程度上是延续大于发展;此外,他们的《中庸》研究一定程度上是为了明"儒之道",也就是说《中庸》学的重心在于阐明儒家天道、人道的具体内容,在这个过程中毫无例外地受到了当时时代的宠儿——佛、道二教的影响。

第二节　李翱等的《中庸》学与儒家形而上学的深化

汉唐的《中庸》学除了前文所讲的董仲舒、王通等人的,还有韩愈、李翱等人的《中庸》学。如果说董仲舒等人的《中庸》学体现出对先秦儒家形而上学的延续,那么韩愈、李翱等人的《中庸》学则体现出对儒家形而上学的进一步深化。对此,本书主要从排佛、道视野下的道论以及对《中庸》具体问题研究等方面来阐述。

一、排佛、道视野下的道论

对于作为排佛、道的"儒之功"与阐明"儒之道"之间的关系,前文我们讲到二者之间互为因果关系。即阐明"儒之道"一定程度上就是为了实现"儒之功",同时实现"儒之功"一定程度上也是为了阐明"儒之道"。落实到韩愈等人身上,阐明"儒之道"与实现"儒之功"之间的关系到底是怎样的呢? 这是一个值得探讨的问题。有学者认为:"韩愈提出道统观,目的是斥佛祛邪,但手段是确立儒家之道","韩愈的道统观使原来所关注的抵制佛教的目的转到了如何解释固有的儒家之道,以及基于这种解释而自觉展开的儒家文化重建"①。这里就以韩愈道统观来说明韩愈阐明"儒之道"的目的在于排佛,同时也在于"儒之道"的重建。可见,韩愈等人的阐明"儒之道"与排佛、道的"儒之功"是紧密联系在一起的,他们的道论可以说都是在排佛、道视野下来进行的。

对于韩愈来说,其道论涉及众多的内容。有学者研究指出:"概而言之,他的道论是由如下几部分组成的:一明道;二原道;三道统;四道学。这几个部分,集中到一点,就是旨在对传统的儒家思想正本清源,并在这个基础上试图架构一套适应封建社会后期需要的经学理论体系。"②这就把韩愈的道论划分为四部分,且指出韩愈道论的目的在于对儒家之道正本清源以及构建一套新的理论体系。这种看法有一定的合理性,但韩愈的道论是否构建起了一套新的理论体系,是值得商榷的。对于韩愈的道论,本书从对道特点的归纳以及对道种类的划分、对人道内涵的界定、人道如何传承以及如何实现等方面来阐述。

首先,对道特点的归纳以及对道种类的划分。韩愈认为道是无处不在的,道是人们必须遵循的准则,如果违反道只会带来危害。韩愈就明确说:"火泄于密,而为用且大,能不违于道,可燔可炙,可镕可甄,以利乎生物;及其放而不禁,反为灾矣。水发于深,而为用且远,能不违于道,可浮可载,可饮可灌,以济乎生物;及其导而不防,反为患矣。言起于微,而为用且博,能不违于道,可化可令,可告可训,以推于生物;及其纵而不慎,反为祸矣。"③人们对火、水、言的应用,就应该要遵循道,按照它们各自的特点行事,否则会适得其反,就像对水的应用,水既能载舟,也能覆舟。作为无处不在的道,又划分为几个部分呢?韩愈接着说:"形于上者谓之天,形于下者谓之地,命于其两间者谓之人。形

① 何俊:《论韩愈的道统观及宋儒对他的超越》,《孔子研究》2000 年第 2 期。
② 章权才:《韩愈道论在经学史上的地位》,《广东社会科学》1996 年第 1 期。
③ (唐)韩愈:《韩昌黎外集》卷四《择言解》,《韩昌黎全集》,中国书店 1991 年版。下文出处相同。

于上,日月星辰皆天也;形于下,草木山川皆地也;命于其两间,夷狄禽兽皆人也。……故天道乱,而日月星辰不得其行;地道乱,而草木山川不得其平;人道乱,而夷狄禽兽不得其情。"①这里虽然是在讨论天道、地道以及人道的混乱会带来什么结果,但已将道划分为天道、地道以及人道三个部分。

其次,对人道内涵的界定。韩愈对道的探讨便集中在人道上。在韩愈看来,人道又具体表现在政治以及为人等方面。韩愈指出:"古之所谓公无私者,其取舍进退无择于亲疏远迩,惟其宜可焉。其下之视上也,亦惟视其举黜之当否,不以亲疏远迩疑乎其上之人。故上之人行志择谊,坦乎其无忧于下也;下之人克己慎行,确乎其无惑于上也。"②君臣相处的关键就在于"无私",只有"无私"才能使君王在对臣下"取舍进退"时不会杂入"亲疏远迩"的感情在里面,也只有"无私"才会使君臣之间不会互相猜忌。"无私"由为人之道,扩展为为政之道。为政之道,还在于善当"伯乐",因为"世有伯乐,然后有千里马"。要善于发现人才、善于利用人才,就不能"策之不以其道,食之不能尽其材,鸣之而不能通其意"。也就是君王要合理地使用臣下,并且要想臣之所想,充分满足臣下的合理需求,否则就不能找到真正的贤臣。但是在现实社会中,"千里马常有,而伯乐不常有"③。寻求原因,就是因为人们缺少伯乐应有的素养。人道除了表现在政治生活上,在家庭生活中同样也有体现。《猫相乳》有:"国事既毕,家道乃行,父父子子,兄兄弟弟,雍雍如也,愉愉如也,视外犹视中,一家犹一人。夫如是,其所感应召致,其亦可知矣。"④家庭中也只有遵循道,才可能带来和谐。为人、为政所需要的"无私",伯乐所需要的素养以及家庭所遵循的道,都讲的是人应具有的道德品质。

道德品质来源于哪里?这就涉及韩愈对道具体含义的界定。韩愈说:

---

① 《韩昌黎全集》卷十一《原人》。
② 《韩昌黎全集》卷十九《送齐皞下第序》。
③ 《韩昌黎全集》卷十一《杂说》。
④ 《韩昌黎全集》卷十四《猫相乳》。

"博爱之谓仁,行而宜之之谓义;由是而之焉之谓道,足乎己无待于外之谓德。"①这就把道与仁义联系起来,认为沿着仁义前行便是道,德是由道显现出来,德不是外在力量作用的结果。韩愈还进一步指出道与仁义的关系,他明确说:"道莫大乎仁义。"②可见,韩愈所认为的道是以仁义为核心的伦理之道。韩愈之所以重视仁义,是从儒学本身发展需要得出的。在唐代中后期,儒学开始由重视礼法的荀学转向重视心性的孟学,因为只有提倡孟学才可能发扬儒学的心性学,才可能与佛、道相抗衡。重视孟学,必然就会关注孔孟所追求的仁义。韩愈之所以重视伦理之道,这是与佛老之道相比较而得出的。韩愈明确说:"斯吾所谓道也,非向所谓老与佛之道也。"韩愈的伦理之道与老子之道的区别在于:"老子之小仁义,非毁之也,其见者小也。……其所谓道,道其所道,非吾所谓道也;其所为德,德其所德,非吾所谓德也。凡吾所谓道德云者,合仁与义言之也,天下之公言也;老子之所谓道德云者,去仁与义言之也,一人之私言也。"③在韩愈看来,老子追求的道是在弱化仁义之后的"一人之私言",而自己追求的道是融合仁义的"天下之公言",即老子之道只是个人观点,而儒家之道是天下之人公认的。至于儒家之道与佛教之道的区别,韩愈认为儒家之道是"有圣人者立,然后教之以相生养之道",而佛教则是"必弃而君臣,去而父子,禁而相生养之道,以求其所谓清静寂灭者"。儒家追求的"相生养之道",是与世俗社会紧密联系的伦理之道,而佛教追求的则是脱离世俗社会的修行之道。儒家追求的伦理之道的确是与社会现实紧密联系在一起的,韩愈就指出:"其文《诗》《书》《易》《春秋》,其法礼、乐、刑、政,其民士、农、工、贾,其位君臣、父子、师友、宾主、昆弟、夫妇,其服麻丝,其居宫室,其食粟、米、果、蔬、鱼、肉。其为道易明,而其为教易行也。"④这意味着儒家之道并不是超

---

① 《韩昌黎全集》卷十一《原道》。
② 《韩昌黎全集》卷二十《送浮屠文畅师序》。
③ 《韩昌黎全集》卷十一《原道》。
④ 《韩昌黎全集》卷十一《原道》。

然物外,而是见之日用的,这与佛教之道有着本质区别。

韩愈还对伦理之道进行了细化,指出伦理之道除了仁义之外还有其他表现。韩愈说:"诚率是道,相天下君"①,"且五常之教,与天地皆生;然而天下之人,不得其师,终不能自知而行之矣。……故让之教行于天下,许由为之师也……故忠之教行于天下,由龙逄为之师也"②。这里就谈到伦理之道还具体表现为诚、让、忠等。人们遵循道,会达到什么境界呢? 韩愈结合《中庸》进行了阐述,并同"过"与"不贰过"、"诚明"与"明诚"联系起来。他说:"惟圣人无过,所谓过者,非谓发于行、彰于言,人皆谓之过而后为过也,生于其心则为过矣。……不贰者,盖能止之于始萌,绝之于未形,不贰之于言行也",同时又说:"自诚明者,不勉而中,不思而得,从容中道,圣人也,无过者也;自明诚者,择善而固执之者也,不勉则不中,不思则不得,不贰过者也"③。前者指出所谓的"过"不是指外在的错误言行,而是指心中出现的错误想法,"不贰过"则指在错误想法出现之前就断绝掉。后者则指出"自诚明者"是"无过者","自诚明者"则是"不贰过者"。可见,"无过"以及"不贰过",就是人们遵循道希望达到的境界,特别是对于"不贰过"更是适合于广大人群。

再次,人道如何传承。以仁义为核心的伦理之道是如何传承的,这是韩愈必须要进一步解决的问题。陈寅恪对韩愈在此的贡献作了总结,认为他"建立道统,证明传授之渊源"④。韩愈明确说:"尧以是传之舜,舜以是传之禹,禹以是传之汤,汤以是传之文武、周公,文武、周公传之孔子,孔子传之孟轲,轲之死不得其传焉。"⑤这一方面勾勒出儒学之道的传承顺序,即道统:尧→舜→禹→汤→文、武、周公→孔子→孟轲,同时韩愈又认为自己是孟轲之后道的传承人;另一方面则把荀子、扬雄等人排除在道统之外。之所以要把他们排除在道

① 《韩昌黎全集》卷十三《子产不毁乡校颂》。
② 《韩昌黎外集》卷四《通解》,《韩昌黎全集》。
③ 《韩昌黎全集》卷十四《颜子不贰过论》。
④ 陈寅恪:《金明馆丛稿初编》,生活·读书·新知三联书店2001年版,第319页。
⑤ 《韩昌黎全集》卷十一《原道》。

统之外,就是因为荀子、扬雄等人宣扬的并不是以仁义为核心的伦理之道。伦理之道通过道统得以延续下来,伦理之道的载体是什么呢?这就涉及韩愈的"文以载道"思想。有学者研究指出:"韩愈'文以载道'的精确解释,应当是,'道'是指文学作品的内容,也即是思想性,它起主干的作用;'文'指文学作品的形式,也即是艺术性,它起手段的作用","文道必定合一而不可分割。'道'有赖于'文'的载负才能够行动,'文'若失去了'道',也就丧失了自身存在的目的和意义"①。这是非常有见地的。韩愈的确认为"文"是"道"的载体,一定程度上,道占据主导地位。韩愈明确说:"始吾读孟轲书,然后知孔子之道尊"②,"夫所谓文者,必有诸其中,是故君子慎其实"③,"读书以为学,缵言以为文,非以夸多而斗靡也,盖学所以为道,文所以为理耳"④。这都把"文"看成是"道"的载体,"读孟轲书""慎其实""为学"等都是在求道。韩愈同时又说:"愈之所志于古者,不惟其辞之好,好其道焉耳"⑤,"思古人而不得见,古道则欲兼通其辞,通其辞者,本志乎古道者也"⑥。这就把"道"看成是起决定性作用的,它比"文"更重要、更关键。

最后,人道如何实现。韩愈指出道之不行的原因:一方面在于道在传播的过程中,没有志同道合者,"道不行于主人,与之处者非其类,虽有享之以季氏之富,不一日留也"⑦;另一方面则在于人们没有真正用心去认识道,盲心者盲于道,"当今盲于心者皆是,若籍自谓独盲于目尔,其心则能别是非"⑧。针对道之不行的原因,韩愈认为要使道实现,首先就要认识到何为真正之道,不要被佛老之道所迷惑。那么,如何认识到真正之道呢?韩愈认为就必须同佛老

---

① 吕美生:《韩愈"文以载道"新探》,《安徽大学学报》(哲学社会科学版)1985年第1期。
② 《韩昌黎全集》卷十一《读荀》。
③ 《韩昌黎全集》卷十五《答尉迟生书》。
④ 《韩昌黎全集》卷二十《送陈秀才彤序》。
⑤ 《韩昌黎全集》卷十六《答李秀才书》。
⑥ 《韩昌黎全集》卷二十二《欧阳生哀辞》。
⑦ 《韩昌黎全集》卷二十《送杨支使序》。
⑧ 《韩昌黎全集》卷十六《代张籍与李浙东书》。

辩论,"仆自得圣人之道而诵之,排前二家有年矣。不知者以仆为好辩也,然从而化者亦有矣,闻而疑者又有倍焉"①。只有通过同佛老的辩论,才能使更多的人认识到儒家之道。韩愈进一步认为在认识到儒家之道之后,就会"信道笃而自知明"②,"践形之道无他,诚是也"③,同时还要用心去遵道,"躬行古道,如此之类,必经于心,而有所决定"④。这就把识道、信道、遵道等联系起来。不过,韩愈又指出仅仅这样还是不行的,因为它们仅是从行道之人来说的。要想使道进一步扩大影响,还必须传道,这就有师者传道以及著述传道等方式。《师说》中就有:"师者,所以传道授业解惑也。"⑤老师的职责之一就是传道,不过当不得其时时,还可以通过著述来传道,"得其时行其道,则无所为书。书者,皆所为不行乎今而行乎后世者也"⑥。总之,韩愈在如何来实现伦理之道上,形成了一套方法,不过仔细分析,可以发现这些方法很多都是从外在入手,虽然也谈到了用心遵道,但并没有分析到底如何来用心,这后来就被理学家所发展。

韩愈追求以仁义为核心的伦理之道,除了以上所讲的明"儒之道",同时也为了排佛、道。具体来说,韩愈的排佛主要从伦理道德入手,当然也涉及其他方面。比如,韩愈认为人们信佛都是带有功利色彩,希望求福避祸,但实际效果则不尽然。《与孟尚书书》中就有:"假如释氏能与人为祸祟,非守道君子之所惧也,况万万无此理。……若君子也,必不妄加祸于守道之人;如小人也,其身已死,其鬼不灵。"⑦韩愈一方面认为佛教即使能给人带来灾祸,守道之人也不会为此恐惧,因为从理论上看佛教是没有此能力的;另一方面则认为释氏

---

① 《韩昌黎全集》卷十四《答张籍书》。
② 《韩昌黎全集》卷十二《伯夷颂》。
③ 《遗书·答侯生问论语书》,《韩昌黎全集》。
④ 《韩昌黎全集》卷十四《与李秘书论小功不税书》。
⑤ 《韩昌黎全集》卷十二《师说》。
⑥ 《韩昌黎全集》卷十四《重答张籍书》。
⑦ 《韩昌黎全集》卷十八《与孟尚书书》。

行事不管是像君子还是像小人，都不会也不可能给人带来灾祸。韩愈从伦理道德入手来排佛，一方面是从信佛会给儒家人伦道德带来危害，另一方面则是从自身宣扬儒家伦理之道的使命来讨论的。韩愈认为："夫佛本夷狄之人，与中国言语不通，衣服殊制，口不言先王之法言，身不服先王之法服，不知君臣之义、父子之情。"这就认为佛陀是夷狄，他对儒家所说君臣、父子等人伦之道是不知的，如果人们信佛，只会带来"伤风败俗，传笑四方"①。韩愈又说："夫杨墨行，正道废……孟子虽贤圣，不得位，空言无施，虽切何补？然赖其言，而今学者尚知宗孔氏，崇仁义，贵王贱霸而已"，"释老之害过于杨墨，韩愈之贤不及孟子，孟子不能救之于未亡之前，而韩愈乃欲全之于已坏之后"②。孟子之所以要批杨墨，就是因为杨墨带来了正道的沦丧，正是有了孟子才使以仁义为核心的儒家伦理之道得到传承；而现在佛老的危害更甚杨墨，韩愈认为自己的使命就是要批佛老，从而使以仁义为核心的儒家伦理之道得到回归和高扬。

作为韩愈弟子的李翱深受其师的影响，对"儒之道"也有界定，并对佛、道也有所批判。

李翱对道的界定，首先表现在对道的认同。当人在面对是从道还是从众的抉择时，李翱认为："君子从乎道也，不从乎众也。道之公，余将是之，岂知天下党然而非之；道之私，余将非之，岂知天下謷然而是之。"③在李翱看来，人们应该要从道而不要从众；而且对于公道我将竭力去推从，尽管其他人都结党排斥它，对于私道我将竭力去排斥，尽管其他人都喧嚣地去推崇它。李翱还在从道的基础上进一步指出从古至今，道是相同的，只有一个。他说："夏尚忠，殷尚敬，周尚文，何也？曰：帝王之道，非尚忠也，非尚敬与文也，因时之变，以承其弊而已矣。……由是观之，五帝之与夏商周，一道也。"④夏代崇尚"忠"，

---

① 《韩昌黎全集》卷三十九《论佛骨表》。
② 《韩昌黎全集》卷十八《与孟尚书书》。
③ （唐）李翱：《李文公集·从道论》，四部丛刊本。下文出处相同。
④ 《李文公集·帝王所尚问》。

殷代崇尚"敬",周代崇尚"文",然而帝王之道并不是指三代出现的忠、敬、文,因为三者的出现实际上是各朝根据时代的变化采取的相应措施而已,实质上不管是五帝,还是三代,道都是相同的,而且道只有一个。对于古今相同的道来说,它的传承得力于后人的大力提倡,李翱明确地说:"吾之道非一家之道,是古圣人所由之道也。吾之道塞,则君子之道消矣;吾之道明,则尧舜文武孔子之道未绝于地矣。"①这里就凸显出后人传道的重要性,而且要求人们一定程度上要有主观能动性,才可能使道得以保存和延续。

其次,李翱对道的内容进行明确化。对于道,李翱也从天道和人道两方面来阐释。对于天道,李翱吸收了孔颖达的观点,把天道认为是至诚。他明确说:"道也者,至诚也。至诚者,天之道也。"这就把道看成是至诚,而至诚又是天道。李翱又说:"寂然不动者,是至诚也。"②作为天道的至诚,有寂然不动的特点。"是故诚者,圣人性之也,寂然不动,广大清明,照乎天地,感而遂通天下之故,行止语默,无不处于极也。"③这里就把诚看成是人道,而且作为人道的诚也具有寂然不动的特点。作为天道的至诚以及作为人道的诚都具有寂然不动的特点,因而"诚者定也,不动也"④。这就在天道至诚以及人道诚的基础上,归纳出诚有定、不动的特点。如何看待"诚"的这个特点?有学者研究指出:"'寂然不动'是就'诚'之体而说,'感而遂通'是就'诚'之用而说。……这些解释虽然没有使用本体范畴,却已经透露出本体论的思想萌芽。"⑤这个观点是合理的,不过需要说明的是李翱并没有建立其诚本论。因为要建立起诚本论,按照李翱奉行的天→人思路模式,首先就必须要明确作为天道的"至诚",其含义是什么。此外,对于李翱"诚"的特点,除了以上所讲的"定、不动"

---

① 《李文公集·答侯高第二书》。
② 《李文公集·复性书中》。
③ 《李文公集·复性书上》。
④ 《李文公集·复性书中》。
⑤ 吴丹:《李翱"诚"的思想及其意义》,《南通大学学报》(社会科学版)2009 年第 3 期。

外,有学者认为:"李翱还在对'诚'的论述中加入了'虚'。"①这种看法是比较有见地的。李翱明确说过:"道者至诚也,诚而不息则虚,虚而不息则明,明而不息则照天地而无遗,非他也,此尽性命之道也。"②"诚"由"不息"的状态可以进入"虚"的状态,即是说在持续保持寂然不动的至静状态,不为任何思虑、欲望以及利害好恶所左右,就能达到平等地包容万物的"虚"的状态。同时,由"虚"又可以进入"明",由"明"又可以达到对天地万物的把握,这个过程就是不断扩充人本性的过程。

"诚"作为人道,除了把诚看成道德外,实际上把诚也看成是一种修养方法。这种观点,是对《中庸》思想的延续。李翱说:"少言说,有所问,尽诚以对。"③"止而不息必诚,诚而不息则明,明与诚终岁不违,则能终身矣。"④这都是把"诚"看成修养方法,即要求人要诚信不欺,不能尔虞我诈。此外,李翱对人道的界定,还表现在把人道落实在仁义上。他说:"翱自十五已后,即有志于仁义,见孔子之论高弟,未尝不以及物为首,克伐怨欲不行,未得为仁。……然则圣贤之于百姓,皆如视其子,教之仁,父母之道也,未尝不及于众焉。"⑤李翱就通过自述的方式来表达自己自十五岁时开始,就有志于仁义,这种志向来源于儒家一贯的传统。李翱又说:"苟仁且义,则吾之道何所屈焉尔;如顺浮沈之时,则必乘波随流望风而高下焉,若如此,虽足下之见我,且不识矣,况天下之人乎? 不修吾道,而取容焉,其志亦不遇矣。故君子非仁与义,则无所为也。"⑥在李翱看来,仁义的施行应该认真进行,不能随波逐流,如果随波逐流,那么就没有真正认识到仁义,没有认识到仁义,当然也就无所作为。对于仁义的体现,李翱还把它们同"文"结合起来,"夫性于仁义者,未见其无文也;有文

---

① 林耘:《李翱论"诚"》,《孔子研究》2003 年第 3 期。
② 《李文公集·复性书上》。
③ 《李文公集·解惑》。
④ 《李文公集·复性书中》。
⑤ 《李文公集·与淮南节度使书》。
⑥ 《李文公集·答侯高第二书》。

而能到者,吾未见其不力于仁义也。由仁义而后文者性也,由文而后仁义者习也,犹诚明之必相依尔"①。仁义与"文"的关系存在着两种,一是自诚明的关系,仁义自然在文献中流露出来,二是自明诚的关系,通过对文献的学习来认识仁义。然而,不管是哪种关系,都可以看出仁义与"文"是紧密结合在一起的,二者是缺一不可的相依关系。

李翱对道的界定,一方面有利于推动儒学的发展,另一方面为批判佛教提供理论基础。李翱对佛教的批判也是分层次来进行的。他延续传统对佛教批判的方式,首先也从经济、伦理角度来进行批判。李翱说:"故其徒也,不蚕而衣裳具,弗耨而饮食充,安居不作,役物以养己者,至于几千百万人。推是而冻馁者几何人可知矣。于是筑楼殿宫阁以事之,饰土木铜铁以形之,髡良人男女以居之,虽璇室、象廊、倾宫、鹿台、章华、阿房弗加也,是岂不出乎百姓之财力钦?"在李翱看来,佛教徒不劳而获,只会带来下层民众处于饥寒交迫中,同时佛教的大兴土木,也只会让国家更加贫困。更为重要的是,在李翱眼中,"佛法之所言者,列御寇、庄周所言详矣,其余则皆戎狄之道也。使佛生于中国,则其为作也必异于是,况驱中国之人举行其术也。君臣、父子、夫妇、兄弟、朋友,存有所养,死有所归,生物有道,费之有节,自伏羲至于仲尼,虽百代圣人,不能革也。故可使天下举而行之无弊者,此圣人之道,所谓君臣、父子、夫妇、兄弟、朋友,而养之以道德仁义之谓也,患力不足而已。向使天下之人,力足尽修身毒国之术,六七十岁之后,虽享百年者亦尽矣,天行乎上,地载乎下,其所以生育于其间者,畜兽、禽鸟、鱼鳖、蛇龙之类而止尔,况必不可使举而行之者耶?夫不可使天下举而行之者,则非圣人之道也。"这从伦理角度上来认为佛教所讲的为戎狄之道,与儒家所讲的五伦是格格不入的,而且儒家所讲的五伦千年来不曾改变,是用历史证明了的;反之,使天下之人都去奉行佛教,虽然一定程度上能够获得长寿,但也不过仅仅百年而已,而且这与禽兽没有差别,我们追

---

① 《李文公集·寄从弟正辞书》。

求的应该是天下之公道,而非部分人所讲之私道。其次,李翱力图从学理角度层面来批判佛教。他说:"故惑之者溺于其教,而排之者不知其心,虽辨而当,不能使其徒无哗而劝来者,故使其术若彼之炽也。"①这就认为天下之人批判佛教并没有从根本上来进行,即没有认识到佛教"其心",反而使其更加强盛。寻求原因,这是因为"天下之人,以佛理证心者寡矣,惟土木铜铁,周于四海,残害生人,为逋逃之薮泽"②。人们只注重从外在形式来批判佛教,而没有真正去考察佛理是否合理。需要说明的是,李翱虽然提出了从学理上来考察佛教的看法,但是他实际上并没有付诸实践,一定程度上还深受佛教影响,将佛教理论融入到思想体系中,且认为佛教"论心术虽不异于中土,考教迹实有蠹于生灵"③,也就是认为佛教与儒家在心术上是没有差别的、佛教与儒家的差别在于外在表现。

总之,韩愈、李翱等人通过对道的界定,把《中庸》所说的天道、人道的具体内容明确化,从而推动了儒家形而上学的发展。具体来说,韩愈和李翱都非常重视人道当中的仁义,一定程度上把仁义看成了人道的核心,同时李翱把天道定性为至诚,并赋予至诚"定、不动"等特点,从而使诚的本体色彩更浓。同时,韩愈、李翱对道的界定,凸显出对佛、道二教的批判。

二、对性情等《中庸》相关问题的阐释

韩愈、李翱等人对《中庸》的研究,还表现在对《中庸》一些具体概念及问题的研究,如"诚"、性情问题等。前文已经讨论了韩愈、李翱对诚的界定,如李翱把它同天道联系起来,且说到"诚"也是人道的表现,是一种道德以及修养方法。对"诚",欧阳詹也有研究。《中庸》中有:"自诚明,谓之性;自明诚,谓之教。诚则明矣,明则诚矣。"(第二十一章)这就把诚、明的关系分为"自诚

---

① 《李文公集·去佛斋论》。
② 《李文公集·与本使杨尚书请停率修寺观钱状》。
③ 《李文公集·再请停率修寺观钱状》。

明"和"自明诚"两种,前者从诚至明,是人性的扩充,后者从明到诚,是通过后天的教化达到对诚的认知。欧阳詹著有《自明诚论》一文:

> 自性达物曰诚,自学达诚曰明。上圣述诚以启明,其次自明以得诚。苟非将圣未有不由明而致诚者。文武周孔自性而诚者也,无其性不可而及矣。颜子游夏得诚自用者也,有其明可得而至焉。
>
> 从古而还,自明而诚者,众矣。尹喜自明诚而长生,公孙宏自明诚而为卿,张子房自明诚而辅刘,公孙鞅自明诚而佐嬴。明之于诚,犹玉待琢,器用于是乎成。故曰:"玉不琢不成器,人不学不知道"。器者,隐于不琢而见于琢者也;诚者,隐于不明而见乎明者也。无有琢玉而不成器,用明而不至诚焉。
>
> 呜呼! 既明且诚,施之身可以正百行而通神明,处之家可以事父母而亲弟兄,游于乡可以睦间里而宁讼争,行于国可以辑群臣而子黎甿,立于朝可以上下序,据于天下可以教化平。明之于诚所恨不诚也。苟诚也蹈水火其罔害,弥天地而必答,岂止君臣、乡党之间乎? 父子、兄弟之际乎? 大哉! 明诚也。
>
> 凡百君子有明也,何不急夫诚? 先师有言曰:生而知之者上,所谓自性而诚者也。又曰:学而知之者次也,所谓自明而诚者也。且仁远乎哉! 我欲仁,斯仁至矣。夫然,则自明而诚可致也。苟致之者,与自性而诚,异派而同流矣。知之者知之。①

这篇文章包含了几层含义:第一,欧阳詹讨论了何为"诚"和"明",并指出只有文武周孔等少数圣人是"自诚而明"的,这是基于先天人性的扩充。第二,欧阳詹认为从古至今绝大多数人都是"自明而诚"的,明与诚的关系就像玉与器的关系,都是需要后天的努力才能改变。当然,诚"隐于不明而见乎明",就是说诚本来是存在的,只是还没显现出来,就像器还没成形时,也是"隐藏"在璞

---

① (唐)欧阳詹著,杨遗旗校注:《欧阳詹文集》卷六,华中科技大学出版社 2012 年版,第203 页。

玉中。第三,欧阳詹凸显了"自明而诚"对身、家、乡、国、朝、天下的作用,认为在实现诚之后,带来的影响无处不在。第四,欧阳詹还进一步指出人们只要通过努力,都能够"自明而诚";同时还认为"自诚而明"和"自明而诚"是殊途同归,结果都是要认知"诚"。总之,欧阳詹详细阐发了《中庸》的"自明而诚",他之所以重视"自明而诚",就是因为认为现实生活中"自明而诚"者比比皆是,都需要后天努力。欧阳詹对"自明而诚"的重视,一定程度与汉唐以来学者们奉行的人性论有关,当时性三品、性善恶混等占据了主流,在这种情况下重视后天努力的"自明而诚"必然会走向前台。

韩愈、李翱对《中庸》的具体研究,在性情问题上表现得尤为明显。性情问题,就涉及性的产生、情的出现以及性情关系等方面。韩愈对性情问题的讨论,主要集中在《原性》中。有学者通过对《原性》的解析,认为:"韩愈性情理论的几个组成部分:一,性的由来;二,情的产生;三,性与情的关系;四,五性说;五,七情说;六,性三品说;七,情三品说;八,性三品划分之根据;九,情三品划分之根据。"①这就把韩愈对性情问题的讨论划分为九个组成部分,显得十分细致。在这几个部分中,第一、二、三在《中庸》中已经有讨论,后面的四至九就是韩愈在性情问题上的新阐发。对性的由来,《中庸》明确指出"天命之谓性"(第一章),就是把人性看成是由天命赋予的。韩愈说:"性也者,与生俱生也。"②这就把性看成是人与生俱来就有的,是人固有的天性。把人性看成是人与生俱来的,实际上存在几种可能,且涉及天人关系问题。第一种可能就是把天看成是自然之天,人性就是在自然之天大化流行中产生的;第二种可能就是把天看成是主宰之天,人性是由主宰之天赋予的;第三种可能就是把天看成是义理之天,人性就是由义理之天转化而来的。在这三种可能中,人性都是与生俱有的。笔者倾向于第二种,韩愈认为人性与生俱有指的是其由天命所赋予。之所以有这种看法,这是与韩愈对天的看法紧密联系在一起的。对于

---

① 汪荣等:《韩愈〈原性〉篇思想渊源探析》,《求索》2011 年第 7 期。
② 《韩昌黎全集》卷十一《原性》。

韩愈的天命观,有学者指出:"在天人关系的课题上,他亦继承了传统儒学的天命论。他继承了汉代儒学的天人感应之说,宣扬道统天命论,深信'唐受天命为天子',在其诗、文、论、书等著作中,一再地宣扬天命论之思想。"①还有学者认为:"韩文中的天、天命,主要指客观世界和社会历史发展的必然趋势。韩愈引天说理,是借天的运行的不可抗拒性,寓喻客观世界和社会历史发展趋势的必然性、不可抗拒性。"②在这两种看法中,前者认为韩愈的天为主宰之天,后者则认为韩愈的天主要指自然之天。在笔者看来,韩愈的天主要指的是主宰之天,当然也不排除其有自然之天的看法。韩愈说:"君子病乎在己,而顺乎在天。……所谓病乎在己者,仁义存乎内,彼圣贤者能推而广之,而我蠢焉为众人。所谓顺乎在天者,贵贱穷通之来,平吾心而随顺之,不以累于其初。"③韩愈延续了孔子所认为的生死富贵是由天决定的观点,在这种情况下人只能畏天命。韩愈又说:"从吾游者,李翱、张籍其尤也。……三子者之命,则悬乎天矣!其在上也,奚以喜?其在下也,奚以悲?东野之役于江南也,有若不释然者,故吾道其命于天者以解之。"④这就认为孟东野三人的命运是由天所决定的。相应地作为人生来俱有的人性,同样也是天命决定的,即由天赋予的。

韩愈在性是由天赋予的基础上,进一步探讨了性与情的关系,同时也涉及情的由来问题。韩愈说:"情也者,接于物而生也。"这就把情看成人与外物接触时受到外物的刺激而产生的。具体来说,就是情来源于性,是性接触外物而出现的。韩愈还说:"性之于情视其品","情之于性视其品"。性与情是相应的,性与情各有三品,上中下三品是一一相对应的。对于性情的这种对应关系,可以说性情之间存在以性释情、以情释性的互动关系,一定程度上并没有

① 赵源一:《韩愈的天命论探微》,《船山学刊》2007年第1期。
② 邹旭光:《韩愈天命观辨析与溯源》,《南京社会科学》2001年第2期。
③ 《韩昌黎全集》卷十六《答陈生书》。
④ 《韩昌黎全集》卷十九《送孟东野序》。

凸显出到底是以性还是以情为中心。韩愈的性三品,是基于性的基本道德之间的相互关系是怎样的来进行划分的,"其所以为性者五:曰仁、曰礼、曰信、曰义、曰智。上焉者之于五也,主于一而行于四;中焉者之于五也,一不少有焉,则少反焉,其于四也混;下焉者之于五也,反于一而悖于四"。这就把仁、义、礼、智、信五者看成是组成性的基本道德,上品之性是以一种道德为主,其余四德也行之无违;中品之性则是于一德而少有不备,其余四德亦稍有欠缺;下品之性则是全部背离五德。与性三品相对应,情也有三品,"情之品有上、中、下三,其所以为情者七:曰喜、曰怒、曰哀、曰惧、曰爱、曰恶、曰欲。上焉者之于七也,动而处其中;中焉者之于七也,有所甚,有所亡,然而求合其中者也;下焉者之于七也,亡与甚,直情而行者也"①。这就认为组成情的基本元素有喜、怒、哀、惧、爱、恶、欲七者,上品之情是七情在表露时都能控制得恰当合适;中品之情,则是七情中有超出一般情况的,有缺失的,不过力图达到中节;下品之情,则是要么没有要么过度,都是率性而行。可见,韩愈对情三品的划分,一定程度上就是看七情是否达到中节,是否适中。这体现出对《中庸》"中"思想的延续。

李翱对性情问题的讨论,在韩愈的基础上有所发展。对于李翱的性情关系,有学者研究指出:"第一,性者天之命,情者性之动","第二,性与情不相无","第三,性善情恶,性情相对","第四,圣人与凡人的区别"②。这就从性的产生、情的出现等方面来论述李翱的性情关系。

本书就从以下几个方面来论述李翱的性情问题:

首先,从性的产生等问题来看。李翱说:"性者天之命也,圣人得之而不惑者也"③,"人生而静,天之性也,性者天之命也"④。这就明确把性的产生看

①　《韩昌黎全集》卷十一《原性》。
②　杨世文:《论李翱对传统儒学的继承与改造》,《中华文化论坛》2001 年第 2 期。
③　《李文公集·复性书上》。
④　《李文公集·复性书中》。

成是由天赋予的。李翱的"性者天之命"与韩愈的"性也者,与生俱生也"相比,指向更明确,体现出对《中庸》思想的继承,更为重要的是凸显出对思孟学派的回归,摆脱了汉唐气性论的影响。对于性,李翱还进一步说:"百姓之性与圣人之性弗差也"①,"桀纣之性,犹尧舜之性也"②。李翱认为人们的性都是一样的,不管是凡人还是圣人,不管是桀纣还是尧舜,他们的性都是相同的。既然凡人和圣人的性都是相同的,那么凡人与圣人的差别体现在哪里呢?这就必须要考察情。

其次,从情的出现等来看。李翱明确说:"情者性之动也,百姓溺之而不能知其本者也。"情来源于性,是性动的结果,只是凡人对此不知道而已。也正是有了情的不同,才带来了圣人与凡人的差别。李翱说:"人之所以为圣人者,性也;人之所以惑其性者,情也。喜怒哀惧爱恶欲,七者皆情之所为也。情既昏,性斯匿矣。非性之过也,七者循环而交来,故性不能充也。水之浑也,其流不清,火之烟也,其光不明,非水火清明之过,沙不浑,流斯清矣,烟不郁,光斯明矣。"圣人之所以为圣人,就是因为圣人之性没有被情所隐藏,而凡人之所以为凡人,就是因为凡人之性被情所隐藏。这种隐藏就是来源于情对性的掩盖,使性不能充分地体现出来;这种隐藏就像水中有流沙从而使水浑浊、火中有浓烟从而使火不明,不过经过时间的沉淀,人性就像水清火明一样会恢复。李翱又说:"圣人者岂其无情邪? 圣人者,寂然不动,不往而到,不言而神,不耀而光,制作参乎天地,变化合乎阴阳,虽有情也,未尝有情也。"这就认为圣人并不是无情,只是圣人之性不为情所动,所以圣人有情,但"未尝有情"。

再次,对性与情的关系进行阐述。对此,李翱延续了《中庸》以情释性的方式,凸显出性的重要性。李翱对性与情关系的阐述,是分层次的。"情不作,性斯充矣,性与情不相无也。虽然,无性则情无所生矣。是情由性而生,情

---

① 《李文公集·复性书上》。
② 《李文公集·复性书中》。

不自情,因性而情,性不自性,由情以明。"①如何理解这段话?有学者研究指出:"性与情虽然有如此巨大的差别,但性与情是互为体用的,性情相生。"②这里把性与情看成互为体用的观点,是值得商榷的。它实际上讨论的是性情不相离、互相依存的关系,情由性所生,有性因而有情,性需要用情来显现。如果一定要引入体用关系,那么只能是性体情用,反过来的情体性用则不适合。至于性需要用情来显现,则是李翱提倡的灭情复性说。灭情复性说,是李翱讨论性与情关系的核心部分,是在性情不离、互相依存基础上前进的结果。灭情复性说,又包括灭情和复性两部分,可以说灭情就是为了复性,灭情是手段,复性是目的。对于复性,有学者研究指出:"复性所涵的第一义为:人生之初本有来自天且完具的圣人之性,它并不因情欲之昏而削减或灭失,只是潜匿在心中。一旦邪情去除,它会立即呈现出来,成为现实的人性","第二义为:惑性之情只是邪妄,邪本无有,人只要觉察其为邪妄,情自灭息而不复生,这样就可以恢复清明的至善本性了"③。李翱的复性就是恢复被邪情隐藏的至善本性。这一点,可以说是李翱灭情复性说构建的基础。李翱说:"水之性清澈,其浑之者沙泥也。方其浑也,性岂遂无有耶? 久而不动,沙泥自沈。清明之性,鉴于天地,非自外来也。故其浑也,性本弗失,及其复也,性亦不生。人之性,亦犹水之性也。"④这就认为人的至善本性是先天就具有的,当被邪情所隐藏时,至善本性并没有消失,当邪情被灭时,至善本性也只是重新显现出来,并不是重新产生。

　　如何来灭邪情而恢复至善之性?李翱提出了一套"复性"的方法或步骤。有学者进行了归纳,认为主要有:"第一,弗虑弗思,情则不生","第二,本无有

① 《李文公集·复性书上》。
② 杨世文:《论李翱对传统儒学的继承与改造》,《中华文化论坛》2001 年第 2 期。
③ 林耘:《李翱复性学说及其思想来源》,《船山学刊》2002 年第 1 期。
④ 《李文公集·复性书中》。

思,动静皆离","第三,视听言行,循礼而动"①。这种看法具有合理性。的确,李翱的"复性"具有众多方法,这既包括内部修养,又包括外部规范。就内部修养来说,分为三步:首先要做到"弗虑弗思,情则不生"。人的喜怒哀乐等感情的出现来自思虑,而思虑的出现则是由心接触外界而导致的。因而断绝一切思虑,情感就不会产生。这个没有任何思虑的阶段叫"正思",也就是"斋戒其心"。第二步要做到"知本无有思,动静皆离"。李翱认为:"斋戒其心者也,犹未离于静焉。有静必有动,有动必有静",这意味着斋戒其心,无思无虑,只不过达到与动相对的静,它还不是绝对的静,还不能永远保持静止,必然走向反面,产生运动。在这种情况下,必须前进一步,进入到第三步,即"知本无有思,动静皆离"的"至诚"境界,这个境界达到了超越动静之对待的绝对的静。这个"至诚"的境界,李翱又认为就是"自诚明"的境界,在这境界中人们虽然还要与外物接触,但是人们不会因外物的变化而动心,"视听昭昭而不起于见闻者,斯可矣。无不知也,无弗为也,其心寂然,光照天地,是诚之明也"②。至于外部规范,李翱说:"圣人知人之性皆善,可以循之不息而至于圣也,故制礼以节之,作乐以和之。安于和乐,乐之本;动而中礼,礼之本也。故在车则闻鸾和之声,行步则闻珮玉之声。无故不废琴瑟,视听言行循礼而动,所以教人忘嗜欲而归性命之道也。"③这要求人们在日常生活中,用礼乐来规范人们的视听言行,用礼乐来去掉人们的嗜欲,从而恢复人们的至诚之性。

综上所述,韩愈、李翱等人通过对《中庸》道以及诚、性情等相关问题的阐述,一方面来实现对佛、道二教的批判,另一方面则是促进儒家形而上学的发展。对于前者来说,虽然此时对佛、道二教的批判还立足于从经济、伦理道德角度来进行,但已经出现了新的端倪,李翱开始从学理角度来批判佛教。对于后者来说,韩愈、李翱等人的《中庸》学推动了儒家形而上学的发展,使其进一

---

① 杨世文:《论李翱对传统儒学的继承与改造》,《中华文化论坛》2001 年第 2 期。
② 《李文公集·复性书中》。
③ 《李文公集·复性书上》。

步深化。这种深化主要体现在对《中庸》所讲的天道、人道进行细化,把天道同至诚结合起来,把仁义等看成是人道的核心;更为重要的是通过对诚、性情问题等的研究,体现出对《孟子》《中庸》等经典的重视,体现出对儒家心性之学的重视与回归。可以说,从韩愈、李翱开始,儒学的发展出现了转向,开始从外在之学转向为内在之学,从外在的礼法之学转向为内在的心性之学,道的重心也从外在规范转为内在修养,从而实现了道的内化。不过,需要指出的是,韩愈、李翱等人虽然促进了儒家形而上学的进一步深化,但是并没有建构起儒学本体论。这个目标,是由宋初周敦颐、张载、二程等人来实现的,是他们通过对《中庸》的阐发来实现的。

第三章　北宋理学《中庸》学与儒家本体论的构建

宋代是《中庸》学发展的高峰,此时出现了理学家的《中庸》学,同时还有一般儒者的《中庸》学。《中庸》学的发展,也带来了儒家形而上学的发展。具体来说,就是在宋代,儒家本体论实现构建并深化。对于这个问题,本书分两章来阐述。本章就具体阐述北宋理学《中庸》学与儒家本体论的构建,涉及的主要人物有周敦颐、张载、二程及后学。

第一节　《中庸》与周敦颐诚本论

周敦颐是理学的开创者,被后世称为"道学宗主"(张栻语)。《宋元学案》说:"孔孟而后,汉儒止有传经之学。性道微言之绝久矣。元公崛起,二程嗣之,又复横渠诸大儒辈出,圣学大昌。故胡安定、徂徕卓乎有儒者之矩范,然仅可谓有开之必先。若论阐发心性义理之精微,端数元公之破暗也。"①这里之所以认为周敦颐为"道学宗主"以及认为周敦颐在阐发"心性义理之精微"上有"破暗"之功,就是因为周敦颐在理学的开创上具有重大贡献。对于周敦

---

① (清)黄宗羲、全祖望撰:《宋元学案》卷十一《濂溪学案上》,《黄宗羲全集》本,浙江古籍出版社 2005 年版。下文出处相同。

颐的"破暗"之功,有学者明确认为:"主要体现在尝试建立儒学的宇宙本体和道德本体方面"。① 这就说明在周敦颐的众多贡献中,尤为重要的就是构建了理学本体论,使儒学的发展实现了突破。对于周敦颐的本体来说,存在多种说法。② 本书倾向于认为周敦颐的本体存在一个演变过程,具体来说从《太极图说》的"无极"本体演变成《通书》的"诚"本体。③ 周敦颐本体论的建构,与《周易》和《中庸》有着密切的关系。有学者就认为:"虽然《周易》与《中庸》在周子的体系建构中都起到重要的作用,但所扮演的角色仍然有所不同。其中《易》在周子的体系中主要起着建构本体论的作用,如他以'太极'作为'诚'的依据,而《庸》则在其体系中主要起着建构心性论与工夫论的作用。"④这就把周敦颐本体论的建构归结于对《周易》的阐发,认为《中庸》的作用在于构建周敦颐的心性论和工夫论。这种看法是值得商榷的。

前文提到本体论的建构有两种方式:天道伦理化为人性、人性本体化为天道,而且前者体现为下行路线,后者体现为上行路线,最终目的都是实现天道与人性的同一。对于天道伦理化为人性方式来说,就是要把天道转化为具体的人性,这说明首先要从天道入手,把天道提升为本体,然后按照下行的路线,把天道本体与具体人性联系起来。在这种模式中,天道本体化是第一步,本体伦理化人性是第二步,且在天人关系上体现为内在的天人合一,在思维模式上为天←→人,可以具体分解为天→人→天,其中的"天→人"是说天道伦理化人性,"人→天"是说人性来源于天道本体。对于人性本体化为天道方式来说,就是要把人性提升为本体,这说明首先要从人性入手,按照上行路线,把人性提升为本体,并与天道联系起来。对于把人性提升为本体,实际上涉及众多

---

① 徐洪兴:《周敦颐〈通书〉、〈太极图说〉关系考——兼论周敦颐本体论思想》,《中国哲学史》2000 年第 4 期。
② 注:第一种,认为周敦颐以"无极"为本体;第二种,认为周敦颐以"太极"为本体;第三种,认为周敦颐以"诚"为本体。
③ 参见拙文《从无极到诚——略论周敦颐本体思想的演变》,《孔子研究》2012 年第 1 期。
④ 张培高、杨莉:《论周敦颐对〈中庸〉的诠释》,《中州学刊》2015 年第 7 期。

方面,人性可以具体指人的道德以及与人性相关的人心、人的修养功夫等,通过对它们的哲学化、形而上学化,就可以把它们提升为本体。在这种模式中,人性的本体化是第一步,人性同天道联系起来是第二步,且在天人关系上体现的也是内在的天人合一,在思维模式上也为天←→人,不过具体分解出则为人→天→人,其中"人→天"是说把人性本体化为天道,"天→人"是说天道又体现为具体的人性。这两种本体论的构建方式实际上就是讨论如何使天道与人性实现真正的内在合一,不管是天道伦理化为人性方式,还是人性本体化为天道方式,都涉及天道与人性之间的双向运动,只是前者首先是从天道到人性,然后再是人性到天道,后者则是先人性到天道,然后再是天道到人性。在这两种本体论的建构方式中,从天道到人性的一环,也就是天道体现为具体的人性这一环,是非常重要的,它是构建本体不可或缺的一环。

天道体现为具体的人性,涉及的天人关系就是从天到人,也就是天道转化为具体的人性。要考察《周易》《中庸》同儒家本体论构建的关系,就必须要考察《周易》《中庸》的天人关系,看看它们是否蕴含有天道转化为具体人性的思维模式。对于《中庸》的天人合一关系来说,其中的天→人存在两种情况,一种是对《论语》等的延续,体现的是天命赋予人性,另一种则是天道之诚赋予人道之诚。在这两种情况中,第二种就蕴含着天道转化为具体人性的思维模式在里面。反观《周易》的天人关系,虽然也是天人合一,但它与《中庸》的天人关系有着明显的差别。需要说明的是,这里所说的《周易》指的是《易传》,《易传》作为一本哲学书,对天人关系有着详细的探讨。前文已经有阐述,这里再作补充。《易传》中有:"大哉乾元,万物资始。"①天地万物的产生来源于乾元、太极,气大化流行产生天地万物,天人之间存在合一关系,体现出天→人的思维模式,人是由天派生出来的,这主要从人体的来源来谈的。此外,《易传》中还有:"乾道变化,各正性命。"②这是说在天道变化过程中,天地万物各

---

① 《易传·乾·象辞》,高亨:《周易大传今注》,第42页。
② 《易传·乾·象辞》,高亨:《周易大传今注》,第43页。

自的性也就出现了,天人之间存在的也是合一关系,体现出的也是天→人的思维模式,不过人性是否由天道转化出来,并没有明确说明。对于《易传》的天人合一关系,还有人→天的思维模式,是说人取法于天道。可见,通过以上的阐述,可知《中庸》所讲的天道之诚赋予人道之诚的天人合一思路与本体论建构的思路是相一致的,这也说明《中庸》与儒家本体论的建构关系更为紧密。

周敦颐诚本论的建构主要就是受到《中庸》的影响。对于这一点来说,我们可以从以下几个方面来阐述。

一、诚本体的构建

周敦颐的理学本体存在一个演变过程,从《太极图说》的"无极"转变成《通书》的"诚"。然而不管是无极本体,还是诚本体,都可以发现它们的构建与《中庸》有着密切的关系,当然与《易传》也有着关系。

《太极图说》有:"无极而太极。太极动而生阳,动极而静,静而生阴。静极复动。一动一静,互为其根;分阴分阳,两仪立焉。阳变阴合,而生水、火、木、金、土。五气顺布,四时行焉。……'乾道成男,坤道成女',二气交感,化生万物。万物化生,而变化无穷焉。"[①]这段话中的"无极"来源于道家,《老子》中有"常德不忒,复归于无极"(二十八章)。对于"无极",有学者认为"无极"这个概念本身具有二重意义,"第一,'无极'是指一种无限性","第二,'无极'是一种无形无象的存在"[②]。这就认为道家以"无极"为本体。周敦颐在《太极图说》中就是吸收了道家的这一思想,把"无极"作为了世界本原、作为了本体。至于天地万物的产生,周敦颐则吸收了《易传》"太极"思想,把它作为化生万物的直接来源。对于"太极"的本来含义,笔者倾向于认为它是指

---

① (宋)周敦颐著,陈克明点校:《太极图说》,《周敦颐集》,中华书局 2009 年版,第 3—5 页。下文出处相同。

② 朱汉民:《宋明理学通论——一种文化学的诠释》,湖南教育出版社 2000 年版,第 120 页。

宇宙未分时一种混沌的存在状态。后来汉唐时期孔颖达等人对"太极"的内涵进行了明确化,"太极谓天地未分之前,元气混而为一,即是太初、太一也"①。这就把"太极"认为是天地未分之前的元气。周敦颐吸收了孔颖达等人对"太极"的界定,并结合"无极",具体阐述了天地万物产生的过程,即无极→太极→二气→五行→万物。这个过程凸显出宇宙生成论和本体论的结合,其中宇宙生成论就深受《易传》宇宙生成模式的影响。至于本体论,周敦颐在《太极图说》中构建的无极本体要真正成为本体,必须还要把无极本体转化为人性,实现天道与人性的同一。《太极图说》有:"五行之生也,各一性也。无极之真,二五之精,妙合而凝。……惟人也,得其秀而最灵,形既生矣,神发知矣。"②这就认为在天地万物产生的过程中,无极本体也同时转化为具体的性,性既有物性,同样也有人性,就人性来说,它是在伴随人形体产生的过程中,由无极转化而来的。无极本体转化为具体人性,吸收的就是《中庸》天道之诚赋予人道之诚的思维模式,只是此时由转化代替了赋予,更进一步凸显出天为义理之天。总的说来,《太极图说》无极本体的构建走的是天道伦理化人性的这种方式,首先把无极诠释为本体,然后又按照《中庸》从天→人的思维模式,把无极本体同人性实现同一。

周敦颐作为儒者,随着思想的日趋成熟,他逐渐抛弃了在《太极图说》中构建的无极本体,摆脱道家对他本体论的影响,重构了《通书》中的诚本体。周敦颐诚本体的构建,更体现出《中庸》对其的影响。首先,表现为对《中庸》"诚"思想的吸收和提升。前文谈到,"诚"的本义指人在祭祀时要虔诚、不能尔虞我诈,后来发展成为人的道德,指人要真实无妄、不能尔虞我诈,在《中庸》中诚不仅是天道还是人道。周敦颐对《中庸》"诚"的吸收,就表现在把

① (魏)王弼等注,(唐)孔颖达等正义:《周易正义》卷七《系辞上》,《十三经注疏》本,第82页。

② 《太极图说》,《周敦颐集》,第5—6页。

"诚"看成人伦道德,"诚者,圣人之本。"①"诚"是圣人的基本道德。这个基本道德同其他道德以及行为活动之间存在什么关系?"诚,五常之本,百行之源也。"②"诚"是仁义礼智信五常产生的根本,同时也是社会道德规范产生的根本。周敦颐通过以上论述,实现了对"诚"的形而上学化,把"诚"进行了提升,使"诚"具有了本体色彩。其次,按照人性本体化为天道的方式,把人伦道德"诚"形而上学化、哲学化为本体,在这个过程中吸收了《中庸》天道之诚到人道之诚转化的思维模式,真正实现了天道与人道的同一,把诚确定为了本体。《通书》中有:"'大哉乾元,万物资始',诚之源也。"③这句话采取了"人→天"的上行路线,把"诚"的来源归结于天道,把"乾元"看成是"诚"的来源。通过这种思路,周敦颐重新诠释了"乾元",使"乾元"也具有了伦理性。此外,这段话还涉及"诚"与"万物"的关系。有学者研究指出:"从时间维度来讲,在万物生成之前,'诚'无以立,也就不存在'诚'。只有当万物开始产生、生成之时,'诚'才得以外化而表现出来;就逻辑维度而言,'诚'是本体,万物是'诚'的外化。'诚'是先于万物而存在的。"④这种看法是合理的。作为本体之诚,就是先于万物而存在的。周敦颐通过上行路线,把诚的来源归结于天道,只是完成了"人→天"这一步,也就是说只是把人性本体化为天道,要把诚作为本体,还必须采取下行路线"天→人",即天道还要体现为具体的人性。周敦颐说:"'乾道变化,各正性命',诚斯立焉。"⑤这句话体现的就是从天道到人性的下行路线。虽然表面借用的是《易传》的话语来说明,但实质上体现的是《中庸》天道之诚转化为人道之诚的思路。可见,周敦颐诚本体的构建思维模式与无极本体构建的思维模式一样,采用的都是《中庸》的思维模式,他本体论的构

---

① 《通书·诚上》,《周敦颐集》,第 13 页。
② 《通书·诚下》,《周敦颐集》,第 15 页。
③ 《通书·诚上》,《周敦颐集》,第 13 页。
④ 崔治忠:《周敦颐"诚体"思想研究》,《船山学刊》2012 年第 1 期。
⑤ 《通书·诚上》,《周敦颐集》,第 13 页。

建深受《中庸》的影响。对此,有学者就指出:"周敦颐对'诚'的论述基本遵循《中庸》设定的模式,与中庸的思维方式是相似的,同时对于《中庸》之诚也有了进一步的提升。"①的确,周敦颐通过对《中庸》"诚"思想的继承与发展,以及通过对《中庸》思维模式的采用,构建了诚本体。周敦颐也正是通过对"诚"这一范畴的阐发和论证,打通了天道与人道,"诚"成为贯通天道人道的关键环节。

周敦颐通过上行和下行路线的结合,用"诚"打通了天道和人道,把诚上升为天道,随后又把天道之诚落实到具体的人性上,通过这个过程最终完成了诚本体的论证。在这个过程中,诚与天道、人性融合在一起。对此,有学者研究指出:"性体即诚体,诚体即天道。诚体与性是就人而言,天道是就宇宙万物而言,它们实质上是同一个本体。性与天道是形式地说,客观地说,而诚则是内容地说,主观地说。(就宇宙本体而言是天道,就人吸纳之以为内在本体而言是性,就道德本体而言是诚。说法虽异,其指则一。)乾道变化,不过是一诚体之流行。"②这就认为天道与人性在形式上虽然名称不同,但实质上都是诚,把天道与人性联系起来就是诚。对于诚本体,周敦颐还从其他方面来进一步阐述。《通书》中有:"二气五行,化生万物。五殊二实,二本则一。是万物为一,一实万分。万一各正,小大有定。"③"二气五行,化生万物",延续了《太极图说》宇宙生成论的看法,再次阐述宇宙万物的产生过程,凸显出二气、五行之地位。"万物为一,一实万分",则提出了后来被称为"理一分殊"的观点,认为万物之性来源只有一个——诚本体,万物之性都是由诚本体外化出来的。周敦颐还对诚本体的特点进行了阐释。他说:"寂然不动者,诚也"④,"动而

① 艾冬景、陈天林:《试论周敦颐对〈中庸〉"诚"的思想的继承与发展》,《船山学刊》2004年第2期。

② 闵仕君:《"诚"——周敦颐对天道与人道的贯通》,《聊城大学学报》(哲学社会科学版)2002年第4期。

③ 《通书·理性命》,《周敦颐集》,第32页。

④ 《通书·圣》,《周敦颐集》,第17页。

无静,静而无动,物也。动而无动,静而无静,神也。动而无动,静而无静,非不动不静也"①。周敦颐延续了李翱的观点,认为"诚"有"寂然不动"的特点。"寂然不动"是否指的就是不动呢？周敦颐比较了诚与物在动静上的差别,认为只有物才是"动而无静,静而无动",即物在动静上只是执着其中一样;而诚本体则不同,它"动而无动,静而无静",即诚在动静上并不是不动也不是不静,而是把二者融合在一起。

二、诚本体在人道上的体现

作为本体,还要体现为人性,最终落实到现实中的具体人道上。《太极图说》中有:"惟人也,……五性感动,而善恶分,万事出矣。圣人定之以中正仁义,……立人极焉。"②这段话包含两层含义:第一,在气(太极)大化流行产生天地万物的过程中,不仅产生了人的形体,同时无极也转化为具体的人性,人性又表现出善恶之分;第二,作为圣人之性,具体体现为中正仁义道德,并以此作为人的标准。《通书》继承和发展了《太极图说》的以上思想,使其体现得更为充分、更为圆满。周敦颐说:"性者,刚柔、善恶,中而已矣。不达。曰:刚善,为义,为直,为断,为严毅,为干固;恶,为猛、为隘、为强梁。柔善,为慈,为顺,为巽;恶,为懦弱,为无断,为邪佞。惟中也者,和也,中节也,天下之达道也,圣人之事也。"③周敦颐将人性分为了五种:刚善之性、刚恶之性、柔善之性、柔恶之性以及中节之性,这与《太极图说》认为人性有善恶之分相比较起来,更加地复杂;同时,又认为只有中节之性才是人们的追求目标,中节之性就是圣人之性。对于善恶的出现,周敦颐明确说:"诚,无为;几,善恶。"④诚本体体现出顺其自然的特点,细微的萌动就产生了善恶。需要说明的是,这种萌动

---

① 《通书·动静》,《周敦颐集》,第27页。
② 《太极图说》,《周敦颐集》,第6页。
③ 《通书·师》,《周敦颐集》,第20页。
④ 《通书·诚几德》,《周敦颐集》,第16页。

是否是受外物刺激而出现的呢？周敦颐说："动而未形、有无之间者，几也。"①
钱穆解释说："人之一切动，先动在心。心早已动了，而未形诸事为，还看不出
此一动之有与无，但那时早分善恶了。"②这就认为萌动先在于心，在还没有付
诸外物时就已经出现，而且此时善恶也已分。

人性又体现为具体的人道。有学者研究指出："到了周敦颐那里，'道'具
有了多重的内涵，既有作为本体论的'太极本无极'之道和作为宇宙生成观的
'天演之道'，同时又兼有'主静'、'中正'之人道、政治伦理之治道。"③这实际
上把周敦颐的道分为了天道和人道两种。对于天道，前文所讲的无极本体，以
及由人伦道德本体化为天道的诚本体，都是天道的具体表现。对于人道，体现
为一些具体的道德规范。周敦颐说："德：爱曰仁，宜曰义，理曰礼，通曰智，守
曰信。"④道德有仁、义、礼、智、信五种。五种道德规范在人身上的体现是有所
不同的，因此出现了圣、贤之分，"性焉、安焉之谓圣。复焉、执焉之谓贤"⑤。
圣人就是生来就有五德，且安于五德；贤人则是通过后天的努力重新恢复五
德，且对五德非常执着。在此基础上，周敦颐对圣人之道进行了详细阐述。他
说："圣人之道，仁义中正而已矣。"⑥这延续了《太极图说》中对圣人之道的看
法，认为圣人之道指的就是中正仁义，同时也反映出圣人之道就是中节之性的
体现。圣人之道在现实生活中随处可见，它"入乎耳，存乎心，蕴之为德行，行
之为事业"，但"彼以文辞而已者，陋矣"⑦。也就是说，圣人之道应该是付诸
实践的，而不能是局限于文字表达而已。周敦颐还进一步指出："圣人之道，
至公而已矣。或曰：'何谓也？'曰：'天地至公而已矣。'"⑧这就提出圣人之道

---

① 《通书·圣》，《周敦颐集》，第 17 页。
② 钱穆：《宋明理学概述》，九州出版社 2010 年版，第 34 页。
③ 奚刘琴、刘志华：《论周敦颐的"道"》，《船山学刊》2007 年第 1 期。
④ 《通书·诚几德》，《周敦颐集》，第 16 页。
⑤ 《通书·诚几德》，《周敦颐集》，第 17 页。
⑥ 《通书·道》，《周敦颐集》，第 19 页。
⑦ 《通书·陋》，《周敦颐集》，第 40 页。
⑧ 《通书·公》，《周敦颐集》，第 41 页。

有"至公"的特点，即它是公平、公正的，就像天地一样无私。

　　人道除了体现为道德规范外，还体现在政治思想上。周敦颐的政治思想，是结合《周易》来阐述的。周敦颐说："治天下有本，身之谓也；天下有则，家之谓也。本必端。端本，诚心而已矣。则必善。善则，和亲而已矣。家难而天下易，家亲而天下疏也。家人离，必起于妇人。故《睽》次《家人》，以'二女同居，而志不同行'也。尧所以釐降二女于妫汭，舜可禅乎？吾兹试矣。是治天下观于家，治家观身而已矣。……不善之动，妄也；妄复，则无妄矣；无妄，则诚矣。故《无妄》次《复》，而曰'先王以茂对时育万物'。深哉！"①这里首先指出治理天下的根本在个人、治理天下的准则来自家，对本的认知就要诚心；其次，以《易经》的《睽》《家人》卦为例来说明治天下的关键在治家，治家的关键在观身；最后，再以《无妄》卦为例来说明治家观身则需无妄，也就是需要诚。可见，周敦颐通过层层推理，把治理天下最后落脚到个人身上，落脚到个人修养上。周敦颐还说："天以春生万物，止之秋也。物之生也，既成矣，不止则过焉，故得秋以成。圣人之法天，以政养万民，肃之以刑。民之盛也，欲动情胜，利害相攻，不止则贼灭无伦焉，故得刑以治。"②圣人治理国家时应该效法天春生秋收的做法，为了保证人和以及社会安定，就应该以刑治国。同时，周敦颐还认为以刑治国，必须要"中正"。为了说明这一问题，他借用了《讼》卦和《噬嗑》来论证"情伪微暧，其亦千状。苟非中正、明达、果断者，不能治也"③，即只有在用刑时保持中正，才能够使国家得到治理。

　　此外，还需要说明的是，人道乃至天道蕴含在哪里呢？周敦颐继承和发展了韩愈的文道关系，明确提出文以载道的观点。他说："文所以载道也。轮辕饰而人弗庸，徒饰也；况虚车乎！文辞，艺也；道德，实也。笃其实，而艺者书之，美则爱，爱则传焉。贤者得以学而至之，是为教。故曰：'言之无文，行而

---

① 《通书·家人睽复无妄》，《周敦颐集》，第38—40页。
② 《通书·刑》，《周敦颐集》，第41页。
③ 《通书·刑》，《周敦颐集》，第41页。

不远。'然不贤者,虽父兄临之,师保勉之,不学也;强之,不从也。不知务道德而第以文辞为能者,艺焉而已。噫!弊也久矣。"①周敦颐就以轮辕外在装饰和轮辕作用之间的关系来说明文与道的关系,认为文辞所蕴含的道德才是根本、才是要传授下去的;当然没有文辞,道也是没有办法传承下去的;可是在现实中,重文轻道的弊端已经存在很久,一定要改变这种现状。周敦颐还说:"圣人之精,画卦以示;圣人之蕴,因卦以发。卦不画,圣人之精,不可得而见。微卦,圣人之蕴,殆不可悉得而闻。《易》何止《五经》之源,其天地鬼神之奥乎!"②这就以圣人画卦的事例来说明《易》卦包含着圣人之道,圣人之道也因《易》卦而得以显现;《易》不仅蕴含了《五经》之道,乃至蕴含了天地万物之道。

三、对诚本体的致知和修养

周敦颐通过对《中庸》的研究构建了诚本体,同时又按照《中庸》天道之诚赋予人道之诚的思路实现诚本体到人道的转化。不过,《中庸》与周敦颐诚本体的关系还不仅局限于上面两点,还表现在对《中庸》致知论和修养论的继承与发展。致知论则是从外在方面入手的,修养论是从内在方面入手的,通过这两个方面达到对诚本体的认知和涵养,最终实现对理想人格的追求。

周敦颐认为人们之所以能够认识诚本体,就在于人能够认知到自己的不足,同时还有羞耻之心。他说:"人之生,不幸,不闻过;大不幸,无耻。必有耻,则可教;闻过,则可贤。"③人生的不幸在于不知道自己的不足,也在于没有羞耻之心;人只有有羞耻之心才可能被教化,人也只有知道自己的不足才可能向圣贤学习。人也就通过学习、通过被教化,才可能认识诚本体。对于学习,周敦颐说:"'有善不及?'曰:'不及,则学焉。'问曰:'有不善?'曰:'不善,则

---

① 《通书·文辞》,《周敦颐集》,第35—36页。
② 《通书·精蕴》,《周敦颐集》,第37—38页。
③ 《通书·幸》,《周敦颐集》,第21页。

告之不善。'且劝曰：'庶几有改乎，斯为君子。''有善一，不善二，则学其一，而劝其二。'"①当发现人有不善或还没有达到善时，则要告知其实情且劝告其改变，让其通过学习来改变。至于学习的对象，周敦颐则明确指出："至难得者人，人而至难得者，道德有于身而已矣。求人至难得者有于身，非师友，则不可得也已！"②"道义者，身有之，则贵且尊。人生而蒙，长无师友则愚，是道义由师友有之。"③前者指出人最难得的是道德加于身，而人要实现此就必须向师友学习；后者也认为人身上最尊贵的是道义，而道义是由师友来启蒙获得的。

至于教化，周敦颐首先指出："故圣人在上，以仁育万物，以义正万民。天道行而万物顺，圣德修而万民化。大顺大化，不见其迹，莫知其然之谓神。故天下之众，本在一人。"④这里就通过圣人能够"仁育万物""义正万民"，来说明天下的教化得力于圣人、圣人是教化的关键。为了说明这一观点，周敦颐还以颜渊为例，认为"然则圣人之蕴，微颜子殆不可见。发圣人之蕴，教万世无穷者，颜子也"⑤。圣人所蕴含的道，假如没有颜渊就不可能认知；能够揭示圣人之道且传授给后世的，就是颜渊。其次，如何来教化呢？周敦颐认为就要通过礼乐来实现教化。"礼，理也；乐，和也。阴阳理而后和，君君、臣臣、父父、子子、兄兄、弟弟、夫夫、妇妇，万物各得其理，而后和。故礼先乐后。"⑥君君、臣臣等人伦关系是诚本体在人际关系上的体现，这些人际关系出现之后，就必须要用乐来调和。对于乐助教化的功能，《通书》阐述得非常清楚。"乐者，本乎政也。政善民安，则天下之心和。故圣人作乐，以宣畅其和心，达于天地，天地之气，感而太和焉。"⑦这里指出乐与政的关系，认为乐来源于政，当天下政

---

① 《通书·爱敬》，《周敦颐集》，第26页。
② 《通书·师友上》，《周敦颐集》，第33页。
③ 《通书·师友下》，《周敦颐集》，第34页。
④ 《通书·顺化》，《周敦颐集》，第23—24页。
⑤ 《通书·圣蕴》，《周敦颐集》，第37页。
⑥ 《通书·礼乐》，《周敦颐集》，第25页。
⑦ 《通书·乐中》，《周敦颐集》，第30页。

安民和时,圣人就作乐来保持这种安和。"乐声淡则听心平,乐辞善则歌者慕,故风移而俗易矣。"①乐还具有移风易俗的作用。不过,周敦颐又说:"乐者古以平心,今以助欲;古以宣化,今以长怨。不复古乐,不变今乐,而欲至治者远哉!"②乐在古代是用来调和人心的,可是在当下却被用来助欲;如果人们不力图恢复古乐,恢复乐的助教化的功能,那么想实现国家的大治只能是遥不可及的。

通过外在的学习和教化有利于认知诚本体,而通过内在修养则有利于涵养诚本体。内在修养要实行,人们也要认识到自己在修养中的地位以及认识到自己的不足。周敦颐说:"公于己者公于人,未有不公于己而能公于人者。"③这里就以只有先"公于己"才可能"公于人"说明本身在修养中的主导地位,只有在自己修养好之后才可能影响他人。周敦颐又说:"仲由喜闻过,令名无穷焉。今人有过,不喜人规,如护疾而忌医,宁灭其身而无悟也。"④周敦颐又以子路喜欢听别人指出自己不足的例子,来说明只有知道自己的不足才可能进行修养。对于内在修养的具体方法,则有诚、慎动、无欲等。对于周敦颐的人道之诚,有学者研究指出:"周敦颐的人道之诚即诚的伦理学意义,主要集中在以下几个方面:其一、诚是天道即太极的本质属性,因而也是人伦道德的本源;其二、诚是人伦道德的理想境界;其三、诚是道德修养的途径和工夫。"⑤这就指出周敦颐人道之诚的具体表现,它们实际上是周敦颐对《中庸》之诚发展的结果。诚作为道德修养的方法,《通书》中有:"五常百行,非诚,非也,邪暗,塞也。故诚则无事矣。"⑥当人们以诚作为准则时,五常百行都能实

---

① 《通书·乐下》,《周敦颐集》,第30页。
② 《通书·乐上》,《周敦颐集》,第30页。
③ 《通书·公明》,《周敦颐集》,第31页。
④ 《通书·过》,《周敦颐集》,第34页。
⑤ 吴凡明:《周敦颐对"诚"的理论重构》,《南通师范学院学报》(哲学社会科学版)2001年第3期。
⑥ 《通书·诚下》,《周敦颐集》,第15页。

现,反之则会带来相反的结果。至于慎动,周敦颐则说:"动而正,曰道,用而和,曰德。匪仁,匪义,匪智,匪信,悉邪也。邪动辱也,甚焉害也。故君子慎动。"①这就从人们的邪动会带来"匪仁"和"匪义"等、且产生巨大的危害入手,来说明人们应该要"慎动",即要谨慎自己的行为。周敦颐在同人讨论学习圣人应该学什么时,指出:"一为要。一者无欲也,无欲则静虚、动直。"②这就把"无欲"看成是应该向学习圣人的主要内容,因为只有"无欲"才会让人静时虚心、动时公正无私。

人们通过外在教化和内在修养,达到对诚本体的认知和涵养,同时也希望以此实现理想人格。在周敦颐看来,理想人格也是分层次的。他说:"圣希天,贤希圣,士希贤。伊尹、颜渊,大贤也。伊尹耻其君不及尧舜,一夫不得其所,若挞于市。颜渊'不迁怒,不贰过','三月不违仁'。志伊尹之所志,学颜子之所学。过则圣,及则贤。"③周敦颐把理性人格分为贤人、圣人,认为伊尹和颜渊是贤人的代表;认为如果人们有伊尹的志向以及颜渊好学的精神,那么人们就能成为贤人乃至圣人。对于圣人,周敦颐说:"道德高厚,教化无穷,实与天地参而四时同,其惟孔子乎!"④这就以孔子为圣人的代表,认为孔子"道德高厚,教化无穷",达到了与天地四时同在的高度。然而不管是圣人孔子,还是贤人颜渊,他们追求的精神境界到底是什么呢?周敦颐说:"颜子'一箪食,一瓢饮,在陋巷,人不堪其忧,而不改其乐'。夫富贵,人所爱者也。颜子不爱不求,而乐乎贫者,独何心哉?天地间有至贵至爱可求,而异乎彼者,见其大、而忘其小焉尔。见其大则心泰,心泰则无不足。无不足则贵富贫贱处之一也。处之一则能化而齐。故产子亚圣。"⑤这里所说的就是"孔颜乐处",只不过它与《论语》所讲求的内涵有所变化。《论语》所说的"孔颜乐处"主要指人

---

① 《通书·慎动》,《周敦颐集》,第 18 页。
② 《通书·圣学》,《周敦颐集》,第 31 页。
③ 《通书·志学》,《周敦颐集》,第 22—23 页。
④ 《通书·孔子下》,《周敦颐集》,第 42 页。
⑤ 《通书·颜子》,《周敦颐集》,第 32—33 页。

们安贫乐道、达观自信的处世态度与人生境界，而这里的已经超越了道、超越了诚本体，是在乐道的基础上达到的人与道交融的精神境界，在这种境界下一切皆可坦然对之。

综上所述，《中庸》与周敦颐诚本论的建构具有密切关系。周敦颐正是通过对《中庸》的阐发，在李翱等人的基础上构建了诚本体；并按照《中庸》天人合一的思路，实现了从诚本体到人性的具体转化，从而打通天道与人性，实现了天道与人道的真正合一；又通过对《中庸》致知论和修养论的阐发，以外在教化以及内在的诚、无欲等修养方法来实现对诚本体的认知和涵养。

第二节　《中庸》与张载"太虚"论

《宋史》说张载："以《易》为宗，以《中庸》为体，以孔孟为法，黜怪妄，辨鬼神"①。这体现出张载思想体系的构建，与《周易》《中庸》《论语》《孟子》等儒家经典有着紧密的关系。② 本节就具体来探讨一下，《中庸》与张载本体论建构的关系。

一、对佛、道二教以及儒学本身的认识

张载本体论的构建并不是空穴来风，它得力于对佛、道二教以及儒学本身的认识：一方面看到了佛、道二教在本体论上存在的问题，另一方面看到汉唐儒学本身存在的问题，同时也认识到儒家经典在构建本体论上的作用。

张载之所以会对佛、道二教进行关注，就是因为自东汉以来，佛教在中国的广泛传播以及道家道教的发展，都产生了深远的影响。这种影响也延续到

---

① （元）脱脱等：《宋史》卷四百二十七《道学传·张载》，中华书局1985年版。
② 参看龚杰：《张载评传》，南京大学出版社2011年版；肖永明：《张载之学与〈四书〉》，《船山学刊》2007年第1期；拙文《"以〈易〉为宗，以〈中庸〉为体"探析——从张载思想结构来考察》，《齐鲁学刊》2011年第3期等。

了宋初。张载说：

> 自其说炽传中国，儒者未容窥圣学门墙，已为引取，沦胥其间，指
> 为大道。乃其俗达之天下，至善恶、知愚、男女、臧获，人人著信，使英
> 才间气，生则溺耳目恬习之事，长则师世儒宗尚之言，遂冥然被驱，因
> 谓圣人可不修而至，大道可不学而知。故未识圣人心，已谓不必求其
> 迹；未见君子志，已谓不必事其文。此人伦所以不察，庶物所以不明，
> 治所以忽，德所以乱，异言满耳，上无礼以防其伪，下无学以稽
> 其弊。①

这是从佛教对中国的影响来说的，这种影响主要包含两个层次：第一，儒者由
于没有认识到儒家之道，而盲从于佛教之道，乃至于天下之人都相信佛教之
道，认为没有学习儒家之道的必要。对此，范育在《正蒙序》中也说："自孔孟
没，学绝道丧千有余年，处士横议，异端间作，若浮屠老子之书，天下共传，与
《六经》并行。而其徒侈其说，以为大道精微之理，儒家之所不能谈，必取吾书
为正。世之儒者亦自许曰：'吾之《六经》未尝语也，孔孟未尝及也'，从而信其
书，宗其道，天下靡然同风；无敢置疑于其间，况能奋一朝之辩，而与之较是非
曲直乎哉！"②儒家之道在孔孟之后就失传了，大行于天下的是佛、道二教之
道，之所以这样，除了佛、道二教的大力宣传，还根本在于儒者们认为佛、道二
教所倡导的本体论等是儒家本身没有的，他们转而相信佛、道二教，当然也就
不可能与佛、道二教相辩论。第二，佛教对儒家的人伦道德等也产生了冲击，
导致"上无礼以防其伪，下无学以稽其弊"。

针对佛、道二教的影响，作为儒者的张载，必然要改变这种现状，对佛、道
二教进行批判。儒家对佛教的批判，自佛教传入中国以来，一直就存在，而且
这种批判具有阶段性。在汉唐时期，这种批判主要是从经济角度以及伦理道

---

① （宋）张载著，章锡琛点校：《正蒙·乾称篇》，《张载集》，中华书局1978年版，第64页。
下文出处相同。

② 《正蒙·范育序》，《张载集》，第4—5页。

德角度等来进行的,前文所讲的韩愈、李翱等人对佛教的批判侧重的就是伦理道德的角度。在进入宋之后,儒家对佛、道的批判则是侧重于从理论层次、从本体论等角度来入手。范育在谈到张载之所以要著《正蒙》时指出:"使二氏者真得至道之要、不二之理,则吾何为纷纷然与之辩哉? 其为辩者,正欲排邪说,归至理,使万世不惑而已。使彼二氏者,天下信之,出放孔子之前,则《六经》之言有不道者乎? 孟子常勤勤辟杨朱墨翟矣,若浮屠老子之言闻乎孟子之耳,焉有不辟之者乎? 故予曰《正蒙》之言不得已而云也。"①这就认为佛、道二教所讨论的道并不是"不二之理",所建构的本体论还是存在问题的,所以张载才要去与佛、道二教辩论,辩论的目的就是排邪说、就是构建新理论,就像孟子批判杨朱、墨翟一样是不得已而为之。

对于张载与佛道二教的关系,学界都形成了共识,即张载在辟佛排老。有学者指出:"张载的辟佛排老也就表现为两个不同层面的兼顾与统一:一方面,首先是对佛老价值观的批判与对儒家价值观的阐发两个方面的统一;另一方面,无论是对佛老的批判还是对儒家价值观的阐发,也都必须从超越追求之形上视角的高度作出根本性的澄清。"②这就把张载辟佛排老同儒家价值观的阐发以及追求形而上本体论联系起来。不过,需要说明的是,张载对佛道的本体论到底持何种态度? 这有不同的看法。有学者认为:"张载的宇宙本体论首先是针对当时佛道二教的理论而展开的批判。"③不过,有学者则认为:"张载对佛教的批评主要集中在其'往而不返'的人生价值观上,但对其超越的形上视角,则张载不仅没有批评,甚至也可以说是一种主动借鉴或积极继承的态

---

① 《正蒙·范育序》,《张载集》,第 5 页。
② 丁为祥:《从理学不同的反佛侧重到研究理学之不同进路——以张载、罗钦顺为例》,《中国哲学史》2011 年第 1 期。
③ 徐洪兴:《"太虚无形,气之本体"——略伦张载的宇宙本体论及其成因和意义》,《复旦学报》(社会科学版)2005 年第 3 期。

度。"①这两种观点的分歧,就在于张载的本体论是针对佛、道二教的本体论而构建起来的,还是另辟蹊径且吸收了佛、道二教的本体论而构建起来的。笔者倾向于认为张载的本体论是在针对佛、道二教的本体论而展开批判的过程中建构的。

张载对佛、道二教本体论的批判涉及众多方面,且是分层次的。

首先,张载对道家和佛教的"体用殊绝""物与虚不相资"的情况进行了批判。

张载认为:"若谓虚能生气,则虚无穷,气有限,体用殊绝,入老氏'有生于无'自然之论,不识所谓有无混一之常;若谓万象为太虚中所见之物,则物与虚不相资,形自形,性自性,形性、天人不相待而有,陷于浮屠以山河大地为见病之说。"②这是针对佛、道在体用上存在的问题而发表议论的。张载指出如果认同"虚能生气"的观点,就坠入了道家"有生于无"的宇宙论模式,而道家的这种模式所体现出来的是本体与现象之间存在相生关系,这种相生关系又导致了本体与现象不统一、不共在的"体用殊绝"。此外,太虚与具体事物之间也不是"万象为太虚中所见之物",即虚空及其内存之物的关系,因为这种关系虽然实现了太虚与气的共在,不过却会导致"物与虚不相资",从而陷于佛教以山河大地为虚有的状况中而不能自拔。

佛、道二教之所以会在体用上存在以上的问题,就是由于佛教对现实的认识以及二教对性的认识上存在问题。张载说:"释氏以感为幻妄,又有憧憧思以求朋者,皆不足道也。"③"彼惟不识造化,以为幻妄也。"④这就认为佛教把现实看成是虚幻的、把气大化流行所产生的天地万物看成是虚幻的观点,是不

---

① 丁为祥:《从理学不同的反佛侧重到研究理学之不同进路——以张载、罗钦顺为例》,《中国哲学史》2011 年第 1 期。

② 《正蒙·太和篇》,《张载集》,第 8 页。

③ 《横渠易说·下经》,《张载集》,第 126 页。

④ 《横渠易说·系辞上》,《张载集》,第 206 页。

值得言说的。正由于佛教持一切皆空的观点,它必然认为天地万物与本体之间不会相互凭借、相互依存。张载又说:"有无虚实通为一物者,性也;不能为一,非尽性也。饮食男女皆性也,是乌可灭? 然则有无皆性也,是岂无对? 庄、老、浮屠为此说久矣,果畅真理乎?"①"释氏之说所以陷为小人者,以其待天下万物之性为一,犹告子'生之谓性'。今之言性者汗漫无所执守,所以临事不精。学者先须立本。"②在张载看来,佛、道二教在对性的认识上又是泛化的,因为它们虽然认为有无虚实以及天下万物的性都是相同的,但是这种认识主要是从生理属性来看的,就像告子所说的"生之谓性"。要改变这种认识,就要"立本",就要对众生之性进行抽象,进行形而上学化,认识到本体的绝对性、永恒性。

佛、道二教,特别是佛教之所以认为"物与虚不相资",除了因为在对现实以及对性的认识上存在问题外,还因为它对天人关系的认识也存在缺陷。这就是张载对佛、道二教本体论批判的第二个方面。对于张载对佛教天人关系的批判,有学者评价说:"在他的思想中,'天人合一'主要是用来批判佛教,而阐明儒家的实在论与道德论的统一。"③这是非常有见地的。张载指出:"释氏语实际,乃知道者所谓诚也,天德也。其语到实际,则以人生为幻妄,以有为为疣赘,以世界为荫浊,遂厌而不有,遗而弗存。就使得之,乃诚而恶明者也。儒者则因明致诚,因诚致明,故天人合一,致学而可以成圣,得天而未始遗人,《易》所谓不遗、不流、不过者也。彼语虽似是,观其发本要归,与吾儒二本殊归矣。"④这段话包含两层含义:一是认为佛教认识到"天德",即对本体有所认识,但对于现实——"实际"的认识则存在不足,其将现实看成是虚幻的;二是佛教的这种认识割裂了天人关系,并没有实现天人合一,这与儒家的观点完

---

① 《正蒙·乾称篇》,《张载集》,第63页。
② 《张子语录·语录中》,《张载集》,第324页。
③ 李存山:《"先识造化":张载的气本论哲学》,《中国哲学史》2009年第2期。
④ 《正蒙·乾称篇》,《张载集》,第65页。

全不同。张载也正是针对佛教的这种天人关系进行了批判,他说:"浮屠明鬼,谓有识之死受生循环,遂厌苦求免,可谓知鬼乎? 以人生为妄见,可谓知人乎? 天人一物,辄生取舍,可谓知天乎? 孔孟所谓天,彼所谓道。惑者指游魂为变为轮回,未之思也。大学当先知天德,知天德则知圣人,知鬼神。今浮屠极论要归,必谓死生转流,非得道不免,谓之悟道可乎? 悟则有义有命,均死生,一天人,惟知昼夜,通阴阳,体之不二。"①这就从鬼、人与天的关系角度对佛教进行了批判,认为佛教所讲的轮回学说以及人生为虚幻的观点都是站不住脚的,都是没有真正理解鬼、人与天的关系;人们只要真正认识到了天道,就会知道鬼不过是天道外化出来的形式之一,而且天人是合一的,人性就是来源于天道本体。张载为进一步说明天道本体与天地万物的关系,指出:"释氏不知天命而以心法起灭天地,以小缘大,以末缘本,其不能穷而谓之幻妄,真所谓疑冰者与!"②佛教没有真正认识到天道本体,以天地万物为虚幻,舍本逐末,也就不可能通过格物来穷理、来认识天道。为此,张载感叹说:"万物皆有理,若不知穷理,如梦过一生。释氏便不穷理,皆以为见病所致。"③

张载本体论的建构还与他对儒学本身的认识有关。首先表现在对汉唐儒学的看法上。《宋史》记载:

> 弊衣蔬食,与诸生讲学,每告以知礼成性、变化气质之道,学必如圣人而后已。以为知人而不知天,求为贤人而不求为圣人,此秦、汉以来学者大蔽也。④

张载认为汉唐儒学在天人关系上存在"知人不知天"的问题。有学者就阐释说:"张载认定秦汉以来儒者'不知天',亦即对自家固有之'天'的理解出现了

---

① 《正蒙·乾称篇》,《张载集》,第64页。
② 《正蒙·大心篇》,《张载集》,第26页。
③ 《张子语录·语录中》,《张载集》,第321页。
④ 《宋史》卷四百二十七《道学传·张载》。

偏误,把原本形上的超越的'天'有形化、实然化、经验化了。"①的确,汉唐儒学一方面注重的是荀学,荀学是以现实关怀为重心,对形而上的心性之学探讨不多,而且荀学在天人关系上追求的是天人相分,这不利于儒学的发展,同时也无法与形而上学比较发达的佛、道相抗衡;同时汉唐儒学还关注的是以元气为基础的宇宙生成论,宇宙生成论探讨的是万物生成的本源,认为万物都是元气生化流行而产生的,这种建立在元气基础上的宇宙论由于没有本体的依托,因而根本经不起佛、道的冲击。张载儒学思想的构建,就必须改变汉唐儒学"知人不知天"的现状,最终实现天人合一,实现性与天道的真正合一,构建起本体。

其次,表现在对儒家经典《中庸》看法的演变上。

《吕大临横渠先生行状》有:

> 少孤自立,无所不学。与邻人焦寅游,寅喜谈兵,先生说其言。当康定用兵时,年十八,慨然以功名自许,上书谒范文正公。公一见知其远器,欲成就之,乃责之曰:"儒者自有名教,何事于兵!"因劝读《中庸》。先生读其书,虽爱之,犹未以为足也,于是又访诸释老之书,累年尽究其说,知无所得,反而求之《六经》。②

这段话揭示了张载思想转变的历程,由重视边防军事的经世之学转入儒学的《中庸》,然后又转入佛、道,最后又回归儒学。在这个思想转变的历程中,两次涉及了对《中庸》的看法。针对第二次转变——由儒入佛、老,即张载由读《中庸》产生"犹未以为足"感觉后转入"访诸释老之书",有学者研究指出:"是张载不认同《中庸》的儒家立场呢,还是不满于其即人道以推天道从而以人道擎起天道的为学之路?笔者以为只能是后者,因为正是后者理论上的这

---

① 林乐昌:《论张载对道家思想资源的借鉴与融通——以天道论为中心》,《哲学研究》2013年第2期。

② 《附录·吕大临横渠先生行状》,《张载集》,第381页。

种不彻底性才推动着他'出入佛老,反于六经'并最后确定了'以易为宗'的进
路的。"①把张载之所以会由儒入佛、老的原因归结于不满《中庸》以人道推天
道从而以人道擎起天道思维模式的观点,是值得商榷的。一方面,就《中庸》
的思维模式是否是以人道推天道来说,就值得商讨;另一方面,如果说张载真
的是不满于《中庸》以人道推天道的思维模式,他可以直接采用《易传》的思维
模式,何必绕一大圈经过佛老,而最后才回归儒学,采用《易传》的思维模式。
实际上,张载的思想历程体现了他对《中庸》认识的不断提高。具体来说,范
仲淹推荐《中庸》给张载,就是希望张载通过对《中庸》的研究来提高心性修
养。张载开始对《中庸》的阅读,并没有获悉《中庸》的心性之学,他希望改换
门庭,从佛老中去寻找有关心性修养的学问,所以才会出现从《中庸》进入佛
老。至于最后的"反于六经",不外乎他认识到儒学本身也有高深的心性之
学,它就蕴含在六经当中,特别是蕴含在《中庸》当中;更为重要的是他认识到
佛老本身的缺陷,即只有上达,没有下学,只有形而上的心性之学,没有形而下
的经世之学,而儒家经典,特别是《中庸》在"上达"与"下学"的沟通上趋于完
美。对《中庸》认识的不断深化,张载说得很明确:"某观《中庸》二十年,每观
每有义,已长得一格。"②总之,张载对儒学本身的认识,一方面表现为通过对
汉唐儒学"知人不知天"现状的反思,希望打通性与天道;另一方面则是通过
对儒家经典的研究,特别是通过对《中庸》的研究,为实现天人合一、沟通"上
达"与"下学"找到了思想资源,可以说张载正是通过对《中庸》的阐发来构建
本体论的。

二、太虚即气

对于张载的本体论到底是什么,学界有众多观点,概括起来主要有三种:

---

① 丁为祥:《虚气相即——张载哲学体系及其定位》,人民出版社 2000 年版,第 98 页。
② 《经学理窟·义理》,《张载集》,第 277 页。

一是气本论,持这种观点的主要有冯友兰、张岱年、陈俊民、陈来、劳思光等人;二是虚气二元论,持这种观点的主要有侯外庐等人;三是太虚本体论,持这种观点的主要有钱穆、牟宗三、林乐昌、丁为祥、汤勤福等人。笔者也趋向于认为张载构建的是太虚本体论,他主要是通过对《中庸》的阐发来实现的。前文,我们讲到本体论的建构有两种方式:天道伦理化为人性、人性本体化为天道。周敦颐采取的范式就是人性本体化为天道的方式,走的主要是从人到天的上行路线。对于张载来说,采取的范式则是天道伦理化为人性的方式,走的主要是从天到人的下行路线。对于下行路线来说,首先就要构建本体,然后再伦理化为具体的人性,实际上就是要把天道本体转化为具体的人性。这种转化思路,正是借用的《中庸》天道之诚赋予人道之诚的思路。张载通过对《中庸》的阐发来构建本体论,首先就表现在把天道具体化为太虚,论证了太虚的本体地位。

太虚作为本体,一定程度上又是通过同气相区别、相联系来凸显的。张载说:

> 太虚无形,气之本体,其聚其散,变化之客形尔;至静无感,性之渊源,有识有知,物交之客感尔。客感客形与无感无形,惟尽性者一之。[①]

对这段话的理解,关键在"本体"含义以及对"客形"指代对象的确定。对于前者,张岱年认为:"张载所谓的'本体',不同于西方哲学中所谓的'本体',而只是本来状况的意义。"[②]也有学者认为:"'气之本体',是指太虚虽无形,却是'气'原来的存在之处,即'气'的聚散之处。(《乾称篇》称'太虚者,气之体'是同一意思)"[③]这两种观点都是值得商榷的。认为"本体"不同于西方哲学

---

① 《正蒙·太和篇》,《张载集》,第7页。
② 张岱年:《关于张载的思想和著作》,《张载集》,中华书局1978年版,第3页。
③ 汤勤福:《张子正蒙导读》,载张载撰、王夫之注《张子正蒙》,上海古籍出版社2000年版,第15页。

中的"本体",是非常有见地的,不过把"太虚"认为是"气"的"本来状况"却存在问题,因为这实际上把"太虚"看成是"气"未气化成万物时的本来面貌,意味着"太虚"与"气"是同一的,这种看法是不合理的。另外,把"太虚"看成是"'气'原来的存在之处"虽然指出了"太虚"与"气"是两个不同的概念,可是却把"太虚"看成是虚空,看成是气聚散的空间,这种观点是否合理也受到质疑。需要指出的是,这里所说的"本体"正如在本书《绪论》中所说的那样,已经具有根源、根据的意思。此外,张载为了强调太虚作为气的根源、根据,他又说:"太虚者,气之体。气有阴阳,屈伸相感之无穷,故神之应也无穷;其散无数,故神之应也无数。虽无穷,其实湛然;虽无数,其实一而已。"①这里的"太虚者,气之体"实际上就是"太虚无形,气之本体"的另外一种说法,而且这种说法也更加清楚地凸显了太虚的本体地位;更为重要的是,这段话认为气的无穷变化虽然带来了神的无数表现,但是神的无数表现其实都是太虚外化出来的,神的无数表现与太虚之间就是多与一的关系。对于"客形"的指代对象,则是指气,气的聚散就会出现"客形"的呈现与消解。张载在《太和篇》中再次重申这种看法,他明确指出:"气聚则离明得施而有形,气不聚则离明不得施而无形。方其聚也,安得不谓之客? 方其散也,安得遽谓之无?"②当气聚时,就产生了有形的物体,有形的物体相对于气来说就是暂时性的"客",当气散时,即有形的物体消解时,又重新变成无形的气,这个气是真实存在的,并不是"无"。

作为本体的太虚,具体什么含义呢? 有学者认为在张载哲学中,太虚的涵义大体上是从以下几个方面展开的:一是天之定名;二是价值的根源;三是超越的极至。③ 也有学者认为:"依据张载本人的论述,可以从两个角度诠释其太虚本体的多重涵义:一是从太虚自身的规定性看,一是从太虚作为宇宙间一

---

① 《正蒙·乾称篇》,《张载集》,第 66 页。
② 《正蒙·太和篇》,《张载集》,第 8 页。
③ 参见:丁为祥《张载虚气观解读》,《中国哲学史》2001 年第 2 期。

切存在物的终极根源和主导力量看。"①这都认为要了解太虚的含义,应该涉及太虚本体所体现出来的特点以及分析太虚与宇宙万物之关系。张载说:"聚亦吾体,散亦吾体,知死之不亡者,可与言性矣。"②"金铁有时而腐,山岳有时而摧,凡有形之物即易坏,惟太虚无动摇,故为至实。"③前者就将太虚与气相比较,指出太虚才是"不亡者",后者则以"金铁""山岳"的"腐""摧"同"太虚"的"无动摇""为至实"相比较,说明"金铁"等有形有象具体事物的性质是相对的,而无形无象"太虚"的性质却是绝对的,这都指出太虚具有永恒性、绝对性,太虚就是本体。太虚本体还具有唯一性。张载三番五次地强调说:"万事只一天理。"④"天下义理只容有一个是,无两个是。"⑤"天地虽一物,理须从此分别。"⑥这就认为本体只有一个,那就是太虚,不过太虚则可以表现为众多的外在之理。太虚本体虽然只有一个,但是它有众多的名字。张载说:"由太虚,有天之名"⑦,"语其推行故曰'道',语其不测故曰'神',语其生生故曰'易',其实一物,指事而异名尔"⑧。这里所说的"天""道""神""易",都是对太虚的称谓。

太虚作为本体,是自然世界的终极根源和创生万物的主导力量,同时也是价值世界的终极根源。张载说:"虚者天地之祖,天地从虚中来"⑨,"万物取足于太虚,人亦出于太虚"⑩。这就认为天地万物,包括人在内都是由太虚派生出来的。具体来说,太虚是如何来派生万物的呢?这就需要借助气,太虚就

---

① 林乐昌:《张载两层结构的宇宙论哲学探微》,《中国哲学史》2008 年第 4 期。
② 《正蒙·太和篇》,《张载集》,第 7 页。
③ 《张子语录·语录中》,《张载集》,第 325 页。
④ 《经学理窟·诗书》,《张载集》,第 256 页。
⑤ 《经学理窟·义理》,《张载集》,第 275 页。
⑥ 《横渠易说·系辞上》,《张载集》,第 178 页。
⑦ 《正蒙·太和篇》,《张载集》,第 9 页。
⑧ 《正蒙·乾称篇》,《张载集》,第 65—66 页。
⑨ 《张子语录·语录中》,《张载集》,第 326 页。
⑩ 《张子语录·语录中》,《张载集》,第 324 页。

是推动气化生万物的主导力量。张载明确说:"神则主乎动,故天下之动,皆神之为也。"①"神者,太虚妙应之目。"②这里的"神"就是"太虚"的一个说法而已,它们的实质都一样,都是指同一个本体,是推动气化生万物的主导力量。太虚还是价值世界的终极根源,"虚者,仁之原","虚则生仁,仁在理以成之"。作为人道德规范的"仁",就是来源于太虚。张载还说:"天地之道无非以至虚为实,人须于虚中求出实。圣人虚之至,故择善自精。"③作为天道的太虚就具有了实有的特点,人道的实有同样也是来自太虚,特别是作为圣人更是完全禀赋了这个实有,体现出了向善及自我提高的一面。

与太虚相对应的气,在张载思想体系中也具有重要的地位。太虚是天地万物产生的终极根源,气则是化生天地万物的质料。张载具体描述了气的运行情况,"气坱然太虚,升降飞扬,未尝止息,易所谓'絪缊',庄生所谓'生物以息相吹'、'野马'者与!此虚实、动静之机,阴阳、刚柔之始。浮而上者阳之清,降而下者阴之浊,其感通聚结,为风雨,为雪霜,万品之流形,山川之融结,糟粕煨烬,无非教也"④。气的运行是没有静止的,其上下翻滚,在运行的过程中凝聚成了风雨、雪霜、山川等等。张载又说:

> 动物本诸天,以呼吸为聚散之渐;植物本诸地,以阴阳升降为聚
> 散之渐。物之初生,气日至而滋息;物生既盈,气日反而游散。至之
> 谓神,以其伸也;反之为鬼,以其归也。⑤
>
> 气于人,生而不离、死而游散者谓魂;聚成形质,虽死而不散者
> 谓魄。⑥

在这两段话中,前者一方面以动物和植物为例来说明气的化生作用,另一方面

---

① 《横渠易说·系辞上》,《张载集》,第205页。
② 《正蒙·太和篇》,《张载集》,第9页。
③ 《张子语录·语录中》,《张载集》,第325页。
④ 《正蒙·太和篇》,《张载集》,第8页。
⑤ 《正蒙·动物篇》,《张载集》,第19页。
⑥ 《正蒙·动物篇》,《张载集》,第19页。

又通过把神界定为"伸"、把鬼界定为"归"来说明它们实际上就是气运行体现出的规律;后者则从人的生死、形体的聚散中所出现的"魂""魄"来说明气。总之,在张载看来,气就是形成万物的质料,是实有的,且伴随万物的生与灭。

张载以太虚为本体、以气为形成万物的质料,二者之间存在什么关系呢?张载说:"太虚不能无气,气不能不聚而为万物,万物不能不散而为太虚。"①这里就指出太虚与气之间存在不可分割性,二者是互相依存、不可或缺的。联系前文张载针对佛、道二教存在的"物与虚不相资""体用殊绝"的批判,太虚与气之间就应该存在"体用不二""体用相资"的关系。他明确说:"知虚空即气,则有无、隐显、神化、性命通一无二,顾聚散、出入、形不形,能推本所从来,则深于《易》者也。"②又说:"气之聚散于太虚,犹冰凝释于水,知太虚即气,则无无。"③"即",指相即。张载就用"即"表达出太虚与气的关系,提出了"太虚即气"的观点。何为"太虚即气"呢?有学者解释说:"太虚涵含气,但太虚本身不是气;太虚与气分属两个层次,太虚是最高层次的概念,而气则是次一层次的概念,气能化生万物;从太虚的内涵与特点来分析,太虚是万物的本原但不能直接化生万物、太虚无形又离不开气、太虚是实有并是永恒的存在。"④这种看法是非常合理的。的确,太虚与气是完全不同的两个概念,而且在气没有形成万物之前,太虚就与气共在,太虚就存在于气化流行的过程中;在气形成万物之后,太虚又内化为具体事物之性,太虚与气共同构成了各种具体的事物。或者说,太虚是超越于气之聚散及其万物之上、是天地万物的形上本体,同时又内在于气之聚散生化的过程中。此外,有学者又评价说:"从理学的角度来看张载的虚气相即时,其开创性的意义就在于通过本体论与宇宙论并建,为理学提供了一个现实关怀与超越追求两翼并进的纲维。"⑤这是通过对宋代理学

---

① 《正蒙·太和篇》,《张载集》,第7页。
② 《正蒙·太和篇》,《张载集》,第8页。
③ 《正蒙·太和篇》,《张载集》,第8页。
④ 汤勤福:《太虚非气:张载"太虚"与"气"之关系新说》,《南开学报》2000年第3期。
⑤ 丁为祥:《张载虚气观解读》,《中国哲学史》2001年第2期。

与汉唐儒学以及魏晋玄学特点的比较而得出的结论,认为汉唐儒学重视的是宇宙生成论、魏晋玄学重视的则是宇宙本体论,而张载的"太虚即气"把宇宙本体论和宇宙生成论结合在了一起,不仅重视形而上的本体论层面,同时也重视形而下的现实层面。当然,需要指出的是,本体论与生成论的结合是宋代理学家共同具有的,周敦颐的"无极"与气、诚与气关系中就已经有了这个特点,①并不是张载所开创的。此外,有学者又认为:"就'太虚即气'命题的理论性质和层次定位看,不应当视为涵括宇宙论哲学两个层次的命题,而应当视为特指宇宙生成论单一层次的命题;另外,也不应当把'太虚即气'归结为'儒家本体论'"②,而认为"太虚无形,气之本体"凸显的才是宇宙本体论。这些都是值得反思的。

三、太虚本体在人道上的体现

张载首先通过对"太虚"本体的界定,从而把"性与天道"中的"天道"具体化;其次就是要按照《中庸》天道之诚赋予人道之诚的路径,把太虚本体伦理化为具体的人性,通过这种路径才真正实现性与天道的真正合一,从而凸显太虚本体。当然,太虚本体不仅是人道的根源,它还是天地自然之道的根源。在阐述太虚本体在人道上的具体表现之前,先考察一下太虚本体在自然之道上的表现。

张载对自然之道的描述是非常多的,在《正蒙》的《天道篇》《神化篇》《动物篇》等当中就有集中描述。张载说:"神,天德,化,天道。"③又说:"鬼神,往来、屈伸之义,故天曰神,地曰示,人曰鬼。"④"神""化"以及"鬼神"都是太虚本体在天之道上的具体表现。对于这些天之道,张载又进一步说:

---

① 参见拙文《从无极到诚——略论周敦颐本体思想的演变》,《孔子研究》2012 年第 1 期。
② 林乐昌:《张载两层结构的宇宙论哲学探微》,《中国哲学史》2008 年第 4 期。
③ 《正蒙·神化篇》,《张载集》,第 15 页。
④ 《正蒙·神化篇》,《张载集》,第 16 页。

> 神化者,天之良能,非人能;故大而位天德,然后能穷神知化。①

> 天道四时行,百物生,无非至教;圣人之动,无非至德,夫何言哉!②

> 天不言而信,神不怒而威;诚故信,无私故威。③

这就认为神化等天之道是天自有的良能,并不是人强加的,更为重要的是它们体现出顺其自然的特点。当然,这个特点一定程度上来自对道家思想的吸收。张载还具体描述了太虚本体在地之道上的表现,比如"声音"之道,它是具有多种形式的,"声者,形气相轧而成。两气者,谷响雷声之类;两形者,桴鼓叩击之类;形轧气,羽扇敲矢之类;气轧形,人声笙簧之类。是皆物感之良能,人皆习之而不察者尔"④。

张载对天人关系是非常重视的,前文阐述了他对佛、道二教以及汉唐儒学的天人关系的批判,这里就阐发他对天人合一的探讨。张载说:"圣人成其德,不私其身,故乾乾自强,所以成之于天尔。"⑤又说:"道所以可久可大,以其肖天地而不离也;与天地不相似,其违道也远矣。"⑥前者是从德的来源说的,认为道德是来源于天;后者认为道之所以能够长久、能够宏大,就是因为道与天相似却不离,而之所以相似就是因为它来源于天。如果说道、德来源于天体现的是"从天到人"的路径,那么通过修养等来事天、知天体现的就是"从人到天"的路径。对"从人到天"的路径,张载多次阐述,如"存心养性以事天,尽人道则可以事天"⑦,"性通乎气之外,命行乎气之内,气无内外,假有形而言尔。故思知人不可不知天,尽其性然后能至于命"⑧。需要说明的是,道、德来源于

---

① 《正蒙·神化篇》,《张载集》,第17页。
② 《正蒙·天道篇》,《张载集》,第13页。
③ 《正蒙·天道篇》,《张载集》,第14页。
④ 《正蒙·动物篇》,《张载集》,第20页。
⑤ 《正蒙·至当篇》,《张载集》,第35页。
⑥ 《正蒙·至当篇》,《张载集》,第35页。
⑦ 《张子语录·语录上》,《张载集》,第311页。
⑧ 《正蒙·诚明篇》,《张载集》,第21页。

天以及通过修养来事天、知天分别体现的两种路径,实际上是融合在一起的,不过为了便于理解将其从细节上划分为了这两种路径。张载太虚本体转化为具体的人性,就是建立在天人合一的基础上,它凸显的是"从天到人"的路径。

张载对太虚本体转化为具体人性的阐述是非常充分的,且是分层次的。首先,张载认为众人之性,其来源都是相同的,都来自太虚或天性。他明确说:

性者万物之一源,非有我之得私也。惟大人为能尽其道,是故立必俱立,知必周知,爱必兼爱,成不独成。①

天性在人,正犹水性之在冰,凝释虽异,为物一也;受光有小大、昏明,其照纳不二也。②

在张载看来,人性都是来源于太虚本体或来源于天性,大家都一样,并不是我独得,只是有道之人或身居高位之人能够充分地展现人性,在认知上更加充分而已;此外,虽然人性体现出来有"小大""昏明"等差别,但实质都是一样的。其次,由于人们本身存在的差异,也就带来了人性的差异。"形而后有气质之性,善反之则天地之性存焉。故气质之性,君子有弗性者焉。"③人性有气质之性和天地之性两种,通过人的努力,即"善反之",就会使天地之性长存;对于君子来说,气质之性是不会占据主导地位的。什么是气质之性呢? 它实际上就是指人的生理属性,"湛一,气之本;攻取,气之欲。口腹于饮食,鼻舌于臭味,皆攻取之性也"④。气质之性就是"攻取之性",讲求口腹鼻舌之欲的性,它是气在形成人形之后产生的。张载又说:"以生为性,既不通昼夜之道,且人与物等,故告子之妄不可不诋。"⑤这就对气质之性持批判态度,认为它是与动物相同的生理属性,就是告子所讲的"食色性也"。对于人性的差别,张载分析说:"人之刚柔、缓急、有才与不才,气之偏也。天本参和不偏,养其气,反

---

① 《正蒙·诚明篇》,《张载集》,第21页。
② 《正蒙·诚明篇》,《张载集》,第22页。
③ 《正蒙·诚明篇》,《张载集》,第23页。
④ 《正蒙·诚明篇》,《张载集》,第22页。
⑤ 《正蒙·诚明篇》,《张载集》,第22页。

之本而不偏,则尽性而天矣。性未成则善恶混,故亹亹而继善者斯为善矣。恶尽去则善因以成。"①正是由于人们有"刚柔、缓急、有才与不才"的区别,才带来了人生之初性的差别,不过更重要的是假如经过后天的"尽性""继善",也会带来人性的改变。

太虚本性转化为具体的人道,除了以上所讲的人性外,还表现在与人的知、道、德等的关系上。张载说:"见闻之知,乃物交而知,非德性所知;德性所知,不萌于见闻。"②张载把"知"分为了"见闻之知"和"德性之知"两种,如果说"见闻之知"是人们与外物接触而产生的,那么"德性之知"则是人生而就有,来源于太虚所赋予的。张载为此说:"诚明所知乃天德良知,非闻见小知而已。"③张载还说:"循天下之理之谓道,得天下之理之谓德"④,"德者得也,凡有性质而可有者也"⑤。这也把道、德看成是太虚本体在人身上的体现。对于德,张载说:"性天经然后仁义行","仁通极其性,故能致养而静以安;义致行其知,故能尽文而动以变"⑥。仁、义都是德,它们是人性的具体表现,通过仁、义的施行,就能使人性达到极致,也能使人皆知,对一切都能掌握。对于道,张载主要是从"中道"来阐述的,要求人们行事的过程中要持中、要时中。之所以要持中、要时中,是因为中道对人非常重要。张载说:

> 中正然后贯天下之道,此君子之所以大居正也。盖得正则得所止,得所止则可以弘而至于大。⑦

> 学者中道而立,则有仁以弘之。无中道而弘,则穷大而失其居,失其居则无地以崇其德,与不及者同,此颜子所以克己研几,必欲用

---

① 《正蒙·诚明篇》,《张载集》,第23页。
② 《正蒙·大心篇》,《张载集》,第24页。
③ 《正蒙·诚明篇》,《张载集》,第20页。
④ 《正蒙·至当篇》,《张载集》,第32页。
⑤ 《正蒙·至当篇》,《张载集》,第33页。
⑥ 《正蒙·至当篇》,《张载集》,第34页。
⑦ 《正蒙·中正篇》,《张载集》,第26页。

其极也。①

人们只有奉行中道,才能使人的行为举止符合规范,也才能使中道得到更大的弘扬;反之,如果不奉行中道,那么就会使人行为举止失常,当然也会带来道德的沦丧,这就与没有达到"中道"者一样。对于"中道",它是圣人不断追求的。张载说:"孔子、文王、尧、舜,皆则是在此立志,此中道也,更勿疑圣人于此上别有心。"②这里就以孔子、文王等圣人为例,来说明他们把"中道"看成是追求的志向、对"中道"是一心一意的。张载还反复举颜回的例子来说明"中道"的难得,"高明不可穷,博厚不可极,则中道不可识,盖颜子之叹也"③。

张载为了进一步凸显"中道",还对非"中道"进行了批判。这种批判的一方面,表现在对儒家非中道的现象进行批判,如"今闻说到中道,无去处,不守定,又上面更求,则过中也,过则犹不及也"④,"'非礼之礼,非义之义',但非时中者皆是也。大率时措之宜者即时中也。时中非易得,谓非时中而行礼义为非礼之礼、非义之义"⑤。前者是针对不清楚何谓"中道"而四面出击、对中道的把持又不稳定的现象来说的,认为这只会带来过犹不及;后者则从礼义的实行来看,认为如果不注意时中,只会带来"非礼之礼、非义之义",即礼义都没有达到"中"的状态。这种批判的另一方面,则表现为对佛老失中的批判。在张载看来,"见人说有,己即说无,反入于太高;见人说无,己则说有,反入于至下。或太高,或太下,只在外面走,元不曾入中道,此释老之类"⑥。这里就认为佛老有"见人说有,己即说无""见人说无,己则说有"的毛病,它们要么"太高"、要么"太低",都不曾达到中道。张载又说:"明不能尽,则诬天地日月为幻妄,蔽其用于一身之小,溺其志于虚空之大,所以语大语小,流遁失中。其

---

① 《正蒙·中正篇》,《张载集》,第27页。
② 《经学理窟·气质》,《张载集》,第267页。
③ 《正蒙·中正篇》,《张载集》,第27页。
④ 《经学理窟·气质》,《张载集》,第266页。
⑤ 《张子语录·语录下》,《张载集》,第328页。
⑥ 《张子语录·语录上》,《张载集》,第314页。

过于大也,尘芥六合;其蔽于小也,梦幻人世。"①这里就认为佛教对现实的看法存在问题,因为佛教要么认为天下太大(尘芥六合)、要么认为天下太小(梦幻人世),这都失中、都不能体现中道。

四、"诚""心解"等修养、致知方法

由于人性存在气质之性和天地之性的差别,再加上外在环境的影响,如何保持人的善性以及如何化恶为善,这是张载思想体系中要解决的问题,它也是对太虚本体如何来涵养以及如何致知的问题。张载对此非常重视,他从理论上来阐述化恶为善的可能性。张载说:

> 变化气质。……居仁由义,自然心和而体正。更要约时,但拂去旧日所为,使动作皆中礼,则气质自然全好。②

> 气质犹人言性气,气有刚柔、缓速、清浊之气也,质,才也。气质是一物,若草木之生亦可言气质。惟其能克己则为能变,化却习俗之气性,制得习俗之气。所以养浩然之气是集义所生者,集义犹言积善也,义须是常集,勿使有息,故能生浩然道德之气。③

> 纤恶必除,善斯成性矣;察恶未尽,虽善必粗矣。④

> 性于人无不善,系其善反不善反而已,过天地之化,不善反者也;命于人无不正,系其顺与不顺而已,行险以侥幸,不顺命者也。⑤

这四段话可以分为两组,主要蕴含的意思有两点:其中第一、二段话提出人们能够"变化气质"的观点。之所以要变化气质,因为气有"刚、缓、清"与"柔、速、浊"的区别,因而也带来了人气质的不同。至于如何来变化气质,则提出

---

① 《正蒙·大心篇》,《张载集》,第 26 页。
② 《经学理窟·气质》,《张载集》,第 265 页。
③ 《经学理窟·学大原上》,《张载集》,第 281 页。
④ 《正蒙·诚明篇》,《张载集》,第 23 页。
⑤ 《正蒙·诚明篇》,《张载集》,第 22 页。

了"居仁由义""克己"以及"集义"等具体方法。第三、四段话则提出人性的化恶为善在于"善反"的观点,"善反"就是要回归到天地之性,对气质之性要改变,就连"纤恶"都应该要剔除,也只有这样才能使善性得以大成,如果除恶未尽,那么所得之善也是不精细的。对于"变化气质",有学者评价说:"'变化气质'作为去恶为善的修养工夫,从过程的角度将二性与一性统一了起来,即性(天地之性)未成是二性(善恶混),性已成则一性(善性)也。"①这实际上说出了"变化气质"的实质,就是要高扬天地之性。

张载在化恶为善可能性的基础上,进一步提出了修养、致知的路径以及达到的目标、境界。张载说:"尽天下之物,且未须道穷理,只是人寻常据所闻,有拘管局杀心,便以此为心,如此则耳目安能尽天下之物? 尽耳目之才,如是而已。须知耳目外更有物,尽得物方去穷理,尽了心。性又大于心,方知得性便未说尽性,须有次叙,便去知得性,性即天也。"②这段话一方面认为人的耳目不能尽天下之物,也就不可能达到对本体的认知;另一方面则受到《孟子》思想的影响,提出了"尽物—尽心—尽性—知天"的修养路径,这实际上再现了从外到内、从人到天的思路,把知天即达到太虚本体作为最终目的。通过修养、致知达到对太虚本体的把握,其目标则是希望成圣。为此,张载说:"君子之道,成身成性以为功者也;未至于圣,皆行而未成之地尔。"③又说:"无所杂者清之极,无所异者和之极。勉而清,非圣人之清;勉而和,非圣人之和。所谓圣者,不勉不思而至焉者也。"④这里就对何为真正的成圣进行了阐述,一方面认为君子只是成圣过程中的一环,必须要更进一步达到圣人;另一方面则认为圣人是"不勉不思"的,如果勉强达到"清""和",那么这都不是真正圣人的"清""和",只有顺其自然的"清""和"才是最好的。对于通过修养、致知达到

---

① 向世陵:《性两元一元与二性一性——从张岱年先生关于张载性论的分析说起》,《中国哲学史》2009 年第 3 期。
② 《张子语录·语录上》,《张载集》,第 311 页。
③ 《正蒙·中正篇》,《张载集》,第 27 页。
④ 《正蒙·中正篇》,《张载集》,第 28 页。

的境界,就是天人合一。张载说:"乾称父,坤称母;予兹藐焉,乃混然中处。故天地之塞,吾其体;天地之帅,吾其性。民吾同胞,物吾与也。"①"民胞物与"的提出,就是对天人合一境界的具体化。当然,也有学者认为:"'诚明'之境是张载所追求的最高人生境界。"②这也是从另一个角度来说天人合一。

对于如何来修养、致知,张载提出了一系列方法,其中尤为重要的就是"诚""心解"。作为《中庸》核心概念之一的"诚",张载是非常重视的。有学者通过研究指出:"首先,张载对'诚'的天道意义进行了扩展与深化,具体表现为诚明所知与天人之道。其次,达到'诚'境界的方法为明知诚善、气质之性与天地之性的相互转化和大其心之道。"③这就涉及张载对"诚"阐发的各个方面,本书主要阐述诚作为修养和致知方法的含义。张载说:

"自明诚",由穷理而尽性也;"自诚明",由尽性而穷理也。④

须知自诚明与自明诚者有异。自诚明者,先尽性以至于穷理也,谓先自其性理会来,以至穷理;自明诚者,先穷理以至于尽性也,谓先从学问理会,以推达于天性也。⑤

这是延续了《中庸》的观点,把"诚"与"明"结合起来探讨,提出了"自明诚"和"自诚明"的两种致知方法。这两种致知方法是有所差别的,前者是先穷理以至于尽性,后者是先尽性以至穷理,前者是从外到内,后者是从内到外。然而,不管是穷理还是尽性,不管是从外到内还是从内到外,都是希望达到对太虚本体的认识。张载又说:"不诚不庄,可谓之尽性穷理乎?"⑥"勉而后诚庄,非性也;不勉而诚庄,所谓'不言而信,不怒而威'者与!"⑦这里的"诚"就是修养方

① 《正蒙·乾称篇》,《张载集》,第62页。
② 宁新昌:《境界的形而上何以成为可能——张载人生境界论发微》,《孔子研究》2001年第3期。
③ 黄萌、李建群:《张载的"诚"思想及其当代价值》,《江西社会科学》2013年第8期。
④ 《正蒙·诚明篇》,《张载集》,第21页。
⑤ 《张子语录·语录下》,《张载集》,第330页。
⑥ 《正蒙·诚明篇》,《张载集》,第24页。
⑦ 《正蒙·诚明篇》,《张载集》,第24页。

法,指诚实、真诚,它还和"庄"结合起来,就是要诚实庄重;并且对于"诚庄"来说,它们的出现应该是顺其自然的,不能是勉强而为之的。"诚"作为修养方法,还表现在:"意、必、固、我,一物存焉,非诚也;四者尽去,则直养而无害矣。"①人如果真正达到"诚",那么作为影响修养的"意、必、固、我"四者就应该被消解,如果还有其中之一存在,那么就没有达到真正的诚,当然也就不利于修养进一步提升。

对于张载的修养、致知方法,比较有特色的是其"心解"②方法。对于"心解",张载是从几个方面来阐述的。

首先,突出了心的重要性。张载认为:

大其心则能体天下之物,物有未体,则心为有外。世人之心,止于闻见之狭。圣人尽性,不以见闻梏其心,其视天下无一物非我,孟子谓尽心则知性知天以此。天大无外,故有外之心不足以合天心。③

由象识心,徇象丧心。知象者心,存象之心,亦象而已,谓之心可乎?④

这两段话蕴含了几层意思:第一,提出了"大其心"的看法,即要开阔心胸;第二,认为"大其心"就能体悟天下事物,实际上认为心是尤为重要的,具有体悟天下事物的功能;第三,在现实生活中,凡人之心被耳目见闻所累,而只有圣人之心才能够不被见闻所束缚,平时人们的"由象识心"反而导致"丧心",所以人们一定程度上应该摒弃见闻,而专注心的体悟。

其次,在"大其心"的基础上提出了"心解"的致知方法。张载说:"当自立说以明性,不可以遗言附会解之。若孟子言'不成章不达'及'所性''四体不

---

① 《正蒙·中正篇》,《张载集》,第28页。
② 参见张茂泽:《"心解":张载的诠释学思想》,葛荣晋、赵馥洁、赵吉惠主编:《张载关学与实学》,西安地图出版社2000年版,第202—209页。
③ 《正蒙·大心篇》,《张载集》,第24页。
④ 《正蒙·大心篇》,《张载集》,第24页。

言而喻',此非孔子曾言而孟子言之,此是心解也。"①"心解"就是要阐发自己的独特见解,就是要引申别人想说而未说出来的观点。在这个过程中,不必"以遗言附会解之",同时"心解则求义自明,不必字字相校"②。"心解"只需阐发出观点,不必用他人之言来佐证,也不必搞清楚每一字的内涵。

再次,认为要想"心解",就必须靠平时的积累和修炼。这种积累,就是要不断地读书和记录。张载为此说:"读书少则无由考校得义精,盖书以维持此心,一时放下则一时德性有懈,读书则此心常在,不读书则终看义理不见。书须成诵精思,多在夜中或静坐得之,不记则思不起,但通贯得大原后,书亦易记。所以观书者,释己之疑,明己之未达,每见每知所益,则学进矣,于不疑处有疑,方是进矣。"③也就是说,只有通过不断地读书才能够使心的洞察力常在,也只有通过不断地读书才能够解疑、才能够使学识进一步增强。在读书的过程中,"潜心略有所得,即且志之纸笔,以其易忘,失其良心"④,即要把自己的想法记录在案,才能够使本心不失。要想"心解"能长存,还要心静。如何来心静?张载说:"观书以静为心,但只是物,不入心,然人岂能长静,须以制其乱。发源端本处既不误,则义可以自求。"⑤这就认为通过看书来静心是不可能实现的,要想心静就必须从"发源端"处入手,即从内心入手去排除烦乱,才可能使"心解"持续下去。

总之,《中庸》与张载太虚本体论的建构存在着紧密的关系。张载就是通过对佛、老二教在体用关系、天人关系上的批判,以及通过对汉唐儒学天人关系的批判,最终把建构本体论所需的思想资源放在了儒家经典上,放在了《中庸》上。此外,又按照天道伦理化为人性的思路,首先,对天道明确化,用太虚

① 《经学理窟·义理》,《张载集》,第275页。
② 《经学理窟·义理》,《张载集》,第276页。
③ 《经学理窟·义理》,《张载集》,第275页。
④ 《经学理窟·义理》,《张载集》,第275页。
⑤ 《经学理窟·义理》,《张载集》,第277页。

去诠释天道,确立了太虚的本体地位,作为本体的太虚与气又是紧密结合在一起的,太虚即气体现出了本体论和生成论的结合;其次,按照《中庸》天道之诚赋予人道之诚的路径,把太虚本体伦理化为人道,人们的天地之性以及仁义、中道等都是太虚本体转化出来的;再次,又吸收了《中庸》"诚"的修养方法,提出了"心解"的致知方法,从而达到对太虚本体的修养与致知。

第三节　《中庸》与洛学本体的多样化

《中庸》与洛学本体的建构具有紧密的关系。可以说,以程颢、程颐为开创者的洛学一定程度上就是通过对《中庸》的阐发来建构的。需要说明的是,二程及后学所建构的本体有所不同,体现出洛学本体的多样化。① 此外,对于二程后学与《中庸》关系的阐述,本书主要以吕大临与游酢为考察对象。②

一、《中庸》与二程的天理论

二程对《中庸》都有研究,并都有相关著述。程颢曾经作《明道中庸解》,《宋史·文艺志》对此有记载,不过后来失佚了。程颐也有相关著述,他曾说:"《中庸》书却已成。"不过此条的注说:"陈长方见尹子于姑苏,问《中庸解》。尹子云:'先生自以为不满意,焚之矣。'"③这说明程颐的确写成《中庸解》,不过由于不满意,已经焚烧。这就涉及一个问题,现存的《河南程氏经说》中的

---

① 注:"洛学本体多样化"与"洛学本体表现形式多样化"有显著区别,前者是指不同的洛学人物构建了不同的本体,体现出本体多样化的特点;后者则是指同一洛学本体可以外化出多种表现形式,这些表现形式一定程度上具有本体功能,但不是本体本身。不过,"洛学本体表现形式多样化"通过进一步深化,一定程度上会演变成"洛学本体多样化"。

② 本书之所以选择吕大临以及游酢作为二程后学《中庸》学的考察对象,一方面是因为在二程后学中,程门四大弟子谢良佐、吕大临、杨时和游酢虽然对《中庸》都有研究,但是谢良佐没有著作问世,杨时的《中庸义》已失佚,只留下《中庸义序》;另一方面则是吕大临、游酢对《中庸》的研究,能体现此时《中庸》学的特点。

③ (宋)程颢、程颐著,王孝鱼点校:《河南程氏遗书》卷第十七,《二程集》,中华书局2004年版,第175页。下文出处相同。

《中庸解》①的作者到底是谁。有学者研究指出:"《中庸解》既非程颢亦非程颐所作,而是吕大临之作品。"②这种观点是有证据支持的,是合理的。在这种情况下,要研究《中庸》与二程天理论的关系,就必须通过对相关零散材料的整理和归纳来进行。需要指出的是,二程天理论一定程度上是针对佛、老本体论以及张载太虚论的批判而构建的。因而,在阐述《中庸》与二程天理论的具体关系之前,有必要先介绍二程对佛、老以及张载本体论的看法。

(一)二程对佛、老以及张载本体论的批判

二程同佛、老二教有着密切的关系,他们对佛、老二教不仅有吸收,还有批判。就吸收方面来说,目前取得了较多成果。③ 就批判方面来说,有学者具体研究了二程对佛教的批判,认为二程从"世事为幻的存有论""内外不贯的道体观""绝伦弃类的伦理观""汲汲己私的生死观"四个方面来进行。④ 这几个方面体现出二程对佛教的批判,其主要是从理论方面来进行的。前文谈到的韩愈等对佛教的批判,侧重于从经济、伦理等角度来入手,张载则开始侧重于从本体论角度来批判佛教,二程延续了张载批判佛教的角度,并且更加完善。对于从汉唐到宋代,儒者对佛教批判角度的转变,特别是针对二程对佛教的批判,有学者明确指出:"二程对佛儒关系的讨论,在层次上开始了由表入里的转向、在程序上开始了由情绪化到理性化的转向、在内容上开始了由贫乏的物

---

① 《河南程氏经说》卷第八《中庸解》,《二程集》,第 1152—1165 页。

② 庞万里:《〈二程集〉中〈中庸解〉作者考辨》,《中国哲学史》1993 年第 2 期。

③ 参见卢连章《二程理学与佛学思想》,《中州学刊》2004 年第 1 期;杨仁忠:《二程天理论的佛学渊源及其文化学意义》,《河南师范大学学报》(哲学社会科学版)2003 年第 1 期;高建立:《论佛教的佛性说对二程心性思想的影响》,《郑州大学学报》(哲学社会科学版)2007 年第 3 期等对二程天理论、心性论等与佛教的关系进行了阐述。刘固盛《二程人性论的道家思想渊源》,《华中师范大学学报》(人文社会科学版)2005 年第 2 期;曾春海:《二程理学对道家思想之出入》,《湖南大学学报》(社会科学版)2014 年第 1 期等对二程的天理论、人性论与道家的关系进行了阐述。

④ 李承贵:《二程的佛教观及其思想史意义》,《南京大学学报》(哲学·人文科学·社会科学)2005 年第 3 期。

质领域到丰富的义理领域的转向,所以说,佛儒关系讨论的旨趣从此开始了新的转向。"①此外,二程对道家也有所批判,只是没有像对佛教的批判那么多、那么广,而且对道家的讨论一定程度上又是结合佛教来进行的。二程说:

　　佛、老其言近理,又非杨、墨之比,此所以害尤甚。②

　　释氏之学,又不可道他不知,亦尽极乎高深,然要之卒归乎自私自利之规模。……老氏之学,更挟些权诈,若言与之乃意在取之,张之乃意在翕之,又大意在愚其民而自智,然则秦之愚黔首,其术盖亦出于此。③

　　佛、庄之说,大抵略见道体,乍见不似圣人惯见,故其说走作。④

这几段话体现出二程对佛老的批判是分层次的:首先,前两段话是从外在来评判佛老,认为它们的危害远远大于杨、墨等异端学说,并且进一步指出佛教是一种自私自利之学、道家则是一种权诈之学;其次,后一段话进一步指出佛教和道家庄子也有本体论,只是其比较生僻,它们的本体论与儒家相比有些"走作",即走样、出纰漏。

　　二程对佛老的批判,主要集中在对佛教的批判上。二程对佛教的批判也是分层次进行的,从批判外在的表象到批判内在的本体论。二程对佛教外在表象的批判,首先就表现在对佛教认为天地万物为幻妄的观点进行批驳。《河南程氏外书》中有:

　　问:"古人所谓衣冠不正,无容止为身之耻。今学佛者反以为幻妄,此诚为理否?"曰:"只如一株树,春华秋枯,乃是常理,若是常华,则无此理,却是妄也。今佛氏以死为无常,有死则有常,无死却是

---

　　① 李承贵:《二程的佛教观及其思想史意义》,《南京大学学报》(哲学·人文科学·社会科学)2005 年第 3 期。

　　② 《河南程氏遗书》卷第十三,《二程集》,第 138 页。

　　③ 《河南程氏遗书》卷第十五,《二程集》,第 152 页。

　　④ 《河南程氏遗书》卷第十五,《二程集》,第 156 页。

无常。"①

这里就以树的"春华秋枯"为常理,来批判佛教认为人的生死为"无常"的观点,进而否定佛教以人生死无常所推出的自然万物为幻妄的观点,认为天地万物,包括人们的行为规范等都是实有的。二程为了证明这个观点,还举例来说明。比如,"子以为生息于春夏,及至秋冬便却变坏,便以为幻,故亦以人生为幻,何不付与他。物生死成坏,自有此理,何者为幻?"②草木鸟兽,春夏时生意盎然,秋冬时萧杀隐迹,都是自然现象,都是自然规律的体现;如以草木鸟兽的生死来推理出人生为幻妄,这则是错误的,因为人生的生死都是客观存在的、可知可感的,不可能视为"幻妄"。

其次,二程还从伦理以及生死等角度,批判了佛教的自私自利。二程说:"释氏有出家出世之说。家本不可出,却为他不父其父,不母其母,自逃去固可也。至于世,则怎生出得? 既道出世,除是不戴皇天,不履后土始得,然又却渴饮而饥食,戴天而履地。"③这就从伦理的角度来说明,认为佛教的出家出世说,典型的就是为了自己的私利而抛家弃子,或者说佛教的出家出世说使人伦道德都被颠覆,而且也带来人们衣食住行等的破坏。二程又认为佛教重生畏死,"佛学只是以生死恐动人。可怪二千年来,无一人觉此,是被他恐动也。圣贤以生死为本分事,无可惧,故不论死生。佛之学为怕死生,故只管说不休"④。佛教之所以喜欢谈论生死,就是因为它怕生死,所以才讨论不休,而儒家则以生死为正常事,不必惧怕,所以很少讨论生死。二程又进一步指出,不能坦然面对生死,就是一种自私自利的表现,"圣人以生死为常事,无可惧者。佛者之学,本于畏死,故言之不已。下愚之人,故易以其说自恐。至于学禅,虽

① 《河南程氏外书》卷第十,《二程集》,第 408 页。
② 《河南程氏遗书》卷第一,《二程集》,第 4 页。
③ 《河南程氏遗书》卷第十八,《二程集》,第 195 页。
④ 《河南程氏遗书》卷第一,《二程集》,第 3 页。

异于是,然终归于此,盖皆利心也"①。佛教正是私心作祟,其讨论的生死轮回等正是教人如何来趋利避害。二程总结说:"要之,释氏之学,他只是一个自私奸黠,闭目合眼,林间石上自适而已。"②这就把超越现实、直观上看很超脱的佛教,打入了凡尘,认为其不过是讲求自私的学说。

二程对佛教外在表象的批判,还表现在与儒家相比较,从功效、视野等来看二者差别,这就是第三点。二程针对有人认为佛道比孔孟之道效果来得快,明确说:"天下果有径理,则仲尼岂欲使学者迂远而难至乎? 故外仲尼之道而由径,则是冒险阻、犯荆棘而已。"③这就认为佛道不一定比孔孟之道效果来得快,因为假如有捷径,孔孟之道就不会让人走弯路或绕路,走佛道之路只会带来危险。二程还比较儒佛的视野,认为:"释氏说道,譬之以管窥天,只务直上去,惟见一偏,不见四旁,故皆不能处事。圣人之道,则如在平野之中,四方莫不见也。"④即佛道的视野很狭小,因而其适用范围也很小,未能有效处理事务;而儒道视野开阔,其适用范围很大,在处理事情上则是放之四海而皆准。二程还批判了佛教的印证说,认为:"佛家有印证之说,极好笑。岂有我晓得这个道理后,因他人道是了方是,他人道不是便不是? 又五祖令六祖三更时来传法,如期去便传得,安有此理?"⑤这是从儒家之道和佛教之道的差别上来说的,认为佛教之道还需要"印证"的说法是荒谬的,不像儒家之道那样不需要"印证",因为对儒家之道的认知不过是使道重现,道是先天存在的,不会因人们是否承认而存在。对道的"印证"问题,实际上涉及了形而上道的问题,涉及对佛教本体论的批判。

二程对佛教本体论的批判,涉及众多的内容。首先,表现在对佛性的批判

---

① 《河南程氏粹言》卷第一《论道篇》,《二程集》,第 1171 页。
② 《河南程氏外书》卷第十,《二程集》,第 408 页。
③ 《河南程氏遗书》卷第四,《二程集》,第 71 页。
④ 《河南程氏遗书》卷第十三,《二程集》,第 138 页。
⑤ 《河南程氏遗书》卷第十九,《二程集》,第 255 页。

上。二程说:"人之性犹器,受光于日。佛氏言性,犹置器日下,倾此于彼耳,日固未尝动也。"①佛教认为人性就像阳光下的器皿中都有太阳的影子一样,人性是佛性的表现,同时又认为佛性是静止的、不动的。对佛性的静止不动,二程又说:

> 今语道,则须待要寂灭湛静,形便如槁木,心便如死灰。岂有直做墙壁木石而谓之道? 所贵乎"智周天地万物而不遗",又几时要如死灰? 所贵乎"动容周旋中礼",又几时要如槁木? 论心术,无如孟子,也只谓"必有事焉"。今既如槁木死灰,则却于何处有事?②

佛教不仅认为佛性是寂然不动的,还进一步认为人"形便如槁木,心便如死灰"。二程对此大力批判,认为佛性如果寂然不动,那么其与墙壁木石有什么区别,而且人的形体和心性又何必需要"槁木""死灰";认为人如果槁木死灰,又怎么能行事呢? 佛教认为人"形便如槁木,心便如死灰",实际上就认为道没有"生意"。在二程看来,道应该是充满"生意"的。二程说:"'鸢飞戾天,鱼跃于渊,言其上下察也。'此一段子思吃紧为人处,与'必有事焉而勿正心'之意同,活泼泼地。会得时,活泼泼地;不会得时,只是弄精神。"③这就以《中庸》"鸢飞戾天,鱼跃于渊,言其上下察也"为例,来说明道随时都是"活泼泼地",即道随时都是充满"生意"的。为了说明道的"生意",二程还举了"周茂叔窗前草不除去"④等例子来说明。

其次,还从本末、内外、上达与下学等角度来批判佛教本体论。"盖上下、本末、内外,都是一理也,方是道。"⑤在二程看来,作为本体的道与外在现象之间应该体现出上达与下学合一、本末合一以及内外合一。可是,现实中的佛教并不是这样的。《河南程氏遗书》中有:

---

① 《河南程氏粹言》卷第二《心性篇》,《二程集》,第 1260 页。
② 《河南程氏遗书》卷第二上,《二程集》,第 27 页。
③ 《河南程氏遗书》卷第三,《二程集》,第 59 页。
④ 《河南程氏遗书》卷第三,《二程集》,第 60 页。
⑤ 《河南程氏遗书》卷第一,《二程集》,第 3 页。

　　问:"恶外物,如何?"曰:"是不知道者也。物安可恶?释氏之学便如此。释氏要屏事不问。这事是合有邪?合无邪?若是合有,又安可屏?若是合无,自然无了,更屏什么?彼方外者苟且务静,乃远迹山林之间,盖非理明者也。世方以为高,惑矣。"①

　　今之学禅者,平居高谈性命之际,至于世事,往往直有都不晓者,此只是实无所得也。②

二程认为佛教并没有实现本末合一,是有本而无末的。因为佛教只重视内在的道,而不重视外在的"迹";且佛教根本不管外在的事物是真正的有,还是真正的无,都采取摒弃的态度。在二程看来,外在事物是不能摒弃的,假如摒弃了外在的事物,就不是真正认识了道。此外,二程进一步强调佛教实际上就是高谈"性命"(道),而对"世事"(现实)则根本就不知,这也只会一无所得。二程又说:

　　释氏本怖死生,为利岂是公道?唯务上达而无下学,然则其上达处,岂有是也?元不相连属,但有间断,非道也。③

　　学佛者,于内外之道不备。④

这一方面指出佛教在上达与下学之间没有实现合一,具体来说佛教也就是只有上学而没有下达,"释氏谈道,非不上下一贯,观其用处便作两截"⑤;另一方面又认为佛教也没有实现内外合一,对内外之道没有认识到。《河南程氏外书》就记载:"正叔视伯淳坟,尝侍行,问佛儒之辨。正叔指墙围曰:'吾儒从里面做,岂有不见?佛氏只从墙外见了,却不肯入来做,不可谓佛氏无见处。'"⑥程颐就鲜明地指出佛教虽然也注意到外在表象,但是并非从内在的道推出外

---

① 《河南程氏遗书》卷第十八,《二程集》,第195页。
② 《河南程氏遗书》卷第十八,《二程集》,第196页。
③ 《河南程氏遗书》卷第十三,《二程集》,第139页。
④ 《河南程氏粹言》卷第一《论学篇》,《二程集》,第1194页。
⑤ 《河南程氏外书》卷第十一,《二程集》,第417页。
⑥ 《河南程氏外书》卷第十二,《二程集》,第427页。

在表象,所以使内在之道和外在表象没有合一;儒家则与之相反,外在表象就是由内在之道推出的,内外是合一的。

二程对同时代张载的本体论也有所批判,首先就涉及对张载太虚本体的看法。二程说:

> 立清虚一大为万物之源,恐未安,须兼清浊虚实乃可言神。道体物不遗,不应有方所。①

> 语及太虚,曰:"亦无太虚。"遂指虚曰:"皆是理,安得谓之虚?天下无实于理者。"②

> 若如或者以清虚一大为天道,则乃以器言而非道也。③

这几段话包含了两层含义:一是认为以"清虚一大"(即太虚本体)作为"万物之源"存在不足,因为它实际上只解释了天地万物之道的来源问题,作为"万物之源"还应该解释天地万物形体的来源问题,这就涉及对气的重视。太虚与气结合而出现的太虚即气,就是清浊、虚实的统一,这就把宇宙本体论和宇宙生成论结合起来,不过仅此还不够,还必须进一步实现内在统一。二是认为把"太虚"作为本体,在称谓上容易让人产生误解。这种误解一方面会把"太虚"认为是虚有的,但实际上"太虚"是实有的;另一方面则是有以形而下的器来言道的嫌疑,因为太虚除了就本身的名称来说会让人误解,还由于它与气相联系,容易让人混淆形而上的道与形而下的气,以为太虚就是形而下的气。二程认为为了避免这种现象的出现,必须构建一个新的本体。

二程对张载本体论的批判,还表现在对"穷理尽性"与"至于命""明诚"与"诚明"之间关系的讨论上,它们涉及对太虚本体如何来认知等问题。对"穷理尽性"与"至于命"关系的讨论,《河南程氏遗书》有详细记载:

> 横渠昔常譬命是源,穷理与尽性如穿渠引源。然则渠与源是两

---

① 《河南程氏遗书》卷第二上,《二程集》,第21页。
② 《河南程氏遗书》卷第三,《二程集》,第66页。
③ 《河南程氏遗书》卷第十一,《二程集》,第118页。

物,后来此议必改来。①

　　二程解"穷理尽性以至于命":"只穷理便是至于命。"子厚谓:
"亦是失于太快,此义尽有次序。须是穷理,便能尽得己之性,则推
类又尽人之性;既尽得人之性,须是并万物之性一齐尽得,如此然后
至于天道也。其间煞有事,岂有当下理会了? 学者须是穷理为先,如
此则方有学。今言知命与至于命,尽有近远,岂可以知便谓之
至也?"②

这里可以发现二程和张载在"穷理尽性"与"至于命"关系上有明显的差别。
张载认为"穷理尽性"与"至于命"是前后两个阶段,是"渠"与"源"的关系,只
有通过"穷理尽性"才可能回归"至于命",而且"穷理尽性"本身内部又是分
阶段的,整个过程应该为:穷理—尽己之性—尽人之性—尽万物之性—至于天
道(命)。二程则认为"穷理尽性"与"至于命"是同时进行的,并不分前后。
为此,二程明确地说:"穷理尽性至命,只是一事。才穷理便尽性,才尽性便至
命。"③又说:"理也,性也,命也,三者未尝有异。穷理则尽性,尽性则知天命
矣。天命犹天道也,以其用而言之则谓之命,命者造化之谓也。"④这就把"穷
理""尽性""至于命"看成是同一事,三者是同时进行的,"穷理"就是在"尽
性"、就是在"至于命";同时,二程还进一步指出"理""性""命"三者实质是一
样的,只是称谓不同而已。在"明诚"与"诚明"关系的探讨上,《河南程氏遗
书》有:

　　问:"横渠言'由明以至诚,由诚以至明',此言恐过当。"曰:
"'由明以至诚',此句却是。'由诚以至明',则不然,诚即明也。"⑤

---

① 《河南程氏遗书》卷第二上,《二程集》,第27页。
② 《河南程氏遗书》卷第十,《二程集》,第115页。
③ 《河南程氏遗书》卷第十八,《二程集》,第193页。
④ 《河南程氏遗书》卷第二十一下,《二程集》,第274页。
⑤ 《河南程氏遗书》卷第二十三,《二程集》,第308页。

自其外者学之,而得于内者,谓之明。自其内者得之,而兼于外者,谓之诚。诚与明一也。①

在张载看来,"由明以至诚"和"由诚以至明"就是"自明诚"和"自诚明"的两种致知方法,前者是从外到内,后者是从内到外。二程对此有不同的看法,认为"由明以至诚"是正确的,因为从明到诚的确是从外到内,最终实现对本体的认知;而"由诚以至明"则是存在问题,因为在"自诚明"中"诚"就是"明",根本不存在从内到外的认知过程,"自诚明"中已经不必去认知本体,而是本体发散出来。

总之,二程通过对佛、老以及张载本体论的批判,认识到它们存在的问题,这为洛学本体论的建构指明了方向。一定程度上说,二程所构建的本体论就是要规避佛、老以及张载本体论所存在的问题。

(二)《中庸》与二程天理本体的构建

二程本体的构建,得力于对儒家经典《中庸》《周易》等的阐发,特别是《中庸》起到了重要的作用。二程之所以重视《中庸》,就在于他们对《中庸》的义理性有充分的认识。二程明确地说:"然则《中庸》之书,决是传圣人之学不杂,子思恐传授渐失,故著此一卷书。"②又说:"善读《中庸》者,只得此一卷书,终身用不尽也。"③这就指出《中庸》是传圣人之学的著作,其中蕴含着丰富的思想,它对人们终身受用。之所以会这样,就是由《中庸》本身的特点决定的。二程说:"《中庸》之言,放之则弥六合,卷之则退藏于密"④,"《中庸》始言一理,中散为万事,末复合为一理"⑤。二程认为《中庸》有着鲜明的形而上色彩,其蕴含的理囊括了天地万物且放之四海而皆准,且《中庸》对理的探讨

---

① 《河南程氏遗书》卷第二十五,《二程集》,第 317 页。
② 《河南程氏遗书》卷第十五,《二程集》,第 153 页。
③ 《河南程氏遗书》卷第十七,《二程集》,第 174 页。
④ 《河南程氏遗书》卷第十一,《二程集》,第 130 页。
⑤ 《河南程氏遗书》卷第十四,《二程集》,第 140 页。

有一套体系。二程正是希望通过对《中庸》形而上学思想的阐发,来构建本体论。有学者就研究指出:"二程作为道学的核心人士,他们对于《中庸》的表彰和研究,突破了汉唐的注疏之学的窠臼,注重阐发《中庸》意蕴。通过阐发《中庸》中的概念和范畴,丰富和完善了自己的理学本体论和工夫修养论,由此对后世也产生了深远的影响。"①这就涉及二程对《中庸》研究的诸多方面,本书主要从本体论来阐释。

二程的本体是天理,就天理是如何得来的,程颢经常说:"吾学虽有所受,天理二字却是自家体贴出来。"②对于"体贴"二字的理解,有学者研究指出:"由于'体贴'本身就限定了人生的范围与出发点,因而其体贴的根据就只能是性,正是从性出发才能体贴出天理的。……整个洛学,实际上是从性出发,由性即理建构起来的。"③这就把二程天理论建构的思路归结为由性至理,或者说是由人性本体化为天理,体现的是"人→天"的思维模式。这种观点是值得商榷的。"体贴"二字的确体现出二程对现实的关怀,注重对性的探讨,不过二程所说的"体贴"二字并不能体现出由人性出发来构建理本体的"人→天"的思路,它只是说明天理论的建构是由二程体贴出来的。二程的体贴实际上是指对《中庸》等经典的阐发以及对时人思想的扬弃。前文已经讲到二程对佛、老以及张载本体论的批判,这里就具体探讨二程如何通过对《中庸》的阐发来构建天理本体。此外,需要指出的是儒家本体论的建构存在"人→天"和"天→人"两种思路,前者指的是人性本体化为天道,后者指的是天道伦理化为人性。周敦颐诚本论建构走的是"人→天"的思路,就是把伦理道德"诚"本体化为天道;张载太虚论的建构走的是"天→人"的思路,就是把天道具体化为太虚,然后太虚伦理化为具体的人性。对于《中庸》来说,从"天→

---

① 姜海军:《二程对〈中庸〉的表彰与诠释》,《聊城大学学报》(社会科学版)2007年第5期。

② 《河南程氏外书》卷第十二,《二程集》,第424页。

③ 丁为祥:《虚气相即——张载哲学体系及其定位》,人民出版社2000年版,第227页。

人"的思路实际上有天命赋予人性以及天道之诚赋予人道之诚两种,张载运用的是后一种,即天道具体化太虚,而二程则是运用的前一种,即把天命等重构为天理,然后再转化为具体的人性。

二程对天命等的重构,就是要把天命等与天理联系起来。二程明确说:"天者理也,神者妙万物而为言者也。"①这就把天的实质看成是理,也就是说天命就是天理。二程对《中庸》的阐发,还体现在把"中""中庸"等与天理联系起来讨论。就"中"来说,二程说:

> 识得则事事物物上皆天然有个中在那上,不待人安排也。安排著,则不中矣。②

> "喜怒哀乐之未发谓之中"。中也者,言寂然不动者也。故曰"天下之大本"。③

"中"就有"天然"的、"不待人安排"的以及"寂然不动"的特点,"中"实际上具有了本体的色彩。二程为此说:"'喜怒哀乐未发谓之中',只是言一个中体。既是喜怒哀乐未发,那里有个甚么? 只可谓之中。……'发而皆中节谓之和',非是谓之和便不中也,言和则中在其中矣。"④这就再次强调"中"的本体性,并把"中"与"和"联系起来,认为达到"和"时,"中"在"和"中。中具有本体色彩,它与天理是什么关系呢? 这就是前文所讲的洛学本体表现形式的多样化,也就是说天理本体可以表现为具有本体色彩的"中"。当然,天理本体与中的关系除此之外,还有"中"是天理在人们行为处事时体现出的准则。二程明确说:"有德者,得天理而用之,既有诸己,所用莫非中理。"⑤又说:"圣人与理为一,故无过,无不及,中而已矣。其他皆以心处这个道理,故贤者常失之

---

① 《河南程氏遗书》卷第十一,《二程集》,第132页。
② 《河南程氏遗书》卷第十七,《二程集》,第181页。
③ 《河南程氏遗书》卷第二十五,《二程集》,第319页。
④ 《河南程氏遗书》卷第十七,《二程集》,第180—181页。
⑤ 《河南程氏遗书》卷第二上,《二程集》,第14页。

过,不肖者常失之不及。"①这都是把"中"看成是天理的具体表现。"中庸"与天理也有着密切的关系。二程说:

> 不偏之谓中,不易之谓庸。中者天下之正道,庸者天下之定理。②

> 中之理至矣。独阴不生,独阳不生,偏则为禽兽,为夷狄,中则为人。③

> 天地之化,虽廓然无穷,然而阴阳之度、日月寒暑昼夜之变,莫不有常,此道之所以为中庸。④

这一方面强调不偏为中,而且把"庸"定性为不变之常,二者合起来的"中庸"就是不偏不倚的定理,"中庸"就具有了普遍性;另一方面又把中庸看成是天地万物产生必须遵守的自然规律,把中庸之道视为是阴阳化生之道,认为只有在阴阳中和时,万物才能顺畅地产生,否则就会出现不中的禽兽和夷狄。可见,中庸已经不单单指人们应遵守的社会道德规范,而且还成为了阴阳化生的自然规律,中庸已经冲破了社会范围,成为上自天、下至人共同享有的定理,中庸与中一样已经拥有了本体的功能。对此,有学者就说:"二程把中庸或中进行了'理'化的改造,便使中庸或中和成为一精神本体,它不仅给封建伦理道德绝对化、本体化提供了理论基础,也给自我内在超越寻找了一个支点。"⑤不过,需要指出的是二程并不是把中庸作为本体,他们也是把中庸看成是天理本体的表现。二程为此说:"'极高明而道中庸',非二事。中庸,天理也。天理固高明,不极乎高明,不足以道中庸。中庸乃高明之极。"⑥这就认为天地万物的变化体现出一个规律,它就是中庸,而中庸就是天理的具体表现;天理虽然

---

① 《河南程氏遗书》卷第二十三,《二程集》,第 307 页。
② 《河南程氏遗书》卷第七,《二程集》,第 100 页。
③ 《河南程氏遗书》卷第十一,《二程集》,第 122 页。
④ 《河南程氏遗书》卷第十五,《二程集》,第 149 页。
⑤ 董根洪:《"天下之理,莫善于中"——论二程的中和哲》,《中州学刊》1999 年第 1 期。
⑥ 《河南程氏外书》卷第三,《二程集》,第 367 页。

极"高明",但是体现出则非常平实,"理则极高明,行之只是中庸也"①。

二程通过对"天命"等的诠释,认为"天命"等的实质就是天理,从而实现了对"天命"等的重构。然后,天理要成为本体,还必须按照天道伦理化人性的思路,也就是必须按照"天→人"的思维模式,把天理转化为具体的人性。二程在这里就是通过对《中庸》首句的诠释来实现的,他们说:

"天命之谓性,率性之谓道"者,天降是于下,万物流行,各正性命者,是所谓性也。循其性而不失,是所谓道也。②

"民受天地之中以生","天命之谓性"也。③

这里体现出二程通过对"天命之谓性"的诠释,来体现出天理本体转化为具体的人性。不过,这两段话还是有所区别的,第一段话中的天理转化为人性具体指的是"天命"转化为人性,第二段话中的天理转化为人性则指的是"中"转化为人性,然而不管是"天命"还是"中",它们的实质都是天理,"天命"转化为人性或"中"转化为人性就是"天理"在转化为人性。此外,第一段话蕴含着天理转化人性与人形体的形成是同时进行的,这就涉及了理与气的关系。对于理与气的关系,二程说:

心所感通者,只是理也。知天下事有即有,无即无,无古今前后。至如梦寐皆无形,只是有此理。若言涉于形声之类,则是气也。物生则气聚,死则散而归尽。④

天地日月,其理一致。月受日光而不为之亏,月之光乃日之光也。地气不上腾,天气不下降;天气下降至于地中,生育万物者,乃天之气也。⑤

---

① 《河南程氏遗书》卷第十一,《二程集》,第119页。
② 《河南程氏遗书》卷第二上,《二程集》,第29—30页。
③ 《河南程氏遗书》卷第十二,《二程集》,第135页。
④ 《河南程氏遗书》卷第二下,《二程集》,第56页。
⑤ 《河南程氏粹言》卷第二《天地篇》,《二程集》,第1226页。

二程再次强调人心所知的以及天下事所体现的就是理,虽然理有众多,但是它们就像月光来源于日光的关系一样,都是来源于天理;至于人的形体以及天地万物的产生,则是由气化而成,气就是形成万物的质料。为了进一步凸显理与气的关系,二程又说:"有理则有气"①,"论性,不论气,不备;论气,不论性,不明"②。这都是把理与气、性与气看成相辅相成的、体用合一的关系,这种关系可以称之为理气相即、性气相即。理与气的这种关系还可以体现为理与事的关系,二程说:"至显者莫如事,至微者莫如理,而事理一致,微显一源。"③理事无碍,理可以体现在具体的事上,但万事之理源头只有一个,那就是天理,天理与事理存在微与显之别。

　　二程通过对"天命"等的重构以及按照"天命之谓性"的思路,实现了天理伦理化人性,从而真正打通了性与天道,构建起了天理本体。天理作为本体,具有一些特点。二程说:

　　　　父子君臣,天下之定理,无所逃于天地之间。④

　　　　三代之治,顺理者也。两汉以下,皆把持天下者也。⑤

　　　　物有自得天理者,如蜂蚁知卫其君,豺獭知祭。礼亦出于人情

　　而已。⑥

"父子君臣"蕴含的人伦道德、三代所用的治国策略以及"蜂蚁知卫其君,豺獭知祭"所体现的物理,都是天理的具体表现。虽然天理有众多的外化表现,但是天理只有一个,是独一无二的。这就是天理的唯一性。二程也反复强调说:"天地之间,万物之理,无有不同。"⑦"万物皆只是一个天理,已何与焉?"⑧"今

---

① 《河南程氏粹言》卷第二《天地篇》,《二程集》,第 1227 页。
② 《河南程氏遗书》卷第六,《二程集》,第 81 页。
③ 《河南程氏遗书》卷第二十五,《二程集》,第 323 页。
④ 《河南程氏遗书》卷第五,《二程集》,第 77 页。
⑤ 《河南程氏遗书》卷第十一,《二程集》,第 127 页。
⑥ 《河南程氏遗书》卷第十七,《二程集》,第 180 页。
⑦ 《河南程氏经说》卷第一《易说·系辞》,《二程集》,第 1029 页。
⑧ 《河南程氏遗书》卷第二上,《二程集》,第 30 页。

日之理与前日已定之理,只是一个理,故应也。"①这就认为天地万物虽然有各自的理,但是它们都是来自天理,而且天理只有一个,今日之天与前日之理没有区别。同时,天理还是实有的。二程说:"实理者,实见得是,实见得非。凡实理,得之于心自别。若耳闻口道者,心实不见。"②天理是实实在在存在的,而且在天理的认知上,心比口耳更有力。二程还说:"须是合内外之道,一天人,齐上下,下学而上达,极高明而道中庸。"③这就认为以天理为核心的本体论,应该体现出内外合一、天人合一、下学与上达合一等特点。二程之所以提出以上观点,实际上就是针对佛教本体论的弊端而提出的。二程构建的天理本体论,也体现出这些特点,比如,内外合一,提出"物我一理,才明彼即晓此,合内外之道也"④的观点。

(三)天理与性、道

天理按照"天命之谓性"的思路,转化为具体的人性和道等。天理和人性、道等之间一定程度上就存在实质相同,称呼不同而已的关系。对此,二程说:

> 称性之善谓之道,道与性一也。以性之善如此,故谓之性善。性之本谓之命,性之自然者谓之天,自性之有形者谓之心,自性之有动者谓之情,凡此数者皆一也。圣人因事以制名,故不同若此。⑤
>
> 上天之载,无声无臭之可闻。其体则谓之易,其理则谓之道,其命于人则谓之性,其用无穷则谓之神,一而已矣。⑥

这里就认为性、道、命、天、心、情、易、神等的实质是一样的,可以说是天理在不

---

① 《河南程氏遗书》卷第二下,《二程集》,第 52 页。
② 《河南程氏遗书》卷第十五,《二程集》,第 147 页。
③ 《河南程氏遗书》卷第三,《二程集》,第 59 页。
④ 《河南程氏遗书》卷第十八,《二程集》,第 193 页。
⑤ 《河南程氏遗书》卷第二十五,《二程集》,第 318 页。
⑥ 《河南程氏粹言》卷第一《论道篇》,《二程集》,第 1170 页。

同层面的称呼,比如天理落实在人身上就为性,天理体现为具体的准则、规律就是道。在这些范畴中,尤为重要的就是性和道,讨论性和道更能体现出天理本体在人身上的体现。

对于人性的产生,除了上文所讲的《中庸》"天命之谓性",还有告子所说的"生之谓性"。二程对此都有解释,从而来探讨人性的善恶。从"天命之谓性"来看,即人性是由天理转化而来的。二程说:"性即理也,所谓理,性是也。"①这就把性与理等同起来,性是天理本体的体现。二程又认为:"性无不善,而有不善者才也"②,"才则有善与不善,性则无不善"③。这一方面把性看成是善的,另一方面把才看成有善有不善。对于前者,二程为什么会得出这个结论呢? 这是来源于二程对理的界定,他们认为:"天下之理,原其所自,未有不善。"④既然理没有不善的,那么与理实质一样的性应该也是无不善的。对于性的无不善,二程认为这就是"性之本",即性本来状态为善。二程同时又说:"善固性也,然恶亦不可不谓之性也。"⑤这又认为恶也是性,此是否与性无不善相矛盾呢? 二程所说的"恶"并不是与"善"相对应的,它的意思是说"恶者非本恶,但或过或不及便如此"⑥,即没有达到善的本来状态,要么超过了,要么没有达到,这就是恶。对于把才看成有善有不善,这是与性相比较而言的,并且与二者的来源联系起来。二程说:"性出于天,才出于气"⑦,"气清则才善,气浊则才恶。禀得至清之气生者为圣人,禀得至浊之气生者为愚人"⑧。"性出于天"指性来源于天理,天理都是善的,因而性都是善的;"才出于气",由于气有清浊之分,禀赋的气不同就会产生才的善与不善。正是因为只有

---

①　《河南程氏遗书》卷第二十二上,《二程集》,第 292 页。

②　《河南程氏遗书》卷第十八,《二程集》,第 204 页。

③　《河南程氏遗书》卷第十九,《二程集》,第 252 页。

④　《河南程氏遗书》卷第二十二上,《二程集》,第 292 页。

⑤　《河南程氏遗书》卷第一,《二程集》,第 10 页。

⑥　《河南程氏遗书》卷第二上,《二程集》,第 14 页。

⑦　《河南程氏遗书》卷第十九,《二程集》,第 252 页。

⑧　《河南程氏遗书》卷第二十二上,《二程集》,第 291—292 页。

"才"有善有不善,所以二程以此为标准,来批判诸儒的人性论。二程就说道:"扬雄、韩愈说性,正说著才也"①,"韩退之言'孟子醇乎醇',此言极好,非见得孟子意,亦道不到。其言'荀、杨大醇小疵',则非也。荀子极偏驳,只一句'性恶',大本已失。杨子虽少过,然已自不识性,更说甚道"②。在二程看来,荀子的人性恶、扬雄的人性善恶混以及韩愈的性三品,都不是在说性,而是在说才;并且认为韩愈对孟子的评价"醇乎醇"是贴切的,而对荀子和扬雄的评价"大醇小疵"是不贴切的,因为荀子和扬雄并没有真正认识到何为性,所说的性恶以及性善恶混早已偏离了性。

对于"生之谓性",二程则解释说:

"生之谓性",性即气,气即性,生之谓也。人生气禀,理有善恶,然不是性中元有此两物相对而生也。有自幼而善,有自幼而恶,是气禀有然也。善固性也,然恶亦不可不谓之性也。③

在二程看来,"生之谓性"就是在性生之后,性与气相互混杂,而且产生的性出现了善恶,就像有自幼就善的,也有自幼而恶的,这都是禀气的结果。同时,二程又认为不管是善还是恶,并不是性本身就有善恶,而是在禀气中才产生的。对此,有学者就认为:"在二程,气禀有善恶不等于'性中元有'善恶,先天与后天必须要区别开来。由于'生之谓性'之性正是这种气禀有善恶之性,所以善恶均可谓性就容易理解。"④这从先天、后天来区别人性是否有善恶问题,是比较有见地的。二程又说:"清浊虽不同,然不可以浊者不为水也。如此,则人不可以不加澄治之功。故用力敏勇则疾清,用力缓怠则迟清,及其清也,则却只是元初水也。"⑤二程以水的清浊来比喻人性的善恶,认为不管是善性还是恶性都是人性,通过人后天"澄治之功",会让性回归原样,即就像"元初水"一

① 《河南程氏遗书》卷第十九,《二程集》,第252页。
② 《河南程氏遗书》卷第十九,《二程集》,第262页。
③ 《河南程氏遗书》卷第一,《二程集》,第10页。
④ 向世陵:《"生之谓性"与二程的"复性"之路》,《中州学刊》2005年第1期。
⑤ 《河南程氏遗书》卷第一,《二程集》,第11页。

样没有清浊，人性原没有善恶。此外，对于这里所说的人性善恶，有学者说：
"'善'在二程并非意味着实在的德性，而是一种虚指，是作为形容词来使用的。……如此之'善'，即通常所谓美好之意，是虚指而非实指，不是说具有'善'这么一个实体。"①的确，二程这里所说的人性善恶并不是从价值角度来说的。比如，程颢就说："'德性'者，言性之可贵，与言性善，其实一也。"②"性善"与"性贵"只是突出性的珍贵、美好。

二程既讲"天命之谓性"，又讲"生之谓性"，那么二者的关系是怎么样的呢？二程说：

> "生之谓性"，与"天命之谓性"，同乎？性字不可一概论。"生之谓性"，止训所禀受也。"天命之谓性"，此言性之理也。今人言天性柔缓，天性刚急，俗言天成，皆生来如此，此训所禀受也。若性之理也则无不善，曰天者，自然之理也。③

这就认为"生之谓性"和"天命之谓性"是从不同角度来阐述"性"的。"生之谓性"是从禀受上来说的，是讲人生来如此的，而且人生来就有柔缓刚急的气禀之性；"天命之谓性"则是从"性之理"来说的，即从天理与人性的关系上来探讨的，因而"性之理"都是善的，只不过存在理一分殊。二程还以此为依据，批判孔孟的人性论，"'性相近也'，此言所禀之性，不是言性之本。孟子所言，便正言性之本"④，"孟子言性之善，是性之本；孔子言性相近，谓其禀受处不相远也"⑤。在二程看来，孔子的人性论讲的是气禀之性，所以会有人性的差别；而孟子的人性论才是讲"性之本"，人性是天理之表现，所以人性是善的。

二程对人性的讨论，还涉及人性的具体表现并讨论了仁的相关内容。二程说："圣人因其善也，则为仁义礼智信以名之，以其施之不同也，故为五者以

---

① 向世陵：《"生之谓性"与二程的"复性"之路》，《中州学刊》2005 年第 1 期。
② 《河南程氏遗书》卷第十一，《二程集》，第 125 页。
③ 《河南程氏遗书》卷第二十四，《二程集》，第 313 页。
④ 《河南程氏遗书》卷第十九，《二程集》，第 252 页。
⑤ 《河南程氏遗书》卷第二十二上，《二程集》，第 291 页。

别之。合而言之皆道,别而言之亦皆道也。"①这就把仁、义、礼、智、信五者看成是人性的具体内容。在这几者中,二程尤为重视的就是"仁",凸显出仁与义礼智信的关系。二程一方面把仁看成整体,其他四者都来源于仁,都是仁的表现,"仁者,全体;四者,四支"②,"仁者,浑然与物同体。义、礼、知、信,皆仁也"③;另一方面,把仁义的关系看成是体用关系,"盖仁者体也,义者用也"④。此外,二程又说:"退之言'博爱之谓仁',非也。仁者固博爱,然便以博爱为仁,则不可"⑤,"退之每有一两处,直是博得亲切,直似知道,然却只是博也"⑥。这通过对韩愈所说"博爱之谓仁"的批判,认为仁不仅仅体现为博爱,还有其他表现,如果仅仅用博爱来命名仁,还是远远不够的。⑦ 对于仁的其他表现,程颐又说:"仁道难名,惟公近之,非以公便为仁"⑧,"仁之道,要之只消道一公字。公只是仁之理,不可将公便唤做仁"⑨。这又把"公"作为仁的表现,同时也指出不能用"公"来命名仁。"公"含有"公平""公正"的含义。人们在具有"公"德后就会"物我兼照"⑩"能好恶人"⑪,即对万物一视同仁,而不会徇私枉法。二程还讨论了仁与孝悌的关系,他们说:"'孝弟也者,其为仁

---

① 《河南程氏遗书》卷第二十五,《二程集》,第 318 页。
② 《河南程氏遗书》卷第二上,《二程集》,第 14 页。
③ 《河南程氏遗书》卷第二上,《二程集》,第 16 页。
④ 《河南程氏遗书》卷第四,《二程集》,第 74 页。
⑤ 《河南程氏遗书》卷第十八,《二程集》,第 182 页。
⑥ 《河南程氏遗书》卷第十九,《二程集》,第 262 页。
⑦ 注:对于《河南程氏遗书》中"退之言'博爱之谓仁',非也"的理解,有众多看法。如,向世陵在《二程论仁与博爱》一文中指出:"程颐这里以为不妥,就在仁和爱的关系是本性与其情感表现的关系,故通称的'仁爱'实乃从统一面说性情,或曰性生情也。由于性体必然生发为情用,即仁者固博爱,但博爱作已发,作为情用一方,本不能等同未发的本性或仁体,所以博爱又不能尽仁。"(载于《孔子研究》2015 年第 2 期)这是把"仁"与"博爱"的关系,看成是本性与情感的关系、体用关系。
⑧ 《河南程氏遗书》卷第三,《二程集》,第 63 页。
⑨ 《河南程氏遗书》卷第十五,《二程集》,第 153 页。
⑩ 《河南程氏遗书》卷第十五,《二程集》,第 153 页。
⑪ 《河南程氏外书》卷第四,《二程集》,第 372 页。

之本与！'言为仁之本,非仁之本也"①,"谓行仁自孝弟始。盖孝弟是仁之一事,谓之行仁之本则可,谓之是仁之本则不可。盖仁是性也,孝弟是用也"②。"孝悌"并不是"仁之本",而只是"行仁之本",也就是说孝悌并不是仁的具体内容,而只是实施仁的开始,孝悌是仁的运用。

对于道,二程也有详细的讨论,他们一定程度上把"道"提升到本体的高度,使道具有了本体色彩。二程评价老庄之道说:"庄生形容道体之语,尽有好处。老氏'谷神不死'一章最佳。"③他们之所以认为《老子》"谷神不死"一章最佳,实际上看到"道"像"谷神"一样永远存在,不会消亡。对于道的这个特点,二程还借用《易经》来说明,"《蹇》便是处蹇之道,《困》便是处困之道,道无时不可行"④。道除了"无时不在"的特点外,还具有"先天存在"以及"形而上"等特点。对于道"先天存在"的特点,二程是通过对佛教"印证"说的批判而得来的。对于道"形而上"的特点,二程说:"有形总是气,无形只是道。"⑤这把道看成是抽象的、无形的。道具有的"无时不在""先天存之"以及"形而上"的特点,凸显出了道的本体色彩。

二程的道具有本体色彩,还在于二程以道为基点实现了天人合一、内外合一。⑥ 程颐针对学生所问的"人有言'尽人道谓之仁,尽天道谓之圣',此语何如",回答说:"此语固无病,然措意未是。安有知人道而不知天道者乎?道一也,岂人道自是人道,天道自是天道?……天地人只一道也。"⑦这就认为道只

---

① 《河南程氏遗书》卷第十一,《二程集》,第 125 页。
② 《河南程氏遗书》卷第十八,《二程集》,第 183 页。
③ 《河南程氏遗书》卷第三,《二程集》,第 64 页。
④ 《河南程氏遗书》卷第五,《二程集》,第 76 页。
⑤ 《河南程氏遗书》卷第六,《二程集》,第 83 页。
⑥ 注:对于二程本体之道所体现的天人合一、内外合一特点,唐君毅在《中国哲学原论·原教篇》以"程明道之无内外、彻上下之天人不二之道"为题专章讨论了程颢道论的此特点。此外,唐君毅对程颐的道论则以"程伊川于一心,分性情,别理气,及敬以直内,以格物穷理应外之道"为题进行了讨论,不过同样也凸显出天人合一、内外合一的特点。
⑦ 《河南程氏遗书》卷十八,《二程集》,第 182—183 页。

有一个,天道、地道、人道都是道的具体表现,认识到了人道就能认识到天道。二程还以此为基础,批判了王安石的道论,认为:"介甫自不识道字。道未始有天人之别,但在天则为天道,在地则为地道,在人则为人道"①,"言乎一事,必分为二,介甫之学也。道一也,未有尽人而不尽天者也。以天人为二,非道也。……岂有通天地而不通人"②。在二程看来,王安石没有真正认识道,因为王安石认为道在天人上有根本差别、天道与人道是不同的,这就把道认为是二,而不是一。二程还进一步指出:"天人本无二,不必言合"③,"天人无间断"④。从道的角度来看,天人是合一的,天道与人道都是本体之道的表现。至于道的内外合一,程颐说:"圣人之心,未尝有在,亦无不在,盖其道合内外,体万物。"⑤道无时无处不在,它可以表现为具体的内在和外在之道,二者又是统一于道的,这种统一犹如"兵阵须先立定家计,然后以游骑旋,旋量力分外面与敌人合"⑥,即在作战时要有机地把外围作战与正面作战相结合。总之,二程的道具有了本体色彩,"道,一本也"⑦。

二程对道的界定,除了凸显其本体色彩,同时还把本体之道具体化。在二程看来,道首先是自然之道。二程说:"'一阴一阳之谓道',自然之道也"⑧,"'一阴一阳之谓道',道非阴阳也,所以一阴一阳道也,如一阖一辟谓之变"⑨。这就认为"自然之道"并不是指阴阳本身,而是指阴阳所体现出的规律,如变化。二程接着说:"道则自然生万物。今夫春生夏长了一番,皆是道之生,后来生长,不可道却将既生之气,后来却要生长。道则自然生生不

① 《河南程氏遗书》卷第二十二上,《二程集》,第282页。
② 《河南程氏粹言》卷第一《论道篇》,《二程集》,第1170页。
③ 《河南程氏遗书》卷第六,《二程集》,第81页。
④ 《河南程氏遗书》卷第十一,《二程集》,第119页。
⑤ 《河南程氏遗书》卷第三,《二程集》,第66页。
⑥ 《河南程氏遗书》卷第七,《二程集》,第100页。
⑦ 《河南程氏遗书》卷第十一,《二程集》,第117页。
⑧ 《河南程氏遗书》卷第十二,《二程集》,第135页。
⑨ 《河南程氏遗书》卷第三,《二程集》,第67页。

息"①,"天以生为道"②。天地万物体现出的生生不息就是自然之道,人们可以通过观察天地万物的生长变化来认识自然之道。自然之道主要是针对自然界来说,它相当于韩愈所说的天道及地道,道同时还体现在人类社会中,这就是人道。人道可以表现在政治方面,如"为君尽君道,为臣尽臣道,过此则无理"③。人道还表现为具体的人伦道德,二程就明确说:"道之外无物,物之外无道……即父子而父子在所亲,即君臣而君臣在所严,以至为夫妇、为长幼、为朋友,无所为而非道,此道所以不可须臾离也。"④道与物是紧密联系在一起的、不可分离的,道落实到父子、君臣、朋友等关系上就会体现为具体的"亲""严""信"等道德,这些道德规范与人是不可分离的。

(四)以"诚""敬""格物"为核心的修养、致知方法

作为本体论,必然还涉及对本体如何来涵养和致知。对于二程来说,就涉及对天理本体的涵养和致知。二程说:"明善在明,守善在诚。"⑤又说:"涵养须用敬,进学则在致知。"⑥这就指出涵养主要采用诚、敬,致知方法虽然没有明确指出,但是主要采用的是格物。

"诚"在二程思想中,具有多种含义。有学者就研究指出:"在二程的思想体系中,'诚'的含义大致有三:一是'诚'为理:哲学的最高范畴;二是'诚'为性:伦理道德的核心;三是'诚'为涵养功夫:贯通天人之间的中介。"⑦这是比较有见地的,特别是对于把"诚"看成是"哲学的最高范畴",即"诚"具有本体性质。有学者也认为:"在二程看来,'诚'不但是人所应具有的道德品质和道

---

① 《河南程氏遗书》卷第十五,《二程集》,第 149 页。
② 《河南程氏粹言》卷第一《论道篇》,《二程集》,第 1175 页。
③ 《河南程氏遗书》卷第五,《二程集》,第 77 页。
④ 《河南程氏遗书》卷第四,《二程集》,第 73—74 页。
⑤ 《河南程氏遗书》卷第六,《二程集》,第 85 页。
⑥ 《河南程氏遗书》卷第十八,《二程集》,第 188 页。
⑦ 曾永志:《二程"诚"思想的解析及其现代意义》,《厦门理工学院学报》2009 年第 3 期。

德境界,也是成为贯通天人、连接物我的一个重要的哲学本体范畴,和'理'、'道'一样具有宇宙本体的地位。"①可见,二程通过对《中庸》的阐发,一定程度上使"诚"具有本体色彩,这也体现出天理本体表现形式的多样化。对于二程的诚论,本书着力于从修养方法的角度来阐发。不过,在阐发诚作为修养方法之前,先来考察一下二程把"诚"解释为"实有"的趋向。对此,二程之前的张载等都有同样的看法。张载就说:"诚则实也,太虚者天之实也。万物取足于太虚,人亦出于太虚,太虚者心之实也。"②张载认为"诚"指实有,"太虚"本体作为天下万物的根据是实有的,作为来自太虚的人,其心中有实有的太虚本体。《河南程氏粹言》有:"或问:'诚者,专意之谓乎?'子曰:'诚者实理也,专意何足以尽之?'吕大临曰:'信哉!实有是理,故实有是物;实有是物,故实有是用;实有是用,故实有是心;实有是心,故实有是事。故曰:诚者实理也。'"③二程针对有人问诚是否指虔诚时,回答认为诚仅指虔诚是不够的,诚指"实理",而吕大临在此基础上进一步阐发天地万物都是实有的,都是由实理产生的。

作为修养方法的"诚",其指什么呢? 二程直接说:"无妄之谓诚,不欺其次矣。"④"诚"就是指真实无妄、诚信不欺。人们要涵养天理,就必须要真实无妄、诚信不欺。人们是诚,还是不诚,带来的结果是完全不同的。二程就从多个角度来说明:

> 诚则自然无累,不诚便有累。⑤
>
> 不诚则逆于物而不顺也。⑥
>
> 学者不可以不诚,不诚无以为善,不诚无以为君子。修学不以

① 姜海军:《二程对思孟学的推尊与诠释》,《中国哲学史》2009 年第 2 期。
② 《张子语录·语录中》,《张载集》,第 324 页。
③ 《河南程氏粹言》卷第一《论道篇》,《二程集》,第 1169 页。
④ 《河南程氏遗书》卷第六,《二程集》,第 92 页。
⑤ 《河南程氏遗书》卷第六,《二程集》,第 87 页。
⑥ 《河南程氏遗书》卷第十一,《二程集》,第 129 页。

诚,则学杂;为事不以诚,则事败;自谋不以诚,则是欺其心而自弃其

忠;与人不以诚,则是丧其德而增人之怨。今小道异端,亦必诚而后

得,而况欲为君子者乎? 故曰:学者不可以不诚。①

人们只有诚才能够"自然无累",也只有通过诚才能够成为君子;反之人如果
不诚,那么就会"有累",也会带来事情的不顺,更会带来"学杂""事败""自弃
其志""丧其德而增人之怨"。因此,二程认为人必须要诚。正是因为二程对
诚的重视,朱光庭就说:"大抵先生之学,以诚为本。"②二程对天理本体的涵
养,除了吸收《中庸》的"诚"的修养方法外,还吸收了"慎独"的修养方法。二
程说:

> 洒扫应对便是形而上者,理无大小故也。故君子只在慎独。③

> 佛言前后际断,纯亦不已是也,彼安知此哉? 子在川上,曰:"逝
> 者如斯夫! 不舍昼夜。"自汉以来儒者,皆不识此义,此见圣人之心
> 纯亦不已也。《诗》曰:"维天之命,于穆不已。"盖曰天之所以为天
> 也。"于乎不显,文王之德之纯",盖曰文王之所以为文也。纯亦不
> 已,此乃天德也。有天德便可语王道,其要只在慎独。④

可见,二程眼中的"慎独"仍然指慎重对待独见。这里,第一段话就以君子应
该要慎重对待"洒扫应对"等日常行为中所蕴含的天理的例子来说明慎独;第
二段话则以《论语》《诗经》中的相关语句来体现天理有"纯亦不已"的特点,
人们对此应该慎重对待。

　　二程的修养方法还有"敬",这是二程修养论中比较有特色的。二程"敬"
论,来源于对前人观点的吸收。⑤ 对于"敬"的修养方法,二程是从几个方面来

---

① 《河南程氏遗书》卷第二十五,《二程集》,第 326 页。
② 《河南程氏遗书·附录·门人朋友叙述并序》),《二程集》,第 331 页。
③ 《河南程氏遗书》卷第十三,《二程集》,第 139 页。
④ 《河南程氏遗书》卷第十四,《二程集》,第 141 页。
⑤ 参见:刘玉敏《敬与静——二程"主敬"思想对先秦儒家之"敬"及佛道"静"的思想整
合》,《江汉大学学报》(人文科学版)2006 年第 1 期。

阐述的。首先,指出"敬"的重要性。二程说:"入道莫如敬,未有能致知而不在敬者。"①又说:"天地之间,亭亭当当,直上直下之正理,出则不是,唯敬而无失最尽。"②这就认为人们对道的认识必须从敬开始,也只有敬才可能使对天理的把握不会丢失。二程在针对邵雍所问"心术最难,如何执持"时,回答说"敬"③,又说:"敬胜百邪"④。这都可以看出"敬"在人身修养中的重要性。

其次,何为敬?《河南程氏遗书》说:

> 先生曰:"初见伊川时,教某看敬字,某请益。伊川曰:'主一则是敬。'当时虽领此语,然不若近时看得更亲切。"宽问:"如何是主一,愿先生善喻。"先生曰:"敬有甚形影?只收敛身心便是主一。且如人到神祠中致敬时,其心收敛,更著不得毫发事,非主一而何?"又曰:"昔有赵承议从伊川学,其人性不甚利,伊川亦令看敬字。赵请益,伊川整衣冠、齐容貌而已。赵举示先生,先生于赵言下有个省觉处。"⑤

这里就通过程颐同学生尹和静等的讨论来说明,"敬"就是"主一",就是"收敛身心",就是要"整衣冠、齐容貌"。为了进一步界定"敬",二程还将其同"恭""静""义"相区别。他们说:"发于外者谓之恭,有诸中者谓之敬"⑥,"敬是持己,恭是接人"⑦。"敬"是针对自己,"恭"是针对他人;"敬"是"存于内","恭"是"发于外"。二程又说:"敬则自虚静,不可把虚静唤做敬。"⑧虚静不过是敬的开端,虚静不是敬。二程在针对有人问"敬、义何别"时,回答说:"敬只是持己之道,义便知有是有非。顺理而行,是为义也。若只守一个敬,不

---

① 《河南程氏遗书》卷第三,《二程集》,第66页。
② 《河南程氏遗书》卷第十一,《二程集》,第132页。
③ 《河南程氏遗书》卷第二十二上,《二程集》,第279页。
④ 《河南程氏遗书》卷第十一,《二程集》,第119页。
⑤ 《河南程氏外书》卷第十二,《二程集》,第433页。
⑥ 《河南程氏遗书》卷第六,《二程集》,第92页。
⑦ 《河南程氏遗书》卷十八,《二程集》,第184页。
⑧ 《河南程氏遗书》卷第十五,《二程集》,第157页。

知集义,却是都无事也。且如欲为孝,不成只守着一个孝字？须是知所以为孝之道,所以侍奉当如何,温清当如何,然后能尽孝道也。"①这就认为"敬"只是持己、只是内在的,而"义"则是要付诸实践、且判断是非的;同时还以"孝"为例来说明,要真正讲孝道,就不能只讲形式上的孝,而是要付诸实践,讲如何来尽孝、如何来侍奉。再次,二程还讨论了如何来"敬"。二程说:"敬则只是敬,敬字上更添不得。譬之敬父矣,又岂须得道更将敬兄助之？"②"敬"就是要专一,不能三心二意。二程又说:"敬则无间断,体物而不可遗者,诚敬而已矣,不诚则无物也。"③"敬"就是要持之以恒,而且在任何时候都要持之以恒。最后,还把"敬"与"诚"联系起来讨论。二程说:"诚然后能敬,未及诚时,却须敬而后能诚。"④"诚"与"敬"存在先后关系,通过"敬"才能达到"诚",反过来实现"诚"后就能"敬"。也就是说人们只要真实无妄、诚信不欺,就能够主一,反过来没有达到真实无妄、诚信不欺时,则首先要主一。

二程的致知方法,主要就体现为"格物"。何为格物？这就涉及"格"与"物"。二程说:"格犹穷也,物犹理也,犹曰穷其理而已也。"⑤又说:"'格物'者,格、至也,物者、凡遇事皆物也,欲以穷至物理也。"⑥这就把"格"解释为"至",犹如"穷"一样,而"物"则解释为所遇之事,犹如"理",所以"格物"就是触物、就是穷理。所格之物的范围是什么呢？二程认为:

> 凡一物上有一理,须是穷致其理。穷理亦多端:或读书,讲明义理;或论古今人物,别其是非;或应事接物而处其当,皆穷理也。⑦

---

① 《河南程氏遗书》卷第十八,《二程集》,第206页。
② 《河南程氏遗书》卷第二上,《二程集》,第27页。
③ 《河南程氏遗书》卷第十一,《二程集》,第118页。
④ 《河南程氏遗书》卷第六,《二程集》,第92页。
⑤ 《河南程氏遗书》卷第二十五,《二程集》,第316页。
⑥ 《河南程氏外书》卷第四,《二程集》,第372页。
⑦ 《河南程氏遗书》卷第十八,《二程集》,第188页。

　　凡眼前无非是物,物皆有理。如火之所以热,水之所以寒,至于君臣、父子间皆是理。①

　　"致知在格物",格物之理,不若察之于身,其得尤切。②

"物"不仅包括具体的事务,比如读书、论古今人物、应事接物等,还包括君臣、父子等关系,乃至自身,都属于物的范围。有学者就说:"程颐所谓格物,不仅包括自然世界的物质存在,而且还包括了人类社会的各种伦理道德规范。草木水火、君臣父子等都体现了天理,都是格物、穷理的对象。"③二程又说:"格物穷理,非是要尽穷天下之物,但于一事上穷尽,其他可以类推。……所以能穷者,只为万物皆是一理,至如一物一事,虽小,皆有是理"④,"若只格一物便通众理,虽颜子亦不敢如此道。须是今日格一件,明日又格一件,积习既多,然后脱然自有贯通处"⑤。格物并不是要穷尽天下之物,也不是只格一物,而是要不断积累,到一定时间后必然豁然贯通,就能认知到天理。对于天理来说,二程认为:"非由外铄我也,我固有之也。因物有迁,迷而不知,则天理灭矣,故圣人欲格之。"⑥天理本来就存在于吾心当中,而并非存在于心之外,因而格物并非从外界获得某种真理、知识,而是要通过外在之理来体验、印证、恢复人心中固有的天理。

　　总之,二程通过对佛、老以及张载本体论的批判,为构建天理本体论指明了方向,同时又通过对《中庸》天命等的重构,构建了天理本体,并按照"天命之谓性"的思路,把天理转化为具体的人性以及人道等,并以诚、敬、格物为修养、致知方法来实现对天理的涵养和认知。

---

　　①　《河南程氏遗书》卷第十九,《二程集》,第247页。
　　②　《河南程氏遗书》卷第十七,《二程集》,第175页。
　　③　肖永明、朱汉民:《二程理学体系的建构与〈四书〉》,《广西师范大学学报》(哲学社会科学版)2004年第4期。
　　④　《河南程氏遗书》卷第十五,《二程集》,第157页。
　　⑤　《河南程氏遗书》卷第十八,《二程集》,第188页。
　　⑥　《河南程氏遗书》卷第二十五,《二程集》,第316页。

二、《中庸》与吕大临的"以中为大本"

二程通过对《中庸》"天命"等的重构,构建了天理本体,体现出二程对《中庸》的重视。二程后学对《中庸》同样十分重视,他们的《中庸》研究也都是围绕本体论展开论述的,特别是以吕大临和游酢最为典型。需要指出的是,吕、游二人在研究《中庸》的过程中,不再以天理为讨论核心,或者说他们所建构的不再是天理本体,而是以其他概念为讨论的核心,也正是在对这些概念的讨论中,体现出了洛学本体多样化。而且,吕大临"中"本体和游酢"道"本体的构建,一定程度又是对二程思想中"中""道"具有的本体色彩的进一步阐发。

就吕大临来说,他的《中庸》研究是"以中为大本"的,是程颐在同他以及苏季明讨论"中和"中形成的。就程颐同吕大临、苏季明的这场讨论,有学者认为:"这场辩论的焦点是:(1)何者为'未发',何者为'已发';何者为'中',何者为'和';(2)中和与'动、静';(3)'物各付物';(4)'涵养于未发之前'与'求中于未发之前'。"①的确,这次辩论涉及的范围非常广,不仅有关于中和"名义"的讨论,还涉及了本体论、修养论等方面。本体论是笔者探讨所在,它是围绕"中"进行的。吕大临与程颐的讨论是围绕"中"展开的,所以有必要先了解双方对"中"的定义。就程颐"中"的含义来说,前面已经讨论到,即程颐一方面把"中"看成是人们为人处世的行为规范,另一方面认为"中"也具有本体功能。

吕大临对"中"的界定则与程颐有所不同。他说:

> 圣人之学,不使人过,不使人不及,立喜怒哀乐未发之中以为之本,使学者择善而固执之,其学固有序矣。学者盖亦用心于此乎? 用心于此,则义理必明,德行必修,师友必称,州里必举;仰企于上古,可

---

① 蔡世昌:《北宋道学的"中和"说——以程颐与其弟子"中和"之辩为中心》,《中国哲学史》2004 年第 1 期。

以不负圣人之传;俯达于当今,可以不负朝廷之教养。①

这里体现出吕大临所探讨的"中"集中在"喜怒哀乐未发谓之中"的"中"上,而且他与程颐所辩论的"中"也就是此"中",对于无过不及之谓的"中",即"中之道"的"中"虽有探讨,只是将其作为"喜怒哀乐未发谓之中"的"中"的体现,并不是探讨的重心。学人也只有通过对"喜怒哀乐未发之中"的探讨,才能够真正实现自己的价值。吕大临把"喜怒哀乐未发谓之中"的"中"定性为"所谓中者,性与天道也"②,这就认为"中"就是"性与天道",而且此"中"是"圣人之学"的大本,或者说此"中"就是本体。吕大临也讨论天理,认为:"至于实理之极,则吾生之所固有者,不越乎是。吾生所有,既一于理,则理之所有,皆吾性也。"③天理在吕大临心目中,同样也是至高无上的,这与程颐对天理的探讨相同。不过,就天理与中的关系来说,程颐与吕大临则有所不同,程颐虽然认为中具有本体功能,但更注重的是把中看成天理的表现形式;吕大临则把天理高高悬置,对其讨论甚少,探讨的重心放在中上。

吕大临通过对"喜怒哀乐未发谓之中"的阐释,把"中"提升为了本体。这就规划了他的《中庸》研究必然以本体"中"为核心展开论述,同时这种论述是在同程颐对中与道、性、心等范畴关系的讨论中进行的。这主要包含以下几个方面:

第一,"中者道之所由出"。

吕大临围绕"中",讨论的第一个关系就是中与道的关系。吕大临说:

中者道之所由出。

谓中者道之所由出,此语有病,……但论其所同,不容更有二名;别而言之,亦不可混为一事。如所谓"天命之谓性,率性之谓道",又

---

① (宋)吕大临:《礼记解·中庸第三十一》,载陈俊民辑校:《蓝田吕氏遗著辑校》,中华书局 1993 年版,第 270 页。下文出处相同。
② 《礼记解·中庸第三十一》,陈俊民辑校:《蓝田吕氏遗著辑校》,第 273 页。
③ 《礼记解·中庸第三十一》,陈俊民辑校:《蓝田吕氏遗著辑校》,第 298 页。

曰"中者天下之大本,和者天下之达道",则性与道,大本与达道,岂

有二乎?

吕大临认为中与道的关系为"中者道之所由出",把道产生的原因归结于中,这实际上是把中与道看成不同的二者,道是以中为本的。后来,吕大临也认识到"中者道之所由出"存在问题,并引用《中庸》首章认为性与道、大本与达道,不可分而为二,二者是二而一、同名异谓的关系。这从表面上看是说中与道是相同的,不应该有差别,但实际上表明吕大临仍没有放弃道出自中的观点,他从本末角度再次说明道出于中。程颐则不同意吕大临"中者道之所由出"的观点,他说:"中即道也。若谓道出于中,则道在中外,别为一物矣。"①这就在中与道的关系上认为"中即道",认为中与道是同一的,并且指出如果承认"道出于中",则是把中与道看成二物。

　　吕大临和程颐对中与道关系的讨论体现出吕大临从本体论出发,认为道来自中本体,道是中本体的表现形式。吕大临之所以有这种观点,是与他对"喜怒哀乐未发谓之中"的"中"的界定有关,吕大临把中作为本体,所以他把道看成是中的产物。

　　第二,"中即性"。

　　围绕本体中的讨论,吕大临还探讨了中与性的关系,这是对中道关系讨论的进一步深入。《论中书》有:

　　　　大临云:既云"率性之谓道",则循性而行莫非道。此非性中别

　　有道也,中即性也。在天为命,在人为性,由中而出莫非道,所以言道

　　之所由出也,与"率性之谓道"之义同,亦非道中别有中也。②

吕大临对中与性关系的讨论,主要是在"中者道之所由出"和"率性之谓道"的基础上进行推理的,认为道既然由中而出,而且道也是率性所成,因而"中即性"。吕大临的"中即性",是把中和性等同起来,"即"为"就是"的意思。不

---

① 《论中书》,陈俊民辑校:《蓝田吕氏遗著辑校》,第495页。
② 《论中书》,陈俊民辑校:《蓝田吕氏遗著辑校》,第495页。

过,吕大临的"中即性"并不仅仅是以上这层意思,它还有更深层的含义,即以中为本体,认为性不过是中的体现,性与中之间存在的应该是"中一分殊"的关系。

对于后一层含义,可以从程颐对吕大临"中即性"观点的否定体现出来。程颐认为:

> "中即性",此语极未安。中也者,所以状性之体段。如称天圆地方,遂谓方圆即天地可乎?方圆既不可谓之天地,则万物决非方圆之所出。如中既不可谓之性,则道何从称出于中?盖中之义,无过不及而立名。若只以中为性,则中与性不合,与"率性之谓道"其义自异。性道不可合一而言。中止可言体,而不可与性同德。①

程颐对吕大临"中即性"的否定主要从两个方面入手:其一,程颐认为中仅仅是用来形容性的,意思是"中"是虚词,这就像"天圆地方"一样,圆和方是用来形容天和地的,因此也就不可能认为圆就是天、方就是地,同样不能认为"中即性"。其二,程颐认为"只以中为性,则中与性不合",这是从性的范围来说的,认为中仅仅是"无过不及",而性的范围远远超过了中的范围。对于前者,如果中是实词,那么中即性、道则是由中出,实际上吕大临笔下的"中即性"之"中"就是实词,性就是由本体中转化出来的。对于后者,吕大临所说的中不仅有无过不及的"中之道",还有"喜怒哀乐未发谓之中"的"中",性是由"喜怒哀乐未发谓之中"的"中"转化出来的。

第三,"喜怒哀乐之未发,则赤子之心"。

吕大临还把中与心也联系起来,从而进一步实现对本体"中"的诠释。就中与心的关系,吕大临说:"情之未发,乃其本心,元无过与不及,所谓'物皆然,心必甚',所取准则以为中者,本心而已。由是而出,无有不合,故谓之和。非中不立,非和不行,所出所由,未尝离此大本根也。"②吕大临把心等同于中,

---

① 《论中书》,陈俊民辑校:《蓝田吕氏遗著辑校》,第495—496页。
② 《礼记解·中庸第三十一》,陈俊民辑校:《蓝田吕氏遗著辑校》,第273页。

认为本心就是中,而且对中的探讨实际上就是对本心的探讨,中与心是二而一的,"大本,天心也,所谓中也"①。吕大临对中与心关系的以上界定,与程颐的界定是不同的,可以说两人对此的区别反映的是程颢与程颐的区别,有学者就研究指出:"吕大临《中庸解》中的观点,主要是受了程颢思想倾向的影响。"②

吕大临还在把心等同于中的基础上,进一步认为:"喜怒哀乐之未发,则赤子之心。当其未发,此心至虚,无所偏倚,故谓之中。"这句话蕴含了两层含义:一是认为喜怒哀乐未发就是赤子之心,或者说赤子之心为未发;二是阐明以无所偏倚的中来修饰心。这两点虽然都是对心的阐述,而且都认为心为中,但是重心有所不同。就后者来说,这主要是从外部入手,讲求的是心所处在中的状态。吕大临本人也认识到了用中修饰心的不足之处,为此他说:"此心之状,可以言中,未可便指此心名之曰中。"③对于前者,则是从内部入手,即从"喜怒哀乐未发谓之中"的"中"来定性心的,因为"喜怒哀乐未发谓之中"的"中"是本体,这也就认为"赤子之心"具有本体功能,"赤子之心"就是中。对于赤子之心具有本体功能,吕大临说:

> 圣人之学,以中为大本。虽尧、舜相授以天下,亦云"允执其中"。中者,无过不及之谓也。何所准则而知过不及乎?求之此心而已。此心之动,出入无时,何从而守之乎?求之于喜怒哀乐未发之际而已。当是时也,此心即赤子之心,即天地之心。④

> 大人者,不失其赤子之心。赤子之心,良心也。天之所以降衷,民之所以受天地之中也,寂然不动,虚明纯一,与天地相似,与神明为一。⑤

---

① 《礼记解·中庸第三十一》,陈俊民辑校:《蓝田吕氏遗著辑校》,第 307 页。
② 庞万里:《二程哲学体系》,《附录·〈中庸解〉考辨》,北京航空航天大学出版社 1992 年版,第 417 页。
③ 《论中书》,陈俊民辑校:《蓝田吕氏遗著辑校》,第 496 页。
④ 《论中书》,陈俊民辑校:《蓝田吕氏遗著辑校》,第 497 页。
⑤ 《礼记解·大学第四十二》,陈俊民辑校:《蓝田吕氏遗著辑校》,第 377 页。

这里就对赤子之心进行了界定,认为赤子之心就是天地之心,就是良心,同时又从二者推出赤子之心具有本体功能,不过前者是立足于对本体中的认知在于对本心的认知来推理的,而后者则是从人"受天地之中"而得到的良心具有"寂然不动"等特点来推理的。

在赤子之心具有本体功能,本体中为"喜怒哀乐之未发"的基础上,吕大临又推出赤子之心为未发。程颐则不同意吕大临的这一观点,而提出赤子之心为已发。对于二者之间的分歧,吕大临进行了陈述:

> 大临以赤子之心为未发,先生以赤子之心为已发。所谓大本之实,则先生与大临之言,未有异也。但解赤子之心一句不同尔。大临初谓赤子之心,止取纯一无伪,与圣人同。恐孟子之义亦然,更不曲折。一一较其同异,故指以为言,固未尝以已发不同处为大本也。先生谓凡言心者,皆指已发而言。然则未发之前,谓之无心可乎? 窃谓未发之前,心体昭昭具在,已发乃心指用也。

吕大临在这里首先指出了自己之所以定赤子之心为大本、为未发,是取决于赤子之心在未发之际的"纯一无伪";其次又认为心有未发、已发之分,未发就是赤子之心,其为本体,而已发则是用,是赤子之心的体现。程颐后来也接受吕大临心有体用之分的观点,他说:"凡言心者,指已发而言,此固未当。心一也,有指体而言者(寂然不动是也),有指用而言者(感而遂通天下之故是也),惟观其所见如何耳。"①这里程颐虽然接受了心有体用之分的观点,不过就此点而言,双方还是有区别的。吕大临心的体用是从本体出发的,未发的本体心为体,已发则是本体心的用;程颐则是从心本身的寂感出发,认为"体"指的是心的"寂然不动","用"指的是心的"感而遂通天下之故"。

综观吕大临的《中庸》研究,可以发现吕大临是通过确立本体中,然后以本体中为核心展开论述,其间涉及了与道、性、心的关系。吕大临正是通过对

---

① 《论中书》,陈俊民辑校:《蓝田吕氏遗著辑校》,第498页。

本体中的确定,从而体现出洛学本体的多样化。

三、《中庸》与游酢的"道"本体

游酢的《中庸》研究,建立在二程对性、道、神等概念相互关系讨论的基础上。前文讲到天、性、道、神之间不存在质的差别,只是从不同的角度对天理本体进行反映。游酢吸收了二程的这一思想,不过他不再以天理为最高的范畴,而是通过《中庸》研究确立了道本体,或者说游酢的《中庸》研究是以"道"为核心,围绕着道而展开论述的。游酢道本体的构建,也再次体现出洛学本体多样化的特点。

游酢《中庸》研究,即道本体的建构,涉及多方面的内容。首先,就涉及游酢对道的界定。《中庸》首章"天命之谓性"中涉及了天人关系,天为主宰之天,人性就是天赋予的。二程对"天"进行了改造,天变成了义理之天,并且天实际上成为了天理的代名词。在二程眼中,义理之天所"命"给人的是什么呢?《中庸辑略》记载:"程子曰:'言天之自然者天道,言天之付与万物者谓之天命。'"①这句话蕴含了义理之天"命"给人的是道,即天道体现为人道。游酢继承了二程的这一思想,他说:"惟皇上帝降衷于下民,则天命也。若遁天倍情则非性矣。天之所以命万物者,道也;而性者,具道以生也。因其性之固然而无容私焉,则道在我矣。夫道不可擅而有也,固将与天下共之,故修礼以示之中,修乐以导之和,此修道之谓教也。"②游酢认为天"命"给万物的就是"道",道是天下共有的,道成了最高的范畴。就道的特点来说,游酢说:"盖道之在天下,不以易世而有存亡,故无古今;则君子之行,道不以易地而有加损,故无得丧。"③游酢又说:"道无不在,鬼神具道之妙用也,其德固不盛欤。"④从

---

① （宋）石𡒄编,朱熹删定:《中庸辑略》上,《四库全书（文渊阁本）》,上海古籍出版社1987年影印。
② （宋）游酢:《游廌山集》卷一《中庸义》,《四库全书（文渊阁本）》,上海古籍出版社1987年影印。下文出处相同。
③ 《游廌山集》卷一《中庸义》。
④ 《游廌山集》卷一《中庸义·拾遗》。

时间、空间上看,道是亘古不变的,它不会因"易世""易地"有所变化,道是无处不在的。游酢还认为:"夫道一而已矣,天地一指也,万物一马也,无往而非一。"①道又具有独一无二性。道的这几个特点,意味着游酢已经把道定性为本体。

道作为本体,在与万物的关系上体现得尤为明显。游酢说:"道之外无物,物之外无道,是天地之间无适而非道也","所谓迹者,果不出于道乎"②。万物作为本体道的产物,与道是紧密联系在一起的,离开道万物就不存在,离开万物道也不存在;同时,万物是作为道的体现,即"迹"而存在的。道又是产生万物的根据,他明确地说:"发育万物,峻极于天,至道之功也;礼仪三百,威仪三千,至道之具也"③,"盖道之在天地,则播五行于四时,百物生焉,无非善者也,无恶也,故曰继之者善也。道之在人则出作而入息、渴饮而饥食,无非性者也,无妄也"④。前者从万物特别是从具体的"礼仪三百""威仪三千"的产生来说明道的根据性,后者则是从天地人三才来说明道决定万物之善及人之性。游酢还认为道是一,不应该存在物我之分。为此,游酢说:"夫道一以贯之,无物我之间,既曰忠恕,则已违道矣"⑤,"此忠恕所以违道,为其未能一以贯之也。虽然忠所以尽己,恕所以尽物,则欲求人道者,宜莫近于此。此忠恕所以违道,不远也"⑥。游酢从忠"尽己"、恕"尽物"的划分导致了物我之分,来说明道在物我上的表现应该是一致的,不能在物我上有差别。

游酢还阐述了道在现实生活中的具体表现。他明确地说:"敬事而信德教,以道之也;节用而爱人、使民以时政事,以道之也。有德教以道之,则尊君

---

① 《游廌山集》卷一《论语杂解》。
② 《游廌山集》卷三《师说一》。
③ 《游廌山集》卷一《中庸义》。
④ 《游廌山集》卷一《论语杂解》。
⑤ 《游廌山集》卷一《中庸义·拾遗》。
⑥ 《游廌山集》卷一《论语杂解》。

亲上之心笃;有政事以道之,则劝功乐事之意,纯有国之道何以加此。"①这里就从"德教"和"政事"两方面说明道的表现,人们只有以道来修身、治国才可能获得成功。游酢又说:"即父子而父子在所亲,即君臣而君臣在所严,以至为夫妇、为长幼、为朋友,无所为而非道,此道所以不可须臾离也。然则毁人伦去四大者,其离于道也远矣。"②道还表现为夫妇、长幼等四伦,道与现实的人际关系是紧密联系在一起的。游酢还提出道可以外化为具体的"大公至正之道""至诚之道"。比如对于前者,游酢说:"合乎此则为是,外乎此则为非。其所谓是者,非惟圣人之所是,天下亦以为是而好之;其所谓非者,非惟圣人之所非,天下亦以为非而恶之。"③在游酢看来,不管是圣人还是一般之人,都要恪守"大公至正之道",人们的言行举止都应该以此为准则。

　　游酢为了进一步凸显出"道"的地位,还阐述了道与其他概念的关系。首先,游酢把"道"提高到了"天"的地位。他说:"道者,天也。道为万物之奥,故足以统天。"④道就成了天,成了万物的根本,道具有了与理相同的地位。其次,游酢认为性就是"具道以生"的,人性是天道在人上的体现,人性之所以能够无私就是由于道在起作用。且作为具体人性的"仁"与"道"有密切关系,"仁者,以道之在人者名之也。立人之道,则仁之名所以立,合而言之则仁与人泯矣,此其所以为道也"⑤。仁成了道在人上的具体表现,所谓的立人之道就是仁。第三,游酢还把道与中庸联系起来,用道来诠释中庸。《中庸义》中有:"道之体无偏,而其用则通而不穷。无偏,中也;不穷,庸也。以性情言之,则为中和,以德行言之,则为中庸,其实一道也。"⑥道有体用之分,无偏的"中"体现了道之体,而无穷的"庸"则是对道之用的反映。同时性情上的中

---

① 《游廌山集》卷一《论语杂解》。
② 《游廌山集》卷三《师说一》。
③ 《游廌山集》卷一《论语杂解》。
④ 《游廌山集》卷二《易说》。
⑤ 《游廌山集》卷一《孟子杂解》。
⑥ 《游廌山集》卷一《中庸义》。

和,德行上的中庸也都是道的体现,这是对道与性关系的进一步说明。第四,游酢还把道与心联系起来。他说:

> 志于道者,念念不忘于道也。念念不忘,则将有以宅心矣。宅心于道者,无思也,惟精也;无为也,惟一也。惟精则无偏,此道之大中;惟一则无变,此道之大常。①

> 心之本体,则喜怒哀乐之未发者是也。惟其徇己之私,则汩于忿欲而人道息矣。诚能胜人心之私,以还道心之公,则将视人如己,视物如人,而心之本体见矣。②

这两段话的前者主要是从心对道的认知入手,后者则是讲道为心体。具体来说,如果要想真正认知道,可以通过心来实现,不过在用心认知时就必须"惟精"与"惟一",也只有达到这二者,才能保证道的"无偏"与"无变"。心之所以能认知道,就在于道为心体,道是蕴含在心中,它是喜怒哀乐未发时的根据,心对道的认知,就是对心的体悟。要想保证心体的纯洁,就必须防止人欲的侵扰,这体现在对私欲的克制上,也只有这样才能"还道心之公"。

游酢以道为本体,道体现为具体的人性,人性与诚又有联系。他说:"诚者,非有成之者,自成而已。其道,非有道之者,自道而已。自成自道,犹言自本自根也。以性言之为诚,以理言之为道,其实一也。"③这就指出诚和道只是对性和理的不同称谓罢了,其实质内容都是一样的。这里游酢把道与理联系在一起,说明他虽然以道为讨论的核心,但最终的目的仍然是对理进行阐述。人的心体为道,人性又是诚,那么如何对道、对人性进行修养呢? 游酢说:"不明乎善,不诚乎身矣。学至于诚身,则安往而不致其极哉? 以内则顺乎亲,以外则信乎友,以上则可以得君,以下则可以得民矣。"④这里就提出了"诚身"

---

① 《游廌山集》卷一《论语杂解》。
② 《游廌山集》卷一《论语杂解》。
③ 《游廌山集》卷一《中庸义》。
④ 朱熹:《四书章句集注·孟子集注》引文,第282页。

的修养方法,认为诚身是为学的极限,人们一旦达到了这个限度,就能够洞悉人心与天命的本来状态,真正懂得至善之所在;同时,也能够更好地处理与亲友、君民的关系。游酢"诚身"的修养方法来源于《中庸》的"诚身有道;不明乎善,不诚乎身矣"(第十九章),它是一种从内部入手的修养方法。

总之,游酢对《中庸》的研究,是以"道"为核心概念而展开论述的,其建立的是道本体,不过其并没有实现理论创新,只是把二程的天理本体替换成"道"本体而已。游酢围绕"道"所展开的论述,就是围绕"斯理也,仰则著于天文,俯则形于地理,中则隐于人心,而民之迷,日久不能以自得也。冥行于利害之域,而莫知所向"①而进行的,这既涉及了本体论,同时也涉及了修养论,不过是以本体论为探讨中心。

综上所述,北宋时期的周敦颐、张载、二程及其后学就在唐代韩愈、李翱等人的基础上,推动了儒家形而上学的进一步发展,构建起了诚本论、太虚论以及天理论等,这使儒家形而上学的发展实现了质的突破。需要指出的是,周敦颐、张载、二程及其后学本体论的建构与《中庸》有着密切的关系,他们就是通过对《中庸》诚、天道、天命等的诠释或重构来实现的,并按照天道之诚赋予人道之诚或天命赋予人性的思路,把本体转化为具体的人性。此时,周敦颐等人对《中庸》的阐发,主要集中在《中庸》"诚者,天之道;诚之者,人之道"以及"天命之谓性"等话语上,或者说集中在与构建本体论息息相关的天道上;而进入到南宋以后,儒家形而上学进一步发展,就表现在对儒家本体论的深化上,关注的就是人道、就是心性论,主要阐发的就是"喜怒哀乐之未发谓之中,发而皆中节谓之和"等话语。

---

① 《游廌山集》卷四《孙莘老易传序》。

第四章 南宋理学《中庸》学与儒家本体论的深化

儒家本体论产生于北宋,是周敦颐、张载、二程等人通过对儒家经典特别是《中庸》的阐发来建构的。《中庸》与宋代儒家本体论的关系,除了体现为《中庸》与儒家本体论的构建有着紧密关系外,还体现为《中庸》与儒家本体论的深化也有关系。儒家本体论的深化,指的是儒家本体论与心性论结合。这种结合有多种表现形式:一是儒家本体实现内化,与心性结合起来,对本体的涵养、省察一定程度上落实到对心性的涵养、省察上,对本体论与心性论的探讨存在着时间的先后关系;二是对心性的讨论,其目的就是建构本体,此时对心性论的探讨就是对本体论的探讨,二者是同时进行的。本章就通过对朱熹、张栻、陆九渊《中庸》学的探讨,来凸显南宋《中庸》学与儒家本体论的关系。

第一节 《中庸》与朱熹的心性论

朱熹的心性论涉及众多内容,具体表现为朱熹对心、性以及二者关系的界定,还表现在对中和问题的探讨上。在探讨朱熹心性论具体内容之前,有必要对心性论的基础——理气论进行阐述,而这都与对《中庸》的阐发有关。

一、理气论

对朱熹理气论的探讨,涉及对理、气的界定以及二者关系的探讨。对于理的界定,朱熹是通过对其与万物关系的阐述来进行的。朱熹说:"天下之物,皆实理之所为,故必得是理,然后有是物。所得之理既尽,则是物亦尽而无有矣。"①又说:"有此理,便有此天地;若无此理,便亦无天地,无人无物,都无该载了! 有理,便有气流行,发育万物。"②这都认为天地万物的产生来源于理和气,如果没有理就没有天地万物的产生,正是在理的规范下,才为气化流行产生万物指明了方向。由于有理的规范作用,带来了"然大黄不可为附子,附子不可为大黄","舟只可行之于水,车只可行之于陆"。万物之间之所以出现差别,就是由于万物之理不同。反过来说,万物皆有理。朱熹为此说:"阶砖便有砖之理","竹椅便有竹椅之理。枯槁之物,谓之无生意,则可;谓之无生理,则不可"③。这就从"阶砖""竹椅"等具体事物入手,来说明万物之理的存在。当然,理除了体现在具体事物上,同时还在人类社会中有体现。比如,

亲亲之杀,尊贤之等,皆天理也,故又当知天。④

礼者,天理之节文,人事之仪则也。⑤

道即理也,……其目则不出乎君臣、父子、兄弟、夫妇、朋友之间,

而其实无二物也。⑥

"亲亲""尊贤"等所体现的社会等级制度,以及规范"君臣""父子"等五伦关系的礼仪制度,都是理在人类社会的体现。理虽然有众多的外在表现,但其实

① 《中庸章句》第二十五章,《四书章句集注》,第34页。
② (宋)黎靖德编,王星贤点校:《朱子语类》卷一,中华书局,1994年版,第1页。下文出处相同。
③ 《朱子语类》卷四,第61页。
④ 《中庸章句》第二十章,《四书章句集注》,第28页。
⑤ 《论语集注》卷一,《四书章句集注》,第51页。
⑥ (宋)朱熹著,朱傑人等主编:《晦庵先生朱文公文集》卷四十九《答王子合》,《朱子全书》第二十二册,上海古籍出版社、安徽教育出版社2004年版,第2257页。下文出处相同。

质只有一个,天理与众多具体之理之间存在着理一分殊的关系。就理只有一个来说,朱熹反复强调:"鬼神之理,即是此心之理"①,"圣门日用工夫,甚觉浅近。然推之理,无有不包,无有不贯,及其充广,可与天地同其广大。故为圣,为贤,位天地,育万物,只此一理而已"②。这就从自然界的"鬼神之理"与人"心之理"的一致性,以及从为圣、为贤以及天地万物产生的原因两个方面,来强调天理的唯一性。对于朱熹的理一分殊思想,目前取得了众多的研究成果。有学者就从"性理学说"的角度,考察了朱熹"理一分殊"的多重意涵。③这是值得借鉴的。

理作为万物运行的规定,指导了气的具体运行方向,从而产生了天地万物。在这个过程中,理和气担当了不同的角色。朱熹说:

> 天地之间,有理有气。理也者,形而上之道也,生物之本也;气也者,形而下之器也,生物之具也。是以人物之生,必禀此理然后有性,必禀此气然后有形。其性其形虽不外乎一身,然其道器之间分际甚明,不可乱也。④

理是产生天地万物的形而上根据,气则是产生天地万物的质料,理与气在形成万物生发过程中分别转化成万物之性和万物之形。此外,虽然性和形存在于同一事物之中,但是二者之间的区别还是非常明显的,不可混淆。作为产生万物质料的气,朱熹还进一步说:"天地初间只是阴阳之气。这一个气运行,磨来磨去,磨得急了,便拶许多渣滓;里面无处出,便结成个地在中央。气之清者

---

① 《朱子语类》卷三,第 50 页。

② 《朱子语类》卷八,第 130 页。

③ 参见:郭振香《由朱熹性理学说观"理一分殊"之多重意蕴》(《安徽大学学报》(哲学社会科学版)2003 年第 6 期)。作者在此文中,认为朱熹的"理一分殊"存在三层含义:第一层为"人物之形气虽殊,人物之生却本乎一源""宇宙本源之理一以贯之于万殊之物中""天命、性、理实一而名殊",第二层为"本然之理一,实然之理殊""天命之性为理一(善),气质之性为分殊(善恶)""天命之性与气质之性既理一(非判然为两物),又分殊(逻辑上以两名析之)",第三层为"人物本然之理一,但在觉解上有分殊""本体之理一,功夫之分殊""由知万殊之理进而知理本一贯"。

④ 《晦庵先生朱文公文集》卷五十八《答黄道夫》,《朱子全书》第二十三册,第 2755 页。

便为天,为日月,为星辰,只在外,常周环运转。地便只在中央不动,不是在下","清刚者为天,重浊者为地"①。这就把气分为清气和浊气两种,认为天和地分别就是由清气和浊气产生的。

就理和气的关系来讲,除了上面所讲的二者结合产生了天地万物、二者之间有着显著差别外,还有其他表现。

首先,理和气是紧密结合在一起,密不可分的。朱熹说:

> 人之所以生,理与气合而已。天理固浩浩不穷,然非是气,则虽有是理而无所凑泊。故必二气交感,凝结生聚,然后是理有所附著。②

> 天下未有无理之气,亦未有无气之理。③

> 有是理,必有是气,不可分说。④

> 然理又非别为一物,即存乎是气之中;无是气,则是理亦无挂搭处。

这几段话蕴含了几层含义:第一,理与气是紧密结合在一起的,正是二者的结合才产生出了天地万物;第二,理和气的存在是相辅相成的,"无理之气"和"无气之理"都是不存在的;第三,气就是理的藏身之处,气就是理的"挂搭处"。

其次,讨论了理、气的先后问题。朱熹认为:

> 理与气本无先后之可言。但推上去时,却如理在先,气在后相似。⑤

> 问:"有是理便有是气,似不可分先后?"曰:"要之,也先有理。只不可说是今日有是理,明日却有是气;也须有先后。且如万一山河

---

① 《朱子语类》卷一,第6页。
② 《朱子语类》卷四,第65页。
③ 《朱子语类》卷一,第2页。
④ 《朱子语类》卷三,第46页。
⑤ 《朱子语类》卷一,第3页。

大地都陷了,毕竟理却只在这里。"①
朱熹一方面认为理、气在时间上不可能存在先后之分,理与气是紧密结合在一起的,如果存在先后之分,那么就会出现"无理之气"或"无气之理",而这与事实是不相符合的。所以说,从时间上来把理、气分先后,是根本行不通的。另一方面,朱熹又从逻辑上来认为理、气之间存在理先气后的关系。因为如果要强行将理、气分先后的话,则是理在先,因为在天地万物产生之前,理就存在了,就是"山河大地都陷了",理还是存在的。既然从逻辑上来看,理和气之间存在着理先气后之关系,那么理和气之间是否存在相生关系呢? 这是理气关系的第三点。朱熹曾经说过:"气虽是理之所生,然既生出,则理管他不得。"②这蕴含着"理生气"的观点。对此,有众多观点,如"理生气乃生物"③,有学者在此基础上进一步认为"理生气也就是合乎逻辑的"④。当然,也有学者对此持批判态度,明确说:"朱熹之理是形而上的,超越于经验现实,这便是'静'。'静'之理无所谓生死。朱熹之气是形而下者,它本身便能够生万物。形而上之理与形而下之气的关系是本末、体用关系,而不可能是经验性的生的关系。故理不生气。"⑤这是非常确切的。理和气之间虽然存在逻辑上的先后关系,但理的确不能生气。

理与气的关系,还体现在其他相对应概念之间的关系上,如理事关系、性物关系、性气关系等。就理事关系来说,朱熹明确指出:"今以事言者,固以为有是理而后有是事;彼以理言者,亦非以为无是事而徒有是理也"⑥,"理无事,则无所依附"⑦。这也就把理、事看成是密不可分的,理依附在事上,理的存在

① 《朱子语类》卷一,第4页。
② 《朱子语类》卷四,第71页。
③ 唐君毅:《中国哲学原论》,中国社会科学出版社2006年版,第893页。
④ 向世陵:《宋代经学哲学研究》,上海科学技术文献出版社2013年版,第104页。
⑤ 沈顺福:《论朱熹的"理生气"》,《中国哲学史》2016年第4期。
⑥ (宋)朱熹:《中庸或问》上,《四书或问》,上海古籍出版社、安徽教育出版社2001年版,第56页。下文出处相同。
⑦ 《朱子语类》卷六,第100页。

在逻辑上也是先于事的。对于性物关系,《朱子语类》中有:"天下无无性之物。盖有此物,则有此性;无此物,则无此性。"①这同样把性物关系看成是像理气关系那样,性与物是相辅相成的,有物则必然有性,无物也就没有性。当然,性物关系与理气关系还是有所差别的,性物关系是理气关系转化、落实的表现,一定程度上就不存在性先于物而存在的问题。理气关系还以性气关系的面目出现,而且在此上体现得尤为充分。朱熹说:

> 性者,人之所得于天之理也;生者,人之所得于天之气也。性,形而上者也;气,形而下者也。人物之生,莫不有是性,亦莫不有是气。②

> 须知未有此气已有此性,气有不存,性却常在。虽其方在气中,然气自气,性自性,亦自不相夹杂。③

朱熹对性气关系的阐述,首先沿用了形而上、形而下来界定性、气,并认为人物的产生就是性气结合的结果;其次认为性、气之间存在明显的差别,二者都是独立的,同时又认为在逻辑上存在着性先气后的关系。对于性气关系,朱熹还进一步转化为对性与气质关系的探讨。《朱子语类》中有:"性只是理。然无那天气地质,则此理没安顿处"④,"性非气质,则无所寄;气非天性,则无所成"⑤。气质成为了性的"安顿处",气也正是在性的指导下形成万物。理气关系之所以能够在理事关系、性物关系、性气关系等上体现,就是因为性实际上是理在人物上的体现,而物的形体则是由气化流行而形成的,讨论理气关系就可以转变为性物关系,当然也可以转变成理事关系、性气关系。

朱熹理气论除了以上零散的论述外,在对《中庸》首章的阐述中有集中体现。对于朱熹对《中庸》首章的阐释,有学者研究指出:"朱子对《中庸》首章作

---

① 《朱子语类》卷四,第 56 页。
② 《孟子集注》卷十一,《四书章句集注》,第 326 页。
③ 《晦庵先生朱文公文集》卷四十六《答刘叔文》,《朱子全书》第二十二册,第 2147 页。
④ 《朱子语类》卷四,第 66 页。
⑤ 《朱子语类》卷四,第 67 页。

出了创造性诠释,深刻论述了该章居于全书之'体要'的地位,指出该章依次论述了'道之本原'、'存养省察'、'圣神功化'三个儒学核心话题,揭示了《中庸》乃是集儒家本体、功夫、境界三位于一体的成德系统,此一成德系统,通天人,合内外,安人我,即内在而超越,最精微地浓缩了儒学的根本要义。"①这就认为朱熹对《中庸》首章的阐述,主要是从本体、功夫、境界三个方面来进行的,三者是三位一体的。其中所说的对本体的阐述,实际上就涉及对理气论的阐述。《中庸章句》把"天命之谓性"解释为:

> 命,犹令也。性,即理也。天以阴阳五行化生万物,气以成形,而理亦赋焉,犹命令也。于是人物之生,因各得其所赋之理,以为健顺五常之德,所谓性也。②

这段话包含了几层意思:第一,在对"命"的界定中,指出天所命的性就是理。为此,朱熹说:"'死生有命'之'命'是带气言之,气便有禀得多少厚薄之不同。'天命谓性'之'命',是纯乎理言之。然天之所命,毕竟皆不离乎气。但《中庸》此句,乃是以理言之。"③朱熹再次强调"天命之谓性"的"命"是纯粹就理而言,它与带气而言的"死生有命"的"命"是不同的。不过,朱熹又认为"天之所命"的过程不仅有理,同时还应该有气,理与气是结合在一起的。这一点就是朱熹对《中庸》首句阐发中所蕴含的第二层意思,即万物的产生是理气共同的结果,理转化成性,而气则成形。第三,朱熹认为理转化而来的性,不仅包含人性,还有物性。这与郑玄、孔颖达对"天命之谓性"的诠释比较起来,增加了他们没有提到的"物性"。有学者就比较了朱熹与郑玄、孔颖达对《中庸》首句诠释的不同,认为:"相比于郑玄、孔颖达,朱熹的诠释最大的不同在于,前者仅就人而言,后者则将人与物统一起来;具体有以下三个方面的发明:第一,认

---

① 许家星:《朱熹〈中庸章句〉首章"三位一体"的诠释特色》,《中州学刊》2010 年第 5 期。
② 《中庸章句》第一章,《四书章句集注》,第 17 页。
③ 《朱子语类》卷四,第 77 页。

为人与物都得自天所赋的共同之理,而具有共同的'天命之性';第二,
……"①这"第一"条,就指出了朱熹和郑玄、孔颖达在诠释"天命之谓性"上的
差别。

需要指出的是,朱熹对《中庸》的诠释一直贯穿了把人和物统一起来的观
点。《中庸章句》把"率性之谓道"诠释为:"率,循也。道,犹路也。人物各循
其性之自然,则其日用事物之间,莫不各有当行之路,是则所谓道也。"②这就
把"率"解释为"循","率性之为道"解释为人或物按照自己的自然之性而行
事就形成了道。朱熹的这个思想,体现出受到道家道法自然思想的影响。此
外,对于"率"的主体,朱熹认为是人或物,是人或物在按照自己的自然之性而
行事,并不是有一外在的人在按照人或物的自然之性而行事。朱熹为此明确
指出:"率人之性,则为人之道,率牛之性,则为牛之道,非谓以人循之。若谓
以人循之而后谓之道,则人未循之前,谓之无道,可乎!"③对于"修道之谓
教",朱熹诠释为:"修,品节之也。性道虽同,而气禀或异,故不能无过不及之
差,圣人因人物之所当行者而品节之,以为法于天下,则谓之教,若礼、乐、刑、
政之属是也。"④这就认为"修道之谓教"的主体为人,圣人按照人或物的道来
"品节之"而形成的规范就是教,这些规范就是与人事紧密联系在一起的礼、
乐、刑、政等。那么,"修道之谓教"就专指人事而言吗? 朱熹针对有人所问的
"《集解》中以'天命之谓性,率性之谓道'通人物而言。'修道之谓教',是专
就人事上言否",回答说:"道理固是如此。然'修道之谓教´,就物上亦有个品
节。先生所以咸若草木鸟兽,使庶类蕃殖,如《周礼》掌兽、掌山泽各有官,如
周公驱虎豹犀象龙蛇,如'草木零落然后入山林,昆虫未蛰不以火田'之类,各

---

① 乐爱国:《朱熹〈中庸章句〉对"性""道""教"的诠释及其蕴含的生态观》,《中共宁波市
委党校学报》2013 年第 2 期。
② 《中庸章句》第一章,《四书章句集注》,第 17 页。
③ 《朱子语类》卷六十二,第 1492 页。
④ 《中庸章句》第一章,《四书章句集注》,第 17 页。

有个品节,使万物各得其所,亦所谓教也。"①这个问答看似矛盾,实际上是从不同的角度来阐述的。如果说"修道之谓教"是专从人事而言,那么这是从主体来说,是说人才能够形成具有教化作用的规范。如果说"修道之谓教"也通人物,那么这则是从具有教化作用之规范的来源说的,即教化的规范不仅取法于人事,同时也取法于自然现象。

综上所述,对于朱熹的理气论,主要就是从对理、气的界定以及二者的关系来阐述的。如何来评价朱熹的理气论? 有学者就通过对朱熹在理气论上的创造和贡献的阐述来说明,认为:"他比前人更清楚、更明白地论证了理与气的区别;他运用逻辑分析方法,发挥了前人的'理在气先'和'理一分殊'的命题,深刻地揭示了'理'的涵义和'理'的多层次性,着力地考察了'理'的'分殊'的一面,把'理一'看成是能动的、生生不已的、和谐的有机整体,并触及一般和个别、本质和现象的关系问题。"②这实际上就从朱熹对理、气的界定以及二者关系的讨论等方面,来凸显朱熹理气论的地位,朱熹的理气论也的确体现出对前人思想的吸收和发展。而且,朱熹对理气论的阐述也集中体现在对《中庸》"天命之谓性"的诠释中,并且认为天理本体转化而来的性不仅有人性,同时还有物性,把人、物作为考察对象的观点一直贯穿了整个《中庸章句》。不过需要说明的是,由天理转化而来的性虽然有人性和物性,但是人性才是朱熹考察的重心。朱熹对性的界定,主要就是对人性的界定。

二、对性、心的界定

通过对朱熹理气论的阐述,可知朱熹是以天理为本体的,且通过阐述理、气之间的关系,实现了理气的进一步结合。不过,与宋初张载、二程等人比较起来,朱熹对儒家形而上学的最大贡献还在于把天理本体内化,进一步同心性

---

① 《朱子语类》卷六十二,第 1495 页。
② 郭淑新:《论朱熹在理气论上的创造与贡献》,《中国哲学史》2001 年第 2 期。

论结合起来,或者说,就是把天理进一步同性、心等结合起来,对性、心等的界定带有天理本体的烙印。在讨论朱熹对性的界定之前,有必要先考察一下朱熹对天理、性、命、道、中庸等之间的相互关系的看法。

就天理与性、命的关系而言,朱熹说:"理者,天之体;命者,理之用","天所赋为命,物所受为性"①,"只是这理,在天则曰'命',在人则曰'性'"②。这就认为性、命是天理在转化过程中的不同称谓而已,命就是天理在天的称谓、是天理的应用,性则是天理在人物上的称谓,从天理到性,经过了中间"命"的阶段,三者的实质其实是一样的,因此朱熹非常同意学生所说的"合而言之,则天即理也,命即性也,性即理也"的观点。朱熹也在对"天命之谓性"的阐述过程中揭示了三者的关系:

> 天命之谓性,言天之所以命乎人者,是则人之所以为性也。盖天之所以赋与万物而不能自己者,命也;吾之得乎是命以生而莫非全体者,性也。……盖在天在人,虽有性命之分,而其理则未尝不一;在人在物,虽有气禀之异,而其理则未尝不同,此吾之性,所以纯粹至善,而非若荀、扬、韩子之所云也。③

这也再次强调命、性实际上就是天理在天、人上的不同称谓而已,虽然存在性命之分、存在人物的气禀之异,但实质都是一样的、都是理的体现。

朱熹还讨论了性与道以及道与中庸等的关系。就性与道的关系,来源于朱熹对"率性之谓道"的解释。朱熹说:

> 率性之谓道,言循其所得乎天以生者,则事事物物,莫不自然,各有当行之路,是则所谓道也。盖天命之性,仁、义、礼、智而已。循其仁之性,则自父子之亲,以至于仁民爱物,皆道也;循其义之性,则自君臣之分,以至于敬长尊贤,亦道也;循其礼之性,则恭敬辞让之节

---

① 《朱子语类》卷五,第82页。
② 《朱子语类》卷五,第83页。
③ 《中庸或问》上,《四书或问》,第46页。

文,皆道也;循其智之性,则是非邪正之分别,亦道也。①

在朱熹看来,道就是按照人、物的自然之性而行事体现出来的规律。道在人以及物上有不同的体现,在人身上主要体现为仁、义、礼、智,仁、义、礼、智就是处理人际关系应遵循的法则。朱熹还进一步说:"道即性,性即道,固只是一物。然须看因甚唤做性,因甚唤做道。"②这就认为道、性的实质是一样的,道和性是等同的。

就道与中庸的关系来说,朱熹明确说:"道者,天理之当然,中而已矣。知愚贤不肖之过不及,则生禀之异而失其中也。知者知之过,既以道为不足行;愚者不及知,又不知所以行,此道之所以常不行也。贤者行之过,既以道为不足知;不肖者不及行,又不求所以知,此道之所以常不明也。"③道是天理的表现,中庸又是道的具体体现,知者、愚者、贤者、不肖者之所以不能行道和明道,就是因为他们并没有认识到中庸之道。作为道具体表现的中庸,朱熹界定为:"中庸者,不偏不倚、无过不及,而平常之理,乃天命所当然,精微之极致也。"④这个界定,是把"中"的含义"不偏不倚、无过不及"和"庸"的含义"平常"结合起来,认为它们都是理的体现。对于中、庸的关系,《朱子语类》有:"中、庸只是一个道理,以其不偏不倚,故谓之'中';以其不差异可常行,故谓之'庸'。未有中而不庸者,亦未有庸而不中者。惟中,故平常。……中,即平常也,不如此,便非中,便不是平常。"⑤这就把中与庸看成是相辅相成的,并认为不偏不倚的中必然是平常的,体现出平常、普遍特点的就应该是中。朱熹对中和庸都有所界定。对于中,他在二程的基础上,进一步把"在中之义"和"中之道"同未发、已发联系起来。朱熹说:"盖所谓'在中之义'者,言喜怒哀乐之未发,浑

---

① 《中庸或问》上,《四书或问》,第46—47页。
② 《朱子语类》卷五,第82页。
③ 《中庸章句》第四章,《四书章句集注》,第19页。
④ 《中庸章句》第二章,《四书章句集注》,第18—19页。
⑤ 《朱子语类》卷六十二,第1483页。

然在中,亭亭当当,未有个偏倚过不及处。其谓之中者,盖所以状性之体段也。有所谓'中之道'者,乃即事即物自有个恰好底道理,不偏不倚,无过不及。其谓之中者,则所以形道之实也。"①"在中之义"的"中"指"不偏不倚"、指未发,此时的"中"是用来形容性的状态;"中之道"的"中"指"无过不及"、指已发,此时的"中"指实实在在的中道。对于"庸"的含义,朱熹认为:"唯其平常,故可常而不可易,若惊世骇俗之事,则可暂而不得为常矣。二说虽殊,其致一也。但谓之不易,则必要于久而后见,不若谓之平常,则直验于今之无所诡异,而其常久而不可易者可兼举也。"②朱熹认为用"平常"来解释"庸",比用二程的"不易"来解释"庸"更合理。然而,不管是中,还是庸,乃至中庸,它们都是道的体现形式。

通过以上的阐述,可知性、命是天理在人物、天上的不同称谓,性又是道的来源,道可以表现为具体的中庸之道,在这些概念中"性"处于上下联结的关键点上。对于"性"的含义,朱熹明确指出:"性者,人物所得以生之理"③,"性者,人所受之天理;天道者,天理自然之本体,其实一理也"④。这两句话从不同角度来定义"性",前者认为性有人性和物性,二者是天理在人、物上的体现;后者则是把性的界定与天道联系起来,性主要指人性,天道则是天理的呈现,性与天道的实质就是天理。天理与性的密切关系,进一步体现在天理与仁、义、礼、智等的关系上。朱熹说:

> 须知天理只是仁、义、礼、智之总名,仁、义、礼、智便是天理之件数。⑤

> 在人则为理,所以为仁义礼智信者是也。⑥

---

①　《晦庵先生朱文公文集》卷三十一《答张敬夫》,《朱子全书》第二十一册,第1338页。

②　《中庸或问》上,《四书或问》,第45页。

③　《孟子集注》卷八,《四书章句集注》,第297页。

④　《论语集注》卷三,《四书章句集注》,第19页。

⑤　《晦庵先生朱文公文集》卷四十《答何叔京》,《朱子全书》第二十二册,第1838页。

⑥　《朱子语类》卷一,第9页。

性是实理,仁义礼智皆具。①

作为人性具体表现的仁、义、礼、智、信也都是来源于天理、是天理的具体表现,天理只是它们的总名;人性是实理,仁、义、礼、智、信也是实理。对于仁、义与天理的关系,朱熹还进一步指出:"仁者,人之所以为人之理也。然仁,理也;人,物也。以仁之理,合于人之身而言之,乃所谓道者也"②,"义者,天理之所宜"③。仁就是人之所以为人的理,仁落实在人身上,体现出来就是为人之道;而对于义,则是适度,体现出对理运用的把握。

朱熹对人性的阐发,主要就集中在仁上,涉及仁与义、礼、智等的关系,同时还涉及与爱、公等的关系。《朱子语类》有:

仁所以包三者,盖义礼智皆是流动底物,所以皆从仁上渐渐推出。④

仁者,仁之本体;礼者,仁之节文;义者,仁之断制;知者,仁之分别。犹春夏秋冬虽不同,而同出于春:春则生意之生也,夏则生意之长也,秋则生意之成,冬则生意之藏也。⑤

仁对义、礼、智言之,则为体;专言之,则兼体、用。⑥

在朱熹看来,义、礼、智三者都来源于仁,一定程度上都是在仁的基础上发展而成的,就像夏秋冬三季都是春季的延续,它们分别是春季生意的生长、完成以及收藏。进一步来说,仁相对于义、礼、智来说是体;就仁本身来说,内部又分体、用,即仁意为体,仁行为用。

对于仁与爱的关系,朱熹首先叙述了二者关系的历史,他说:"由汉以来,以爱言仁之弊,正为不察性、情之辨,而遂以情为性尔。今欲矫其弊,反使

---

① 《朱子语类》卷五,第 83 页。
② 《孟子集注》卷十四,《四书章句集注》,第 367 页。
③ 《论语集注》卷二,《四书章句集注》,第 73 页。
④ 《朱子语类》卷六,第 107 页。
⑤ 《朱子语类》卷六,第 109 页。
⑥ 《朱子语类》卷六,第 115 页。

'仁'字泛然无所归宿,而性、情遂至于不相管,可谓矫枉过直,是亦枉而已矣。"①朱熹认为从汉代以来人们存在用爱来释仁的弊端,导致了人们不能更好区别仁与爱,反而把仁简单地看成是爱,这就是没能认识清楚性与情的差别;在当下又犯了矫枉过正的错误,把仁与爱完全脱离,使性情不相关,使仁没有落到实处。其次朱熹又说:"以爱之发对爱之理而言,正分别性、情之异处,其意最为精密。"②这就把仁看成是爱之本、爱之理,仁爱关系体现的就是性情关系。朱熹还在仁爱关系的基础上,进一步来阐述仁和公的关系。他说:

> 盖仁只是爱之理,人皆有之,然人或不公,则于其所当爱者又有所不爱,惟公则视天地万物皆为一体而无所不爱矣。……窃谓莫若将"公"字与"仁"字且各作一字看得分明,然后却看中间两字相近处之为亲切也。若遽混而言之,乃是程子所以诃以公便为仁之失。此毫厘间正当子细也。③

> 或问仁与公之别。曰:"仁在内,公在外。"又曰:"惟仁,然后能公。"又曰:"仁是本有之理,公是克己工夫极至处。故惟仁然后能公,理甚分明。"④

> 公不可谓之仁,但公而无私便是仁。⑤

这几段话包含两层意思:一是仁和公是不同的两个概念,不能将二者混同在一起,仁是人内在的品性,公则是人对外在万物的态度,如果将公看作仁将失之毫厘。二是人如果真正能够达到仁,就会对天地万物一视同仁,这就体现出公,所以一定程度上说仁是公之基础;同样,如果能够公正对待天下万物且没

---

① 《晦庵先生朱文公文集》卷三十二《答张钦夫又论仁说》,《朱子全书》第二十一册,第1412页。

② 《晦庵先生朱文公文集》卷三十二《答张钦夫论仁说》,《朱子全书》第二十一册,第1410页。

③ 《晦庵先生朱文公文集》卷三十二《答张钦夫又论仁说》,《朱子全书》第二十一册,第1413—1414页。

④ 《朱子语类》卷六,第116页。

⑤ 《朱子语类》卷六,第117页。

有私心作祟,这便是仁。

朱熹对人性的探讨,还涉及对人性种类的划分以及人性的善恶问题的探讨。前文讲到张载将人性划分为天命之性和气质之性,朱熹与此有所差别。有学者就研究指出:"朱熹认为,'天地之性'是指最普遍最本质的人性,'气质之性'是指具体的现实的人性。但它并不像张载、二程那样,以形上形下区分这两种性。天地之性固然是形而上者,是道德本体论上所说的善;但气质之性并不只是气质而言,它主要指气质中之理。……前者是理之全体,即纯粹至善之理,或心之本体,后者则是不同个体所具有之理。前者人人皆同,后者则因禀气不同而各有殊异。"①这个观点是非常合理的。在朱熹看来,人性的确有天地之性和气质之性之分。《朱子语类》中有:"性即理也。当然之理,无有不善者。故孟子之言性,指性之本而言。然必有所依而立,故气质之禀不能无浅深厚薄之别。孔子曰'性相近也',兼气质而言。"②这里所说的"性之本"就是指天地之性,它直接来源于天理本体,因而是善的;此外,还有气质之性,孔子所谓的"性相近"就是代表,它是人们在禀赋天理时产生的,由于气质不同禀赋的结果也不同,因而气质之性有善、有不善。对于气质之性,朱熹再三强调由于气质的不同,必然会带来禀赋的不同。他说:"人性虽同,禀气不能无偏重。有得木气重者,则恻隐之心常多,而羞恶、辞逊、是非之心为其所塞而不发;有得金气重者,则羞恶之心常多,而恻隐、辞逊、是非之心为其所塞而不发。水火亦然。唯阴阳合德,五性全备,然后中正而为圣人也。"③由于人气质的不同,有木气重者、有金气重者,也有水气或火气重者,只有圣人才是五性齐备,所以禀赋的结果也必然不同,要么凸显恻隐之心、要么凸显羞恶之心等,只有圣人才能达到中正从而凸显天地之性。对于气质之性,朱熹不仅讨论人与人之间的差别,还扩展到人与动物在此上的差别。他认为:"性如水,流于清渠

---

① 蒙培元:《理学范畴系统》,人民出版社1989年版,第236页。
② 《朱子语类》卷四,第65—66页。
③ 《朱子语类》卷四,第74页。

则清,流入污渠则浊。气质之清者、正者,得之则全,人是也;气质之浊者、偏者,得之则昧,禽兽是也。气有清浊,人则得其清者,禽兽则得其浊者。人大体本清,故异于禽兽;亦有浊者,则去禽兽不远矣。"①人与禽兽在气质上有根本区别,不过人当中也有气质浊者,则与禽兽相似。

朱熹的心性论,不仅涉及对性的界定,还涉及对心的界定以及二者关系的探讨。朱熹对心的讨论是非常多的,以至于张岱年曾经感叹说:"秦以后的哲学家中,论心最详者,是朱晦庵,朱子综合张程之思想,成立一比较精密周详之心说。"②钱穆也说:"理学家中善言心者莫过于朱子。"③在朱熹那里,心有众多的表现形式,如人心、道心、本心、良心以及天地之心等。对人心和道心来说,二者是一对对应概念。朱熹说:

> 心之虚灵知觉,一而已矣,而以为有人心、道心之异者,则以其或生于形气之私,或原于性命之正,而所以为知觉者不同,是以或危殆而不安,或微妙而难见耳。然人莫不有是形,故虽上智不能无人心,亦莫不有是性,故虽下愚不能无道心。二者杂于方寸之间,而不知所以治之,则危者愈危,微者愈微,而天理之公卒无以胜夫人欲之私矣。精则察夫二者之间而不杂也,一则守其本心之正而不离也。从事于斯,无少间断,必使道心常为一身之主,而人心每听命焉,则危者安、微者著,而动静云为自无过不及之差矣。④

这段话是朱熹对人心、道心的集中讨论,包含了两层意思:一是心本来是只有一个的,由于其来源的不同产生了人心和道心的区分。朱熹说:"盖心一也,自其天理备具、随处发见而言,则谓之道心;自其有所营为谋虑而言,则谓之人心。"⑤这就认为人心生于"形气之私"、来源于"有所营为谋虑",而道心则是

---

① 《朱子语类》卷四,第73页。

② 张岱年:《中国哲学大纲》,中国社会科学出版社1982年版,第241页。

③ 钱穆:《朱子新学案》第1册,九州出版社2011年版,第47页。

④ 《中庸章句·序》,《四书章句集注》,第14页。

⑤ 《晦庵先生朱文公文集》卷三十二《问张敬夫》,《朱子全书》第二十一册,第1396页。

来源于"性命之正"、具备天理。何谓人心？有学者研究指出："'人心'是人的感觉与需求。它包含两层意思，其一是指知觉即感觉。……其二是指欲望即人的需求。"①这是从人的自然属性来界定"人心"的。相应地，"道心"则是指人的道德属性或社会属性。二是人心、道心统一于人身上，不管是"上智"之人，还是"下愚"之人，都同时拥有人心和道心，只是"上智"之人以道心为主、人心为辅，"下愚"之人则与之相反。此外，就人心与道心的关系来看，朱熹说："饥欲食，渴欲饮者，人心也；得饮食之正者，道心也。……人心与道心为一，恰似无了那人心相似。只是要得道心纯一，道心都发见在那人心上。"②这意思是说人心是道心建立的基础，如果人心得到天理的规范就会变成道心，此时人心与道心就实现了合一。用朱熹的话说，就是"存者，道心也；亡者，人心也。心一也，非是实有此二心，各为一物、不相交涉也，但以存亡而异其名耳"③，即道心与人心的差别在于天理存、还是天理亡。对于心，朱熹有时还用本心、天地之心，它们与道心的实质是一样的，都是具备天理的，或者说都是天理的寓所。比如，就天地之心来说，朱熹认为："天地以此心普及万物，人得之遂为人之心，物得之遂为物之心，草木禽兽接着遂为草木禽兽之心，只是一个天地之心尔。"④这就把天地之心看成是"人之心""物之心""草木禽兽之心"的来源，"是天地万物产生的本原"，"天地之心是形而上的本体"⑤。

朱熹对心的探讨，还把心与理联系起来。前文实际上讨论道心时，就已经涉及心与理的关系。朱熹对心与理关系的讨论，是分层次来进行的。首先，心具万理。朱熹反复说："一心具万理。能存心，而后可以穷理"⑥，"心包万理，

---

① 谢晓东：《宋明理学中的道心人心问题——心学与朱熹的思想比较》，《厦门大学学报》（哲学社会科学版）2009 年第 6 期。
② 《朱子语类》卷七十八，第 2011—2012 页。
③ 《晦庵先生朱文公文集》卷四十《答何叔京》，《朱子全书》第二十二册，第 1837 页。
④ 《朱子语类》卷一，第 5 页。
⑤ 李延仓：《试论朱熹与陆九渊心性论的区别》，《中华文化论坛》2001 年第 3 期。
⑥ 《朱子语类》卷九，第 154 页。

万理具于一心。不能存得心,不能穷得理;不能穷得理,不能尽得心","理不是在面前别为一物,即在吾心。人须是体察得此物诚实在我,方可"①。万理是以心为寓所的,人们不能存心,即不能把理存于心,当然就不能够通过尽心而穷理,反过来要穷理就必须要尽心。在朱熹看来,理与心是贯通的,"理无心,则无著处"②,即心是理的寄存处。此外,朱熹又说:"心固是主宰底意,然所谓主宰者,即是理也,不是心外别有个理,理外别有个心。"③这就指出心与理是同一的,心是主宰者就是指理是主宰者。心与理的同一关系,实际上蕴含着"心即理"的观点,这是朱熹对心理关系讨论的第二点。需要说明的是,"心即理"中的"心""理"被限定为了"道心""天理"。对于"心即理",《朱子语类》中有:"仁者心便是理"④。对于"心即理",有学者还把它同"性即理"结合起来理解,认为:"在朱熹那里,讲'性即理'是无条件的,无论是在本体意义上,还是在'气禀所拘,人欲所蔽'的意义上,都可以讲'性即理';而讲'心即理'则是有条件的,只是在本体意义上可以讲'心即理',而在'气禀所拘,人欲所蔽'的意义上则不能讲'心即理'。"⑤这种看法是合理的。人性就是从天理转化而来的,尽管有时会受到气禀以及人欲的影响,但是并不会影响"性即理"的说法;而"心即理"的说法只有从道心与天理角度来理解才适合,如果从人心与理的角度来理解则"心即理"是站不住脚的。

对于心性论,除了涉及对性、心的界定,还涉及对心、性关系的探讨。对此,朱熹是在"心具万理"以及"性即理"的基础上来进行。由于人性是由天理转化而来的,性即是天理,那么按照逻辑推理,"心具万理"就演变成"心具人性"。实际上,朱熹对心与性的关系的讨论远不仅于此,朱熹通过对《中庸》中

---

① 《朱子语类》卷九,第155页。
② 《朱子语类》卷五,第85页。
③ 《朱子语类》卷一,第4页。
④ 《朱子语类》卷三十七,第985页。
⑤ 乐爱国:《朱熹的"心即理"及其与"性即理"的关系——兼论朱陆之异同》,《徐州工程学院学报》(社会科学版)2015年第2期。

和问题的探讨,提出了"心统性情",这是对"心具人性"进一步的发展,将在下文进行详细阐述。对于"心具人性",朱熹进行了论述。朱熹说:

性便是心之所有之理,心便是理之所会之地。

性是理,心是包含该载,敷施发用底。①

心者,人之神明,所以具众理而应万事者也。性则心之所具之理,而天又理之所从以出者也。②

这里从"心具万理"出发,认为心包含了万理、心便是万理的寓所,而人性又是由天理转化而来的,相应地心也应是人性的寓所;此外,心之所以能够应万事就是因为心中有理,人性又是心所具的人之理,所以理应万事一定程度上就是人性应万事。相比较而言,"心具人性"比"心具万理"更能凸显人的主体性,因为人性是内在的,而天理则是外在客观的。当然,把理看成是具体实在的理,那么人性就是人之所以为人的理,此时人性也就是人理。由于人性可以表现为具体的仁、义、礼、智、信,心与性的关系就可以明确化为心与仁、义、礼、智、信的关系。朱熹对心与仁的关系多有探讨。他说:"仁者,本心之全德。……盖心之全德,莫非天理,而亦不能坏于人欲。"③这是从仁与天理的关系来说的,认为仁是全德、是天理在人心上的体现,它与人欲是对立的。朱熹又说:

仁者,爱之理,心之德也。④

仁者,心之德,非在外也。放而不求,故有以为远者;反而求之,则即此而在矣,夫岂远哉?⑤

盖仁也者,心之道,而人之所以尽性至命之枢要也。⑥

---

① 《朱子语类》卷五,第88页。
② 《孟子集注》卷十三载,《四书章句集注》,第349页。
③ 《论语集注》卷六,《四书章句集注》,第131页。
④ 《论语集注》卷一,《四书章句集注》,第48页。
⑤ 《论语集注》卷四,《四书章句集注》,第100页。
⑥ 《晦庵先生朱文公文集》卷三十《答张钦夫》,《朱子全书》第二十一册,第1327页。

仁又是具体的道德,它是爱的根源,且是内在的、是根植于心的,人们要求仁德,应该通过自省的方式来进行,而不能反其道而行之,从外来寻求仁德,如果这样就是舍近而求远也。此外,仁又是心之道,人们可以通过对仁的探求,从而最终实现对人性乃至天理的认知。从这个角度上来看,仁毫无疑问地是尽性、知天的枢纽。

朱熹在阐述心性论的过程中,对佛教的心、性也进行了批判。朱熹说:"《中庸》所言是日用常行合做底道理,如'为人君止于仁,为人臣止于敬,为人子止于孝,为人父止于慈,与国人交止于信',皆是不可已者。伊川此言,是为辟释氏而发。盖释氏不理会常行之道,只要空守着这一个物事,便唤做道,与《中庸》自不同。"①在朱熹看来,《中庸》所言的仁、敬、孝、慈、信等道德都是实在的,都是切合现实生活的,而佛教不关注日常生活之道,而认为道是一空虚之物。儒家之所以认为道德是实在的,是因为它们都来源于天理的转化,同样来源于天理的人性也应该是实在的。朱熹为此说:"仁义礼智,乃未发之性,所谓诚。中庸,皆已发之理。人之性本实,而释氏以性为空也。"②"诚",实有。作为人性具体内容的仁、义、礼、智都是实有的,与此不同,佛教则认为性是空的。对于与佛教心的差别,朱熹说:"释氏虽自谓惟明一心,然实不识心体,虽云心生万法,而实心外有法,故无以立天下之大本,而内外之道不备。然为其说者犹知左右迷藏,曲为隐讳,终不肯言一心之外别有大本也。若圣门所谓心,则天序、天秩、天命、天讨、恻隐、羞恶、是非、辞让莫不该备,而无心外之法。"③这里就认为佛教虽然持心生万法的观点,但是佛教对心体的至高地位并没有确定,在心体外又设置了另一个大本,导致了内外不能合一,而佛教也就在心体与重新设置的大本之间左右摇摆;而儒家则明白确定心的地位,认为

---

① 《朱子语类》卷六十二,第1496页。
② 《朱子语类》卷六,第104页。
③ 《晦庵先生朱文公文集》卷三十《答张钦夫》,《朱子全书》第二十一册,第1327—1328页。

天序、天秩等都与心有着密切关系,一定程度上都是心外化的体现,儒家实现了内外合一。总之,朱熹认为儒家所讲的心、性等都是实在的,是与现实生活紧密联系在一起的,而佛教认为心、性都是空的,并不是真有。

三、中和问题

"中和",来源于《中庸》"喜怒哀乐之未发,谓之中;发而皆中节,谓之和。中也者,天下之大本也;和也者,天下之达道也。致中和,天地位焉,万物育焉"(《中庸》第一章)。围绕着对"中和"的阐述,形成了中和问题。它涉及了对中、和、已发、未发等概念的探讨,理学家通过诠释,引申为对心、性、情、未发与已发、涵养与察识等的探讨。朱熹对中和问题有深入研究,中和问题也集中反映了朱熹的心性论。

朱熹对于中和问题的探讨,有一个发展过程。他在《中和旧说序》中说:

余蚤从延平李先生学,受《中庸》之书,求喜怒哀乐未发之旨,未达而先生没。

余窃自悼其不敏,若穷人之无归。闻张钦夫得衡山胡氏学,则往从而问焉。钦夫告余以所闻,余亦未之省也,退而沉思,殆忘寝食。一日,喟然叹曰:"人自婴儿以至老死,虽语默动静之不同,然其大体莫非已发,特其未发者为未尝发尔。"自此不复有疑,以为《中庸》之旨果不外乎此矣。后得胡氏书,有与曾吉父论未发之旨者,其论又适与余意合,用是益自信。虽程子之言有不合者,亦直以为少作失传而不之信也。然间以语人,则未见有能深领会者。

乾道己丑之春,为友人蔡季通言之,问辨之际,予忽自疑,斯理也,虽吾之所默识,然亦未有不可以告人者。今析之如此其纷纠而难明也,听之如此其冥迷而难喻也,意者乾坤易简之理,人心所同然者,殆不如是;而程子之言出其门人高弟之手,亦不应一切谬误,以至于此。然则予之所自信者,其无乃反自误乎?则复取程氏书,虚心平气而徐读之,未及数行,冻解冰释,然后知情性之本然、圣贤之微旨,其平正明白乃如此。而前日读之不详,妄生穿穴,凡所辛苦而仅得之者,适足以自误而已。至于推类究极,反求诸身,则又见其为害之大,盖不但名言之失而已也。

于是又窃自惧,亟以书报钦夫及尝同为此论者。惟钦夫复书深以为然,其余则或信或疑,或至于今累年而未定也。[①]

在这篇文章中,朱熹回忆了自己研究"中和"的历程,并将其分成了四个阶段:第一,早年问学于李侗,由于先生早逝,未能获得"中和"之真谛;第二,后对胡宏的作品进行研究,形成了中和旧说;第三,乾道己丑年(1169年),对中和旧说进行反思,形成中和新说;第四,后与张栻就中和新说进行讨论。有学者通过研究,将朱熹中和问题研究的过程归纳为五步,即"一道南指诀""二丙戌之悟""三湖湘之行""四己丑之悟""五《知言疑义》"[②]。不过,朱熹对中和的研究不仅是这五步,还应加上最后一步"《中庸章句》",这是对中和问题的总结。这六个阶段中,"丙戌之悟"和"己丑之悟"是前后阶段转折的关键,它们也就是所谓的"中和旧说"和"中和新说",加上最开始的"静中体验未发"就构成三个时期。所以说,朱熹研究"中和"的历程可以概括为三个时期六个阶段:第一个时期指第一阶段"道南指诀";第二个时期包括第二阶段"丙戌之悟"和第三阶段"湖湘之行";第三个时期包括第四阶段"己丑之悟"、第五阶段"《知言疑义》"和第六阶段"《中庸章句》"。对于中和问题三个时期六个阶段的阐述,可以按照中和问题讨论的对象来进行。具体来说,中和问题实际上涉及的对象有两组,一是心、性、情与未发、已发,二是涵养与察识,它们涉及朱熹思想中体用论、修养论、致知论等。

朱熹对心、性、情与未发、已发关系的探讨,贯穿了整个中和问题研究。在

①　《晦庵先生朱文公文集》卷七十五《中和旧说序》,《朱子全书》第二十四册,第3634—3635页。

②　陈来:《朱子哲学研究》,第157—193页。

第一个时期,朱熹对未发、已发具体指代对象的限定延续了道南学派的观点。道南学派从杨时创立,传到朱熹已经经过了罗从彦、李侗,而杨时又师从二程。这就有必要考察一下二程、杨时以及罗从彦等人对未发、已发的指代对象是如何限定的。前文已经阐述二程对"未发"指代对象的限定,他们认为未发指的是"中","中"具有本体的色彩,或者说二程并没有进一步把"中"明确化,而且程颐还否定了吕大临把"中"限定为"性"以及"赤子之心"的看法。杨时、罗从彦等人,延续了二程的观点,同样也没有把"中"明确化。下面几段材料颇能说明问题:

> 言季常在京时,尝问正心诚意如何便可以平天下? ……此须是于喜怒哀乐未发之际能体所谓中,于喜怒哀乐之后能得所谓和。致中和则天地可位、万物可育,其于平天下何有?①

> 《中庸》曰:"喜怒哀乐未发谓之中,发而中节谓之和。"学者当于喜怒哀乐未发之际以心体之,则中之义自见,执而勿失,无人欲之私焉,发必中节矣。②

> 先生极好静坐,愿中退居室中,亦只静坐。先生令静中看"喜怒哀乐未发之谓中",未发时作何气象? 不惟于进学有力,亦是养心之要。③

这三段话中,前两段和第三段分别是杨时和罗从彦对"未发"的看法。在他们看来,"未发"指的就是"中",人们只有在未发之际认识到"中"才可能达到最终平天下,才可能认识到"中"的具体含义,才可能达到养心之目的。朱熹吸收了道南学派的观点,并有所改变。他说:"疑'未发'只是思虑事物之未接时,于此便可见性之体段,故可谓之中而不可谓之性也。发而中节,是思虑事

---

① (宋)杨时:《龟山集》卷十二《语录》,《四库全书(文渊阁本)》,上海古籍出版社 1987 年影印。下文出处相同。

② 《龟山集》卷二十一《答学者其一》。

③ (宋)罗从彦:《豫章文集》卷十四《附录上·事实》,《四库全书》(文渊阁本),上海古籍出版社 1987 年影印。

物已交之际皆得其理,故可谓之和而不可谓之心;心则通贯乎已发未发之间,乃大易生生流行、一动一静之全体也。"①在朱熹看来,"未发"指的是"中"而不是"性","已发"并不是指"心",而且"心"贯穿了整个未发、已发。

在第二个时期,朱熹对未发、已发指代对象进行了明确化,并把它们同心、性结合起来。这个成绩的取得,来源于朱熹同张栻的不断讨论,来源于对未发、已发的解说。朱熹同张栻讨论,主要体现在所谓的"人自有生四书"中。朱熹说:

> 然圣贤之言,则有所谓未发之中,寂然不动者。夫岂以日用流行者为已发,而指夫暂而休息,不与事接之际为未发时耶?尝试以此求之,则泯然无觉之中,邪暗郁塞,似非虚明应物之体,而几微之际,一有觉焉,则又便为已发,而非寂然之谓。盖愈求而愈不可见,于是退而验之于日用之机,则凡感之而通,触之而觉,盖有浑然全体应物而不穷者。是乃天命流行、生生不已之机,虽一日之间万起万灭,而其寂然之本体则未尝不寂然也。所谓未发,如是而已,夫岂别有一物,限于一时,拘于一处,而可以谓之中哉?然则天理本真,随处发见,不少停息者,其体用固如是,而岂物欲之私所能壅遏而梏亡之哉?②

> 所谓"学者于喜怒哀乐未发之际以心验之,则中之体自见",亦未为尽善。大抵此事浑然,无分段时节先后之可言。今著一"时"字、一"际"字,便是病痛。……盖性无时不行乎心之用,但不妨常有未行乎用之性耳。今下一"前"字,亦微有前后隔截气象,如何如何?熟玩《中庸》,只消著一"未"字,便是活处。此岂有一息停住时耶?只是来得无穷,便常有个未发底耳。若无此物,则天命有已时,生物有尽处,气化断绝,有古无今久矣。此所谓天下之大本,若不真的见

---

① 《晦庵先生朱文公文集》卷四十三《答林择之》,《朱子全书》第二十二册,第 1967 页。
② 《晦庵先生朱文公文集》卷三十《与张钦夫》,《朱子全书》第二十一册,第 1315 页。

得,亦无揣摸处也。①

朱熹认为"以日用流行者为已发,而指夫暂而休息,不与事接之际为未发"的观点是存在问题的,因为此时未发、已发的划分以是否为"寂然不动"以及是否与外在事物接触为标准,而且在这种标准下,"未发"指的是"暂而休息,不与事接之际"的状态,而"已发"则是指"日用流行"的状态。但实际上,"未发"和"已发"的状态是很难区分、很难划定的。朱熹进一步认为"未发"应该指的是"天命流行、生生不已之机"的寂然本体,而"已发"则是指寂然本体的运用。这种以体用关系来作为划分"未发""已发"的标准,是朱熹推进中和研究的表现,是对前人观点的突破。此外,朱熹还认为在"未发"转化为"已发"的过程中,不存在"分段时节先后",从"未发"到"已发"是一气呵成的,对二者的把握与体认不是在"时""际"时,即不在二者转化之际来把握和体认。既然从体用关系来划分"未发""已发",那么"未发""已发"到底指什么呢?这是朱熹需要进一步解决的问题。朱熹说:"盖通天下只是一个天机活物,流行发用,无间容息。据其已发者而指其未发者,则已发者人心,而凡未发者皆其性也,亦无一物而不备矣。夫岂别有一物拘于一时、限于一处而名之哉?即夫日用之间,浑然全体,如川流之不息、天运之不穷耳。此所以体用、精粗、动静、本末洞然无一毫之间,而鸢飞鱼跃,触处朗然也。"②这就明确指出以心为已发、以性为未发,性与心之间存在体用关系,以性为体、以心为用,而且这种体用关系贯穿于万物之间。

以性为未发、心为已发的观点,在经过一段时间反思后,朱熹认为它是存在问题的,特别是把心看成是已发更是值得商榷。朱熹说:

> 心者,体用周流,无不贯彻,乃云发而未动,则动处不属心矣,恐亦未安也。③

---

① 《晦庵先生朱文公文集》卷三十《与张钦夫》,《朱子全书》第二十一册,第1316—1317页。
② 《晦庵先生朱文公文集》卷三十二《答张敬夫》,《朱子全书》第二十一册,第1393—1394页。
③ 《晦庵先生朱文公文集》卷四十《答何叔京》,《朱子全书》第二十二册,第1824页。

　　然观程子之书，多所不合，因复思之，乃知前日之说，非惟心、性之名之不当，而日用功夫全无本领，盖所失者不但文义之间而已。按《文集》、《遗书》诸说，似皆以思虑未萌、事物未至之时，为喜怒哀乐之未发。当此之时，即是此心寂然不动之体，而天命之性，当体具焉。以其无过不及，不偏不倚，故谓之中。及其感而遂通天下之故，则喜怒哀乐之性发焉，而心之用可见。①

朱熹认为心是贯穿体用的，未发就是心之体，已发则是心之用，这就否定了心为已发的"中和旧说"观点。朱熹对中和问题的探讨，也就进入了中和新说。中和新说首先要解决的，也是未发、已发的指代对象的确定。朱熹为此说：

　　然比观旧说，却觉无甚纲领，因复体察，得见此理须以心为主而论之，则性情之德、中和之妙，皆有条而不紊矣。然人之一身，知觉运用，莫非心之所为，则心者，固所以主于身，而无动静语默之间者也。然方其静也，事物未至，思虑未萌，而一性浑然，道义全具，其所谓中，是乃心之所以为体而寂然不动者也。及其动也，事物交至，思虑萌焉，则七情迭用，各有攸主，其所谓和，是乃心之所以为用，感而遂通者也。然性之静也而不能不动，情之动也而必有节焉，是则心之所以寂然感通，周流贯彻而体用未始相离者也。②

在这里，朱熹不仅把性、情同未发、已发联系起来，还把性、情同心联系起来。朱熹不仅认为心是产生知觉的根据，而且还认为在"思虑未萌"时，即喜怒哀乐未发之时，心中存在寂然不动的体，这个"心之体"就是性；当"思虑萌焉"时，七情产生，这就出现了心之用，而心之用就是情。可见，朱熹认为"未发"指"性之静"，"已发"指"情之动"，思虑未萌到七情感动，不仅是心的寂然到感通的过程，而且是由"浑然一性"到性发动为情的过程。无论性发动为情还

_____

　　①　《晦庵先生朱文公文集》卷六十四《与湖南诸公论中和第一书》，《朱子全书》第二十三册，第3130—3131页。
　　②　《晦庵先生朱文公文集》卷三十二《答张钦夫》，《朱子全书》第二十一册，第1418—1419页。

是未发动为情,心都贯通其间,心之体为性,心之用为情。

朱熹对中和研究的第三个时期,除了"中和新说"阶段,还包括"《知言疑义》"和"《中庸章句》"阶段,它们进一步研究了心与性、情的关系。朱熹针对《知言》中的"以成性者也",同张栻讨论说:"此句可疑。欲作'而统性情也',如何?"张栻说:"'统'字亦恐未安,欲作'而主性情',如何?"朱熹非常赞同张栻的观点,认为"所改'主'字极有功"①。这里,朱熹首先提出了"心统性情",后来又改成"心主性情",但实际上,"心主性情"只是"心统性情"的一种含义,它还包含"心兼性情"的含义。朱熹在针对吕祖谦所说的"成性固可疑,然今所改定,乃兼性情而言,则与本文设问不相应"的提问时,回答说"论心必兼性情,然后语意完备"②。就"心主性情"来说,"主"是"主宰"之义,"心主性情"就是说心对性、情具有主宰功能。朱熹为此说:

> 心,主宰之谓也。动静皆主宰,非是静时无所用,及至动时方有主宰也。言主宰,则混然体统自在其中。心统摄性情,非儱侗与性情为一物而不分别也。③

> 感于物者心也,其动者情也,情根乎性而宰乎心,心为之宰,则其动也无不中节矣,何人欲之有?惟心不宰而情自动,是以流于人欲而每不得其正也。然则天理人欲之判、中节不中节之分,特在乎心之宰与不宰,而非情能病之,亦已明矣。④

心是性、情的主宰,这种主宰是不分动静的,它随时都存在,贯穿了从未发到已发,当然主宰并不意味着心与性情混为一团。此外,心对性情的主宰,实际上就是使人的言行举止都要符合"中节",不要被人欲所控制,而心之所以能主宰就在于它有判断的功能。朱熹对中和问题的研究,在《中庸章句》中完成了

---

① 《晦庵先生朱文公文集》卷七十三《胡子知言疑义》,《朱子全书》第二十四册,第3555页。
② 《晦庵先生朱文公文集》卷七十三《胡子知言疑义》,《朱子全书》第二十四册,第3556页。
③ 《朱子语类》卷五,第94页。
④ 《晦庵先生朱文公文集》卷三十二《问张敬夫》,《朱子全书》第二十一册,第1395页。

定型。朱熹说:"喜、怒、哀、乐,情也。其未发,则性也,无所偏倚,故谓之中。发皆中节,情之正也,无所乖戾,故谓之和。大本者,天命之性,天下之理皆由此出,道之体也。达道者,循性之谓,天下古今之所共由,道之用也。此言性情之德,以明道不可离之意。"①这里朱熹把性、情与道联系起来,认为天下之道的出现,都是来源于性,性是道之体,达道则是对性的应用,和是对道应用的结果,情是道之用。可见,此处的体用关系是以道为中点,然后向前后延伸,存在着性—道—情的逻辑关系,性为道之体,而情为道之用,这是对性、情分别为心之体、用的突破。

朱熹对中和问题的研究,还涉及未发、已发时的涵养和察识问题。涵养和察识问题也贯穿了整个中和研究的历程,只是在不同时期,涵养和察识的谁先谁后或同时进行问题有所不同而已。② 在第一个时期,即"静中体验未发"时期,"体验"预示着朱熹是在喜怒哀乐未发时求"中",而不是涵养"中"。在进入第二个时期,朱熹提出了"心为已发、性为未发"的观点,相应在涵养和察识问题上也就有所改变。朱熹说:

> 故虽汩于物欲流荡之中,而其良心萌蘖,亦未尝不因事而发见。学者于是致察而操存之,则庶乎可以贯乎大本达道之全体而复其初矣。不能致察,使梏之反复,至于夜气不足以存而陷于禽兽,则谁之罪哉?③

这段话中的"致察而操存之",实际上意味着朱熹提出了"先察识后涵养"的观点,而且还认为察识具有重要的地位,只有通过察识认识到已发之心后才可能使人不至于被人欲所把控从而陷于禽兽。朱熹为了论证"先察识后涵养"的观点,在第二个时期的"中和旧说"之后出现了"湖湘之行"。朱熹在同友人的通信中,反映出他同张栻对察识和涵养问题讨论的情况。朱熹说:"去冬走湖

---

① 《中庸章句》第一章,《四书章句集注》,第18页。
② 参见:拙著《宋儒〈中庸〉学研究》,第157—180页。
③ 《晦庵先生朱文公文集》卷三十《答张钦夫》,《朱子全书》第二十一册,第1315—1316页。

湘,讲论之益不少。然此事须是自做工夫于日用间行住坐卧处,方自有见处。然后从此操存,以至于极,方为己物尔。"①"自做工夫于日用间行住坐卧处,方自有见处"指的就是察识,"然后从此操存"则指的是在察识后进行涵养。在朱熹看来,"先察识后涵养"就是要人们在认识到心的基础上反推到性,并对性进行最全面的涵养,或者说通过察识的方式认识到心中所具的理,然后对理进行涵养,最终实现理与人的合一。

在湖湘之行后,朱熹在对中和旧说反思的过程中,也逐步认识到"先察识后涵养"的观点存在不足。他说:

> 向来讲论思索,直以心为已发,而日用工夫,亦止以察识端倪为最初下手处,以故阙却平日涵养一段工夫,使人胸中扰扰,无深潜纯一之味,而其发之言语事为之间,亦常急迫浮露,无复雍容深厚之风。②

这段话中的"阙却平日涵养一段工夫",实际上认为在"察识"之前缺"一段工夫",这"一段工夫"指的就是"涵养",而且正因为缺"涵养"工夫,所以人们在"察识"时未能心平气和地进行。此外,这段话就"察识"与"涵养"的关系而言,蕴含着"先涵养后察识"的看法。这个观点与"性为未发、情为已发"共同构成了朱熹的中和新说。朱熹在与友人通信的过程中反复重申这个观点。他说:

> 盖发处固当察识,但人自有未发时,此处便合存养,岂可必待发而后察,察而后存耶?且从初不曾存养,便欲随事察识,窃恐浩浩茫茫,无下手处,而毫厘之差、千里之缪将有不可胜言者。③

> 近看南轩文字,大抵都无前面一截工夫也。大抵心体通有无、该

---

① 《晦庵先生朱文公文集》卷四十一《答程允夫》,《朱子全书》第二十二册,第1871页。
② 《晦庵先生朱文公文集》卷六十四《与湖南诸公论中和第一书》,《朱子全书》第二十三册,第3131页。
③ 《晦庵先生朱文公文集》卷三十二《答张钦夫》,《朱子全书》第二十一册,第1420页。

动静,故工夫亦通有无、该动静,方无透漏。若必待其发而后察,察而后存,则工夫之所不至多矣。惟涵养于未发之前,则其发处自然中节者多、不中节者少,体察之际,亦甚明审,易为著力,与异时无本可据之说大不同矣。①

朱熹在同张栻讨论中,认为在察识之前,也就是在未发时便需要涵养,不必等到察识之后再涵养,如果不这样,在察识时就无从下手;在同林泽之通信中,也再次强调湖湘学派"先察识后涵养"存在不足,即在察识之前还缺少涵养工夫,也只有通过在未发之前先涵养,才能使人在已发时符合"中节"。总之,朱熹修订了"先察识后涵养"中和旧说观点,提出了"先涵养后察识"的中和新说观点。需要注意的是,朱熹后来又进一步认为察识和涵养实际上是不分先后的,因为随时都要察识、随时都要涵养。朱熹为此说:"未发已发,只是一件工夫,无时不涵养,无时不省察耳。……有涵养者固要省察,不曾涵养者亦当省察。不可道我无涵养工夫后,于已发处更不管他。若于发处能点检,亦可知得是与不是。今言涵养,则曰不先知理义底涵养不得;言省察,则曰无涵养,省察不得。"②此外,朱熹还具体阐述了涵养与察识的关系。他说:"涵养中自有穷理工夫,穷其所养之理;穷理中自有涵养工夫,养其所穷之理,两项都不相离"③,"然居敬、穷理,二者不可偏废;有所偏废,则德孤而无所利矣"④。"穷理"指的就是"察识"。在朱熹看来,居敬和穷理是紧密联系在一起的,二者是不可或缺的,如果有所偏废,对道的认知就会不清楚。朱熹也为此说:"主敬、穷理虽二端,其实一本。"⑤这就把察识和涵养的实质看成是一样的,具体来说就是要实现对天理本体的察识和涵养,它们都是围绕天理本体而出现的致知论和修养论。

---

① 《晦庵先生朱文公文集》卷四十三《答林择之》,《朱子全书》第二十二册,第1981—1982页。
② 《朱子语类》卷六十二,第1514—1515页。
③ 《朱子语类》卷九,第149页。
④ 《晦庵先生朱文公文集》卷四十一《答冯作肃》,《朱子全书》第二十二册,第1850页。
⑤ 《朱子语类》卷九,第150页。

如何来实现对天理本体的察识和涵养？朱熹提出了众多的方法。就察识的方法来说，有格物、穷理等，具体表现为读书等；就涵养的方法来说，则有"小学"、敬、慎独等。在这些具体方法中，朱熹的"格物""穷理"以及"敬"等已经研究得比较透彻，本书不再赘叙。读书就是具体的察识工夫，朱熹对此有详细的阐述，比如就涉及读书的态度以及具体如何来读书的问题。朱熹不厌其烦地说："读书闲暇，且静坐，教他心平气定，见得道理渐次分晓"①，"学者读书，须要敛身正坐，缓视微吟，虚心涵泳，切己省察"②。这就指出在读书时一定要静坐且注意坐姿从而达到心平气和，一定要虚心。朱熹同时又说："读书须将心贴在书册上，逐句逐字，各有着落，方始好商量"③，"读书，须要切己体验"④，"读书无疑者，须教有疑；有疑者，却要无疑，到这里方是长进"⑤。读书一定要"逐字逐句"进行，并且在读书过程中需要注意结合现实去亲身体验，同时在读书过程中要不断发现和解决疑问，也只有通过以上诸多具体方法，才可能推动学问的进步，从而达到对天理本体的认知。

至于涵养方法，朱熹是非常重视"小学"的。朱熹明确指出：

> 且如"洒扫应对进退"，此存养之事也，不知学者将先于此而后察之耶，抑将先察识而后存养也？以此观之，则用力之先后判然可观矣。⑥
>
> 古人只从幼子常视无诳以上、洒扫应对进退之间，便是做涵养底工夫了。此岂待先识端倪而后加涵养哉？但从此涵养中渐渐体出这端倪来，则一一便为己物。又只如平常地涵养将去，自然纯熟。⑦

---

① 《朱子语类》卷十一，第 178 页。
② 《朱子语类》卷十一，第 179 页。
③ 《朱子语类》卷十一，第 177 页。
④ 《朱子语类》卷十一，第 181 页。
⑤ 《朱子语类》卷十一，第 186 页。
⑥ 《晦庵先生朱文公集》卷三十二《答张钦夫》，《朱子全书》第二十一册，第 1420 页。
⑦ 《晦庵先生朱文公集》卷四十三《答林择之》，《朱子全书》第二十二册，第 1980 页。

这里所说的"洒扫应对进退"的涵养工夫指的就是"小学"。朱熹还把"小学"的涵养工夫同察识结合起来考察,认为察识、涵养的整个流程应该是先涵养、后察识、再涵养,即涵养—察识—涵养。对于"小学"在朱熹思想体系中的地位,有学者研究指出:"'末流之学',就是朱熹对小学的基本估计。然而,作为'末学'的小学并不是毫无用处,恰恰相反,它是朱熹学术体系中不可缺少的重要组成部分。"①的确,作为涵养工夫的"小学"在朱熹思想中具有重要地位,朱熹也通过与"大学"的对比来确定。朱熹说:

> 小学是直理会那事;大学是穷究那理,因甚恁地。②

> 小学是事,如事君,事父,事兄,处友等事,只是教他依此规矩做去。大学是发明此事之理。③

> 古人之学,固以致知格物为先,然其始也,必养之于小学,则亦洒扫、应对、进退之节,礼、乐、射、御、书、数之习而已。④

这几段话蕴含了两层意思:第一,对"小学"和"大学"的含义进行了界定,指出"小学"就是通过对事君等事的践行从而知礼仪,而"大学"则是寻求"小学"诸事之后的理。第二,"小学"和"大学"之间存在先后之分,"小学"是"大学"的基础,"大学"则是"小学"的深化,同时"小学"和"大学"都是围绕天理本体而进行的。

"慎独"还是朱熹思想体系中一种比较重要的涵养方法。《中庸章句》中有:"独者,人所不知而己所独知之地也。言幽暗之中,细微之事,迹虽未形而几则已动,人虽不知而己独知之,则是天下之事无有著见明显而过于此者。"⑤这就是把"独"解释为"独知","慎独"就是谨慎地对待独知。这与郑玄等人

---

① 郭齐:《论小学在朱熹思想体系中的地位》,《四川大学学报》(哲学社会科学版)1999 年第 5 期。

② 《朱子语类》卷七,第 124 页。

③ 《朱子语类》卷七,第 125 页。

④ 《晦庵先生朱文公文集》卷四十七《答吕子约》,《朱子全书》第二十二册,第 2190 页。

⑤ 《中庸章句》第一章,《四书章句集注》,第 18 页。

把"慎独"理解为"谨慎地对待独处"是有所不同的。不过,朱熹也并没有完全抛弃郑玄等人的观点,他说:"戒慎恐惧乎其所不睹不闻,是从见闻处戒慎恐惧到那不睹不闻处。这不睹不闻处是工夫尽头。所以慎独,则是专指独处而言。"①这里,就把"独"解释为"独处"。对于"独知"与"独处"的关系,朱熹说:"这独也又不是恁地独时,如与众人对坐,自心中发一念,或正或不正,此亦是独处。"②这就把"独知"看成"独处"的一种形式,"独处"并不仅仅是指形式上的独居,当与众人在一起之时,而心中产生"独知",这也算是"独处"。有学者就针对以上这种现象,评价说:"朱熹将慎独之'独'界定为'人所不知而己所独知之地',并不是指通常意义的、以表达人的所处状态的独处,而是指'己所独知'的内心活动状态,且无论是在独处时,或是在众人之中。就这一点而言,朱熹的'己所独知'所涉及的范围要比一般意义上的独居、独处更为广泛。"③这是非常确切的。

综上所述,朱熹在二程的基础上进一步阐发了理气论,凸显出天理本体的地位,这为心性论的讨论奠定了基础。天理本体在人身上就体现为人性,以仁为核心的人性与礼、智、信等存在体用关系,并与爱、公等又有着紧密的关系。心具万理,心就是天理的寓所,道心、本心、天地之心等体现出天理与心的关系,一定程度上凸显出"心即理"的特点。朱熹的心性论除了表现为"心具人性"外,还集中体现在中和问题上。朱熹对中和问题的研究,主要经历了三个时期六个阶段,主要涉及对心、性、情与未发、已发的关系以及涵养和察识问题的探讨。这些都推动了儒家本体论的深化,使天理本体与内在的心、性产生了联系。

---

① 《朱子语类》卷六十二,第 1501 页。
② 《朱子语类》卷六十二,第 1504 页。
③ 乐爱国:《朱熹〈中庸章句〉对"慎独"的诠释——兼与〈礼记正义·中庸〉的比较》,《中国哲学史》2012 年第 4 期。

第二节　《中庸》与张栻的性本论

南宋理学《中庸》学与儒家本体论深化之间的关系,除了表现为前文所讲的朱熹把天理本体内化为心性,对儒家形而上学的讨论重心转变为把本体论和心性论相结合外,还表现为张栻、陆九渊等通过对《中庸》的诠释来构建心性论,而在心性论的构建过程中就实现了对本体论的构建。有学者指出:"心性论的差异是朱熹与湖湘学派以及陆派心学发生理论冲突的根本问题。"①朱熹与张栻、陆九渊等人思想的根本差异就体现在心性论上,而其中又以本体的不同为根本差别。本节就主要阐述《中庸》与张栻心性论的关系,其中以其性本体的构建为切入点。

一、性本体的构建

对于张栻理学思想所构建的本体是什么,存在多种看法。有学者认为张栻"归根到底,仍然认为理是宇宙的本体"②。有学者则认为以胡宏、张栻为代表的湖湘学派建构的就是"以性为本的性学体系"③。还有学者则认为张栻"不仅回答了世界的本原是什么的问题,而且以此为基础对宇宙万物的共同本质、事物的规律乃至主体与客体的关系,展开了全面的论证,从而构制了一个以太极、性、理和心等为基本范畴的具有层次性的本体论逻辑结构体系"④。这些观点一方面说明了在张栻思想体系中,众多概念具有了本体色彩;另一方面则说明张栻作为理学家,其思想体系是不断发展的。

---

① 张琴:《胡宏与朱熹关于〈中庸〉心性思想之分歧》,《求索》2010 年第 9 期。
② 侯外庐等:《宋明理学史》(上卷),人民出版社 1984 年版,第 323 页。
③ 参见向世陵:《理气性心之间——宋明理学的分系与四系》,人民出版社 2008 年版,第 265—276 页。
④ 陈谷嘉:《论张栻本体论的逻辑结构体系——兼论湖湘学派理学思想的特色》,《孔子研究》1988 年第 4 期。

张栻深受其师胡宏的影响,而胡宏又是二程的再传弟子,张栻的思想就有二程思想的烙印。张栻对二程所体悟出来的天理本体,就有众多描述,一定程度上也是把天理看成本体的。《南轩易说》中有:

> 大而天地,散而万物,举皆囿于造化之道,而为其推迁者也。然变化岂能自运邪? 有神以行其变化者也,故知变化之道者其知神之所为乎![1]

> 夫八卦各有所在也,而神则无在而无不在;八卦各有所为也,而神则无为而无不为。谓之生万物乎? 然未尝不成万物也;谓之成万物乎? 然未尝不生万物也。强名之曰神者,即其妙万物而强名之也。[2]

这两段话都是围绕着"神"来展开论述的,认为"神"具有"无在无不在""无为而无不为"的特点,而且天地万物的产生以及变化都是来自"神",而且正是用"神"来体现出天地万物产生变化的奇妙性。这个"神"到底是什么呢? 它实际上指的就是天理。张栻说:"以夷、齐平日之节观之,疑其狭隘而不容矣。今夫子乃称其不念旧恶,何其宏裕也! 蓋于其所为,亦率夫大理之常,而其胸中休休然,初无一毫介于其间也。若有一毫介于其间,则其私意之所执,而岂夷、齐之心哉?"[3]这里就以孔子评价伯夷、叔齐"不念旧恶"的例子来说明孔子的所作所为都是遵循天理的,没有丝毫人欲在里面,而这也才符合伯夷、叔齐的想法。

张栻对天理本体还展开了进一步论述。张栻说:"人与万物同乎天,其体一也,禀气赋形则有分焉。"[4]人与万物都来源于天理,正是由于禀赋的结果不同,也就带来了万物的差别。张栻对天理的阐述,还通过对道的阐述来实现。

---

① (宋)张栻著,杨世文、王蓉贵校点:《南轩易说》卷一,《张栻全集》,长春出版社 1999 年版,第 5 页。下文出处相同。

② 《南轩易说》卷三,《张栻全集》,第 47 页。

③ 《论语解》卷三,《张栻全集》,第 105 页。

④ 《孟子说》卷四,《张栻全集》,第 379 页。

他说：

> 道无不该也，而有隐显、本末、内外之致焉。①
>
> 道外无物，物外无道。舜明于庶物，则万理著察，一以贯之，卓然大中之域，非生知其能然乎？②
>
> 道不离形，特形而上者也；器异于道，以形而下者也。……离形以求道，则失之恍惚，不可为象，此老庄所谓道也，非《易》之所谓道也。……是故形而上者之道托于器而后行，形而下者之器得其道而无弊。③

在张栻看来，作为天理本体另一种形式出现的道，与外在事物之间存在体用合一、内外合一的特点，这种特点就具体表现为道与事物的存在是相辅相成的、缺一不可的，进一步抽象为道与器之间是不可分割的、道蕴含于器当中，如果离开具体的器去求道，那么只会是老庄之道，而不是儒家所说的道。张栻还深受二程、朱熹"理一分殊"思想的影响，他对此也有阐发。他说：

> 理一而分殊者，圣人之道也。盖究其所本，则固原于一；而循其所推，则不得不殊。明乎此，则知仁义之未尝不相须矣。夫君子之于物，无不爱者，犹人之一身，无尺寸之肤而非其体，则无尺寸之肤不爱也。然曰"爱之而弗仁"，何也？夫爱固亦仁也，然物对人而言，则有分矣。盖人为万物之灵，在天地间为至贵者也。人与人类，则其性同；物则各从其类，而其性不得与吾同矣。不得与吾同，则其分不容不异。仁之者，如老其老、幼其幼之类，所以为交于人之道也。若于物而欲仁之，固无其理；若于人徒爱之而已，则是但以物交，而人之道息矣。故程子曰："人须仁之，物则爱之。"虽然，于人道之中，有所亲者焉，自吾之父等而上之，自吾之子等而下之，自吾之身旁而杀之，而

---

①　《论语解》卷二，《张栻全集》，第 96 页。
②　《南轩集》卷三十一《答吴德夫》，《张栻全集》，第 985 页。
③　《南轩易说》卷一，《张栻全集》，第 16—17 页。

五服有其序；自吾之母而推之，自吾之伉俪而推之，而又有甥舅昏姻之联焉。于所亲之中，而有轻重等差之不齐，厘分缕析，皆非人之所能为，天叙天秩则然，盖一毫不可以紊，过与不及，皆非天之理矣。亲亲而仁民，仁民而爱物，由一本而循其分，惟仁者为能敬而不失也。①

这里，张栻利用"理一分殊"思想来说明儒家的爱有差等。在张栻看来，人与万物之性虽然都来源于天理，但是人性与物性之间是有差别的，因而人们尽管会"仁民而爱物"，但是在对待人类与万物之间的态度上应该是有所差别的。如果人们对待人类和万物的爱是同样的，那么只会带来人道的沉沦及灭绝。此外，张栻还进一步认为就人类本身内部来说，也是存在亲疏之别的，这是天然产生的、非人力所能更改的，在这种情况下，人们的爱也只能是差等之爱。可见，在张栻看来，虽然人们对他人以及万物的爱都来源于天理，但是由于人与万物的差别以及人和人之间亲疏的差别，这就带来爱是有所差别的。张栻还用理一分殊思想来解读张载的《西铭》。他说："《西铭》近日常读，理一分殊之指，龟山后书终未之得。盖斯铭之作，政为学者私胜之流昧夫天理之本然，故推明埋一以极其用，而其分之殊自不可乱。盖如以民为同胞，谓尊高年为老其老，慈孤弱为幼其幼，是推其理一而其分固自在也，故曰分立而推理一，以止私胜之流，仁之方也。龟山以无事乎推为理一，引圣人'老者安之、少者怀之'为说，恐未知《西铭》推理一之指也。"②张栻认为杨时等人并没有真正理解到《西铭》的"理一分殊"，因为《西铭》所采用的逻辑推理并不是杨时所用的"以无事乎推为理一"的模式，而是"分立而推理一"模式，即从外在事物的差别来反推理一，也只有这样才可能避免爱无差等的出现，这也才是真正的为仁之方。如何来看待张栻的"理一分殊"呢？张载、二程、朱熹等人的"理一分殊"体现的是从"理一"到"分殊"的逻辑推理，阐述的是天理本体可以转化具体的人性、物性，人性、物性都来源于天理，但是人性、物性之间是有所差别的。张

---

① 《孟子说》卷七，《张栻全集》，第492—493页。
② 《南轩集》卷二十二《答朱元晦》，《张栻全集》，第858—859页。

栻对"理一分殊"的阐释,实际上已经脱离了其本义。这可以从他对"理一""分殊"含义的界定体现出来。他说:"《西铭》谓以乾为父、以坤为母,有生之类无不皆然,所谓理一也。而人物之生、血脉之属,各亲其亲,各子其子,则其分亦安得而不殊哉?是则然矣。然即其理一之中,乾则为父,坤则为母,民则为同胞,物则为吾与,若此之类,分固未尝不具焉。"①所谓"理一"就是指天地万物都来自乾坤,而"分殊"则是指天地万物之间存在种类以及亲殊之别。虽然从理一来看,人们对待万物应该一视同仁,但由于万物存在种类和亲殊的差别,人们对待万物又不能等一化齐。

张栻虽然深受二程等人的影响,对天理本体有所阐述,但他最终构建的则是性本体。张栻性本体的构建,是来源于对胡宏思想的继承和发展。也正是由于以胡宏、张栻为代表的湖湘学派构建的是性本体,所以有学者就认为宋明理学实际上存在着理、气、心、性四系。② 在阐述张栻性本体思想之前,有必要对胡宏的性本体作一介绍。胡宏说:"天命之谓性。性,天下之大本也。"③又说:"万物生于性者也。"④这都认为性是产生天地万物的根本,性就是本体。为了凸显性的本体地位,胡宏还进一步分析了性与物、气等的关系。他说:

> 形而在上者谓之性,形而在下者谓之物。⑤
>
> 性外无物,物外无性。性,天下之大本也。⑥
>
> 非性无物,非气无形。性,其气之本乎!
>
> 气之流行,性为之主。⑦

胡宏首先从形而上和形而下来区分性和物,认为作为本体的性是形而上的,具

---

① 《南轩集》卷三十《答朱元晦》,《张栻全集》,第967页。
② 参见向世陵:《理气性心之间——宋明理学的分系与四系》,人民出版社2008年版。
③ (宋)胡宏著,吴仁华点校:《知言疑义》,《胡宏集》,中华书局,1987年版。下文出处相同。
④ 《杂文·皇王大纪序》,《胡宏集》,第165页。
⑤ 《释疑孟·辨》,《胡宏集》,第319页。
⑥ 《知言·修身》,《胡宏集》,第6页。
⑦ 《知言·事物》,《胡宏集》,第22页。

体实在的万物则是形而下的;其次,认为性与物之间是相辅相成、缺一不可的,二者是紧密结合在一起的;最后,讨论了性气关系,认为性气在万物的形成过程中充当了不同的角色,性规定气的具体走向,而由气来具体生成万物。性作为本体,它与理之间是什么关系呢?胡宏说:"大哉性乎!万理具焉,天地由此而立矣。世儒之言性者,类指一理而言之尔,未有见天命之全体者也。"①现实中人们把性看成是某一具体的理,实际上并没有认识到性的超越性、本体性,性应该是理的来源,性一而理殊,或者说"性具万理"。胡宏对性理关系的界定,与二程等人的"性即理"界定存在着根本的差别。有学者研究指出:"胡宏对性理关系的处理体现出不同于程朱之学的思想建构特色:如果说程朱之'性即理'思想为基于理本位思想的性理统一,那么胡宏的性理思想可称之为'理即性',是基于性本位思想的理性统一。"②

张栻继承和发展了胡宏的性本体。

首先,通过对性与万物关系的阐述,确定性的本体地位。张栻说:

> 天命之谓性,万有根焉。③

> 有是理则有是事,有是物。夫其有是理者性也,顺其理而不违,则天下之性得矣。④

> 实然之理具诸其性。有是性,则备是形以生。⑤

张栻与胡宏一样,通过阐发《中庸》"天命之谓性"来确定性的本体地位,认为天命即性,也就是说性就是天命,而性不再是由天所赋予的,性是客观实在的本体。作为本体的性,就是万理的来源,万事万物各自体现出的特点就是万理。此外,事物之间差异的存在,就来源于对性本体禀赋的不同,或者说正是由于理不同带来了事物的不同,不同的理规定事物的不同走向。

---

① 《知言·一气》,《胡宏集》,第 28 页。
② 张琴:《论胡宏性本位宇宙论的建构》,《哲学研究》2012 年第 6 期。
③ 《孟子说》卷四,《张栻全集》,第 285 页。
④ 《孟子说》卷四,《张栻全集》,第 284 页。
⑤ 《南轩集》卷十三《洁白堂记》,《张栻全集》,第 738 页。

其次,张栻认为"本一而已,二本是无本也"①,同时又说:"论性之本,则一而已矣,而其流行发见,人物之所禀,有万之不同焉。……虽有万之不同,而其本之一者亦未尝不各具于其气禀之内,故原其性之本一,而察其流行之各异;知其流行之各异,而本之一者初未尝不完也,而后可与论性矣。"②在张栻看来,作为本体应该具有唯一性,性本体就是独一无二的,虽然性本体随着人物的禀受,体现出众多的外在表现,但是寻根究底来源只有一个,那就是性本体。对于性本体,张栻还进一步说:"天命之谓性者,大哉乾元,人与物所资始也;率性之谓道者,在人为人之性,在物为物之性,各正性命而不失,所谓道也。盖物之气禀虽有偏,而性之本体则无偏也。观天下之物,就其形气中,其生理何尝有一毫不足者乎?此性之无乎不在也。惟人禀得其秀,故其心为最灵而能推之,此所以为人之性,而异乎庶物者也。若元不丧失,率性而行,不假修为,便是圣人。故惟天下之至诚能尽其性,而人之性、物之性亦无不尽。"③在这里,张栻也通过对"天命之谓性""率性之谓道"的阐释来凸显性本体,他认为人性、物性都来源于天命、来源于性,人性、物性按照各自的运行又体现出外在的、具体的道;同时,又认为物在气禀中虽然产生了差异,但是对于性本体来说则是完备的,它完全是存在于事物当中的,只是只有圣人才能够完全认知性本体、完全让性本体凸显出来而已。

对于性本体,张栻还把它同太极结合起来讨论。对太极,张栻说:

既曰物莫不皆有太极,则所谓太极者,固万物之所备也。惟其赋是气质而拘隔之,故物止为一物之用,而太极之体则未尝不完也。④

故太极一而已矣,散为人物而有万殊,就其万殊之中而复有所不

① 《南轩集》卷三十《答朱元晦》,《张栻全集》,第960页。
② 《孟子说》卷六,《张栻全集》,第427页。
③ 《南轩集》卷二十九《答胡伯逢》,《张栻全集》,第956—957页。
④ 《南轩集》卷三十一《答周允升》,《张栻全集》,第977页。

　　齐焉,而皆谓之性。①

这两段话讨论的核心问题就是太极具有本体色彩,太极与万物之性存在着"一"与"多"的关系,而且万物由于气质的不同,在禀赋太极时产生的性也就有所不齐,不过对于太极本体来说则是完备。既然太极具有本体色彩,而性又是本体,那么太极与性之间是什么关系呢? 按照前文所说的,本体只能有一个,而且性就是唯一的本体,那么如何来确定性、太极各自的地位呢? 有学者研究指出:"张栻在解说中还将'太极'纳入本体理论,作为与'性'属同一层次的可以相互置换的本体范畴。"②也有其他学者则认为:"张栻固然认可太极的本体地位,但他却是以太极来表现性的变化之妙,核心依然是在描述性之本体,这才是张栻之性论思想所一贯秉持的'大本达道'"③,"太极作为性体的另一种表现形式,二者的范畴意义却并非等同。作为宇宙终极本体,性本身就具有生生不息之运动的本质属性。在张栻的理学体系中,太极的范畴描述性之动态呈现与表达"④。这两种观点虽然都承认太极也是本体,但是二者还是有区别的,前者把太极和性都看成是同一层次的、而且可以相互置换的本体,后者则认为性才是终极本体,太极是为了来描述性本体的。在这两种观点中,后一种更具有说服性,同时也更能符合张栻的本义。张栻就明确说:

　　某妄意以为太极所以形性之妙也,性不能不动,太极所以明动静之蕴也。……若只曰性而不曰太极,则只去未发上认之,不见功用,曰太极则性之妙都见矣。体用一源,显微无间,其太极之蕴欤!⑤

这就把太极看成是用来为性服务的,具体来说就是用太极来凸显性本体的动

---

　　① 《孟子说》卷六,《张栻全集》,第428页。
　　② 肖永明:《张栻之学与〈四书〉》,《船山学刊》,2002年第3期,第31页。
　　③ 肖永奎等:《张栻的性论思想辨析》,《湖北大学学报》(哲学社会科学版)2015年第3期。
　　④ 张琴:《论张栻理学体系的逻辑结构》,《中国哲学史》2014年第2期。
　　⑤ 《南轩集》卷十九《答吴晦叔》,《张栻全集》,第822页。

静,"太极的范畴涵括性体之动力机制(动)与实然存在(静)两方面的意义"①。太极之所以具有这样的功能,就是因为太极是体用一源的,是动静的妙合者,是把未发、已发结合在一起的,它能够把性本体从体到用都充分展现出来。对于张栻之所以要用太极来形容性的原因,有学者指出:"可以从三个角度上理解:其一,'太极'而'形性之妙'以见其体用;其二,可能受到朱熹关联'太极'与'未发已发'进行思考的影响;其三,继承胡宏的性本论和对周敦颐的推重,'太极'则正是后者的重要概念。"②这就是从太极本体本身具有的特点以及张栻的学术背景方面来阐述的,是比较全面的。

二、性本体的外化表现

作为本体,性最终要转化为现实社会中的具体规律。张栻说:"万物有自然之理,一身有自然之性,能穷理尽性,自然于命无所负矣。故曰至于命,如此则天道尽矣。"③这里,虽然没有直接说性本体表现为人性与物性,但是说通过对万物"自然之理"以及人"自然之性"的穷尽,最终能够达到对天道——性本体的认知,所以反过来说,意味着人性、物性就是性本体外化的具体表现。张栻对性本体外化表现的探讨,也像其他儒者一样主要集中在对人性的探讨上。

张栻对人性的探讨主要集中在对人社会性的探讨上。他首先区分了人的自然属性与社会属性:

> 君子不谓性,有命存焉。故凡耳之于声,目之于色,鼻之于臭,口之于味,四支之于安佚,虽曰性也,讵可以性而害其命乎?君子不谓命,有性存焉。凡仁之于父子,义之于君臣,礼之于宾主,智之于贤者,圣人之于天道,虽曰命也,讵可以命而害其性乎?奈何中古以降,人伪日滋,天机日浇,以性灭命者必以人而胜天,以命废性者必以天

---

① 张琴:《论张栻理学体系的逻辑结构》,《中国哲学史》2014 年第 2 期。
② 吴亚楠:《张"太极"即"性"说辨析》,《中国哲学史》2016 年第 2 期。
③ 《南轩易说》卷三,《张栻全集》,第 43—44 页。

　　而胜人,天人之理颠倒错乱。①

耳朵对于好听的声音、眼睛对于美色、口对于美味、鼻子对于香味、四肢对于安
逸,是人生来就有的,这被称之为命,而不是性;仁对于父子关系、义对于君臣
关系、礼对于宾主关系、智慧对于贤者、圣人对于天道,这被称之为性,而不是
命。命就是指人的自然属性,而性则是指人的社会属性。对于性、命之间的关
系,张栻认为不管是"以性灭命",还是"以命废性"都是不好的,因为"如前所
说,若流其性而不本于命,则人欲肆矣;如后所说,若委于命而不理其性,则天
理灭矣"②,即二者会带来"天人之理"的颠倒混乱。

　　张栻对人性的探讨,主要就集中在对人社会属性的阐发上。之所以要把
重心放在此,就是因为人之所以称之为人,就是由人的社会属性决定的。张栻
说:"仁者,人也。仁谓仁之理,人谓人之身。……盖人之生,其爱之理具其
性,是乃所以为人之道者。"③张栻是通过对"仁者,人也"的解释来说明的。
他认为"仁"就是爱之理在人身上的体现,正是有这种体现,才出现人之为人
的道,即人道的产生。张栻对人社会属性的探讨,主要集中在仁义上。就人性
与仁义的关系,张栻认为:

　　　　仁义者,性之所有,而万善之宗也。人之为仁义,乃其性之本然,
　　自亲亲而推之至于仁,不可胜用,自长长而推之至于义,不可胜用,皆
　　顺其所素有,而非外取之也。若违乎仁义,则为失其性矣。……盖仁
　　义性也,而曰以人性为仁义,则是性别为一物,以人为矫揉而为仁义,
　　其失岂不甚乎?④

这里,就把仁义看成人性的具体内容,它们是人本然的、内在的,如果违背仁义
就会失去人性;同时又不能把人性看成仅仅是仁义,如果这样只会缩小人性的

---

　　① 《南轩易说》卷三,《张栻全集》,第44页。
　　② 《南轩集》卷三十一《答吴德夫》,《张栻全集》,第986页。
　　③ 《孟子说》卷七,《张栻全集》,第502页。
　　④ 《孟子说》卷六,《张栻全集》,第425页。

内涵,更为重要的是会把仁义看成是人"矫揉"的结果,这也就使仁义失去了本然性。何为仁?张栻说:"原人之性,其爱之理乃仁也。"①又说:"仁者天下之正理,此言仁乃天下之正理也。天下之正理而体之于人,所谓仁也。若一毫之偏,则失其正理,则为不仁矣。"②这就把仁看成是爱之理,而且认为仁还是天下的正理,它在人身上体现出公正的特点。同时,张栻又认为仁虽然体现出爱、公,但是反过来以爱、公来命名仁则是不行的,不过爱之理、公之理就是仁,"便以爱为仁,则不可,然爱之理则仁也"③,"仁道难名,惟公近之,然不可便以公为仁"④。张栻又说:"然知觉终不可以训仁。如所谓'知者知此者也,觉者觉此者也',此言是也,然所谓此者,乃仁也。知觉是知觉此,又岂可遂以知觉为此哉?"⑤仁可以被知觉,但不能把知觉就看成是仁。此外,张栻还认为:"夫其所以与天地一体者,以夫天地之心之所存,是乃生生之蕴,人与物所公共,所谓爱之理者也。故探其本则未发之前,爱之理存乎性,是乃仁之体者也;察其动则已发之际,爱之施被乎物,是乃仁之用者也。体用一源,内外一致,此仁之所以为妙也。"⑥这就从未发、已发的角度来阐发仁,认为未发之前的爱之理乃是仁之体、已发之际爱被施于万物就是仁之用,仁体现出体用合一的、内外合一的特点。对于义,张栻则是结合仁来阐发的。他说:"彼徒以爱为仁,而不知爱之施有差等,固义之所存也;徒以长为义,而不知所以长之者固仁之体也。"⑦爱有差等,针对不同的人,爱是不一样的,它是有度的,这就是义;同时如果以外在年龄等来确定爱的差等,即确定义,那么这实际上没有认识到仁是义的基础。

①　《论语解》卷六,《张栻全集》,第 172 页。
②　《南轩集》卷十九《答吴晦叔》,《张栻全集》,第 824 页。
③　《南轩集》卷三十一《答周允升》,《张栻全集》,第 978 页。
④　《南轩集》卷二十一《答朱元晦秘书》,《张栻全集》,第 847 页。
⑤　《南轩集》卷三十《答胡广仲》,《张栻全集》,第 968 页。
⑥　《南轩集》卷二十《答朱元晦秘书》,《张栻全集》,第 836 页。
⑦　《孟子说》卷六,《张栻全集》,第 429 页。

张栻对人性的善恶问题也有讨论。他说：

> 原性之理，无有不善，人物所同也。论性之存乎气质，则人禀天地之精，五行之秀，固与禽兽草木异。然就人之中不无清浊厚薄之不同，而实亦未尝不相近也。①

> 物之始生，亦无有不善者，惟人得二气之精，五行之秀，其虚明知觉之心有以推之，而万善可备，以不失其天地之全，故性善之名独归于人，而为天地之心也。然人之有不善，何也？盖有是身，则形得以拘之，气得以汩之，欲得以诱之，而情始乱，情乱则失其性之正，是以为不善也，而岂性之罪哉？②

这两段话包含了几层含义：第一，从根本上说，认为性是无不善的，这不仅包括人性，同时还包括物性，"原性之理，无有不善，人物所同也"，"物之始生，亦无有不善者"。第二，人作为万物之灵，与禽兽在性上还是有差别的，这就导致人们认为只有人性才是善的。这实际上是存在不足的。第三，在现实中，虽然出现了不善的行为，但这并不能否定人性善的观点，因为不善行为的出现，来自于形拘、气汩、欲诱以及情乱。或者说，出现的不善行为，与人性善并没有关系。张栻为此说："人之有不善，皆其血气之所为，非性故也"③，"不知其善者乃为不失其性，而其不善者因气禀而汩于有生之后也"④。恶是否能变为善呢？张栻说："均是人也，虽气禀之浊，亦岂有不可变者乎？惟其自暴自弃而不知学，则为安于下愚而不可移矣。"⑤又说："气禀之性可以化而复其初。夫其可以化而复其初者，是乃性之本善者也，可不察哉！"⑥前者认为人虽然有气禀的不同，只要愿意都能够化恶为善；后者则是说气禀之性通过变化，最终能

---

① 《论语解》卷九，《张栻全集》，第214—215页。
② 《孟子说》卷六，《张栻全集》，第426页。
③ 《孟子说》卷三，《张栻全集》，第311页。
④ 《孟子说》卷六，《张栻全集》，第431页。
⑤ 《论语解》卷九，《张栻全集》，第215页。
⑥ 《孟子说》卷六，《张栻全集》，第427页。

够恢复其性善的本然状态。这就从气禀的角度证明了人性本善,它是对孟子性善说的补充和完善。有学者就针对张栻的这个观点,评价说:"他吸收了张载、二程人性论的有关阐述,认为人性可分为本然之性与气禀之性,本然之性纯粹至善,但由于气禀的不同,便产生了善恶之别,而气禀之性可以通过变化而恢复其初始状态。"①

性本体的外化表现除了体现为仁义等具体人性内容外,还体现为一些具体的道。需要说明的是,从性本体到仁义,再到一些具体的道,体现的是《中庸》"天命—性—道"的逻辑思路,只不过把"天命"重构为了性本体。张栻笔下的道,实际上也是分为天道和人道的。这里所说的天道,并不是指性本体,而是指性本体所体现出来的自然之道。张栻就说:

> 凡天下之物皆可齐也。嗟乎,岂有是理哉! 有天地则有万物,其
>
> 巨细多寡、高下美恶之不齐,乃物之情,而实天之理也。②
>
> 天之生斯人也,有物必有则。③

这里所认为的根据天下万物之情而出现"则",就是万物的自然之道,它们都是来自天理的转化。张栻对道的阐述集中在人道上。如,"有得富贵之道,有得贫贱之道。盖正而获伸者理之常,此以其道而得富贵者也。不正而诎者亦理之常,此以其道而得贫贱者也"④。由正而获得伸长者得到的是富贵之道,由不正而折服者得到的是贫贱之道,二者都是天理的表现。此外,张栻对治道非常重视。他说:

> 尧舜之道,天下之达道也;非尧舜之道,皆小道而已。⑤
>
> 万理盈于天地间,莫非文武之道。道初无存亡增损,在人所识何
>
> 如,贤者则识其大者,不贤者则识其小者,人人莫不有文武之道也。

---

① 肖永明:《张栻之学与〈四书〉》,《船山学刊》2002 年第 3 期。
② 《孟子说》卷三,《张栻全集》,第 326 页。
③ 《南轩集》卷三十一《答吴德夫》,《张栻全集》,第 984 页。
④ 《论语解》卷二,《张栻全集》,第 92 页。
⑤ 《论语解》卷十,《张栻全集》,第 229 页。

至如庶民，耕田而凿井，仰事而俯育，文武之道亦何尝无乎？①

这里，一方面把治道分为"尧舜之道"和"非尧舜之道"，前者为"达道"，后者为"小道"；另一方面则认为文武之道（尧舜之道）无处不在，人人都有文武之道，只是各自认识的程度不同而已，并举例说就连"耕田而凿井，仰事而俯育"的庶民都有文武之道。

张栻对"中"阐述得比较多，"中"不仅是天道的体现，还是人道的体现。张栻就说："《易》有太极者，函三为一，此中也。如立天之道曰阴与阳，而太极乃阴阳之中者乎！立地之道曰柔与刚，而太极乃刚柔之中者乎！立人之道曰仁与义，而太极乃仁义之中者乎！此太极函三为一，乃皇极之中道也。"②这就把太极与中道联系起来，认为太极贯穿了天道、地道、人道，它为阴阳之中、刚柔之中以及仁义之中。张栻还把中道与天理联系起来阐述：

天下之理莫不有两端，如当刚而刚，则刚为中；当柔而柔，则柔为中。③

事事物物，莫不有中。中者，天理之当然，不可过而不可不及者也。④

允执其中，事事物物皆有中，天理之所存也，惟其心无所倚，则能执其中而不失，此所谓时中也。⑤

这就认为事事物物，乃至天下之理都有中，中是无处不在的。那么，中道来源于哪里呢？张栻认为中道来源于天理，是天理的外化表现，人们对中的把持要依靠心的无所偏倚，这也才能保证时中。对于时中，张栻又明确说："夫时有万变，事有万殊，物有万类，而中无定体也。无定体者，以夫极无适而不为中

---

① 《论语解》卷十，《张栻全集》，第 234 页。
② 《南轩易说》卷一，《张栻全集》，第 11—12 页。
③ 《南轩集》卷三十《答朱元晦》，《张栻全集》，第 964 页。
④ 《论语解》卷五，《张栻全集》，第 144 页。
⑤ 《论语解》卷十，《张栻全集》，第 235 页。

也。当此时则此为中,于彼时则非中矣。当此事则此为中,于他事则非中矣。即是物则此为中,于他物则非中矣。盖其所以为中者,天理之所存也,故论其统体,中则一而已;分为万殊,而万殊之中各有中焉。"①这就从时的万变、事的万殊、物的万类来说明对中的把握具有难度,进而认为众多的"中"应该有一个共同的、具有本体色彩的"中"体,众多的"中"与"中"体之间应该就是"中一分殊"关系。如何来把握时中?张栻说:"毫厘之差则失之矣,何以取中而不失乎?所以贵于能权也。"②这就是通过"权"来把握"中",而"权"就是"事有万变,称其轻重而处之,不失其正之谓也"③。

三、心理关系与心性关系

张栻对心理关系以及心性关系的探讨,体现在对《中庸》中和问题的阐发上。张栻与朱熹围绕中和问题展开的讨论,在前文有所涉及。在讨论张栻心性关系以及心理关系之前,有必要先介绍张栻对心的看法。同时,还需要说明的是,这里所说的心理关系、心性关系中的"理"和"性"不仅从本体上来说,更是从天理本体、或性本体所转化出来的具体万理和人性上来说。

对于心,张栻不是从感觉器官上来说的,而是把心形而上学化,心具有本体色彩。在张栻笔下,心有赤子之心、良心等说法。张栻说:

赤子之心,无声色臭味之诱,无知巧作为之私,其喜怒爱惧皆由于己者也。惟其物至而知之,自幼寖长,则流于情,动于欲,狃于习,乱于气,千绪万端,纷扰经营,而其赤子之心日以斲丧,一失而不能反者众矣。学也者,所以求反之也;大人者,能反之者也。盖人欲消而天理存,声色臭味不能移也,知巧作为不复萌也。此则浑然赤子之心,以其本有是心,今非能有加,才不失之耳,故曰"不失其赤子之

① 《孟子说》卷七),《张栻全集》,第479—480页。
② 《论语解》卷五,《张栻全集》,第144页。
③ 《孟子说》卷四,《张栻全集》,第359页。

> 心"也。由是而动,无非天理之所存矣,此所谓自明而诚者也。若夫
> 上智生知之圣,则赤子之心元不丧失。即此体而尽之,天下之理无不
> 得焉,所谓自诚而明者也。①

这就认为赤子之心不会被声色臭味所诱惑,也没有"知巧作为"的私意,人的喜怒哀惧等情感都是来自它。不过在现实中,由于外在因素的影响,赤子之心逐渐沦丧。但是经过努力,最终还是可以灭人欲而存天理,从而恢复赤子之心,这也就是《中庸》所说的"自明诚"。此外,在现实中,还有自诚明的圣人,他的赤子之心是不会丧失的。对于良心,张栻说:"人皆有良心,能存而养之,则生生之体自尔不息;若放而不知存,则日以斲丧矣,故以牛山之木喻之。"②这就认为良心需要不断存养,才能够保证其不会沦丧。对于赤子之心或良心,张栻认为圣贤在此上是相同的,或者说圣贤之心是同一的。他为此举例说:"禹、稷、颜子之事,疑不相似,然而孔子皆贤之,孟子又断以为同道,何哉? 盖以禹、稷、颜子之心一故也。心之所为一者,天理之所存,而无意、必、固、我加乎其间,当其可而已,此之谓时中。"③这就以孔子、孟子之所以对禹、稷、颜子之事的看法相同,来说明禹、稷、颜子三人之心是同一的,即三人之心都是赤子之心或良心,他们的行事都体现天理,随时都能持中。张栻还对佛教之心进行了批判,他认为:"若释氏之见,则以为万法皆吾心所造,皆自吾心生者,是昧夫太极本然之全体,而返为自利自私,天命不流通也,故其所谓心者是亦人心而已,而非识道心者也。"④这就把佛教造生万法的心认为是与道心相对立的人心,之所以要认定其为人心,是因为张栻认为佛教没有认识到本然的太极,反而走向自私自利,带来了天命的不流通。针对张栻的这个观点,有学者研究指出:"其实这不尽合乎佛教的本意,佛教说'心'虽然众家不尽相同,但大体

---

① 《孟子说》卷四,《张栻全集》,第 374—375 页。
② 《孟子说》卷六,《张栻全集》,第 435 页。
③ 《孟子说》卷四,《张栻全集》,第 388 页。
④ 《南轩集》卷二十五《答胡季立》,《张栻全集》,第 900 页。

上都承认清净本心,此心一般与佛性相通,如佛教有所谓'即心即佛'的说法。而佛性恰是要排除引起人自身烦恼的'私欲'(贪欲)的,故此'心'是与'道心'相通的。张栻显然是出于反佛的需要,以为佛教只讲'人心'而不识'道心',其目的在于要彰显儒家的天理。"①这种看法是比较合理的,更切合当时的实际情况。

对于心理关系,张栻从多角度进行了阐述。张栻说:

盖理义根乎天命而存乎人心者,不可没也。②

义理素具于人心,众人与圣人本同然也,而其莫之同者,以众人失其养故也。③

这两段话都围绕心具万理的观点来阐述,认为义理来源于本体、且以心为寓所,不管是凡人还是圣人都一样,只不过凡人没有去涵养心,这必然也就会影响到心与义理的关系。此外,张栻又说:"反身而至于诚,则心与理一,不待以己合彼,而其性之本然、万物之素备者皆得乎此,然则其为乐又乌可以言语形容哉?"④这就认为通过修养从而实现诚德,必然就会带来心与理一。心与理一的出现是内在必然的,并不是刻意去追求的。对于心与理一,张栻进一步认为:"盖万事具万理,万理在万物,而其妙著于人心。一物不体则一理息,一理息一事废。一理之息,万理之紊也;一事之废,万理之堕也。心也者,贯万事,统万理,而为万物之主宰者也。"⑤这就指出心的内容是理,而理的存在形式即是心,由于心理相通,所以心也就具有主宰万物的意义。需要说明的是,心理的关系体现出的心具万理,以及在此基础上出现的心与理一,都是立足于从心的主体地位来说的。反过来,理对心应该是怎么样的呢?张栻说:"爱其身必思所以养之,然所以养之者,则有道矣。古之人理义以养其心,以至于动作起

① 刘学智:《张栻"儒佛之辨"刍议》,《湖南大学学报》(社会科学版)2014年第1期。
② 《南轩集》卷十四《经世纪年序》,《张栻全集》,第747页。
③ 《孟子说》卷六,《张栻全集》,第433页。
④ 《孟子说》卷七,《张栻全集》,第467页。
⑤ 《南轩集》卷十二《敬斋记》,《张栻全集》,第724页。

居、声音容色之间，莫不有养之之法焉，所以尊德性而道问学，以成其身也。"①
这就从养身必有道谈起，认为作为养身表现的养心要有道，具体来说就是要用
理义去养心，也只有通过这样才能够实现最终的养身。总之，心与理是融合在
一起的，心是理的寓所，心的内容为理，理反过来去涵养心。

张栻对于心性关系的探讨，主要体现在与朱熹关于中和问题的讨论中，他
的观点概括起来就是"心主性情"。人性与万理一样，都是性本体外化的表
现，二者一定程度上说实质是一样的，所以与"心具万理"一样"心具人性"，心
也是人性的寓所。正因为心是人性的寓所，所以心对性以及情具有主宰功能。
张栻为此说：

> 自性之有动谓之情，而心则贯乎动静而主乎性情者也。程子谓
> 既发则可谓之情，不可谓之心者，盖就发上说，只当谓之情，而心之所
> 以为之主者固无乎不在矣。②

> 主宰处便是心，故有主于性、主于身之言。然两处语亦当莹之，
> 归于一也。③

这是从心贯乎动静上来说的，认为不管是未发的性，还是已发的情，心都具有
主宰作用；同时，认为"心主性"实际上就是"心主身"，身性是合一的。那么，
心如何来主宰性情呢？张栻说："若心为之主，则能思矣。思而得之，而物不
能夺也。所谓思而得之者，亦岂外取之乎？乃天之所以与我，是天理之存于人
心者也。"④心主性情，实际上就是性情以天理为运行依据，性情就不会被外物
所影响。张栻同时又说："仁莫大于爱亲，其达之天下，皆是心所推也"⑤，"盖
仁心之存，乃王政之本；而王政之行，即是心之用也"⑥。"心主性"，还表现为

---

① 《孟子说》卷六，《张栻全集》，第440页。
② 《南轩集》卷二十九《答吴晦叔》，《张栻全集》，第953页。
③ 《南轩集》卷二十九《答胡伯逢》，《张栻全集》，第958页。
④ 《孟子说》卷六，《张栻全集》，第442页。
⑤ 《孟子说》卷三，《张栻全集》，第327页。
⑥ 《孟子说》卷四，《张栻全集》，第346页。

心能够推动性的实施,就像推动"仁"付诸实践一样,从爱亲到爱天下,从而实现仁政。

四、以敬为主的修养论

张栻对心理关系、心性关系的讨论,确立了心为万理乃至人性的寓所。张栻的察识涵养工夫论,实际上就是对心中的理或性进行的。就心理关系与工夫论之间的关系来说,有学者就研究指出:"张栻居敬穷理的认识论充分反映了他心理合一哲学的特点。他认为认识的对象就是存在于认识者'心'中的天理。"①张栻对工夫论是非常重视的,他反复论证了工夫论的重要性。他就明确说:"要须居敬穷理工夫日积月累,则意味自觉无穷,于大本当渐莹然。"②只有通过日积月累的居敬穷理工夫,才能够使大本(即性本体)显现。张栻又说:

> 古人教人自洒扫应对进退礼乐射御之类,皆是栽培涵泳之类。若不下工,坐待有得而后存养,是枵腹不食而求饱也。③

> 君子非无过也,隐微之间有所未慊则谓之过,惟其涵养纯熟,天理昭融,于过之所形,无纤介之滞,其化也如日之销冰,然则奚贰之有?④

这两段话揭示的都是涵养的重要性。前者认为"洒扫应对礼乐射御"等涵养工夫应该在察识之前就要进行,否则就像空腹不食而去求饱是根本不可能的;后者则认为人虽然有过失,可是通过涵养,使天理得以昭显,过失必然会被消融,就不会再犯同样的错误。

对于涵养,张栻将其落实到涵养心上。他说:

---

① 蔡方鹿:《试论张栻的哲学思想》,《社会科学研究》1983 年第 6 期。
② 《南轩集》卷二十六《答刘宰》,《张栻全集》,第 915 页。
③ 《南轩集》卷三十二《答胡季随》,《张栻全集》,第 1002 页。
④ 《论语解》卷三,《张栻全集》,第 107—108 页。

> 心本无出入，然操之则在此，舍之则不在焉。方其操而存也，谓
> 之入可也，及其舍而亡也，谓之出可也。无时者，言其乍入乍出，非入
> 则出也，莫知其所止也。此大概言人之心是如此，然其操之则存者，
> 是亦可见心初未尝有出入也。①

对心是否进行涵养，就会带来心的"出入"，"入"就是指通过涵养使心存在，
"出"则是指不涵养必然带来"放心"，即心的丢失。当然，这里所说的心的
"在"与"不在"，或者说心的"入"与"出"，并不是指心真正的"在"与"不在"，
而实际上指的是心所蕴含的理或人性的存在或丢失。张栻还把儒家之存与佛
教之存相比较，"存"是作为一种修养方法的。他说："某详佛学所谓与吾学之
云'存'字虽同，其所为存者固有公私之异矣。吾学操则存者，收其放而已。
收其放则公理存，故于所当思而未尝不思也，于所当为而未尝不为也，莫非心
之所存故也。佛学之所谓存心者，则欲其无所为而已矣。故于所当有而不之
有也，于所当思而不之思也，独凭藉其无所为者以为宗，日用间将做作用，目前
一切以为幻妄，物则尽废，自利自私，此其不知天故也。"②在张栻看来，儒家与
佛教在"存"上的根本差别在于：其一，儒家之存是"公"，而佛教之存是"私"；
其二，儒家所说的"操则存"就是"收其放"，即是把丢失的道德本心寻找回来，
而佛教所说的"存心"则是"欲其无所为"，即出现当有者而没有、当思者而不
思，把眼前的一切视为幻妄，"物则尽废，自私自利"，其根本原因在于佛教不
知天道。这也说明儒家和佛教二者的修养，在路径上是有明显差别的，一者是
通过积极有为的活动来涵养本心，一者是通过消极的方法使本心不受外界的
影响。之所以会产生这种差别，根本原因在于二者对天地万物存在与否的立
场不同。

对于张栻的工夫论，是存在前后时期之分的。前文在讨论朱熹中和旧说
时，说到朱熹就吸收了张栻"先察识后涵养"的工夫论。有学者就研究指出：

---

① 《南轩集》卷二十《答朱元晦秘书》，《张栻全集》，第 830 页。
② 《南轩集》卷三十《答朱元晦》，《张栻全集》，第 966—967 页。

"张栻早期工夫论思想可以概括为'察识端倪'说或'端倪'说"①，同时又说："抓住良心苗裔，存养扩充，以至于大，复见性体。究实而论，此乃是于已发处做工夫；这种于日用间察识本心之方法既亲切，又可行，此便是后儒谓之先察识后涵养之方法。"②这就是把"先察识后涵养"看成是张栻早期的工夫论。对于张栻晚期的工夫论，有学者认为："张栻指出存养的重要性，主张察识与涵养应当并进。"③这是非常中肯的。张栻的确在晚期并没有刻意划分察识与涵养的先后顺序，而是把二者看成同时并存的。张栻就明确说："顾存养省察之功固当并进，然存养是本，觉向来工夫不进，盖为存养处不深厚。"④又说："存养体察，固当并进。存养是本，工夫不越于敬。"⑤张栻主张察识与涵养应当并进，二者是缺一不可的，不过在二者之间还是以存养为根本的；就存养来说，主要以敬为主。

张栻的工夫论以涵养为主，而涵养又以敬为主要修养方法。张栻对敬的阐释，是从多方面来进行的。

首先，张栻阐述了敬的功能。他说：

礼主乎敬，而其用则和。有敬而后有和，和者，乐之所生也。⑥

格物有道，其惟敬乎！是以古人之教，有小学，有大学。自洒扫应对而上，使之循循而进，而所谓格物致知者，可以由是而施焉。故格物者，乃大学之始也。⑦

然则君子之学，始终乎敬者也。人之有是心也，其知素具也，意乱而欲泪之，纷扰桌兀，不得须臾以宁，而正理益以蔽塞，万事失其统

① 王丽梅：《张栻早期工夫论》，《社会科学家》2006 年第 1 期。
② 王丽梅：《张栻早期工夫论》，《社会科学家》2006 年第 1 期。
③ 王丽梅：《"己丑之悟"新考：张栻晚期工夫论》，《求索》，2006 年第 4 期，第 212 页。
④ 《南轩集》卷二十五《寄吕伯恭》，《张栻全集》，第 891 页。
⑤ 《南轩集》卷二十七《答乔德瞻》，《张栻全集》，第 930 页。
⑥ 《论语解》卷一，《张栻全集》，第 72 页。
⑦ 《南轩集》卷二十六《答江文叔》，《张栻全集》，第 915 页。

矣。于此有道焉,其惟敬而已乎!①

敬具有众多的功能,以上这几段话实际上就揭示出敬的作用。比如第一段话就是从礼与敬的关系上来说的,认为人们持敬,才能够带来礼的和谐,礼的和谐才能够产生音乐。第二段话则是从敬与小学、大学的关系来论述的,认为不管是洒扫应对的小学,还是格物致知的大学,都需要持敬。第三段话则是认为通过敬能够使心不被人欲所把持,并使天理得以凸显。

其次,张栻阐释了如何来持敬,就是要主一、要无适。张栻为此说:

> 故主一无适,敬之方也。无适则一矣,主一则敬矣。②

> 致知所以明是心也,敬者所以持是心而勿失也。故曰"主一之谓敬",又曰"无适之谓一"。③

在张栻看来,持敬的方法就是"主一无适",它又具体包括"主一"和"无适"两部分,"主一"就是"专一","无适"就是"无杂念",所以持敬就是要专一、要无杂念。此外,"无适"就是"一",无杂念就是"一",因而"主一"以"无适"为基础,"无适"是为"专一"服务的。

最后,张栻还认为要把居敬与集义结合起来。他说:"居敬集义,工夫并进,相须而相成也。若只要能敬,不知集义,则所谓敬者亦块然无所为而已,乌得心体周流哉?"④"居敬"和"集义"是相辅相成的,二者缺一不可,如果没有集义的保驾护航,居敬之人是没法达到专一、无杂念的。

综上所述,张栻虽然受到二程等人的影响,对天理本体有所阐述,但是在其师胡宏的影响下,通过对《中庸》"天命"的重构,建构了性本体,然后按照天命—性—道的逻辑思路,性本体具体转化为人性以及各种具体的道。同时,张栻还详细探讨了心理关系、心性关系,并在与朱熹围绕中和问题的讨论中提出

---

① 《南轩集》卷三十五《书赠吴教授》,《张栻全集》,第 1035 页。
② 《南轩集》卷十一《存斋记》,《张栻全集》,第 720 页。
③ 《南轩集》卷十二《敬斋记》,《张栻全集》,第 724 页。
④ 《南轩集》卷三十二《答游诚之》,《张栻全集》,第 994 页。

了"先察识后涵养"的工夫论,后来又转变成"察识与涵养应当并进"的工夫论,并建构了以敬为主的修养论。

第三节　《中庸》与陆九渊的心本论

对于陆九渊来说,其思想与《中庸》的关系,并不像朱熹、张栻的那样明显。寻求原因,一方面是三者的注经方式不同。对于朱熹、张栻来说是通过对《中庸》等经典的注疏来阐发和构建自己的思想体系,而陆九渊则是"采取'《六经》注我'的方式,一方面在把握经典精神旨趣、融会贯通的基础自己立说,不对经典进行专门的训释、解说,一方面对于经典中的思想资料信手拈来,随意摭拾,以印证己说,同时实际上往往也赋予这些思想资源新的阐释"①。这也就使得陆九渊没有专门的经典注疏作品。另一方面则是陆九渊思想的主要来源是《孟子》,而不是《中庸》,这也就使得陆九渊对《中庸》的关注不够。对于陆九渊思想与《孟子》的关系,他自己就明确指出:"窃不自揆,区区之学,自谓孟子之后至是而始一明也。"②清全祖望也说:"象山之学,先立乎大者,本乎《孟子》。"③当代有学者也研究指出:"至少就思想资料来说,他主要吸收的是孟学,而与濂洛之学以《中庸》、《大学》为基础的思想表现为不同的特点。"④这都把陆九渊思想的主要来源看成是《孟子》。不过需要指出的是,虽然陆九渊没有直接对《中庸》进行注疏,《中庸》也不是其思想的主要来源,但是《中庸》与其思想也有着密切关系。如,《中庸》与陆九渊的心性论就有着密切的关系。对《中庸》与陆九渊心性论关系的探讨,主要集中在《中庸》与陆九渊心本论的关系上。

---

① 肖永明:《陆九渊理论体系的建构与〈四书〉》,《中国哲学史》2004 年第 4 期。
② (宋)陆九渊著,钟哲点校:《陆九渊集》卷十《与路彦彬》),中华书局 1981 年版。下文出处相同。
③ 《宋元学案》卷五十八《象山学案》。
④ 陈来:《宋明理学》,辽宁教育出版社 1991 年版,第 205 页。

一、心本体的构建

对陆九渊思想的归属,一般都认为它属于心学,陆九渊是心学的代表人物之一。不过也有学者并不认同这种看法。有学者就认为:"以'心学'说陆九渊,早已成为一种惯性。不过,这事实上是一种新惯性。陆九渊从来没有以'心学'来概括自己的学问,在宋代也没有其他人以此来概括陆子的学问。到了晚明,有'陆王'的说法,但未有'陆王心学'的说法。清代偶尔有人说'陆王心学',但它的流行实际上是 20 世纪的事。"①这就从概括陆九渊思想的"心学"一词的历史发展过程来说明,在宋代时陆学并没有称之为心学。当然,这种看法也并没有从思想实质上否定陆学就是心学。有学者则指出:"着眼于陆九渊谈及自身之心的不善,因此需要与他人切磋与读书之必要性,并以此分析阐明其哲学未必可谓是'心学',甚至有着与朱熹之'理学'相类似的思想方向性。"②更有学者则直接指出:"朱子之学是'理学',陆子之学也是'理学'。他们所说的理都具有客观性、普遍性、必然性、不变性、公平性,如此等等",又说:"事实上,陆九渊所说的本心是受理约束的,是与理连在一起或融在一起的。具理之心才是本心。"③后面这两种观点,一定程度上就否定了陆学的心学归属性,特别是后一种则从理与心的关系入手,直接认定陆九渊之学就是理学。那么,陆学到底是心学还是理学呢?

陆九渊对理的讨论是非常多的,理在陆九渊思想体系中也占有重要地位。陆九渊说:

> 此理本天所以与我,非由外铄。明得此理,即是主宰。真能为

---

① 周炽成:《陆九渊之冤:陆学在宋代非心学》,《广东社会科学》2014 年第 5 期。
② [日]中岛谅:《陆九渊哲学新考——陆九渊是否为"心学"思想家?》,《江南大学学报》(人文社会科学版)2015 年第 3 期。
③ 郭瑛等:《陆九渊之"理学"——兼论"心学"话语对陆学的遮蔽》,《宜宾学院学报》2015年第 5 期。

主,则外物不能移,邪说不能惑。①

　　此理乃宇宙之所固有,岂可言无? 若以为无,则君不君、臣不臣、父不父、子不子矣。……极亦此理也,中亦此理也,五居九畴之中而曰皇极,岂非以其中而命之乎? 民受天地之中以生,而《诗》言"立我蒸民,莫匪尔极",岂非以其中命之乎?《中庸》曰:"中也者,天下之大本也。和也者,天下之达道也。致中和,天地位焉,万物育焉。"此理至矣,外此岂更复有太极哉?②

这两段话一方面指出天理是宇宙所固有的,即天理是客观存在的、是实实在在存在的,它作为天地万物的主宰,是不会被外物所左右的;另一方面则指出君臣、父子等人伦关系都蕴含着理,"极""中"都是理的具体外化表现,并以《诗经》《中庸》的"中"来说明。理既然作为主宰,那么天地万物就应该遵循理、应该以理为准则。陆九渊为此说:"此理在宇宙,未尝有所隐遁,天地之所以为天地者,顺此理而无私焉耳。"③又说:"此理塞宇宙,谁能逃之,顺之则吉,逆之则凶。其蒙蔽则为昏愚,通彻则为明智。昏愚者不见是理,故多逆以致凶。明智者见是理,故能顺以致吉。"④天地万物之所以为天地万物,就是因为它们以理为准则,或者说导致万物之间相互区别的各自物性就来源于理;人的昏愚与明智就在于是否顺应理,昏愚之人逆理而行,明智之人则是顺理而行。昏愚之人之所以逆理而行,就是因为没有认识理。在这种情况下,陆九渊进一步指出:"塞宇宙一理耳,学者之所以学,欲明此理耳"⑤,"宇宙间自有实理,所贵乎学者,为能明此理耳。此理苟明,则自有实行,有实事"⑥。学者学习的目的就是明理,同时学者之所以重要,就是因为其能够明理。也正是由于理被搞清

① 《陆九渊集》卷一《与曾宅之》,第4页。
② 《陆九渊集》卷二《与朱元晦》,第28页。
③ 《陆九渊集》卷十一《与朱济道》,第142页。
④ 《陆九渊集》卷二十一《易说》,第257页。
⑤ 《陆九渊集》卷十二《与赵咏道》,第161页。
⑥ 《陆九渊集》卷十四《与包详道》,第182页。

楚后,它才会被运用于实践中,这就带来了实实在在的行为,体现在实实在在的事上。

　　理既然是实实在在存在的,天地万物又都要以此为准则,那么理是否就是本体呢? 这就涉及陆九渊对其的界定。陆九渊明确说:"吾所明之理,乃天下之正理、实理、常理、公理。"①这就从多角度来论证理,说明理有正、实、常、公等特性,其中"常"的特性尤为重要,体现出理的不变性、不易性。对此,陆九渊进一步阐释道:"吾尝言天下有不易之理,是理有不穷之变。诚得其理,则变之不穷者,皆理之不易者也。"②这就认为理是不变的,这种不变并不会因为人们知道还是不知道它而发生变化,"知与不知,元无加损于此理"③。此外,陆九渊还认为:

　　　　天下事事物物只有一理,无有二理,须要到其至一处。④

　　　　宇宙一理耳。上古圣人先觉此理,故其王天下也,仰则观象于天,俯则观法于地,观鸟兽之文与地之宜,近取诸身,远取诸物,于是始作八卦,以通神明之德,以类万物之情,于是有辞、有变、有象、有占,以觉斯民。后世圣人,虽累千百载,其所知所觉不容有异。⑤

这就认为理具有唯一性,理只有一个。这种唯一性从横向来看,天地万物的理都是相同的,从纵向来看,"上古圣人"和"后世圣人"所认知的理都是相同的。当然,这种相同是从天地万物之理的实质上来看的,认为它们都是理的具体表现,或者说都是理转化出的具体内容。为了说明理只有一个,陆九渊还强调说:"后世言学者须要立个门户。此理所在安有门户可? 立学者又要各护设门户,此尤鄙陋。"⑥学者们实际上并没有认识到理只有一个,所谓的自立门户

---

① 《陆九渊集》卷十五《与陶赞仲》,第 194 页。
② 《陆九渊集》卷二十一《易数》,第 259 页。
③ 《陆九渊集》卷三十五《语录下》,第 452 页。
④ 《陆九渊集》卷三十五《语录下》,第 453 页。
⑤ 《陆九渊集》卷十五《与吴斗南》,第 201 页。
⑥ 《陆九渊集》卷三十四《语录上》,第 400 页。

并维护各自门户,都是不对的。总之,在陆九渊看来,理是客观存在的,而且又是实实在在存在的,并且理还具有唯一性、不易性,这都说明理就是本体。陆九渊之所以有这种观点,一定程度上与当时的学术形势有关。二程所构建的天理本体影响非常大,作为二程后学的朱熹、胡宏以及张栻等就深受其影响,作为同时代的陆九渊不可能不受到影响。不过需要指出的是,胡宏、张栻在此基础上构建了性本体,陆九渊也同样在此基础上构建了心本体,只是陆九渊迈的步子比较大,用心本体代替了理本体。

陆九渊对心是非常重视的。比如,体现在对志的重视上。他在阐释《论语》"君子喻于义,小人喻于利"中指出:"此章以义利判君子小人,辞旨晓白,然读之者苟不切己观省,亦恐未能有益也。某平日读此,不无所感:窃谓学者于此,当辨其志。人之所喻由其所习,所习由其所志。志乎义,则所习者必在于义,所习在义,斯喻于义矣。志乎利,则所习者必在于利,所习在利,斯喻于利矣。故学者之志不可不辨也。"①这就把君子、小人的义利之辨最终归结于志向的不同,认为君子志于义,而小人志于利,这与从道德上区分君子、小人显然是不同的。陆九渊的《语录》中也记载:"学者须先立志,志既立,却要遇明师。"②又有:"傅子渊自此归其家,陈正已问之曰:'陆先生教人何先?'对曰:'辨志。'"③前者直接指出学者在进行具体学习之前首先要立志,后者则是通过他人的话语来凸显陆九渊对志向的重视。陆九渊对志向的重视以及把志向作为义利之辨等的准则,都凸显出对心的重视,因为在古人看来志向就是人的想法,想法是与心紧密结合在一起的。

陆九渊对心的重视,还表现在把心提升为了本体,构建了心本体。陆九渊明确说:

> 心只是一个心。某之心,吾友之心,上而千百载圣贤之心,下而

---

① 《陆九渊集》卷二十三《白鹿洞书院讲义》,第275页。
② 《陆九渊集》卷三十四《语录上》,第401页。
③ 《陆九渊集》卷三十四《语录上》,第398页。

千百载复有一圣贤,其心亦只如此。心之体甚大,若能尽我之心,便与天同。为学只是理会此。①

　　四方上下曰宇,往古来今曰宙。宇宙便是吾心,吾心即是宇宙。千万世之前,有圣人出焉,同此心同此理也。千万世之后,有圣人出焉,同此心同此理也。东南西北海有圣人出焉,同此心同此理也。近世尚同之说甚非。理之所在,安得不同? 古之圣贤,道同志合,咸有一德,乃可共事,然所不同者,以理之所在,有不能尽见。②

这两段话蕴含着两层意思,一是对心本体的讨论,二是对心理关系的讨论。对心理关系的讨论,后文再作专门阐述。陆九渊认为"心"只有一个,不管是从时间上来看出现的千万世之前的圣人之心,还是千万世之后的圣人之心,以及从空间上来看出现的东南西北的圣人之心,乃至"某之心""吾友之心",它们的实质都一样,这就把心提升到本体地位。而且作为本体的心,是客观存在的,是先天存在的。对于本体心的唯一性,陆九渊还以其他方式体现出来,比如"宇宙无际,天地开辟,本只一家。往圣之生,地之相去千有余里,世之相后千有余岁,得志行乎中国,若合符节,盖一家也"③。这里所说的"一家"实际上说的就是"一心",认为在时空上相距千有余岁、千有余里的往圣与后圣所行制度的实质是一样的,它们都是本体心的体现。此外,又说:"宇宙内事,是己分内事。己分内事,是宇宙内事。"④人与天地万物是一体的,天人是合一的,一体和合一就是建立在心本体的基础上。

　　对于心本体,陆九渊将其称为"本心",并且认为为学的目的或宗旨就是要理会此心,"学问之要,得其本心而已"⑤。为了凸显心本体的地位,陆九渊还借用《中庸》诚来论证。陆九渊说:

---

① 《陆九渊集》卷三十五《语录下》,第444页。
② 《陆九渊集》卷二十二《杂说》,第273页。
③ 《陆九渊集》卷十三《与罗春伯》,第177页。
④ 《陆九渊集》卷二十二《杂说》,第273页。
⑤ 《附录一·袁燮序》,《陆九渊集》,第536页。

此天之所以予我者,非由外铄我也。思则得之,得此者也;先立乎其大者,立此者也;积善者,积此者也;集义者,集此者也;知德者,知此者也;进德者,进此者也。……然由萌蘖之生而至于枝叶扶疏,由源泉混混而至于放乎四海,岂二物哉?《中庸》曰:"诚者,物之终始,不诚无物。"又曰:"其为物不贰。"此之谓也。①

《中庸》之言诚曰:"非自成己而已也,所以成物也。"然则成己成物一出于诚,彼其所以成己者,乃其所以成物者也,非于成己之外复有所谓成物也。②

第一段话中所说的"此天之所以予我者,非由外铄我也",实际上指的就是本心,就是心本体。在陆九渊看来,"思""立""积善""集义""知德"以及"进德"的对象都是本心,而且本心贯穿了整个天地万物的生长、发展历程,就像植物从开始萌芽、分枝到后来的枝叶茂盛以及水从连绵不绝的细流发展到奔入大海的巨流,都有本心在起作用。本心的这个地位,就像《中庸》中贯穿事物始终的诚一样,陆九渊把诚看成是《中庸》所构建的本体。第二段话,陆九渊则进一步凸显《中庸》中诚的地位,认为不管是"成己",还是"成物",都是诚在起作用,并不是在"成己"的诚外,还有"成物"的东西。总之,陆九渊通过对《中庸》诚地位的界定,来凸显本心,认为本心与诚一样也是具有"成己""成物"的功能。

陆九渊还把心本体与仁义、理联系起来讨论。就心本体与仁义的关系,陆九渊说:"道塞宇宙,非有所隐遁,在天曰阴阳,在地曰柔刚,在人曰仁义。故仁义者,人之本心也。……愚不肖者不及焉,则蔽于物欲而失其本心;贤者智者过之,则蔽于意见而失其本心。"③这就把心本体在人身上的具体表现看成

---

① 《陆九渊集》卷一《与邵叔谊》,第1页。
② 《陆九渊集》卷二十九《庸言之信庸行之谨闲邪存其诚善世而不伐德博而化》,第335—336页。
③ 《陆九渊集》卷一《与赵监》,第9页。

是仁义,"愚不肖者"的"不及"与"贤者智者"的"过之"就来源于物欲或意见的影响,或者说正是由于物欲或意见使人们不能真正认识到本心。陆九渊又说:"为政在人,取人以身,修身以道,修道以仁。仁,人心也。人者,政之本也。身者,人之本也,心者,身之本也。不造其本而从事其末,末不可得而治矣。"①仁、心、身、人、政之间构成了一环紧扣一环的关系,并且临近的两者之间构成本末关系,当然这里的本末关系并不是从本体与现象来说的,而是从中心与非中心、主要与次要来说的。比如,仁为心之本是说心以仁为主要内容。就仁为心的主要内容与心本体在人身上具体表现为仁义之间存在紧密关系,可以说正是由于心本体表现为具体的仁义,所以作为心本体寓所的心必然就以仁为主要内容。

就心本体与理的关系来说,是存在层次关系的。当理指的是天理本体时,作为本体的心与作为本体的理二者是等同的,正如前文所说的"同此心同此理"。陆九渊为此强调说:

> 盖心,一心也,理,一理也,至当归一,精义无二,此心此理,实不容有二。②

> 四端者,即此心也;天之所以与我者,即此心也。人皆有是心,心皆具是理,心即理也。③

> 万物森然于方寸之间,满心而发,充塞宇宙,无非此理。④

这几段话都认为心与理的实质是一样的,心就是理,理就是心,充塞宇宙的就是理、就是心,为此提出了"心即理"观点。对于理本体与心本体的这种关系,有学者指出:"他(指陆九渊,笔者注)认为'心'与'理'是同等程度的本体论理念","宇宙万物可以说以'理'为本体,也可以说以'心'为本体"⑤。当然,

---

① 《陆九渊集》卷十九《荆国王文公祠堂记》,第 233 页。
② 《陆九渊集》卷一《与曾宅之》,第 4—5 页。
③ 《陆九渊集》卷十一《与李宰》,第 149 页。
④ 《陆九渊集》卷三十四《语录上》,第 423 页。
⑤ 宋志明:《本心即天理——陆九渊哲学话题刍议》,《孔子研究》2011 年第 5 期。

在心本体与理本体之间,陆九渊是以心本体为第一要义的,"心即理"落脚在对心的界定上,把心本体同朱熹等人天理本体的实质看成是一样的。此外,还有学者把"心即理"与程朱理学"性即理"从来源上进行了比较,并同宋明理学对理的界定结合起来,认为:"在整个宋明理学,对'理'的了解和认识有两个途径或方式,一是以理存在于宇宙,也存在于宇宙中的万事万物,主体的人须通过对具体事物之理的认识及其积累来认识全理。一是以理为全体,正如以宇宙为全体,通过某种直观方式直接地把握全理,而以具体事物之理是这一全理的某种表现,并据全理来观照、析察具体事物之理。程朱与陆王的分歧或者正以此而肇其始。前者以'性即理'立说,后者以'心即理'为宗"。① 这是非常有见地的。程朱理学"性即理"的重心落在理上,天理可以外化为各种具体的性,人们可以通过"道问学"的方式来实现对人性、物性的认知,从而获得天理;而陆九渊"心即理"的重心落在心上,人们可以通过"尊德性"的方式来把握心本体,并以此来观照万物之理。这实际上就涉及陆九渊的修养方法,后文再详细阐述。此外,当理为具体之理时,心本体与具体之理之间就存在本末关系,或者说具体之理就来源于心本体的外化。需要指出的是,当心不再作为本体心时,心理关系又是另外一种情况。对此,陆九渊说:"道理无奇特,乃人心所固有,天下所共由,岂难知哉?"②又说:"道义之在天下,在人心,岂能泯灭。"③这就把理、道义等看成是人心所固有的,实际上心就成为了理、道义等的寓所。这就与朱熹、张栻等人对心理关系的界定是没有差别的,只不过陆九渊对心理关系的界定并不仅仅局限于此,本心的引入使心理关系更加复杂。

二、心本体的外化表现：道

　　心本体最终要转化为具体的性,特别是人性。从心本体到人性,陆九渊吸

---

① 　杨柱才:《陆九渊心学的两个根本观念》,《江西社会科学》2000 年第 5 期。
② 　《陆九渊集》卷十四《与严泰伯》,第 184 页。
③ 　《陆九渊集》卷七《与包显道》,第 101 页。

收了《中庸》从天道到人性的思路,他说:"'一阴一阳之谓道',乃泛言天地万物皆具此阴阳也。'继之者善也',乃独归之于人。'成之者性也',又复归之于天,天命之谓性也。"①陆九渊认为天地万物皆蕴含心本体,只不过人更能体现出心本体,从心本体到人性的转化过程就是《中庸》所说的"天命之谓性"。心本体转化为具体的人性,按照人性运行又体现为具体的道,因而可以说道最终来自心本体。对此,陆九渊经常对他人说:"女耳自聪,目自明,事父自能孝,事兄自能弟,本无欠阙,不必他求,在自立而已。"②人们耳聪目明的能力,以及对父兄孝悌的道德品质,本身就是具有的,它们就来源于本心。

陆九渊看来,本心转化出来的就是道、就是儒家之道。与儒家之道不同,就产生了异端。在陆九渊看来:

> 大抵学术有说有实,儒者有儒者之说,老氏有老氏之说,释氏有释氏之说,天下之学术众矣,而大门则此三家也。昔之有是说者,本于有是实,后之求是实者,亦必由是说。故凡学者之欲求其实,则必先习其说。③

这里,陆九渊就把天下学术分为儒者之说、老氏之说以及释氏之说三家,而且每家学说从形式上看又有外在的"说"和内在的"实"之分,"说"与"实"应该结合起来,从"实"而立"说",从"说"而得"实"。对于儒释道各自的实来说,就是各自的道,三家的区别主要就是道不同。陆九渊从儒道的角度入手,认为:"此理塞宇宙,所谓道外无事,事外无道。舍此而别有商量,别有趋向,别有规模,别有形迹,别有行业,别有事功,则与道不相干,则是异端,则是利欲为之陷溺,为之窠臼。说即是邪说,见即是邪见。"④与儒道不相干而出现的"别有商量""别有趋向"等都是异端,异端被利欲所诱惑,产生的就是邪说、邪见。

---

① 《陆九渊集》卷三十五《语录下》,第477页。
② 《陆九渊集》卷三十四《语录上》,第399页。
③ 《陆九渊集》卷二《与王顺伯》,第16页。
④ 《陆九渊集》卷三十五《语录下》,第474页。

那么,异端到底指哪些呢? 陆九渊说:

> 古人所谓异端者,不专指佛老。"异端"二字出《论语》,是孔子
> 之言。孔子之时,中国不闻有佛,虽有老氏,其说未炽。孔子亦不曾
> 辟老氏,异端岂专指老氏哉? 天下正理不容有二。若明此理,天地不
> 能异此,鬼神不能异此,千古圣贤不能异此。若不明此理,私有端绪,
> 即是异端,何止佛老哉? 近世言穷理者亦不到佛老地位,若借佛老为
> 说,亦是妄说。其言辟佛老者亦是妄说。今世却有一种天资忠厚、行
> 事谨悫者,虽不谈学问,却可为朋友。惟是谈学而无师承,与师承之
> 不正者,最为害道。与之居处,与之言论,只渐染得谬妄之说,他时难
> 于洗濯。①

在陆九渊看来,异端不仅仅指佛老,因为"异端"一词来源于孔子,当时佛教还
没传入中国,而孔子又未曾批判老氏,异端指的应该是与儒家之道不同的学
说,特别是有一种"谈学而无师承,与师承之不正者"的危害最大。把佛老作
为异端,陆九渊明确说:"佛老高一世人,只是道偏,不是。"②佛陀、老子是一世
高人,只是他们所讲求的道不正确。对于危害最大的异端者,陆九渊进一步举
例说:"虽同师尧舜,而所学之端绪与尧舜不同,即是异端。"③这就认为虽然师
承尧舜,但后来并没有延续尧舜之道的人就是大的异端。异端与儒者之说的
差别,表现在众多方面。比如,就儒释的差别来说,陆九渊说:"某尝以义利二
字判儒释,又曰公私,其实即义利也。"④又说:"释氏立教,本欲脱离生死,惟主
于成其私耳,此其病根也。"⑤陆九渊认为儒家和佛教的差别就在于公私之分,
也就是义利之分,佛教最大的弊端在于求私,即"出世",而儒家则是"入世"。

由于受到异端的影响,儒家之道的传承并不是一帆风顺的。陆九渊多次

---

① 《陆九渊集》卷十五《与陶赞仲》,第194—195页。
② 《陆九渊集》卷三十五《语录下》,第467页。
③ 《陆九渊集》卷三十四《语录上》,第402页。
④ 《陆九渊集》卷二《与王顺伯》,第17页。
⑤ 《陆九渊集》卷三十四《语录上》,第399页。

描绘了儒家之道的传承情况,他说:

> 唐虞三代之时,道行乎天下。夏商叔叶,去治未远,公卿之间,犹有典刑。伊尹适夏,三仁在商,此道之所存也。周历之季,迹熄泽竭,人私其身,士私其学,横议蜂起。老氏以善成其私,长雄于百家,窃其遗意者犹皆逞于天下。至汉而其术益行,子房之师,实维黄石,曹参避堂以舍盖公。高、惠收其成绩,波及文、景者,二公之余也。自夫子之皇皇,沮溺接舆之徒固已窃议其后。孟子言必称尧舜,听者为之藐然。不绝如线,未足以喻斯道之微也。陵夷数千百载,而卓然复见斯义,顾不伟哉?[①]

> 孟氏没,吾道不得其传。而老氏之学始于周末,盛于汉,迨晋而衰矣。老氏衰而佛氏之学出焉,佛氏始于梁达磨,盛于唐,至今而衰矣。有大贤者出,吾道其兴矣夫![②]

陆九渊在这两段话中指出:起源于唐虞三代的儒家之道在孟子之后就失传了,寻求原因,就是因为开始于周末的老学在汉代张良、曹参以及汉文、景二帝的推动下更为兴盛,这就直接冲击了儒学;此外,两汉之际传入中国的佛教在唐代达到了鼎盛,它也影响到了儒家之道的传承。在此时,即宋代才出现了"大贤",从而使儒家之道重新走向兴盛并得以传承。这个"大贤",实际上指的就是陆九渊本人。陆九渊对儒家之道传承情况的阐述,体现出他的道统观,陆九渊本人也就成了孟子之后儒学之道的传承者。

心本体外化出来的儒家之道,究竟是什么样的呢?首先,陆九渊对儒家之道进行了定性,认为:"吾儒之道乃天下之常道,岂是别有妙道? 谓之典常,谓之彝伦,盖天下之所共由,斯民之所日用,此道一而已矣,不可改头换面。"[③]

---

① 《陆九渊集》卷十九《荆国王文公祠堂记》,第 231 页。
② 《陆九渊集》卷三十五《语录下》,第 473 页。
③ 《陆九渊集》卷二《与王顺伯》,第 20 页。

"道在宇宙间,何尝有病,但人自有病。千古圣贤,只去人病,如何增损得道?"①儒家之道虽然有众多的外在表现形式,但实质是一样的;作为常道的儒家之道是完美的,人们是没法去增加或减少的,也就是说儒家之道是不会改变的。其次,陆九渊又说:

> 此道充塞宇宙,天地顺此而动,故日月不过,而四时不忒;圣人顺此而动,故刑罚清而民服。古人所以造次必于是,颠沛必于是也。②

> 道理只是眼前道理,虽见到圣人田地,亦只是眼前道理。③

> 道者,天下万世之公理,而斯人之所共由者也。君有君道,臣有臣道,父有父道,子有子道,莫不有道。④

这就认为儒家之道充满整个社会,天地万物的运行都蕴含着它,就如人们在最紧迫的时候、在流离困顿的时候也会遵循它;儒家之道是人们日用而不知的,它就体现在人们的日常生活中,体现为一些具体的道德行为规范,比如君道、臣道、父道、子道等。再次,陆九渊把道与事、势等结合起来讨论。对于道事关系,他说:"道外无事,事外无道,向尝以智愚、贤不肖、过不及之说布复,想洞然无疑于此矣。"⑤这也是延续了前人的观点,把道与事看成是相辅相成的、二者是缺一不可的。对于道势关系,陆九渊则说:"古者势与道合,后世势与道离。何谓势与道合? 盖德之宜为诸侯者为诸侯,宜为大夫者为大夫,宜为士者为士,此之谓势与道合。后世反此:贤者居下,不肖者居上,夫是之谓势与道离。势与道合则是治世,势与道离则是乱世。"⑥道势相合指势顺应道,道势相离指势背离道;道势相合则带来治世,道势相离则会导致乱世。道势关系,实际上涉及的就是治道,这也说明道的范围是非常广的。陆九渊还对以上这些

---

① 《陆九渊集》卷三十四《语录上》,第395页。
② 《陆九渊集》卷十《与黄康年》,第132页。
③ 《陆九渊集》卷三十四《语录上》,第395页。
④ 《陆九渊集》卷二十一《论语说》,第263页。
⑤ 《陆九渊集》卷一《与赵监》,第10页。
⑥ 《陆九渊集》卷三十四《语录上》,第412页。

具体的道进行了抽象,提炼出中道。他认为:"然子思之言中,不独有大中之说,而又有时中之论。盖中而非其时,则乌在其为中也。"①又说:"夫大中之道,固人君之所当执也。然人心之危,罔念克念,为狂为圣,由是而分。道心之微,无声无臭,其得其失,莫不自我。曰危,曰微,此亦难乎其能执厥中矣,是所谓可畏者也。"②这就认为中有"大中之说"和"时中之论"的区分,对于大中之道来说,它是君王所必须恪守的,不过由于"人心之危"和"道心之微",君王又很难执中。在这种情况下,陆九渊又指出:"中之所存,固非私意之可间。有道之君率由是中以图事揆策,其为民之意至炳炳也。"③影响执中的主要是私意,只要君王恪守中道,就不会被私意所左右,也就能够图谋发展,从而真正为民服务。

三、对心本体的认知和涵养

《中庸》与陆九渊心本论关系的探讨,还涉及《中庸》与心本体的认知和涵养关系。对于陆九渊心本体的认知和涵养,涉及为学问题。陆九渊明确说:

> 为学有讲明,有践履。《大学》致知、格物,《中庸》博学、审问、慎思、明辩,《孟子》始条理者智之事,此讲明也。《大学》修身、正心,《中庸》笃行之,《孟子》终条理者圣之事,此践履也。"物有本末,事有终始,知所先后,则近道矣。""欲修其身者,先正其心;欲正其心者,先诚其意;欲诚其意者,先致其知;致知在格物。"自《大学》言之,固先乎讲明矣。自《中庸》言之,"学之弗能,问之弗知,思之弗得,辨之弗明,则亦何所行哉?"未尝学问思辨,而曰吾唯笃行之而已,是冥行者也。自《孟子》言之,则事盖未有无始而有终者。讲明之未至,而徒恃其能力行,是犹射者不习于教法之巧,而徒恃其有力,谓吾能

---

① 《陆九渊集》卷二十九《黄裳元吉黄离元吉》,第 338 页。
② 《陆九渊集》卷三十二《人心惟危道心惟微惟精惟一允执厥中》,第 378 页。
③ 《陆九渊集》卷三十二《汝分猷念以相从各设中于乃心》,第 379 页。

至于百步之外,而不计其未尝中也。……然必一意实学,不事空言,

然后可以谓之讲明。若谓口耳之学为讲明,则又非圣人之徒矣。①

这段话包含了几层意思:首先,为学由"讲明"和"践履"二者组成,《大学》、《中庸》以及《孟子》等都涉及对二者的讨论,比如《中庸》中的"博学""审问""谨思""明辨"体现的就是"讲明",《中庸》中的"笃行"体现的则是"践履"。其次,"讲明"与"践履"之间存在先后关系,"讲明"在先,"践履"在后,二者之间的关系实际上就是知行关系,知先行后。再次,所谓的"讲明"并不是口耳之学,应该是具体的求知活动。具体的求知活动,就应该是格物、博学、审问等,用《中庸》的话来归纳就是"道问学"。与"道问学"相对应的是"尊德性",二者关系也成为朱熹和陆九渊争论的话题之一。陆九渊对二者关系进行了讨论,他说:"朱元晦曾作书与学者云:'陆子静专以尊德性诲人,故游其门者多践履之士,然于道问学处欠了。某教人岂不是道问学处多了些子? 故游某之门者践履多不及之。'观此,则是元晦欲去两短,合两长。然吾以为不可,既不知尊德性,焉有所谓道问学?"②陆九渊对朱熹认为自己重尊德性而轻道问学并提出道问学与尊德性相结合的观点,持不认同的态度,并指出尊德性的地位应比道问学重要。为了凸显尊德性,陆九渊还说:"存养是主人,检敛是奴仆。"③这就把讲求存养的尊德性看成是主人、讲求检敛的道问学看成是奴仆,也就是说陆九渊在尊德性和道问学之间更重视的是尊德性。

陆九渊虽然重尊德性而轻道问学,但是对道问学并没有完全抛弃,他对道问学也有探讨,这主要体现在对格物的阐释上。陆九渊说:"格、至也,与穷字、究字同义,皆研磨考索,以求其至耳。"④这就将"格"解释为"至",也可以解释为"穷""究","格物"就是"至物""穷物""究物"。在朱熹那里,格物指

① 《陆九渊集》卷十二《与赵咏道》,第 160 页。
② 《陆九渊集》卷三十四《语录上》,第 400 页。
③ 《陆九渊集》卷三十五《语录下》,第 450 页。
④ 《陆九渊集》卷二十《格矫斋说》,第 253 页。

的是格具体的天地万物,如扇子等。对于陆九渊的格物,有学者研究指出:"'格物',不是一物一事的去'穷格',而是体认'心'中已有之'理'。因为'万物皆备于我',自然毋需在我'心'之外去'格物',而只要体认'本心',万物之'理'便'不解自明'了。"①还有学者也认为:"陆学中格的对象是万物皆备的'我',这个我实际上即是'心'。他说:'格物者,格此者也。伏羲仰象俯法,亦先于此尽力焉耳。'这个'格此者也',也是格此心,因此他的格物是指先立乎其大的修身正心,他认为这是学问的大本。"②这都是把陆九渊的"格物"解释为"格心"。这种观点是否合理呢?有学者研究指出:"这种化'格物'为'格心'的诠释模式并非没有困难和缺憾。首先,将'格物'解释为'格心',又进一步界定为'修身正心',从诠释学的角度看,并不符合文本诠释的整体原则或意义融贯性原则","其次,'格心'作为一个合成词,并不见于陆九渊本人,纯属后人附加的结果","其三,将'格物'解释为'格心',强化了陆九渊与朱熹之间在认识论上的对立性,而忽略了两者之间的同一性。"③这种看法是值得肯定的。的确,陆九渊并没有把"格物"解释为"格心","格物"之"物"一定程度上指的还是外在的具体事物。他说:

> 学者不自着实理会,只管看人口头言语,所以不能进。且如做一文字,须是反复穷究去,不得又换思量,皆要穷到穷处,项项分明。他日或问人,或听人言,或观一物,自有触长底道理。④

> 读书不必穷索,平易读之,识其可识者,久将自明,毋耻不知。子亦见今之读谈经者乎?历叙数十家之旨而以己见终之。开辟反复,自谓究竟精微,然试探其实,固未之得也,则何益哉?⑤

---

① 张立文:《宋明理学研究》,人民出版社 2002 年版,第 432 页。
② 陈来:《宋明理学》,第 198 页。
③ 彭启福:《"格物"即是"格心"吗? ——陆九渊"格物论"与"本心论"的关系辨析》,《安徽师范大学学报》(人文社会科学版)2013 年第 3 期。
④ 《陆九渊集》卷三十五《语录下》,第 434—435 页。
⑤ 《陆九渊集》卷三十五《语录下》,第 471 页。

格物就是要对他人言语、某一物等进行反复穷究乃至穷究到极致,这样才能认识到理、认识到本心,而且这是一个不断积累的过程,到一定时候必然就会豁然贯通,就像人们读经一样终会明白其内涵。

陆九渊重尊德性,就是重涵养,重对本心的发明与涵养。之所以要发明本心,就是因为本心被蒙蔽。在陆九渊看来,心本来是正的,由于被蒙蔽,所以心就出现了正与不正、公与邪之分。他说:"此心苟得其正,听言发言皆得其正。听人之言而不得其正,乃其心之不正也。"①又说:"为善为公,心之正也。为恶为私,心之邪也。为善为公,则有和协辑睦之风,是之谓福。为恶为私,则有乖争陵犯之风,是之谓祸。"②心的正与不正、公与邪都会表现在外在的语言、行为上,同时也都会分别带来福与祸。对于蒙蔽心的因素,陆九渊进行了分析。他认为:"恶能害心,善亦能害心。"③善、恶都会蒙蔽本心,善、恶可以指好的东西、坏的东西,也可以指过、不及的态度等。陆九渊进一步说:"愚不肖者之蔽在于物欲,贤者智者之蔽在于意见,高下污洁虽不同,其为蔽理溺心而不得其正,则一也。"④这就指出蒙蔽心的因素有物欲和意见。对于物欲的危害,陆九渊说:"最大害事,名为讲学,其实乃物欲之大者,所谓邪说诬民,充塞仁义。"⑤又说:"常俗汨没于贪富、贵贱、利害、得丧、声色、嗜欲之间,丧失其良心,不顾义理,极为可哀。"⑥这就指出物欲的危害最大,贫富、贵贱以及声色等都是物欲的表现。对于意见,陆九渊则说:

　　学者大病,在于师心自用。师心自用,则不能克己,不能听言,虽使羲皇唐虞以来群圣人之言毕闻于耳,毕熟于口,毕记于心,祇益其

---

① 《陆九渊集》卷十《与邵叔谊》,第 137 页。
② 《陆九渊集》卷二十《赠金溪砌街者》,第 249 页。
③ 《陆九渊集》卷三十五《语录下》,第 456 页。
④ 《陆九渊集》卷一《与邓文范》,第 11 页。
⑤ 《陆九渊集》卷五《与徐子宜》,第 67 页。
⑥ 《陆九渊集》卷四《与符复仲》,第 59—60 页。

私,增其病耳。①

　　吾友天资淳静,若不惑于多歧,不蔽于浮说,则其进孰御焉?②

这里所说的"师心自用""多歧""浮说"就是意见的具体表现,陆九渊认为它们的危害也是非常明显的,正是由于它们的存在,遂使本心迷茫。本心虽然被蒙蔽,但是只是暂时的,心蔽最终会被消除。陆九渊也为此说:"良心之在人,虽或有所陷溺,亦未始泯然而尽亡也。"③又说:"今能尽弃前非,务明正理,则此心之灵,此理之明,谁得而蔽之。"④本心虽然被蒙蔽,但是它并没有消亡,而且人们只要通过努力,本心是不会被蒙蔽,也是没有谁能够蒙蔽本心的。

　　那么,如何来发明本心、消除心蔽呢? 这就涉及陆九渊尊德性或修心的具体方法。对此,有学者研究认为:"如何来'发明本心'、'先立乎其大',陆九渊提出以下三点具体做法:一是'剥落'。……二是静坐。……三是读书。"⑤这就指出了几种具体方法,不过,陆九渊尊德性道德方法并不仅仅局限于此。对于发明本心,陆九渊认为这是一个长期过程,不过最终本心会凸显出来。他为此说:"纵有滞碍,此心未充未明,犹有所滞而然耳,故舍之以俟他日可也,不必苦思之。苦思则方寸自乱,自蹶其本,失己滞物,终不明白。但能于其所已通晓者,有鞭策之力,涵养之功,使德日以进,业日以修,而此心日充日明,则今日滞碍者,他日必有冰释理顺时矣。"⑥人们在发明本心时,不要急于求成,如果急于求成只会导致自乱方寸,在这种情况下,人们只要持之以恒,就会使本心日趋凸显。对于尊德性的方法,除了以上所说的,还有自反(自我反思)、寡欲等。对于前者,陆九渊说:

　　义理之在人心,实天之所与,而不可泯灭焉者也。彼其受蔽于物

① 《陆九渊集》卷三《与张辅之》,第36页。
② 《陆九渊集》卷七《与詹子南》,第96页。
③ 《陆九渊集》卷三十二《求则得之》,第377页。
④ 《陆九渊集》卷十《与邵叔谊》,第138页。
⑤ 宋志明:《本心即天理——陆九渊哲学话题刍议》,《孔子研究》2011年第5期。
⑥ 《陆九渊集》卷三《与刘深父》,第34—35页。

而至于悖理违义,蓋亦弗思焉耳。诚能反而思之,则是非取舍蓋有隐
然而动,判然而明,决然而无疑者矣。①

　　达材资质甚美,天常亦厚,但前此讲学,用心多驰骛于外,而未知
自反。②

这里再次强调本心是不可能泯灭的,被蒙蔽也是暂时的,一定程度上本心之所
以被蒙蔽就与人们没有"自反"相关。对于后者,陆九渊说:"夫所以害吾心者
何也? 欲也。欲之多,则心之存者必寡,欲之寡,则心之存者必多。故君子不
患夫心之不存,而患夫欲之不寡,欲去则心自存矣。然则所以保吾心之良者,
岂不在于去吾心之害乎。"③本心存在的多少和欲望的多寡是一对矛盾,欲多
则心存在的少,欲寡则心存在的多,所以说要使本心凸显出来,必然就需要
寡欲。

　　总之,对于陆九渊围绕心本论而产生的认知和涵养的方法论,有学者评价
说:"陆九渊的本心观念以至他的全部心学体系,就方法论讲,可概括为'简
易'二字,此即他所一贯强调的'易简工夫'。"④陆九渊的方法论主要落脚在
对本心的涵养和认知上,他主要通过"剥落""自反"以及"寡欲"等内在方式
来进行,比朱熹等理学家主要采取的格物等外在方式来得更简便、更直接。

　　综上所述,南宋理学《中庸》学与儒家形而上学存在着密切关系,这种关
系主要表现在儒家形而上学由北宋本体论的构建转化为南宋本体论的深化,
具体来说就是讨论对象由本体论转变成心性论。当然,这种转变也不是绝对
的,因为本体论和心性论是融合在一起的。就朱熹来说,他此时对《中庸》的
研究重心并不在本体论的构建上,而是放在本体的内化上,放在与心、性密
切相关的中和问题上。对于张栻来说,他在前人的基础上构建了性本论,同

---

① 《陆九渊集》卷三十二《思则得之》,第376页。
② 《陆九渊集》卷四《与胡达材》,第56页。
③ 《陆九渊集》卷三十二《养心莫善于寡欲》,第380页。
④ 杨柱才:《陆九渊心学的方法理论和实学主张》,《南昌大学学报》(人文社会科学版)
1999年第2期。

时也同朱熹围绕中和问题进行了讨论。至于陆九渊,他构建的心本论虽然不是来源于《中庸》,但是他借用《中庸》的诚来论证心本体,并按照天命之谓性的思路,把心本体转化为具体的道,同时对《中庸》的尊德性方法进行了深度诠释。

第五章　明清《中庸》学与儒家本体论发展的多样化

　　儒家形而上学在宋代得到超越性的发展,这主要体现在一方面通过对《中庸》的诠释,构建了儒家本体论;另一方面则通过对《中庸》的进一步诠释,实现本体的内化,与儒家心性论结合起来。明清时期的儒家形而上学,则在宋代儒家本体论的基础上有所发展,这种发展与《中庸》学也有着密切的关系,且体现出多样化的特点。这种多样化,一方面体现为用《中庸》的相关概念、命题来佐证或构建本体论,另一方面则体现为通过对《中庸》的阐发来实现对本体特点的深层阐释,这涉及内外关系、体用观念等,同时则是对整个万物的特点进行归纳,用实有来统括。本章就以陈献章、湛甘泉、王阳明、刘宗周、王夫之等人的《中庸》学为例,来探讨明清《中庸》学与儒家形而上学的关系。

第一节　《中庸》与明中叶心学的本体论

　　作为宋明理学主要流派之一的心学,在明代非常兴盛,这得力于陈献章、湛甘泉以及王阳明等人的贡献。在这几人中,陈献章和湛甘泉是师生关系;湛甘泉和王阳明又是同时期之人,而且两人有过众多交集。此外,湛甘泉和王阳明都是明中叶有重要影响的思想家。《明史》说:"时天下言学者,不归王守仁,则归湛若水。"①黄宗羲也说:"王、湛两家,各立宗旨,湛氏门人,虽不及王氏之盛,然当时学于湛者,或卒业于王,学于王者,或卒业于湛,亦犹朱、陆之门下递相出入也。"②陈献章等人对儒家经典的重视,首选的就是《孟子》。湛甘泉就明确说过:"孟子之学,其至矣乎! 勿忘勿助,其敬之规矩矣乎! 孔子之学非孟子弗明。"③这就认为《孟子》在儒学发展史上具有重要的作用,孔子之学得以流传下来,就在于孟子对其的阐明。湛甘泉等人对《中庸》也有研究,这种研究主要体现在对《中庸》的定位以及对其中关键概念、命题的阐发上,就后者来说则是本节侧重要研究的。对于《中庸》的定位,湛甘泉说:"《中庸》一篇皆为学者作,其举圣人天道,不可与人道对说,不过将圣人作个标的,令贤者勉而至之耳。"④王阳明也说:"率性之谓道,诚者也;修道之谓教,诚之者也。……《中庸》为诚之者而作,修道之事也。"⑤这认为《中庸》是为"贤者"为"诚之者"所做,而"贤者""诚之者"是与"圣人""诚者"相对应而言的,或者说《中庸》就是为通过后天努力来认知道的贤者们所作的。此外,王阳明还把《中庸》与《大学》相比较,认为"子思括《大学》一书之义,为《中庸》首章"⑥。《中庸》的抽象性比《大学》强,《中庸》首章就囊括了《大学》的全部内容。

一、对圣人之学的界定

湛甘泉、王阳明等人对儒学的研究以及心本论的建构,来源于对圣人之学的界定。只有搞清楚圣人之学的实质,才可能确定前行的方向。对于圣人之

---

① (清)张廷玉:《明史》卷二百八十二《儒林传一》,中华书局,2015 年版。

② (清)黄宗羲:《明儒学案》卷三十七《甘泉学案一》,《黄宗羲全集》本,浙江古籍出版社 2005 年版。下文出处相同。

③ (明)湛若水:《湛甘泉先生文集》卷之三《雍语》,广西师范大学出版社 2014 年版。下文出处相同。

④ 《湛甘泉先生文集》卷之四《知新后语》。

⑤ (明)王守仁著,吴光等编:《王阳明全集》卷七《文录四·修道说》,上海古籍出版社 1992 年版,第 265 页。下文出处相同。

⑥ 《王阳明全集》卷一《传习录》上,第 16 页。

学的界定,湛甘泉等人主要是从两个方面来探讨的,一方面是确定圣人之学的实质,另一方面则是指出圣人之学传承的情况。

对于圣人之学的实质,湛甘泉曾多次指出:

> 夫圣人之学,心学也。如何谓心学?万事万物莫非心也。①

> 圣人之学,心学也,劈初只看其立心立志何如耳。一念所志,顷刻之间,合下圣愚便别,古今便别,为己为人便别,其终所成亦必如此。②

这就明确指出圣人之学的实质就是心学,万事万物的产生与发展与心有着密切的关系。比如,就人而言出现的圣愚之别、古今之别以及为己为人之别,寻根究底就是因为人们对心学把握程度的不同而导致的。对圣人之学的实质,王阳明也有阐释。他说:

> 夫圣人之学,心学也。学以求尽其心而已。③

> 心之良知是谓圣。圣人之学,惟是致此良知而已。自然而致之者,圣人也;勉然而致之者,贤人也;自蔽自昧而不肯致之者,愚不肖者也。愚不肖者,虽其蔽昧之极,良知又未尝不存也。苟能致之,即与圣人无异矣。此良知所以为圣愚之同具,而人皆可以为尧舜者,以此也。④

王阳明认为圣人之学就是心学,人们学习的目的就在于认知心;同时,王阳明又说心就是良知,圣人之学求心就是求良知而已。此外,不管是圣人、贤人,还是愚不肖者,他们的良知都是真实存在的,只是各自的显现存在差别而已。就圣人来说,其良知是自然而然显现;就贤人来说,其良知则需要通过努力才能显现;而对于愚不肖者来说,则不肯努力,其良知当然也就不可能显现。

---

① 《湛甘泉先生文集》卷之二十《泗州两学讲章》。
② 《湛甘泉先生文集》卷之二十《九华山中华书堂讲章》。
③ 《王阳明全集》卷七《文录四·重修山阴县学记》,第 256 页。
④ 《王阳明全集》卷八《文录五·书魏师孟卷》,第 280 页。

　　圣人之学为心学,那么心学传承的情况怎么样呢? 这是湛甘泉等人要进一步阐述的问题。对此,湛甘泉说:"汉人不知圣人之学,只硬把著,非惟不知慎独之功,先不知所谓独者何物。无自然之功夫,安能合得自然天理? 平川见得全是,合归与诸贤讲之。"①在湛甘泉看来,汉代之人是不知圣人之学实质的,因为通过对他们《中庸》"慎独"解释的考察,可以发现他们不知所慎之"独"为何物。前文,讲过郑玄把"慎独"解释为"慎其间居之所为。小人于隐者,动作言语,自以为不见睹、不见闻,则必肆尽其情也"②,也就是把"慎独"解释为谨慎对待独处。湛甘泉认为,对《中庸》"慎独"之"独"的解释应该超越郑玄,"独"应该为"独见","慎独"就是要慎重对待独见。何为"独见"? 它就应该是心、就是良知。湛甘泉还认为自己的学生郭平川就是认识到了独见,认识到了心、良知的显现是自然的,所以说他的卫道之功尤为显著。反过来说,湛甘泉认为圣人之学在汉代就没有得到传承。

　　与湛甘泉对圣人之学传承情况的研究局限于汉代相比,王阳明对圣人之学的传承情况则从全面来考察。他说:

　　　　圣人之学,心学也。尧、舜、禹之相授受曰:"人心惟危,道心惟微,惟精惟一,允执厥中。"此心学之源也。中也者,道心之谓也;道心精一之谓仁,所谓中也。孔孟之学,惟务求仁,盖精一之传也。而当时之弊,固已有外求之者,故子贡致疑于多学而识,而以博施济众为仁。夫子告之以一贯,而教以能近取譬,盖使之求诸其心也。迨于孟氏之时,墨氏之言仁至于摩顶放踵,而告子之徒又有"仁内义外"之说,心学大坏。孟子辟义外之说,而曰:"仁,人心也。学问之道无他,求其放心而已矣。"又曰:"仁义礼智,非由外铄我也,我固有之,弗思耳矣。"盖王道息而伯术行,功利之徒外假天理之近似以济其私,而以欺于人,曰:天理固如是,不知既无其心矣,而尚何有所谓天

---

① 《湛甘泉先生文集》卷之十一《问疑续录》。
② 《礼记正义》卷五二《中庸》,《十三经注疏》本,第 1625 页。

理者乎？自是而后，析心与理而为二，而精一之学亡。世儒之支离，外索于刑名器数之末，以求明其所谓物理者。而不知吾心即物理，初无假于外也。佛、老之空虚，遗弃其人伦事物之常，以求明其所谓吾心者。而不知物理即吾心，不可得而遗也。至宋周、程二子，始复追寻孔、颜之宗，而有"无极而太极"，"定之以仁义，中正而主静"之说；动亦定，静亦定，无内外，无将迎之论，庶几精一之旨矣。自是而后，有象山陆氏，虽其纯粹和平若不逮于二子，而简易直截，真有以接孟子之传。其议论开阖，时有异者，乃其气质意见之殊，而要其学之必求诸心，则一而已。故吾尝断以陆氏之学，孟氏之学也。而世之议者，以其尝与晦翁之有同异，而遂诋以为禅。夫禅之说，弃人伦，遗物理，而要其归极，不可以为天下国家。苟陆氏之学而果若是也，乃所以为禅也。今禅之说与陆氏之说，其书具存，学者苟取而观之，其是非同异，当有不待于辩说者。而顾一倡群和，剿说雷同，如矮人之观场，莫知悲笑之所自，岂非贵耳贱目，不得于言而勿求诸心者之过欤！夫是非同异，每起于人持胜心、便旧习而是己见。故胜心旧习之为患，贤者不免焉。①

这段长文包含了几层含义：首先，指出了圣人之学的实质就是心学，并认为尧、舜、禹授受相传的"人心惟危，道心惟微，惟精惟一，允执厥中"就是心学的来源。其次，进一步指出心学指的就是道心，道心就是指"仁""中"。再次，对圣人之学的传承情况进行了详细描述。王阳明认为孔孟之学就是圣人之学，在孟子时，由于墨子、告子之徒的学说，导致了"心学大坏"；圣人之学在后来的传承中，由于心与理的二分使汉唐儒者注重于外在的"刑名器数"，再加上佛、老的盛行，从而导致了圣人之学的失传；在进入宋代以后，在周敦颐以及程颢等人的努力下，特别是在陆九渊的努力下，圣人之学得以恢复，而且陆氏之学

---

① 《王阳明全集》卷七《文录四·象山文集序》，第245—246页。

与禅学有着质的差别。对于陆九渊的学说,王阳明还有进一步的评价。他说:"象山之学简易直截,孟子之后一人。其学问思辨、致知格物之说,虽亦未免沿袭之累,然其大本大原断非余子所及也。"①这就认为陆九渊的学问虽然有沿袭前人的内容,但就其主旨来说,却是他人没法达到的,他是孟子之后心学的第一人。此外,王阳明又针对学生所问"陆子之学何如",回答说:"濂溪、明道之后,还是象山,只是粗些",且进一步又说:"然他心上用过功夫,与揣摹依仿,求之文义,自不同。但细看有粗处,用功久当见之。"②在王阳明看来,陆九渊的心学还略显粗糙,不过通过长时间的用功,良知最终还是能显现的。

总之,湛甘泉、王阳明等人通过对圣人之学实质的确定以及传承情况的描述,为他们指明了的学术方向,首先就是为儒家本体论的建构指明了方向。

二、心本体的构建

陈献章、湛甘泉、王阳明等人心本体的建构,与《中庸》有着密切的关系。当然,这种关系并不像周敦颐、张载等人通过对《中庸》某一具体概念的阐发来建构,而是在构建的过程中,用《中庸》的相关概念、命题来佐证。

对于陈献章的本体到底是什么,学界存在不同的看法。有学者认为:"陈献章关于心的看法包括以下几个具体观点。第一,心以身体为生理机制,心离不开身。第二,心是人的主宰,他称心为'神气',强调'神气人所资'。……第三,心的作用有至上性。……第四,心具有主动性",因而指出:"他没有完全把心看成形而上的本体,因为在他看来,本体只能是作为客体的道,而不能是作为主体的心"③。这就通过对心的界定,认为陈献章构建的并不是心本体。但实际上,陈献章建构的是心本体,只是有多种表达方式而已。他说:

---

① 《王阳明全集》卷五《文录二·与席元山》,第180页。
② 《王阳明全集》卷三《传习录》下,第92页。
③ 宋志明:《简论陈献章的"万化我出"说》,《中国人民大学学报》1997年第4期。

此理干涉至大，无内外，无始终，无一处不到，无一息不运。会此则天地我立，万化我出，而宇宙在我矣。得此霸柄入手，更有何事？往来古今，四方上下，都一齐穿钮，一齐收拾，随时随处，无不是这个充塞。色色信他本来，何用尔脚劳手攘？①

其观于天地，日月晦明，山川流峙，四时所以运行，万物所以化生，无非在我之极，而思握其枢机，端其御绥，行乎日用事物之中，以与之无穷。②

这里所说的"天地我立""万化我出""宇宙在我""在我之极"，就是认为天地万物的产生以及发展变化都根源于"我"，"我"就是作为根据、根原的本体。那么，"我"的实质到底指什么呢？这就是心。陈献章说：

君子一心，万理完具。事物虽多，莫非在我。此身一到，精神具随，得吾得而得之耳，失吾得而失之耳，厌薄之心，何自而生哉？③

仲尼、颜子之乐，此心也；周子、程子，此心也，吾子亦此心也。得其心，乐不远矣。愿吾子之终思之也。④

心就是产生天地万物的本体，天地万物来源于"我"，就是来源于心。作为本体的心，是人们共有的，不管是孔颜之心、周程之心，还是我们之心，都是本体心的具体化外表现。对于心之所以能开出天地万物的原因，陈献章则引用《中庸》的"诚"来说明。他明确指出："君子一心足以开万世；小人百惑足以丧邦家。何者？心存与不存也。夫此心存则一，一则诚；不存则惑，惑则伪。"本体心之所以能够开出天地万物，寻求原因，就是因为心是存在的、是实有的。陈献章同时又说："夫天地之大，万物之富，何以为之也？一诚所为也。盖有此诚，斯有此物；则有此物，必有此诚。则诚在人何所？具于一心耳。心之所

---

① （明）陈献章著，孙通海点校：《陈献章集》卷二《与林郡博》，中华书局1987年版，第217页。下文出处相同。

② 《陈献章集》卷一《送张进士廷实还京序》，第12页。

③ 《陈献章集》卷一《论前辈言铢视轩冕尘视金玉》中，第55页。

④ 《陈献章集》卷一《寻乐斋记》，第48页。

有者此诚,而为天地者此诚也。天地之大,此诚且可为,而君子存之,则何万世之不足开哉!"①天地万物来自"诚",诚和万物是体用合一的,这就有把诚看成本体的趋向,这种看法来源于对《中庸》"诚者物之终始,不诚无物"的阐发;此外,又认为诚以心为寓所,"心之所有者此诚"又意味着心与诚的同一,诚开出万物,就是心开出万物。

作为陈献章学生的湛甘泉,对其师的思想是有所继承和发展的。有学者就研究指出:"湛甘泉是以陈白沙为代表的江门学派的无可争议的传人。他不但继承了陈白沙的学说,亦修正和发展了陈白沙的学说,把陈白沙的'心具万理万物'、'虚明静一'、'以自然为宗'的理论,修正、发展成为'万事万物莫非心'、'动静一心'、'以自然为至'。"②还有学者说:"湛若水'随处体认天理'的理论就是脱胎于白沙之说,而且他对'以自然之功夫合自然之本体'与'勿忘勿助'的强调在秉承白沙的教诲之余,也有深化和发展,从而显示出更深沉的思考能力与实践向度。"③这都涉及湛甘泉和陈献章二人思想上的关系,其中就涉及本体论的延续。如果说陈献章对心本体的构建还不明确,那么湛甘泉就明确化了。湛甘泉说:"不若大其心,包天地万物而与之一体,则夫一念之发,以至天下之物,无不在内。"④心包括了万物,万物都是由心所产生的。对于心与万物的关系,湛甘泉还借用《中庸》的话语来说明。他说:"中心,其天下之大本乎! 如心,其天下之达道乎! 中心则体物而不遗,如心扩而充之,则天地位万物育,故一忠恕而成位乎其中矣、大矣。"⑤心产生天地万物的过程,就是心"扩而充之"的过程,就是"天地位,万物育"的过程。

---

① 《陈献章集》卷一《无后论》,第 57 页。
② 陈宪猷:《论湛甘泉对陈白沙的继承与扬弃》,《华南师范大学学报》(社会科学版)2005年第 4 期。
③ 王文娟:《从三个重要主张的阐释看湛若水对师说的继承与发展》,《中国哲学史》2015年第 3 期。
④ 《湛甘泉先生文集》卷之八《新泉问辨录》。
⑤ 《湛甘泉先生文集》卷之一《樵语》。

对于心的本体地位,湛甘泉还从其他方面进行了论证。

首先,湛甘泉认为万物一心。他从不同层面来论证了这个观点。如:

三子焉,同此心也;天地之南北中央,苟有人焉,同此心也。①

夫古今同此一天地也,同此天地则同此人,同此人则同此心、同此性,而何有古今学者之别乎! 盖天地人物无古今,而学者自有古今。此心此性无古今,而为己为人者自有古今。②

前者是从方位上来说的,认为人不管处在东南西北中的哪一个位置,都是同此心,心都是一样的;后者则是从时间上来说的,认为学者虽然有古今之分,但是心却没有古今之分,心都是一样的。湛甘泉对心同一的论证,还从不同人的心都是一样的来入手。他明确说:"盖人君的心即人民的心,人民的心即上天之心"③,"盖以其此心同一个心,是以翕然感应耳。何以言之? 人者,天地之心也。天地与人同一气,气之精灵中正处即心。故天地无心,人即其心"④。这就认为人君之心、人民之心、上天之心是同一的,之所以同一就是因为天地与人都是气的表现,二者能相互感应,更重要的是人为天地之心。

其次,湛甘泉通过讨论心与其他概念之间的关系来凸显心的本体地位。对此,主要涉及心与性及天理等的关系。湛甘泉说:

性者,天地万物一体者也;浑然宇宙,其气同也;心也者,体天地万物而不遗者也。性也者,心之生理也,心性非二也。⑤

夫心也、性也、天也,一体而无二者也,心尽而性见,性见而天不外是矣。……即心即性,即性即天,不必更求性天也。⑥

从性来看,天地万物都是一样的,之所以这样,就是因为天地万物之性都来源

---

①　《湛甘泉先生文集》卷之十七《独冈赠言引》。

②　《湛甘泉先生文集》卷之二十《九华山中华书堂讲章》。

③　《湛甘泉先生文集》卷之二十《经筵讲章》。

④　《湛甘泉先生文集》卷之二十《泗州两学讲章》。

⑤　《湛甘泉先生文集》卷之二十一《心性图说》。

⑥　《湛甘泉先生文集》卷之二十《天泉书堂讲章》。

于心本体，一定程度上可以说心、性的实质是相同的。此外，心、性、天也是合一的，尽心就能知性、知天，不必再另外去求性、天。对于心与理的关系，湛甘泉则说："天理只是心之生理。如彼谷种，仁则其生之性，仁即是天理也。心与天理何尝有二？"①心与天理也是同一的，天理也是心本体外化的表现。这种外化还可以表现为仁、礼等，但实质是一样的，"故心一也，在仁为仁，在礼为礼，非有二也，发而后仁礼之迹可见也"②。对于心与天理的关系，湛甘泉还从良知与天理的角度来探讨。他说："良知者何？天理是也，到见得天理，乃是良知，若不见得天理，只是空知，又安得良？这个天理之知，譬如一把火在心上，又如一面明镜在手上，随事随处，即时能照。"③这也认为良知和天理是同一的，只是从天理的角度来论证天理与良知的同一。总之，湛甘泉通过对心与万物以及心与天理等概念关系的分析，凸显了心的本体地位。

湛甘泉还注重对心本体特点的揭示。在湛甘泉看来，"善学者如悬鉴焉，明其体矣，物至而照焉，不迁以就之。如迁就焉，本体亡矣"④。这就指出本体具有稳定性，对外物的观照就应该按照心本体的原意进行，而不能随便改变，如果随便改变只会导致心本体的丧失。同时，湛甘泉又说："从古圣人之学只是一贯，一贯之言自夫子始发之耳！观尧、舜、禹之精一可见，何尝有二本、三本？"⑤本体具有唯一性，圣人之学即心学的"一贯"，就是指本体只有一个，那就是"心"。湛甘泉对心本体特点的探讨，更注重的是对其内外合一或内外一体特点的阐述。他说：

> 心体物而不遗，故无外。无外安有中？故有外之心，不足以尽性。夫惟尧之心光被四表矣，故心也者，无远近，无内外。⑥

① 《湛甘泉先生文集》卷之十一《问疑续录》。
② 《湛甘泉先生文集》卷之二十二《约言》。
③ 《湛甘泉先生文集》卷之八《新泉问辨录》。
④ 《湛甘泉先生文集》卷之一《樵语》。
⑤ 《湛甘泉先生文集》卷之十四《〈书〉问》。
⑥ 《湛甘泉先生文集》卷之一《樵语》。

> 心出于天,天无内外,心亦无内外。有内外,非心也,非心也者,
> 不足以合天也。是故或失则内焉,或失则外焉。或失则过焉,或失则
> 不及焉。内与外离而不全,有存焉者寡矣。过与不及,背驰而愈远,
> 则禽兽夷狄之祸至矣。①

心是无内外之分的,心是贯通内外的、是内外合一的,如果有内外之分,那么必然会产生差别,也就不能真正认知性,当然也就不能认知本心。心之所以无内外之分,这是由于其来源于天。这种来源于天,一方面是说心与天是同一的,另一方面则是说心是先天客观存在的。心有内外之分,是由于要么内、要么外出现了过或不及的过失;心的内外分离以及内外的过或不及,只会带来祸害。湛甘泉还以心无内外之分为依据,质疑孟子的"求放心"。他说:

> 吾常观吾心于无物之先矣,洞然而虚,昭然而灵。虚者,心之所
> 以生也;灵者,心之所以神也。吾常观吾心于有物之后矣。窒然而
> 塞,愦然而昏。塞者,心之所以死也。昏者,心之所以物也。其虚焉、
> 灵焉,非由外来也,其本体也。其塞焉、昏焉,非由内往也,欲蔽之也,
> 其本体固在也。一朝而觉焉,蔽者彻,虚而灵者见矣。日月蔽于云,
> 非无日月也;鉴蔽于尘,非无明也;人心蔽于物,非无虚与灵也。心体
> 物而不遗,无内外,无终始,无所放处,亦无所放时,其本体也。信斯
> 言也,当其放于外,何者在内? 当其放于前,何者在后? 何者求之?
> 放者一心也,求者又一心也,以心求心,所谓憧憧往来,朋从尔思,祇
> 益乱耳,况能有存耶? 夫欲心之勿蔽,莫若寡欲,寡欲莫若主一。②

在无物之前考察心本体,其有"虚""灵"的特点;在有物之后来考察心本体,其则存在"塞""昏"的问题。心本体具有的"虚""灵"特点,是其本有的,并非外来的;而心本体出现的"塞""昏"问题,则不是本有的,是被外来欲望所遮蔽而产生的。同时,被欲望所遮蔽的本体一直都是存在的,当欲望被摒弃之后,心

---

① 《湛甘泉先生文集》卷之二十一《孔门传授心法论都察院考满》。
② 《湛甘泉先生文集》卷之二十一《求放心篇》。

本体具有的"虚""灵"特点就会凸显。所以说心不存在内外之分,心也未曾失去,只是被欲望所遮蔽而已,当然也就不存"求放心"之说;要解决心本体被遮蔽的问题,就需要寡欲,而寡欲的根本就在"主一",即专注于心,即持敬。

与湛甘泉同时期的王阳明,也是心学家,不过两人对心的界定还是有所差别的。湛甘泉就指出:"静言思之,吾与阳明之说不合者,有其故矣。盖阳明与吾看心不同,吾之所谓心者,体万物而不遗者也,故无内外。阳明之所谓心者,指腔子里而为言者也,故以吾之说为外。"①在湛甘泉看来,自己所说的心是无内外之分,可以通过"随处体认天理"的方式获得对心本体的认知,而王阳明所说的心则是限定于内在之心,"致良知"就是对内在之心的认知。在这种情况下,王阳明也就认为湛甘泉所说的心为外在的。王阳明也的确说:"随事体认天理,即戒慎恐惧功夫,以为尚隔一尘,为世之所谓事事物物皆有定理而求之于外者言之耳。若致良知之功明,则此语亦自无害,不然即犹未免于毫厘千里也。"②王阳明认为湛甘泉的"随处体认天理"是在体认外在之心,与"致良知"对本心的认知还是有差别的,只有"致良知"大行于天下,"随处体认天理"才不会产生危害,否则带来的影响是很明显的。王阳明还接着说:"'随处体认天理'是真实不诳语,鄙说初亦如是,及根究老兄命意发端处,却似有毫厘未协,然亦终当殊途同归也。"③王阳明就认为自己与湛甘泉虽然在体认心本体的工夫下手处有差别,但是最终的目的却是殊途同归的,都是实现对心本体的认知。一定程度上说,湛甘泉与王阳明所体认的心,其本质应该是相同的。有学者就研究指出:"从本体上看,王阳明与湛甘泉所追求的境界是一致的,他们都认为天理即是人心中正之本体,不管他们是主良知之说,抑或是主天理之说,但都不疑问天理即是良知,良知即是天理,二者是我们人伦日用间

---

① 《湛甘泉先生文集》卷之七《答杨少默》。
② 《王阳明全集》卷六《文录三·寄邹谦之》,第206页。
③ 《王阳明全集》卷五《文录二·答甘泉》,第181页。

善的根据,并没有什么根据的区别。"①这种观点是非常合理的。此外,王阳明还反思了为什么存在"随处体认天理"与"致良知"的分歧以及是什么原因带来了学术的"不明"。他说:

> 寄示甘泉《尊经阁记》,甚善甚善! 其间大意亦与区区《稽山书院》之作相同。《稽山》之作,向尝以寄甘泉,自谓于此学颇有分毫发明。今甘泉乃谓"今之谓聪明知觉,不必外求诸经者,不必呼而能觉"之类,则似急于立言,而未暇细察鄙人之意矣。后世学术之不明,非为后人聪明识见之不及古人,大抵多由胜心为患,不能取善相下。明明其说之已是矣,而又务为一说以高之,是以其说愈多而惑人愈甚。凡今学术之不明,使后学无所适从,徒以致人之多言者,皆吾党自相求胜之罪也。②

王阳明就以自己的《稽山书院》与湛甘泉《尊经阁记》的宗旨相同,但由于湛甘泉并没有领会这个宗旨而带来了分歧为例,说明学术的不明就是由于人们"胜心为患,不能取善相下",即人们有着争强好胜的心理、不能容纳别人的观点,在已有定论的情况下,还要标新立异,重立一说来争论高下,这只会带来学术的不明,让人茫然无措。总之,人们的"胜心"是学术不明的罪魁祸首。

王阳明构建的还是心本体。不过,对于王阳明的本体构建,有学者研究指出:"'良知'学说的发展经历了以'天理'释'良知',进而以'良知'代'天理'的过程。王阳明主张'良知即天理',却甚少提到'天理即良知'。在其学说中,'天理'与'良知'的地位、含义并不相同。"③这实际上认为王阳明的本体构建存在从"天理"到"良知"的转化过程,他先构建的是天理本体,后来最终

---

① 郭晓东:《致良知与随处体认天理——王阳明与湛若水哲学之比较》,《中国哲学史》1998 年第 4 期。

② 《王阳明全集》卷六《文录三·寄邹谦之》,第 206—207 页。

③ 杨洋:《从"天理"到"良知"——王阳明"良知"思想的演变及其美学意蕴》,《中国文化研究》2016 年冬之卷。

构建的才是良知本体,即心本体;相应地,"良知"与"天理"的关系,首先应该是"天理即良知",凸显的是天理的本体地位,良知不过是天理的表现形式而已,随后才是"良知即天理",此时凸显的是良知的本体地位,天理则是良知的外化表现。这个观点具有合理性。王阳明的确对天理也是非常重视的,他说:"只念念要存天理,即是立志。能不忘乎此,久则自然心中凝聚,犹道家所谓结圣胎也。此天理之念常存,驯至于美大圣神,亦只从此一念存养扩充去耳。"①天理在这里,就具有本体的性质,当然天理本体与心有着密切的关系,其他事物都是由天理一念扩展开去的。王阳明还进一步说:

> 理一而已。以其理之凝聚而言,则谓之性;以其凝聚之主宰而言,则谓之心;以其主宰之发动而言,则谓之意;以其发动之明觉而言,则谓之知;以其明觉之感应而言,则谓之物。故就物而言谓之格;就知而言谓之致;就意而言谓之诚;就心而言谓之正:正者,正此也;诚者,诚此也;致者,致此也;格者,格此也。皆所谓穷理以尽性也。天下无性外之理,无性外之物。②

通过阐释理与性、心、意、知、物等概念的关系,来说明天理的本体地位;同时,也指出"正""诚""致""格"等的对象,最终指向的都是对天理的认知,而且天理与事物之间是体用不二的。

王阳明最终构建的是心本体,心本体体现为"心""良知""灵明"。对于"灵明",王阳明说:"可知充天塞地中间,只有这个灵明,人只为形体自间隔了。我的灵明,便是天地鬼神的主宰。天没有我的灵明,谁去仰他高?地没有我的灵明,谁去俯他深?鬼神没有我的灵明,谁去辨他吉凶灾祥?天地鬼神万物离却我的灵明,便没有天地鬼神万物了。我的灵明离却天地鬼神万物,亦没有我的灵明。"③"灵明"具有本体的色彩,认为天、地、鬼、神、万物等都是由

---

① 《王阳明全集》卷一《传习录》上,第11页。
② 《王阳明全集》卷二《传习录》中《答罗整庵少宰书》,第76—77页。
③ 《王阳明全集》卷三《传习录》下,第124页。

"灵明"来主宰的,而且"灵明"与天、地等是相辅相成的,二者之间存在体用合一的关系。不过,需要指出的是,王阳明的心本体主要指心或良知。对本体心,王阳明进行详细的阐述。他说:"所谓汝心,亦不专是那一团血肉。若是那一团血肉,如今已死的人,那一团血肉还在,缘何不能视听言动? 所谓汝心,却是那能视听言动的,这个便是性,便是天理。有这个性才能生。这性之生理便谓之仁。这性之生理,发在目便会视,发在耳便会听,发在口便会言,发在四肢便会动,都只是那天理发生,以其主宰一身,故谓之心。这心之本体,原只是个天理。"①心有多层含义,有指作为"一团血肉"的器官,不过王阳明认为自己所说的心是本体,目能视、耳能听、口能言、四肢能动,寻根究底就在于本体心的作用;同时,王阳明还认为心便是性、便是天理,三者的实质是相同的。王阳明在这里虽然说的是本体心,但一定程度上凸显的是天理本体。王阳明在后来,进一步凸显本体心。他说:"夫在物为理,处物为义,在性为善,因所指而异其名,实皆吾之心也。心外无物,心外无事,心外无理,心外无义,心外无善。"②这段话探讨了心与理、义、善的关系,一方面认为这理、义、善三者异名而同质,都是本体心的体现;另一方面则再次强调物、事都是来源于本体心,没有本体心当然也就不会有物、事以及理、义、善等。对于本体心,王阳明还认为天下之人都有,而且天下之人在此上都是相同的。他说:"天下之人心,其始亦非有异于圣人也,特其间于有我之私,隔于物欲之蔽,大者以小,通者以塞,人各有心,至有视其父子兄弟如仇雠者。圣人有忧之,是以推其天地万物一体之仁以教天下,使之皆有以克其私,去其蔽,以复其心体之同然。"③天下之人都有本体心,其与圣人之心都是一样的,只是由于物欲的原因导致后来其与圣人之心产生了差别,不过只要通过"克其私""去其蔽"的方式,最终都能恢复本体心。对于本体心的存在,王阳明还借用《中庸》"不诚无物"来证明。他

---

① 《王阳明全集》卷一《传习录》上,第36页。
② 《王阳明全集》卷四《文录一·与王纯甫》,第156页。
③ 《王阳明全集》卷二《传习录》中《答顾东桥书》,第54页。

说:"身之主宰便是心;心之所发便是意;意之本体便是知;意之所在便是物。如意在于事亲,即事亲便是一物;意在于事君,即事君便是一物;意在于仁民爱物,即仁民爱物便是一物;意在于视听言动,即视听言动便是一物。所以某说无心外之理,无心外之物。中庸言'不诚无物',大学'明明德'之功,只是个诚意。诚意之功只是个格物。"①本体心最终要落实到事亲、事君、仁民爱物以及视听言动上,本体心决定了一切,本体心的地位就类似于《中庸》中的"诚","不诚无物",对于本体心来说则是"无心"就会"无理""无物"。

王阳明对心本体的探讨,还体现在对良知本体的探讨上。他明确说:

> 盖良知只是一个天理,自然明觉发见处,只是一个真诚恻怛,便是他本体。故致此良知之真诚恻怛,以事亲便是孝;致此良知之真诚恻怛,以从兄便是弟;致此良知之真诚恻怛,以事君便是忠:只是一个良知,一个真诚恻怛。②

> 良知是造化的精灵。这些精灵,生天生地,成鬼成帝,皆从此出,真是与物无对。人若复得他完完全全,无少亏欠,自不觉手舞足蹈,不知天地间更有何乐可代。③

良知作为本体,作为人类社会的孝、悌、忠等道德规范都是由它所转化出来的,这种转化是一个自然而然的过程,是把良知的诚实恳切属性凸显出来;此外,天地万物的产生也是以良知为根据的。对于良知本体,王阳明还进一步指出:"人的良知,就是草木瓦石的良知。若草木瓦石无人的良知,不可以为草木瓦石矣。岂惟草木瓦石为然,天地无人的良知,亦不可为天地矣。"④天地万物都有良知,人与草、木、瓦、石以及天、地的良知都是一样的,或者说良知只有一个,而且草、木、瓦、石以及天、地等的产生都来源于良知。王阳明还说:"盖有

---

① 《王阳明全集》卷一《传习录》上,第 6 页。
② 《王阳明全集》卷二《传习录》中《答聂文蔚》,第 84 页。
③ 《王阳明全集》卷三《传习录》下,第 104 页。
④ 《王阳明全集》卷三《传习录》下,第 107 页。

谓良知不足以尽天下之理,而必假于穷索以增益之者,又以为徒致良知未必能合于天理,须以良知讲求其所谓天理者,而执之以为一定之则,然后可以率由而无弊。是其为说,非实加体认之功而真有以见夫良知者,则亦莫能辩其言之似是而非也。……良知之外,更无知;致知之外,更无学。外良知以求知者,邪妄之知矣;外致知以为学者,异端之学矣。"①这里涉及了时人的良知观,一者认为良知不能囊括天下之理,还应该增加良知以外的东西,一者认为通过致良知未必能认知天理,还需增加致良知以外的方式。王阳明对此持批判态度,认为良知是包括一切的,在良知以外来求的知则是邪妄之知,同时还认为致良知是行之有效的方式,在致良知以外的致知方式都是异端之学。

王阳明对良知的探讨,还把它同《中庸》的"未发之中"联系起来。② 王阳明说:

> 学须有本原,须从本原上用力。……故须有个本原。圣人到位天地,育万物,也只从喜怒哀乐未发之中上养来。③
>
> 颜子不迁怒,不贰过,亦是有未发之中,始能。④

这里所说的学问有本原,本原就是指学问的最核心部分,对心学来说就是心本体。王阳明认为圣人的"位天地,育万物",都是从"未发之中"扩充出来的,这一定程度上就把"未发之中"看成是本体,"未发之中"具有了本体色彩。此外,王阳明还举例说颜回的"不迁怒,不贰过"就是来自源于"未发之中"。王阳明还进一步指出:"'未发之中'即良知也,无前后内外而浑然一体者也。有事无事,可以言动静,而良知无分于有事无事也。寂然感通,可以言动静,而良知无分于寂然感通也。动静者所遇之时,心之本体固无分于动静也。……未

---

① 《王阳明全集》卷六《文录三·与马子莘》,第218页。

② 注:对于王阳明对《中庸》"未发"的阐述,可以参考陈来《有无之境:王阳明的哲学精神》(北京大学出版社2013年版)的第四章第一节"未发与已发";翟奎凤《致良知与致中和——王阳明中和论思想发微》,《安徽大学学报》(哲学社会科学版)2008年第4期等。

③ 《王阳明全集》卷一《传习录》上,第14页。

④ 《王阳明全集》卷一《传习录》上,第32页。

发在已发之中，而已发之中未尝别有未发者在；已发在未发之中，而未发之中未尝别有已发者存；是未尝无动静，而不可以动静分者也。"①"未发之中"就是良知，由于良知本体是贯穿始终的，它没有"有事"与"无事"、"寂然"与"感通"的时段之分，也就是说良知是不分动、静的，所以也使得"未发之中"是无前后、动静之分的，而且未发与已发是浑然一体的，已发中有未发，未发中有已发，未发和已发存在体用合一的关系。总之，王阳明在把"未发之中"确定为本体的基础上，用它去诠释良知。这凸显出王阳明用《中庸》的相关概念来佐证心本体。

王阳明对心本体的特点也有所阐述。首先，王阳明认为心本体具有唯一性，而且是一直客观存在的。他说：

> 良知只是一个。随他发见流行处当下具足，更无去来，不须假借。然其发见流行处却自有轻重厚薄，毫发不容增减者，所谓天然自有之中也。虽则轻重厚薄毫发不容增减，而厚又只是一个；虽则只是一个，而其间轻重厚薄又毫发不容增减，若可得增减，若须假借，即已非其真诚恻怛之本体矣。②

良知虽然在外化时表现出"轻重厚薄"，但良知只有一个，对其是不能有所增减的，它是客观存在的；如果对良知能够增减，能够用他物来替代，那么得到的就不是真正的良知。对于心本体，它一直都是存在的。王阳明为此说："虽妄念之发，而良知未尝不在，但人不知存，则有时而或放耳；虽昏塞之极，而良知未尝不明，但人不知察，则有时而或蔽耳，虽有时而或放，其体实未尝不在也，存之而已耳；虽有时而或蔽，其体实未尝不明也，察之而已耳。"③这是从"妄念"和"昏塞"对良知的影响来说的，虽然人们认为"妄念"会带来良知的有时丧失、"昏塞"会带来良知的有时被遮蔽，但是良知一直都是存在的、是可以被

---

① 《王阳明全集》卷二《传习录》中《答陆原静书》，第64页。
② 《王阳明全集》卷二《传习录》中《答聂文蔚》，第85页。
③ 《王阳明全集》卷二《传习录》中《答陆原静书》，第61—62页。

察识的。此外,良知的存在是客观的,"学者用功虽千思万虑,只是要复他本来体用而已,不是以私意去安排思索出来"①,即良知并不是思虑而得到的,并不是从无到有,只是通过思虑使它凸显而已。其次,王阳明也认为心本体无内外、心本体内外一体,这与湛甘泉是相同的。王阳明说:"若论本体,元是无出无入的。若论出入,则其思虑运用是出。"②"功夫不离本体;本体原无内外。只为后来做功夫的分了内外,失其本体了。如今正要讲明功夫不要有内外,乃是本体功夫。"③心本体是无内外之分的,当然也就谈不上心有出入了,所谓的出入是指思虑而已;之所以说心本体有内外之分,这是来源于与本体相对应的功夫有内外之分,但实际上本体是无内外之分的,而是内外一体的。再次,王阳明认为心本体无动静之分、心本体是动静一体的。他明确说:"良知明白,随你去静处体悟也好,随你去事上磨练也好,良知本体原是无动无静的。"④这是从良知来说的,认为心本体是无动无静的。王阳明同时又说:"心不可以动静为体用。动静时也。"⑤"心,无动静者也。其静也者,以言其体也;其动也者,以言其用也。故君子之学,无间于动静。其静也,常觉而未尝无也,故常应;其动也,常定而未尝有也,故常寂;常应常寂,动静皆有事焉,是之谓集义。"⑥这两段话看似矛盾,实际上是从不同层面来说的。心本体本来是不分动静的,当然也就不能以动静为心的体用;但从某一时段来看,心又有动静之分,此时就以静言体、以动言用,不过这种动静都是相应的,静也并不是真正的静,动也并不是真正的动,动即静、静即动,动静是结合在一起的。

三、反支离、求合一的思维模式

湛甘泉、王阳明对心本体特点的归纳,都凸显出心无内外、心内外一体的

① 《王阳明全集》卷二《传习录》中《启问道通书》,第58页。
② 《王阳明全集》卷一《传习录》上,第18页。
③ 《王阳明全集》卷三《传习录》下,第92页。
④ 《王阳明全集》卷三《传习录》下,第105页。
⑤ 《王阳明全集》卷一《传习录》上,第31页。
⑥ 《王阳明全集》卷五《文录二·答伦彦式》,第182页。

特点。这个特点是针对心本体自身来说的,扩展开去,心本体与天地万物的关系以及由此引申出来的性与气关系等又体现出什么特点呢? 这个特点归纳起来,就是反支离、求合一。这实际上涉及湛甘泉、王阳明等人的理论思维模式,涉及湛甘泉、王阳明等人形而上思想体系的特点。这与湛甘泉等人对《中庸》的阐发也是息息相关的,也凸显出《中庸》学与儒家形而上学之关系。

湛甘泉等人从《中庸》研究出发,认为《中庸》思想具有前后一贯、内外合一的特点。对于《中庸》思想的前后一贯的特点,湛甘泉认为这首先表现在《中庸》的框架结构上。他明确说:

> 故《中庸》者,一干而四肢者也。干也者,言其篇之首也。四支
> 也者,言其自一而二而三而之其卒焉者也。夫天下之支,未有不原于
> 干者矣;天下之干,未有不因支焉,以发明者矣。……是故一干本根,
> 纯粹精矣;四支发挥,旁通情矣。大哉道也,斯其至矣。①

这就认为《中庸》存在着"一干而四肢"的框架结构,"一干"就是贯穿《中庸》全文根本,"四肢"则是指具体表现,"一干"是"四肢"的来源,"四肢"是"一干"的展开。对于《中庸》的前后一贯思想,湛甘泉还从本末上分析,认为本末思想贯穿了整个《中庸》。他为此说:"盖尝考诸中庸矣,曰'戒惧慎独'也,曰'大本达道'也,曰'时中'也,曰'好问、好察、执中'也,……是皆笃恭之类也,然而天下平由之矣。曰'修道致中和而位育'也,曰'文、武、周公之孝而制礼'也,曰'为天下国家有九经'也,……皆平天下之类也,然而笃恭本之矣。本末体用一以贯之,此中庸之所以为至乎!"②"戒惧慎独"等是"笃恭之类",它们涉及的是具体的修养致知等内容,"修道致中和而位育"等是"平天下之类",它们涉及的是治理天下的具体措施。"笃恭之类"主要从内圣来说,"平天下之类"则主要从外王来说,二者之间存在着本末体用关系,这种关系贯穿了《中庸》始终。湛甘泉还说:"《中庸》一篇总是一篇文字,无许多节目。首章是

---

① 《湛甘泉先生文集》卷之十七《中庸测序》。
② 《湛甘泉先生文集》卷之二十一《君子笃恭而天下平论》。

个头脑,其下节节每举圣人之事,而欲学者法之,说了又说。……一一分属,及一一分天道人道,恐无意味。"①这也再次强调对《中庸》的把握,要从整体上来进行,要从本末一贯上来把握。对于《中庸》思想体现出的内外合一特点,湛甘泉说:"心包乎事物之外,事物行乎心之中,内外合矣。此其法也。故无内无外,无过无不及,无助无忘,则一矣。……此合内外之道也,大哉《中庸》,斯其至矣。"②心和事物之间存在着内外合一的关系,这种关系建立在道的基础上,《中庸》在此上体现得最为明显。

　　湛甘泉、王阳明等人就吸收了《中庸》思想前后一贯、内外合一的特点,建构了反支离、求合一的思维模式。这种思维模式的建构,一方面表现在对儒者以及佛教支离的批判,另一方面则体现在自己的构建上。在讨论合一思维模式建构之前,首先要知道何谓"支离"。湛甘泉明确说:"夫所谓支离者,二之之谓也,非徒逐外而忘内,谓之支离,是内而非外者亦谓之支离,过犹不及耳。"③"支离"就是把事物分为独立的二部分,没有认识到二部分之间的合一关系,比如内外关系中的"逐外而忘内""是内而非外"就是支离的表现。湛甘泉还进一步指出:"或偏则外,或偏则内,二之皆支离也。人知偏外者之支离矣,而未知偏内者之为支离。偏外故忘本,忘本则迹;偏内故恶物,恶物则寂。二者皆支离之疚也。离也者,离也,离而贰之也,是故致一则一矣。君子之学,内外合一,动静合几,体用合原,物我合体。"④人们在现实中,往往只认识到"偏外者"为支离,而不知"偏内者"也为支离,不管是偏外,还是偏内,实际上都是把内、外割裂了,带来的危害都是很大的。作为心学,应该追求的是合一之学,这种合一应该体现为内外合一、动静合一、体用合一、物我合一等。对于反支离、求合一的思维模式,湛甘泉还借用《中庸》"未发""已发"的关系等来

① 《湛甘泉先生文集》卷之四《知新后语》。
② 《湛甘泉先生文集》卷之二十一《孔门传授心法论都察院考满》。
③ 《湛甘泉先生文集》卷之七《答阳明》。
④ 《湛甘泉先生文集》卷之十七《送杨少默序》。

论证。他说：

> 吾所谓体认者，非分未发已发，非分动静。所谓随处体认天理者，随未发已发，随动随静。盖动静皆吾心之本体，体用一原故也。……心之本体，其于未发已发，或动或静，亦若是而已矣。若谓静未发为本体，而外已发而动以为言，恐亦有岐而二之之弊也。前辈多坐此弊，偏内偏外皆支离，而非合内外之道矣。①

这就从"随处体认天理"并不分"未发"与"已发"、动与静来说的，也就是不管是在"未发"、静时，还是在"已发"、动时，都要"随处体认天理"，都要随时去认知心本体。或者说，心本体是贯穿了整个未发已发、整个动静。在这种情况下，在对心本体的认知过程中就不能把未发与已发、动与静严格地分开，如果分开则有支离的嫌疑。但是在现实中，前辈学人在此上就有支离的弊端，只是注重某一方面，并没有建立合一的思维模式。

湛甘泉等人对儒者和佛老的支离进行了批判。湛甘泉说："后世儒者何其支离之弊也乎！岐内外本末心事而二之也，是故支离之弊生。是内而非外也，重心而略事也，犹然不悟，反谓立本，误矣。千百年来，道学不明，非此之故乎？故学者必内外、本末、心事之合一也，乃为孔孟之正脉。"②湛甘泉认为内外合一、本末合一、心事合一等才是孔孟之学的正传，但由于后世儒者没有认识到这一点，反而把内与外、本与末、心与事都割裂开来，出现了支离之学的盛行，也正是由于这一点导致千百年来道学的不明。具体来说，是哪些后世儒者偏离了道学的路径呢？湛甘泉评判说：

> 其周濂溪、程明道乎！微二子，道其支离矣。舍二子，吾何学矣？③

> 夫遵道何为者也？遵明道也。明道兄弟之学，孔孟之正脉也。

---

① 《湛甘泉先生文集》卷之七《答孟生津》。
② 《湛甘泉先生文集》卷之五《二业合一训》。
③ 《湛甘泉先生文集》卷之三《雍语》。

合内外、彻上下而一之者也。今夫为朱陆之辨者赜矣，或失则外，或
失则内，或失则上，或失则下，吾弗敢遵焉尔。是故履天下之大道，而
决天下之至赜者，莫大乎中正。中正者，救偏之极致也。①

在湛甘泉看来，周敦颐以及二程兄弟都是孔孟之学的正传，他们构建的是内
外、上下的合一之学，也正是由于他们的存在，人们才知道学习和传承的应该
是什么样的学问；反之，朱陆之辨所体现的则是偏重内或外、偏重上或下，凸显
的是支离之学，这是人们应该摒弃的。只有秉持中正之道，才能追求合一之
学，也才能远离支离之学。湛甘泉也对佛老的支离进行了批判。他说："体用
一原，何分体用。……若谓老子之体用，非吾儒之真用也。将欲取之必固与
之，此乃作意之说，本体固如是乎，何以有用。"②这就认为道家老子所讲的体
用并不是儒家所讲的体用，因为儒家的体用是一原的、体用是合一的，而不像
道家刻意把体用一分为二。对佛教支离的批判，湛甘泉是从儒佛的差别上来
说的。他说："儒有动静，释亦有动静。夫儒之静也体天，其动也以天，是故寂
感一矣。夫释之静也灭天，其动也违天，是故体用二矣。"③儒佛都有动静，不
过儒家的动静是合一，而佛教的动静则是二分的。湛甘泉又说："看来学者之
病，全在三截两截，不成片段，静坐时自静坐，读书时又自读书，酬应时又自酬
应，如人身血气不通，安得长进？元来只是敬上理会未透，故未有得力处，又或
以内外为二而离之。吾人切要，只于执事敬用功，自独处以至读书酬应，无非
此意。一以贯之，内外上下，莫非此理，更有何事？吾儒开物成务之学异于佛
老者此也。"④儒者们的弊端就在于只注重眼前事，没有前后一贯、整体考察的
思维，导致学业不会有所进步。寻求原因，就是未能一以贯之地持敬，并在思
维上出现内外割裂。对于儒者来说，就应该构建一以贯之、内外上下合一的思

---

① 《湛甘泉先生文集》卷之十七《叙遵道录》。
② 《湛甘泉先生文集》卷之二十五《非老子》问答附。
③ 《湛甘泉先生文集》卷之十七《太史张秀卿归省赠别》。
④ 《湛甘泉先生文集》卷之七《答徐曰仁工曹》。

维模式,而这一点也正是儒佛的差别所在。对于湛甘泉批朱陆和批佛教的支离,有学者评价说:"湛若水批判佛学、程朱理学和陆王心学支离的弊端,统一了宇宙演化论和本体论,阐发'万物一气'、'道器一体'、'心合内外'的思想,构建起'随处体认天理'修养工夫论。其思想理路彰显出'体用混一'的思维模式,以及动静合一、知行相即、以心贯之的特色。"①这是非常中肯的。

湛甘泉、王阳明等致力于构建合一的思维模式,这种合一的思维模式体现在理气关系、心事关系、动静关系、知行关系等上。对于理气合一关系,除了体现在理气关系上,还体现在性气关系、道气关系等上。比如,"潘洋问理气之说,自孟子周程而后鲜有能明之者,先生推明合一之学,曰气之中正道也,曰一阴一阳之谓道,而偏阴偏阳者非道。阳明先生亦曰理者气之条理,气者理之运用,然后理气合一之说章明于天下矣。"②这就认为湛甘泉是自孟子、周敦颐、二程之后,能够鲜明倡导理气合一之人,同时也指出王阳明在此上也是持理气合一之说。对于性气关系,湛甘泉明确说:"器譬则气也,道譬则性也。气得其中正焉,理也,性也。是故性气一体。"③对于道气关系,湛甘泉也说:"外气以求性道也,吾衹见其惑也"④,"易一阴一阳之谓道,即气即道,气之中正者即道,道气非二也"⑤。这都是把性气关系、道气关系看成是一体的、合一的,性气相即,道气相即,也就是认为在气外去求性、求道是根本不可能的。理气合一关系在人身上则体现为心事合一关系,具体表现为心事关系、明德与亲民关系、上达与下学关系等。湛甘泉说:"臣闻帝王之学,一贯而已矣。一贯者非他也,心事合一之谓也。故一则无事矣,一则易简而天下之理尽矣。……由是观之,《论语》二十篇之中,无非一贯之义,无非心事合一之学也。"⑥这就认为

---

① 孟淑媛:《湛若水"体用浑一"修养工夫的思想理路》,《江汉论坛》2013年第6期。
② 《湛甘泉先生文集》卷之二十三《天关语通录》。
③ 《湛甘泉先生文集》卷之一《樵语》。
④ 《湛甘泉先生文集》卷之二《新论》。
⑤ 《湛甘泉先生文集》卷之十一《问疑续录》。
⑥ 《湛甘泉先生文集》卷之十九《进圣学疏》。

帝王之学为一贯之学,一贯之学就是讲心事合一,而且《论语》就是心事合一之学的典范。心事合一,又可以体现为明德与亲民的合一等。比如,湛甘泉说:"在心为明德,在事为亲民,非谓静坐而明德,及长然后应事以亲民也。一日之间,开眼便是应事,即亲民。自宋以来儒者多分两段,以此多陷支离。自少而长,岂有不应事者。"①这就认为明德与亲民也是合一关系,二者之间是不可分的,这种不可分一直伴随着人的成长,并不是说等长大之后才亲民,如果这样,就与宋儒将其二分没有任何区别。针对湛甘泉对理气关系、心物关系的界定,有学者认为:"既然在湛若水看来'理''气'关系体现为浑然为一,'物''心'关系表征为浑然一体,那就有理由断定湛若水的思想特质就是'浑沦一体'。湛若水不仅将'浑沦一体'视为一己之学,而且将之作为儒家一脉相承之道,并在此'道统'情结的发酵下,对他学进行了非难、批驳。"②湛甘泉也的确建构的是合一的思维模式,体现出"浑沦一体"之特点,并以此为标准来评判他学。

王阳明反支离、求合一的思维模式也体现在理气关系、心物关系等上,不过在动静关系、知行关系上体现得尤为明显。就动静关系上来说,王阳明说:"静未尝不动,动未尝不静。戒谨恐惧即是念,何分动静?"③这就认为动静是一体的,不能把动静严格地划分为对立的两部分,二者之间是能够相互转化的。王阳明对知行合一的探讨是非常多的,这既有理论上的概括,又有事例上的论证。王阳明说:

> 知者行之始,行者知之成。圣学只一个功夫,知行不可分作两事。④

> 知之真切笃实处,即是行;行之明觉精察处,即是知,知行工夫本

① 《湛甘泉先生文集》卷之七《答陈海涯》。
② 王寄、王月清:《湛若水"浑沦一体"思想探微》,《理论学刊》2013年第5期。
③ 《王阳明全集》卷三《传习录》下,第91页。
④ 《王阳明全集》卷一《传习录》上,第13页。

不可离。只为后世学者分作两截用功,失却知行本体,故有合一并进之说。①

知行是相辅相成的、缺一不可的,知是行的基础,行是知的实践,不能够把二者看成是两个完全无关的东西。同时,王阳明还进一步指出知行是合一的,知行是同时进行的,并不是说先有知然后才有行,知行合一就是针对人们把知行看成是前后两截功夫而提出的。王阳明还以事例来论证知行合一。他举例说:"故《大学》指个真知行与人看,说'如好好色,如恶恶臭'。见好色属知,好好色属行。只见那好色时已自好了,不是见了后又立个心去好。闻恶臭属知,恶恶臭属行。只闻那恶臭时已自恶了,不是闻了后别立个心去恶。"②这就以《大学》当中的"如好好色"和"如恶恶臭"来说明,认为"好色""恶臭"就属于知,而"好好色""恶恶臭"则属于行,"好色"与"好好色"、"恶臭"与"恶恶臭"是同时进行的。王阳明还说:"我今说个知行合一,正要人晓得一念发动处,便即是行了。发动处有不善,就将这不善的念克倒了。须要彻根彻底,不使那一念不善潜伏在胸中。"③人的所作所为来源于头脑中的念头,念头的出现就意味着行,这犹如才出现不善念头的同时就把不善念头扼杀于头脑中。

总之,湛甘泉等人吸收了《中庸》思想前后一贯、内外合一的特点,构建了反支离、求合一的思维模式,它又主要体现在理气关系、心事关系、动静关系、知行关系等上。

四、对心本体的涵养及其达到的理想境界

陈献章、湛甘泉、王阳明等构建了心本体,那么如何来涵养心本体呢? 对于陈献章等人来说,他们对心本体的致知和涵养方法并不是完全分开的,他们提出的核心命题就囊括了二者,比如湛甘泉的"随处体认天理"、王阳明的"致

① 《王阳明全集》卷二《传习录》中《答顾东桥书》,第42页。
② 《王阳明全集》卷一《传习录》上,第4页。
③ 《王阳明全集》卷三《传习录》下,第96页。

良知"。而这些命题所包含的具体涵养方法,一定程度上又体现出对《中庸》思想的吸收。

在讨论湛甘泉等人具体涵养方法之前,先考察一下他们涵养的对象及原因等。湛甘泉明确说:"学者须识种子,乃不枉了功夫。何谓种子? 即吾此心中这一点生理,便是灵骨子也。今人动不动只说涵养,若不知此生理,徒涵养个甚物? 释氏为不识此种子,故以理为障,要空、要灭,又焉得变化?"①儒家的涵养是有明确对象的,即"种子","种子"指的就是心本体;人们若不知涵养对象,就根本谈不上涵养,佛教就是典型代表,它认为一切皆空,认为不存在产生天地万物的实在本体。那么,为什么要涵养心本体呢? 一方面,认为只有通过涵养的具体方法才可能真正认知到本体。王阳明就针对友人所问的"读书不记得如何",回答说:"只要晓得,如何要记得? 要晓得已是落第二义了,只要明得自家本体。若徒要记得,便不晓得;若徒要晓得,便明不得自家的本体。"②这里就认为对心本体的认知分"记得""晓得""明得"三个层次,"记得"和"晓得"还只是从外在来把握心本体,并没有真正认识到何为心本体,只有"明得"才是真正认识到心本体的。如何是实现"明得"呢? 这就要靠不断地涵养,最终实现对心本体的完全认知。另一方面,之所以要涵养心本体,就是因为心本体被人欲等所遮蔽。王阳明就鲜明指出:

> 人孰无根? 良知即是天植灵根,自生生不息;但著了私累,把此根戕贼蔽塞,不得发生耳。③
>
> 必欲此心纯乎天理,而无一毫人欲之私,此作圣之功也。必欲此心纯乎天理,而无一毫人欲之私,非防于未萌之先,而克于方萌之际不能也。防于未萌之先,而克于方萌之际,此正《中庸》"戒慎恐惧"、《大学》"致知格物"之功,舍此之外,无别功矣。夫谓"灭于东而生于

---

① 《湛甘泉先生文集》卷之八《新泉问辨录》。
② 《王阳明全集》卷三《传习录》下,第103页。
③ 《王阳明全集》卷三《传习录》下,第101页。

> 西,引犬上堂而逐之"者,是自私自利,将迎意必之为累,而非克治洗
> 荡之为患也。①

良知是人之根,它具有生意,但由于人欲的遮蔽,就会导致良知失去生意。在这种情况下,只有通过涵养,才能够使良知不会被遮蔽。至于何时来涵养,王阳明认为必须要在"防于未萌之先而克于方萌之际",也就是说必须在未发之前以及即发之时来涵养,《中庸》讲的"戒慎恐惧"等就是;如果不在此时来涵养,而是在已发之后,出于清心寡欲的需要,对人欲再进行抵制,则是刻意为之、是自私自利的表现,当然也就不是出于防患于未然的涵养。

陈献章、湛甘泉、王阳明等人,各自都有一套涵养的方法,而且各自涵养方法的重心也是有所不同的。对陈献章来说,其主要的涵养方法就是"静坐"。②湛甘泉、王阳明的涵养方法,虽然也有"静坐",特别是对湛甘泉来说,他也延续了其师的这种方法,但是他们的主要涵养方法则不再是"静坐"。湛甘泉提倡"随处体认天理",其具体的方法有:

> 随意、随心、随身、随家、随国、随天下,只是一个格物。随性、随情、随形、随体、随礼、随乐、随政、随教,只是一个慎独。随视、随听、随言、随动,只是一个勿。随色、随貌、随言、随事、随疑、随忿、随得,只是一个思。③

这里就提到"格物""慎独""勿""思"等几种方法,其中"格物"实际上是致知方法,而"慎独"等则是涵养方法。湛甘泉对"慎独"的重视,来源于对《中庸》思想的吸收。湛甘泉对慎独在《中庸》一书中的地位进行了界定。他针对有

---

① 《王阳明全集》卷二《传习录》中《答陆原静书》,第66页。
② 对于陈献章"静坐"方法的研究,目前取得了众多成果,一方面涉及对"静坐"功夫具体内容的探讨,如马寄:《"静坐"——陈白沙功夫论探微》,《五邑大学学报》(社会科学版)2013年第4期等;另一方面则是对"静坐"方法的理论来源即性探讨,如王光松:《陈白沙的"坐法""观法"与儒家静坐传统》,《中山大学学报》(社会科学版)2016年第4期;余从荣等:《陈白沙的主静路径及特点所受道家思想的影响》,《江西社会科学》2010年第12期等。
③ (明)湛若水撰,钟彩钧等点校:《泉翁大全集》卷七十一《新泉问辩续录》,台湾"中研院"中国文哲研究所,2017年版。

人所问的"然则四书有要乎",回答说:"有。夫《论语》浑然示人以求仁矣,《孟子》灿然示人以扩充四端,反求本心矣,《大学》的然示人以格物矣,《中庸》渊然示人以慎独矣",同时又说:"求仁也者,二十篇一贯之指也。四端本心也者,七篇之约也。格物也者,意、心、身、家、国、天下之贯。其慎独也者,三千三百之原也。物其理也,独其所独知者,亦理也。是故仁也、四端也、本心也、物也、独也,皆天之理也。格之也、慎之也、求之也、扩充之也,皆以体夫天之理而已也。其功则其诚其敬,则勿忘勿助之间尽之矣。"①这就认为《中庸》的枢纽就是慎独,并结合《论语》的"求仁"、《孟子》的"扩充四端,反求本心"、《大学》的"格物"来说,认为"独"与"仁"、"四端"或"本心"以及"物"实际上就是天理,而"慎"与"求"、"扩充"或"反求"以及"格"的对象就是天理,因而"慎独"就是慎重对待天理,进一步来说就是慎重对待心本体。湛甘泉还进一步指出:"慎独二字无论远近、终始、知行、博约、身心、家国、天下,都是滚作一段,更无可间断离析处,不可须臾离,总在此一处下落,乃《中庸》一书总括也。"这再次强调慎独是《中庸》的枢纽,并认为慎独贯穿了一切,是人们离不开的,是人们做事的下手处。

　　湛甘泉对何谓慎独功夫,展开了详细的阐述。他说:"独即性命有何形容,慎则此心之真知、真行,以礼之与性命合一,亦有何形容。阳明于独下添一知字,予初欲求之,添以独知之理字,今皆觉是赘了。此可默识,少有路头蹊径,与中和位育便不相似,末章亹亹只为此二字究竟也,切要切要。"②这实际上就是把"独"看成对性命进行解释的根据——心本体,慎重对待心本体,也就是对心本体进行涵养,这必然就会带来真知、真行;同时,湛甘泉还强调慎独之"独"字指的就是心本体或天理,因而不必在"独"字下再添其他字,而且慎独作为涵养方法,只能默识,与"中和位育"还是有差别的。为此,湛甘泉还进一步说:"中是湛然廓然无事时,和是湛然廓然有事时,此二语却好,然非一

---

①　《湛甘泉先生文集》卷之十七《修复四书古本测序》。
②　《湛甘泉先生文集》卷之二十三《天关语通录》。

见,可到不涉声色见闻,还在慎独上得力。"作为涵养功夫的"慎独",并不是针对具体表现出来的"声色见闻"进行涵养,它是对不显的心本体进行涵养。作为涵养功夫,"慎独是静功、是动功,曰言静、言动,又恐学者于动静时便生起灭,惟几则无间一体故也"①。慎独贯穿了整个动静,并不局限于动或静,当然也不存在生灭之说。湛甘泉还把慎独同"戒慎恐惧"结合起来考察。他说:"以戒慎恐惧为动,为即是喜怒哀乐已发,为即是天理,皆未是。戒惧不过时时警觉不怠耳。吾子所说皆是切要,在察见不睹不闻之体,而戒惧以养之耳。"②"戒慎恐惧"作为涵养方法,并不是对已发的喜怒哀乐、也不是对心本体化外出的天理进行涵养,而是对不睹不闻之体,即对心本体进行涵养。在湛甘泉看来,"戒慎所不睹闻,是全体无鲑畔无知觉,而知觉之理在;慎独是感应有鲑畔有知觉,而知觉之理著","戒慎所不睹不闻,乃诚意功夫,不落意处即致知格物之谓,非浑沦无入手者,故下文以慎独言,无论内外始终,此心收摄,自在不着丝毫,与上天之载无声无息首尾只还一个天命二字"③。"戒慎恐惧"与"慎独"是有差别的,前者是诚意功夫,其针对的是"无鲑畔无知觉"的心本体,而后者针对的不仅有"有鲑畔有知觉"的外在之理,还包括内在的心本体,所以就二者的先后顺序来说则先是"戒慎恐惧",再是"慎独"。

王阳明对《中庸》慎独的涵养方法也有继承和发展。首先,确定了慎独的地位。"除了人情事变,则无事矣。喜怒哀乐非人情乎?自视听言动,以至富贵贫贱、患难死生,皆事变也。事变亦只在人情里。其要旨在致中和,致中和只在谨独。"④在王阳明看来,天下之事不外乎人情和事变,事变显现的又是人情;对人情的把握尤为关键,人情就是要达到中和的境界,而要实现这一目的则得力于谨独,即慎独。其次,也把慎独同戒慎恐惧结合起来考察。王阳明对

---

① 《湛甘泉先生文集》卷之二十三《天关语通录》。
② 《湛甘泉先生文集》卷之九《新泉问辨续录》。
③ 《湛甘泉先生文集》卷之二十三《天关语通录》。
④ 《王阳明全集》卷一《传习录》上,第15页。

戒慎恐惧涵养方法的功能有所论述,他说:"天理之昭明灵觉,所谓良知也。君子之戒慎恐惧,惟恐其昭明灵觉者或有所昏昧放逸,流于非僻邪妄而失其本体之正耳。戒慎恐惧之功无时或间,则天理常存,而其昭明灵觉之本体,无所亏蔽……"①作为戒慎恐惧涵养对象的心本体——良知,经常会被人欲、邪说等影响而有所偏颇,在这种情况下戒慎恐惧就应该随时随地地起作用,也只有这样才能使心本体不会出现被遮蔽等情况。此外,王阳明针对有人问"戒惧是己所不知时工夫,慎独是己所独知时工夫。此说如何",回答说:

> 只是一个工夫,无事时固是独知,有事时亦是独知。人若不知于此独知之地用力,只在人所共知处用功,便是作伪,便是见君子而后厌然。此独知处便是诚的萌芽,此处不论善念恶念,更无虚假,一是百是,一错百错,正是王霸义利诚伪善恶界头。于此一立立定,便是端本澄源,便是立诚。古人许多诚身的工夫,精神命脉全体只在此处。真是莫见莫显,无时无处,无终无始,只是此个工夫。今若又分戒惧为己所不知,即工夫便支离,亦有间断。既戒惧即是知,己若不知,是谁戒惧? 如此见解,便要流入断灭禅定。②

这段话包含了几层意思:第一,认为不管是戒慎恐惧,还是慎独,都是涵养工夫的具体方法。第二,对于慎独来说,它贯穿了"无事"与"有事",慎独就是要慎重对待独见,只有独见是正确的才会带来好的结果。需要说明的是,王阳明与湛甘泉关于慎独之"独"的指代是有所不同的,湛甘泉认为"独"就是心本体,而王阳明则没有把"独"的内涵明确化。第三,认为戒慎恐惧为"己所不知的工夫"的说法存在问题,因为这种划分一方面带来支离,另一方面则是戒慎恐惧也是己知时的涵养工夫。

　　陈献章、湛甘泉等人通过静坐、慎独等方式对心本体的涵养,最终希望达到什么样的理想境界呢? 对《中庸》来说,有自己的理想境界。比如,追求天

---

① 《王阳明全集》卷五《文录二·答舒国用》,第190页。
② 《王阳明全集》卷一《传习录》上,第34—35页。

道与人道的合一,追求至诚境界。除此之外,《中庸》中还有:"诗云:'鸢飞戾天,鱼跃于渊。'言其上下察也。"(第十二章)鸢飞鱼跃的自然现象中蕴含着道,这种道是一种自然之道;更为重要的是,鸢飞鱼跃体现的是万物顺其自然的状况,这就是一种境界。陈献章等人对《中庸》的"自然"境界就有吸收和发扬。陈献章就描述道:

> 宇宙内更有何事,天自信天,地自信地,吾自信吾;自动自静,自
> 阖自辟,自舒自卷;甲不问乙供,乙不待甲赐;牛自为牛,马自为马;感
> 于此,应于彼,发乎迩,见乎远。故得之者,天地与顺,日月与明,鬼神
> 与福,万民与诚,百世与名,而无一物奸于其间。乌乎,大哉![1]

天地万物都体现出顺其自然的特点,也就是说天地万物都按照自己的特性运行,体现出一幅祥和的景象。此外,陈献章又说:"人与天地同体,四时以行,百物以生,若滞在一处,安能为造化之主耶? 古之善为学者,常令此心在无物处,便运用得转耳。学者以自然为宗,不可不著意理会。"[2]天地万物的运行都是以心本体为依据的,就是按照道来进行的,体现出自然而然的特点,所以陈献章说学者要"以自然为宗","自然"就是道运行体现出的特点。对于陈献章所说的"自然",有学者指出:"自然既具有主观的心体的内涵,同时又具有客观的天道、天理的内涵。从客观方面讲,自然有三层含义,即自然界、客观规律及天理。天地化生、主宰万物,万物生生不息而天地不以为功,此即'天地以生物为心'而'无心',也就是湛若水所谓'心普万物而无心',万物的生息繁衍无不是天理的体现,这就是天道、天理所呈现出的自然主义。从主观方面讲,由'亲亲之情'及'恻隐之心'所呈露的心体之仁、善的端倪渐次扩充而达致至仁、至善,这个过程只是一个顺理推演的自然过程,无须任何的助长,这是心体所呈现出的自然主义的第一层含义。儒学的体证工夫纯熟之后,由心体之'中'发而为应事接物之'和',是一个本体自然、承体起用的过程,这是心体所

---

① 《陈献章集》卷三《与林时矩》,第 242 页。
② 《陈献章集》卷二《与湛民泽》,第 192 页。

呈现出的自然主义的第二层含义。"①这就把"自然"看成是自然界和人类社会运行所体现出的特点。至于"以自然为宗",有学者认为它是"要人达到一种没有任何负担、具本来面貌的绝对自由自在的状态,这种精神状态,并不是为了某种理想而将生死置之度外的道德境界,而是一种泯灭生死、忘却得失的心理状态,这与庄子所追求的逍遥游的精神状态并无二致"②。这种看法是有见地的,同时也蕴含着陈献章的"自然"境界与道家有着紧密的联系。对于陈献章"自然"境界的思想来源,的确除了来自儒家,还来自道家。有学者就研究指出:"陈白沙在建构其心学基本体系的过程中,提出了'自然之乐'的境界之学。其'自然之乐'的境界论,在内容和特征上都体现了鲜明的道家思想影响。"③

湛甘泉对"自然"也是非常重视的,不过他与陈献章的看法有些差别。对于陈献章自然思想的来源,时人认为其受到了道家的影响,而且从陈献章的诗文中一定程度上也反映出他对道家思想的吸收。湛甘泉不认同时人的观点,他说:

> 夫自然者,圣人之中路也。圣人所以顺天地万物之化,而执夫天然自有之中也。夫路一而已矣,学者欲学圣人,不先知圣人之中路,其可至乎? 先师白沙先生云:"学以自然为宗。"当时闻者或疑焉。若水服膺是训,垂四十年矣,乃今信之益笃。盖先生自然之说,本于明道明觉自然之说,无丝毫人力之说。明道无丝毫人力之说,本于孟子勿忘勿助之说。孟子勿忘勿助之说,本于夫子无意必固我之教。

---

① 刘卫红:《陈白沙自然主义哲学的内涵》,《兰州大学学报》(社会科学版)2013年第4期。

② 张运华:《陈献章"以自然为宗"的学术思想体系》,《五邑大学学报》(社会科学版)2000年第4期。

③ 张运华:《论陈白沙"自然之乐"境界论》,《五邑大学学报》(社会科学版)2006年第2期。

说者乃谓老、庄明自然,惑甚矣。①

　　夫子《论语》无一言及老子,可知与老子不相遇,后儒附会孔子
问礼于老聃,今老子书云礼者忠信之薄,老子薄礼,而云孔子问礼妄
也。其所谓无为、所谓自然,非圣人之所谓自然、无为也。若看得破,
许尔具一双眼,又其私意横于胸中,虽遇圣人亦无如之何矣。②

两段话包含了几层意思:第一,认为自然来自圣人之中道,而且圣人之中道具
有唯一性。后学对圣人之学的继承,就是继承此中道。第二,认为其师陈献章
的自然之说,来源于程颢的"明觉自然之说",而程颢的又本于孟子的"勿忘勿
助之说",孟子的又最终来源于孔子"无意必固我之教"。第三,指出认为其师
陈献章自然之说来源于老庄的看法是站不住脚的。湛甘泉为了说明自己的这
一观点,对儒道关系从源头上进行了考察,认为孔子问礼于老子的说法并不成
立,儒家和道家的"自然"观并不相同,道家的自然观体现出"私意"。湛甘泉
还进一步对其师陈献章的自然之说进行述说。他说:"先师云'道以自然为
宗',不论学术利勉俱此一路自然,上不可添一物,惟默而识之,连默识亦无可
着念处,子绝四,君子行其所无事。"③这就认为陈献章在学术等方面一直都坚
持"自然",坚持"自然"就是不能任意添加东西,就是要奉行孔子的无意、无
必、无固、无我。对于陈献章学术上奉行的"自然",湛甘泉还进一步阐释说:

　　夫先生诗文之自然,岂徒然哉?盖其自然之文言,生于自然之心
胸;自然之心胸,生于自然之学术。自然之学术,在于勿忘勿助之
间……孰安排是?孰作为是?是谓自然。

　　白沙先生之诗文,其自然之发乎!自然之蕴,其淳和之心、其仁
义忠信之心乎!夫忠信仁义淳和之心,是谓自然也。夫自然者,天之
理也,理出于天然,故曰自然也。在勿忘勿助之间,胸中流出,而沛乎

---

①　《湛甘泉先生文集》卷之二十一《自然堂铭》。
②　《湛甘泉先生文集》卷之二十五《非老子》问答附。
③　《湛甘泉先生文集》卷之二十三《天关语通录》。

丝毫人力不存。①

这就以陈献章体现出"自然"特点的诗文为考察对象,认为它来源于人的自然心胸,自然心胸又出自自然学术,自然学术在于"勿忘勿助","勿忘勿助"就是自然的一种表现;同时,又认为作为诗文来源的自然心胸就是"忠信仁义淳和之心",而忠信仁义淳和就是天理的表现,天理本身又是天然的。湛甘泉通过一系列的推论,认为陈献章所追求的自然之学实际上来源于天理,而且主要体现为勿忘勿助的工夫。湛甘泉之所以要对其师陈献章自然之说的来源以及表现加以不厌其烦的论说,其目的就在于卫道,即在于维护儒家的纯洁性。当然,他的卫道建立在自己的自然观上。

湛甘泉还对自然境界进行了广泛的讨论。他首先对自然的具体表现进行了描述。他说:

> 夫自然者,自然而然。吾且不能知其然,吾又何以知其所以然?……仰维宣圣,示学之大,毋意、毋必、毋固、毋我。川上之叹,不舍昼夜。天时在上,水土在下,倬彼先觉,大公有廓。自喜自怒,自哀自乐,天机之动,无适无莫。知天所为,绝无丝毫人力,是谓自然。其观于天地也,天自为高,地自为卑。乾动坤静,巽风震雷,泽流山峙,止坎明离。四时寒暑,自适其期。一阴一阳之谓道,道自无为,是谓自然。其观于万物也,化者自化,生者自生,色者自色,形者自形。自动自植,自飞自潜。鸢自戾天,鱼自跃渊,不犯手段,是谓自然。是何以然?莫知其然。其然莫知,人孰与之?孰其主张?孰其纲维?孰商量之?孰安排之?天地人物,神之所为。曰神所为,何以思惟?吾何以握其机?勿忘勿助,无为而为,有事于斯,若或见之。其神知几,其行不疑。穷天地而罔后,超万物而无前。天地万物,与我浑然。一

---

① 《湛甘泉先生文集》卷之十七《重刻白沙先生全集序》。

阖一辟，一语一默，各止其极，莫见其迹。莫知其然，是谓自然。①

在湛甘泉看来要知道"所以然"，先要知道"所然"，即先要知道"自然"的表现。这里，湛甘泉就具体描述了圣学的自然、天地的自然、万物的自然以及人的自然等。比如，万物的自然就表现为万物的自生自化以及鸢飞鱼跃等自然现象，人的自然就表现为行为上勿忘勿助以及与天地万物的浑然一体等。其次，湛甘泉分析了众多自然现象产生的根本原因。在他看来，一言以蔽之，就是来源于天理，实际上就是来源于心本体。他为此说："四时行、百物生，皆自然，固有是理，然未可骤语，须在思无邪上用功，久则自见。"②这就以四季的运行以及天地万物的产生来说明，认为它们之所以这样，就是来源于天理自然而然的运用。第三，湛甘泉分析了如何来达到自然境界。他多次强调说："须于勿忘勿助之间停停当当，乃见真切，真切即天理本体也"③，"未发之中，圣人与常人皆有，但常人以物欲汩没之耳。豫章言于未发之前而求所谓中，但求著便已发，不若只于勿忘勿助之间，而未发之中自见，天理是也，即所不睹所不闻"④。这就认为对天理的体认在于勿忘勿助的自然之功，比如对未发之中的认知，最好的方法不过于勿忘勿助，也就是让未发之中自然显现，不必像罗从彦一样在未发之前刻意去求中，如果刻意去求中，所得已不是未发之中。有学者就研究指出："'自然'在湛若水这里既可以指涉天道本体的自然流行，又有自然工夫和洒落境界的意义，此外他以勿忘勿助为最重要的自然工夫。"⑤这也说明"勿忘勿助"在湛甘泉工夫论中的地位。湛甘泉还以此为依据，对人为的道统论进行了批判，"大道为公，不为尧存，不为桀亡，流行宇宙，何尝论统？只为立道学传后，遂有道统之说，其指斥至人者，则以此二字加之而擯弃之，而

---

① 《湛甘泉先生文集》卷之二十一《自然堂铭》。
② 《湛甘泉先生文集》卷之八《新泉问辨录》。
③ 《湛甘泉先生文集》卷之九《新泉问辨续录》。
④ 《湛甘泉先生文集》卷之十一《问疑续录》。
⑤ 刘长安：《"天理"与"自然"：湛甘泉陈白沙新论》，《中国哲学史》2013 年第 1 期。

斯道亦未尝不流行于天地间也"①。这就认为道的流传是自然而然的,不必人为的创立道统说,因为其的创立违背了勿忘勿助的原则,同时也不可能对道的自然流传产生任何影响。

　　总之,陈献章、湛甘泉、王阳明等明中叶的心学家在阐述心本体的过程中借助了《中庸》的相关概念、命题来佐证,同时又通过对《中庸》前后一贯、内外合一特点的阐发构建了反支离、求合一的思维模式,并对《中庸》"鸢飞鱼跃"的自然境界进一步凸显。

第二节　《中庸》与刘宗周的慎独说

　　与陈献章等人在阐述心本体的过程中借助《中庸》的相关概念、命题来佐证不同,刘宗周则直接通过对《中庸》的阐发来构建本体论。对于《中庸》,刘宗周评价是非常高的。他说:"《中庸》以一微字结一部宗旨,究竟说到无声无臭处"②,"《中庸》全部收到暗字,最是圣贤真种子"③。这就认为《中庸》的思想可以用"微""暗"来归纳,同时体现出《中庸》思想的深奥性以及它是儒学思想的集中所在。对于刘宗周的学术宗旨,学界存在不同的看法。归纳起来,大概有三种:第一种认为刘宗周的学术宗旨为"诚意",以其子刘汋为代表。他说:"先君子学圣人之诚者也。始致力于主敬,中操功于慎独,而晚归本于诚意。"④第二种认为刘宗周的学术宗旨为"慎独",以黄宗羲为代表。黄宗羲明确指出:"先生之学,以慎独为宗,儒者人人言慎独,唯先生始得其真。"⑤第三种认为刘宗周的学术宗旨为"诚意"与"慎独"相提并论,以东方朔为代表。

---

　　① 《湛甘泉先生文集》卷之十一《问疑续录》。
　　② (明)刘宗周著,吴光主编:《学言下》,《刘宗周全集》第三册,浙江古籍出版社2012年版,第402页。下文出处相同。
　　③ 《会录》,《刘宗周全集》第三册,第474页。
　　④ 《蕺山刘子年谱》,《刘宗周全集》第九册《附录二》,第168页。
　　⑤ 《明儒学案》卷六十二《蕺山学案》。

东方朔采用折衷的方法,认为刘宗周的"诚意即慎独"①。如何来看待这三种观点呢？有学者研究指出:"蕺山'学'有'三变','变'的是'为学之要',即每一时期为学之功的用功主旨,体现出为学工夫由不成熟到成熟、由不系统到系统的阶段性特征。蕺山'学'虽'三变',然其'不变'的是工夫论的实质,即能够认定本体做工夫,且于工夫中体证本体,坚持即工夫证本体,达致'工夫与本体'合一的'真工夫'境界。"②这就认为所谓的刘宗周"学有三变"是从其工夫论上来说的,并不是从其学术宗旨上来谈到,工夫论是为本体论服务的。这也就意味着不能把刘宗周的学术宗旨用工夫论的"诚意"来概括,同样也不能用"诚意"与"慎独"相提并论来总结刘宗周的学术宗旨。"先生示学者,从自身起疑,而归本于慎独。"③"《大学》之道,慎独而已矣;《中庸》之道,慎独而已矣;《论》、《孟》、'六经'之道,慎独而已矣。慎独而天下之能事毕矣。"④刘宗周给学者所讲以及他对四书六经内涵的界定,最终都归结于"慎独",这都说明刘宗周的学术宗旨就是"慎独"。

一、圣学：慎独之学或主静立极之学

刘宗周同陈献章等人一样,对圣学进行了界定。他明确说:"圣学之要,只在慎独。独者,静之神、动之机也。动而无妄,曰静,慎之至也。是谓主静立极。"⑤这就把圣学的核心确定为"慎独"或"主静立极",换种说法圣学就是"慎独之学"或"主静立极之学"。对于"慎独"或"主静立极",它们包含了本体和工夫两部分,"独"和"立极"是针对本体而言的,而"慎"和"主静"则是针

---

① 东方朔:《刘宗周评传》,南京大学出版社 1998 年版,第 202 页。
② 张瑞涛:《心体与工夫——刘宗周〈人谱〉哲学思想研究》,人民出版社 2014 年版,第 41—42 页。
③ 《会录》,《刘宗周全集》第三册,第 462 页。
④ (明)刘宗周:《刘子全书》卷二十五《读大学》,四库全书(文渊阁本),上海古籍出版社 1987 年影印。
⑤ 《学言上》,《刘宗周全集》第三册,第 325—326 页。

对工夫而言的。对于刘宗周的本体与工夫具体内涵以及二者之间的关系,在这里就不赘叙,下文将会进行讨论。刘宗周对慎独之学或主静立极之学进行了探讨。对于慎独之学,刘宗周明确指出:"自昔孔门相传心法,一则曰慎独,再则曰慎独"①,"孔门之学,其精者见于《中庸》一书,而'慎独'二字最为居要,即《太极图说》之张本也。……'独'即天命之性所藏精处,而'慎独'即尽性之学"②。在刘宗周看来,自孔子开创以来的儒学传授的就是慎独之学,并且慎独之学在《中庸》中表现得尤为显著,《太极图说》等后学就是在慎独之学的基础上发展起来的;此外,慎独之学与人性又是紧密结合起来的,因而慎独之学又可以称之为"尽性之学"。刘宗周又说:

> 昔周元公著《太极图说》,实本之《中庸》,至"主静立人极"一语,尤为"慎独"两字传神。其后龟山门下一派,罗、李二先生相传口诀,专教人看喜怒哀乐未发时作何气象。朱子亲受业于延平,固尝闻此。……朱子从而信之,初学为之少变,遂以之解《大》、《中》,谓慎独之外,另有穷理功夫,以合于格致诚正之说。仍以慎独为动而省察边事,前此另有一项静存功夫。近日阳明先生始目之为支离,专提"致良知"三字为教法,而曰"良知只是独知时",又曰"惟精是惟一工夫,博文是约礼工夫,致知是诚意工夫,明善是诚身工夫",可谓心学独窥一源。至他日答门人"慎独是致知工夫",而以中为本体,无可著力。此却疑是权教。……大抵诸儒之见,或同或异,多系转相偏矫,因病立方,尽是权教。至于反身力践之间,未尝不同归一路,不谬于慎独之旨。③

这里,刘宗周详细讨论了慎独之学在宋明时期的传承情况,涉及周敦颐、杨时等道南学派、朱熹、王阳明等,认为以上诸儒的学说虽然有所差异,只不过是权

---

① 《人谱续编一·证人要旨》,《刘宗周全集》第三册,第4页。
② 《圣学宗要·阳明王子〈拔本塞源论〉》,《刘宗周全集》第三册,第229页。
③ 《中庸首章说》,《刘宗周全集》第三册,第271—272页。

宜之变,他们的学说实质上都是慎独之学。

对于主静立极之学,刘宗周说:"伊、洛拈出敬字,本《中庸》戒慎恐惧来。然敬字只是死工夫,不若《中庸》说得有著落。以戒慎属不睹,以恐惧属不闻,总是为这些子讨消息,胸中实无个敬字也。故主静立极之说,最为无弊。"①通过比较,刘宗周认为"敬"工夫是"死工夫"且很难落实,而包含工夫在内的"主静立极"之说则规避了以上缺点,它是最为完美的。对于主静立极之学,刘宗周还阐述了其传承情况。这种阐述,主要体现在对周敦颐、程颢、朱熹等人与主静立极之学关系的分析上。刘宗周指出:

> 周子之学,以诚为本,从寂然不动中抉诚之本,故曰:"主静立极。"②

> 此伯子发明主静立极之说,最为详尽而无遗也。……主静之说,本千古秘密藏,即横渠得之不能无疑。向微程伯子发明至此,几令于千古长夜矣。③

> 朱子之学本之李延平,由罗豫章而杨龟山,而程子,而周子。自周子有主静立极之说,传之二程;其后罗、李二先生专教人默坐澄心,看喜怒哀乐未发时作何气象。朱子初从延平游,固尝服膺其说;已而又参以程子主敬之说,觉静字为稍偏,不复理会。迨其晚年,深悔平日用功未免疏于本领,致有"辜负此翁"之语,固已深信延平立教之无弊,而学人向上一机,必于此而取则矣。④

在刘宗周看来,周敦颐的学说就是"主静立极"之说,后来的宋明理学家一定程度上就是对周敦颐主静立极学说的发展,只不过在这个过程中,各位理学家对此的情况有所不同。比如,张载对于儒学一直在传承的主静立极之说就有

---

① 《学言上》,《刘宗周全集》第三册,第357页。
② 《学言上》,《刘宗周全集》第三册,第329页。
③ 《圣学宗要·明道程子〈定性书〉》,《刘宗周全集》第三册,第212—213页。
④ 《圣学宗要·紫阳朱子〈中和说〉》,《刘宗周全集》第三册,第216—217页。

所怀疑,程颢对主静立极之说则发挥得最为详尽,一定程度上说如果没有程颢的发挥,主静立极之说就不会得到延续。至于朱熹虽然早年接受从周敦颐传到李侗的主静立极之说,但是后来由于受程颐主敬之说的影响,对主静立极之说有所偏废,不过到晚年时又重新回归主静立极之说。总之,在刘宗周看来,主静立极之学贯穿了整个宋明理学。

刘宗周还分析了圣学不明的原因,这涉及诸多方面。刘宗周说:"此独体之妙,所以即隐即见,即微即显,而慎独之学,即中和即位育,此千圣学脉也。自喜怒哀乐之说不明于后世,而性学晦矣。"①刘宗周认为独体具有隐见、微显的特点,同时慎独之学也体现出即中和即位育的特点,这都使得圣学很难认识,一定程度上也导致了圣学的不明。刘宗周又说:

> 后之人必曰心自是心,性自性,一之不可,二之不得,又展转和会之不得,无乃遁已乎!……后之人必曰理自理,气自气,一之不可,二之不得,又展转和会之不得,无乃遁已乎?呜呼,此性学之所以晦也!②

> 诸儒之学,行到水穷山尽,同归一路,自有不言而契之妙。而但恐《中庸》之教不明,将使学"慎独"者以把捉意见为工夫,而不亲性天之体。因使求中者以揣摩气象为极则,而反堕虚空之病。既置"独"于"中"之下,又拒"中"于"和"之前,纷纷决裂,几于无所适从,而圣学遂为绝德。③

这两段话是从思维模式上来阐述圣学之所以不明的原因。第一段话认为人们把心与性、理与气之间看成是一是一、二是二,也就是说把心与性、理与气之间看成相分的,并没有真正认识二者的统一关系。第二段话则从本体与工夫的关系来说,认为人们把本体与工夫相割裂,没有认识到二者的相即关系。这都

① 《学言中》,《刘宗周全集》第三册,第374—375页。
② 《原旨·原性》,《刘宗周全集》第三册,第252—253页。
③ 《圣学宗要·阳明王子〈拔本塞源论〉》,《刘宗周全集》第三册,第230页。

导致了圣学被隐晦、圣学无法得以传承。

那么,心与性、理与气等之间到底是什么关系呢? 本体与工夫之间到底是什么关系呢? 对于前者来说,刘宗周认为:"盖有心而后有性,有气而后有道,有事而后有理。故性者心之性,道者气之道,理者事之理也"①,"形而下者谓之气,形而上者谓之性,故曰'性即气,气即性'。人性上不可添一物,学者姑就形下处讨个主宰,则形上之理即此而在"②。这就认为心与性、性与气之间存在体用一源的关系,即心与性、性与气等之间存在相即关系、不离关系,它们是二而一、一而二的。为了进一步说明,刘宗周又说:"不二不测,只是一个。不二言实有是理,体即用;不测言本无是事,用即体。"③体与用虽然是不同的两者,它们是二,但是二者又不是二,体用是紧密结合在一起的,二者又是一,即体是寄存在用当中的;当然,体用之间还是不测的,即从用中可以发现体。对于后者来说,刘宗周也进行了详细的阐述。首先,认为本体与工夫是不可分的,二者是一体的,即本体与工夫存在相即关系,本体即工夫,工夫即本体,也就是说"本体工夫,委是打合"④。其次,讨论了本体与工夫之间的互相促进作用。刘宗周针对有人问"学者须认识本体,识得本体,则工夫在其中。若不识本体,说甚工夫",回答说:"不识本体,果如何下工夫? 但既识本体,即须认定本体用工夫。工夫愈精密,则本体愈昭荧。"⑤本体为工夫明确了对象,工夫为本体能够被认知提供了可能,而且工夫越高深,本体越被认识清楚。再次,认为本体就是工夫、工夫就是本体。刘宗周为此说:"本体只是这些子,工夫只是这些子,并这些子,仍不得分此为本体,彼为工夫。既无本体工夫可分,则亦并无这些子可指,故曰:'上天之载,无声无臭。'至矣!"⑥本体与工夫所涉及

---

① 《会录》,《刘宗周全集》第三册,第464页。
② 《证学杂解·解十五》,《刘宗周全集》第三册,第240页。
③ 《学言下》,《刘宗周全集》第三册,第414页。
④ 《学言下》,《刘宗周全集》第三册,第408页。
⑤ 《会录》,《刘宗周全集》第三册,第458页。
⑥ 《学言上》,《刘宗周全集》第三册,第364页。

的指定对象都是同一个,在这种情况下,不必把本体和工夫严格区分,本体和工夫都是同一个。

二、独体与心体

圣学,即慎独之学或主静立极之学涉及了对本体与工夫的探讨。对于本体,刘宗周提出了独体。对于独体,有学者研究指出:"刘宗周所说的'独'或'独体'至少具有以下两种含义:第一,'独'具'喜怒哀乐'四气,即便是'不可见'之'独体',其结构乃'以阳为内',此处'阳'即'阳之动',故而'独说不得个静字',这种界定可以救正虚无之弊。第二,'独'即'一',其规范、理想状态可用'体用'范畴来界定,其'过不及'(与'中'相对)的状态则用'形而下'(与'形而上'相对)范畴来界定;但即便是'过不及'的状态,仍在'独'之掌控中,其典型表征则是'天理人欲,同行而异情'、'暴气亦浩然之气所化',绝不可以其为'截然二分'。"[1]还有学者认为:"'独体'概念涉及心与性、性与情、性与理、理与气、气与物等一系列宋明理学的核心范畴,它融合心、知、意、物,将工夫与本体打合为一。"[2]这两种说法分别从不同的角度来定义"独体",具体来说,前者主要是从独体与气的关系以及独体的外化表现来凸显的,后者则是从独体所涉及的心与性等范畴以及它对心、知等的融合等来探讨的。这些定义具有一定的合理性,独体也的确涉及以上的相关内容,不过这些定义实际上是从独体的外在表现来讨论的,并没有揭示出独体的内涵。

对于"独体",刘宗周阐述说:

> 莫见乎隐,亦莫隐乎见;莫显乎微,亦莫微乎显,此之谓无隐见、无显微。无隐见、显微之谓独,故君子慎之。

> 不睹不闻,天之命也;亦睹亦闻,性之率也;即睹即不睹,即闻即

---

① 陈畅:《论刘宗周晚年思想中的"独体"概念》,《哲学动态》2008 年第 9 期。
② 李丽:《刘宗周"独体"概念辨析》,《孔子研究》2016 年第 4 期。

不闻，独之体也。①

　　就意中指出最初之机，则仅有体物不遗之物而已，此所谓
独也。②

这三段话体现出了对"独体"的界定，一方面认为独体是"无隐见、无显微"的，也就是说作为本体的独体不存在隐见、显微，因为它是先验的、超验的，是先天客观存在的，而隐见、显微是针对具体事物而言的；另一方面则通过与天命"不睹不闻"、率性"亦睹亦闻"相比较，认为独体是"即睹即不睹""即闻即不闻"的，或者说天命是看不见也听不见的、率性而产生的具体之道是能看见也能听见的，而独体则是既能看见也是不能看见的、既能听见也是不能听见的，之所以这样，就是因为当独体还没有落实到具体事物上时是看不见也听不见的、当独体落实到具体事物上时则是看得见也听得见的。此外，刘宗周还探讨了独体的具体作用。他说："独体惺惺……惟其本是惺惺也，故一念未起之中，耳目有所不及加，而天下之可睹可闻者，即于此而在。冲漠无朕之中，万象森然已备也，故曰'莫见莫显'。"③在刘宗周看来，天下可睹可闻的具体事物都是来自独体，也正是在独体的作用下，万物才出现的。那么，万物是如何产生的呢？刘宗周说："独体不息之中，而一元常运，喜怒哀乐四气周流，存此之谓中，发此之谓和，阴阳之象也。四气，一阴阳也。阴阳，一独也。其为物不贰，则其生物也不测。"④万物的产生就是独体与气相结合的结果，而且独体与气之间存在相即关系，独体产生万物的过程体现出不贰（不重复）、不测（不可预知）的特点。此外，独体还是仁义礼智等道德的来源，"独中具有喜怒哀乐四者，即仁义礼智之别名"⑤。

------

① 《学言上》，《刘宗周全集》第三册，第 353 页。
② 《学言上》，《刘宗周全集》第三册，第 351 页。
③ 《中庸首章说》，《刘宗周全集》第三册，第 270 页。
④ 《易衍》，《刘宗周全集》第三册，第 123 页。
⑤ 《圣学宗要·阳明王子〈拔本塞源论〉》，《刘宗周全集》第三册，第 229 页。

　　刘宗周对独体的讨论,还体现在对其特点的阐述上。刘宗周说:"盖'独'虽不离中和而实不依于中和,即'太极'不离阴阳而实不依于阴阳也。"①独体与中和的关系与太极与阴阳的关系一样,即独体与中和是体用一源的,但是独体是第一位的,独体不依赖于中和而存在。此外,刘宗周又说:"独体本无动静,而动念其端倪也。动而生阳,七情著焉"②,"独不可名,即言之已成逗漏,况行事之著乎! 此所谓近似者也。举似以求真,善学者幸反身而自得之"③。独体本来是没有动静的,其动静的出现是与外在具体事物相关的,如独体动就会产生外在的情;独体是不可命名的,因为语言有缺陷,如果强行命名,只会产生似是而非,而且用似是而非去求真,只有善学者才不会被误导。

　　对于本体,除了独体外,刘宗周一定程度上还把性、中、理等看成是本体。他明确地说:"万性,一性也。性,一至善也。至善,本无善也。无善之真,分为二五,散为万善。"④万性来源于性,万善来源于性的至善,性具有了本体色彩,性与万性、万善与至善之间具有理一分殊的关系。此外,刘宗周又说:"分喜怒哀乐,各有中体;合喜怒哀乐,共见中体。中本是实落性体,为一部《中庸》权与,而后人却以气象求之,不免失之恍惚。"⑤喜怒哀乐各自都蕴含着中体,中体与喜怒哀乐各自蕴含的中体之间存在整体与部分的关系,中体具有本体的色彩,一定程度上中体就是性体的落实、是性体的权宜之名。对于理,刘宗周指出:"理,一也。得于心为德,本于生为性,蕴于性为情,达于情为才,亶于初为命,体于自然谓之天。"⑥这就把德、性等看成是理的外化表现。为了凸显理的本体地位,刘宗周还讨论了理与气的关系。他针对有人所问的"理为气之理,乃先儒谓'理生气',何居",回答说:"有是气则有是理,无是气则理于

①　《圣学宗要·阳明王子〈拔本塞源论〉》,《刘宗周全集》第三册,第 230 页。
②　《人谱续编一·证人要旨》,《刘宗周全集》第三册,第 5 页。
③　《人谱杂记一·体独篇》,《刘宗周全集》第三册,第 24 页。
④　《人谱正篇·人极图说》,《刘宗周全集》第三册,第 3 页。
⑤　《学言下》,《刘宗周全集》第三册,第 410 页。
⑥　《学言下》,《刘宗周全集》第三册,第 417 页。

何丽？但既有是理，则此理尊而无上，遂足以为气之主宰。气若其所从出者，非理能生气也。"①在刘宗周看来，理与气之间不存在相生关系，理与气是相辅相成的，有气必然有理，理气是不离的，气是理的寄存处。理气之间的这种关系，就是相即关系。理气相即在万物生成过程中体现得尤为明显，"盈天地间，一气也。气即理也，天得之以为天，地得之以为地，人物得之以为人物，一也"②。

在这些本体概念中，刘宗周主要阐述的还是独体。不过，需要指出的是，独体实际上是一个模糊的概念，它具体指什么呢？这是必须要进一步要搞清楚的问题。在刘宗周看来，独体有众多的表现。他说："'喜怒哀乐之未发谓之中'，此独体也，亦隐且微矣"③，"独便是太极"④。这就把独体看成是中、太极。此外，刘宗周还说："夫人心有独体焉，即天命之性，而率性之道所从出也"⑤，"'鬼神之为德，其盛矣乎'，指独体也，天命之性也"⑥。这又把独体看成是"天命之性"。有学者评价说："直接将'独'字训为最高本体——天命之性，则属刘宗周独创。"⑦把独体解释为天命之性的确是刘宗周独创的，不过把"天命之性"看成是刘宗周的最高本体则值得商榷。因为对于本体来说，不存在最高以及最低之分。刘宗周还说："独是虚位，从性体看来，则曰莫见莫显，是思虑未起，鬼神莫知时也。从心体看来，则曰十目十手，是思虑既起，吾心独知时也。然性体即在心体中看出。"⑧这里，一方面再次指出独体是模糊的概念，另一方面则把独体看成是性体、心体，并且认为心体为性体之本。

刘宗周对本体的探讨，最终由独体落实到了心体上。刘宗周对心体的阐

① 《学言中》，《刘宗周全集》第三册，第369页。
② 《学言中》，《刘宗周全集》第三册，第368页。
③ 《中庸首章说》，《刘宗周全集》第三册，第270页。
④ 《遗编学言》，《刘宗周全集》第三册，第432页。
⑤ 《人谱续编一·证人要旨》，《刘宗周全集》第三册，第4页。
⑥ 《学言上》，《刘宗周全集》第三册，第345页。
⑦ 李丽：《刘宗周"独体"概念辨析》，《孔子研究》2016年第4期。
⑧ 《学言上》，《刘宗周全集》第三册，第343页。

述,首先表现在对心体的论证上。他说:"尧舜之道,尧舜之心为之也。尧舜之心,即吾人之心。同此心,同此觉也,吾亦觉其同者而已矣"①,"有万物而后有万形,有万形而后有万化,有万化而后有万心。以一心纳万心,退藏于密,是名金锁钥"②。这是从空间上来看的,尧舜之心就是众人之心,也就是天下之人的心应该是相同的,同时天下之万心又都来源于一心。此外,刘宗周又说:"心只是万古同然,所以千圣千贤都打得合同印过,但起见处则微有不同,即尧、舜一堂,亦有手轻手重,何况后之君子!"③这是从时间上来看的,心也是千古相同的,后来君子与千圣千贤的心都是一样的。通过以上的论证,刘宗周实际上把心作为了本体。

其次,讨论了心与天地万物的关系。刘宗周认为:"勿贰以二,勿参以三,而尝足以妙万物之变者,其惟圣人之心乎"④,"大哉人乎! 无知而无不知,无能而无不能,其惟心之所为乎"⑤。天地万物的变化,来自心体,人所具有的知、能同样来自心体。同时,刘宗周又说:"一心耳,外辟之则为聪明,周彻之曰睿,极深之曰知,而气机通复之候,生长收藏,各尽其妙,是谓宽裕温柔、发强刚毅、斋庄中正、文理密察之德。"⑥人具有的聪明睿智,同样也是来源于心体。刘宗周对心体与万物的关系阐述除了讨论万物来源于心体外,还从其他方面来论述。刘宗周指出:"讲究物理合当如此,而吾遂如此,正是此心判断处。不可谓离却物理,另有本心也"⑦,"心无物累便是道,更于此外求道,妄也"⑧。对物认知的根据在于心体,物理来源于心体;道的获知不能脱离万物,脱离万物来求道就是错误的看法。刘宗周还进一步说:

---

① 《证学杂解·解二十五》,《刘宗周全集》第三册,第247页。
② 《学言中》,《刘宗周全集》第三册,第388页。
③ 《学言下》,《刘宗周全集》第三册,第420—421页。
④ 《易衍》,《刘宗周全集》第三册,第121页。
⑤ 《人谱正篇·人极图说》,《刘宗周全集》第三册,第3页。
⑥ 《学言下》,《刘宗周全集》第三册,第416页。
⑦ 《问答上·秦履思问致知之说》,《刘宗周全集》第三册,第296页。
⑧ 《学言上》,《刘宗周全集》第三册,第335页。

然则物有时而离心乎？曰："无时非物。"心在外乎？曰："惟心
无外。"①

人心原合天地万物为一体,只是有一个把柄,才收摄得来。②

这两段话包含了两层含义:第一,刘宗周针对有人所问的万物与心体有时是否会分离的问题,认为心无时不是与万物紧密结合在一起的,心体不可能独立万物之外;第二,刘宗周在此上进一步指出心体与万物是一体,也就是指出了心物一体。刘宗周心物一体的思想,实际上就是其体用一源思维模式的运用。

再次,探讨了心与性、道、太极等的关系。对于心与性的关系,刘宗周认为:"夫性何物也,而可以明之？但恐明之之尽,已非性之本然矣。为此说者,皆外心言性者也。外心言性,非徒病在性,并病在心。"③如何来阐明性？这必须要从心体的角度来阐明,如果不从心体的角度来进行,当然也就不可能明性。之所以得出这个结论,就是因为性来源于心体,从外心,即不从心体的角度来诠释性,当然也就不可能真正认识性。为此,刘宗周再次强调:"惟天下无心外之性,所以天下无心外之理也。惟天下无心外之理,所以天下无心外之学也。而千古心性之统可归于一,于是天下始有还心之人矣。"④心外是无性的,即性来源于心体,且心体与性是同一的。刘宗周说:"道,其生于心乎"⑤,"盈天地间,皆道也,而归管于人心为最真,故慈湖有'心易'之说。太极、阴阳、四象、八卦而六十四卦,皆人心之撰也"⑥。这就明确指出道来源于心体,比如从太极、阴阳到六十四卦以及到万物产生所体现出的道都是心体外化出来的。对于太极与心体的关系,刘宗周说:"无善而至善,心之体也。即周子

---

① 《学言上》,《刘宗周全集》第三册,第 343 页。
② 《会录》,《刘宗周全集》第三册,第 489 页。
③ 《原旨·原性》,《刘宗周全集》第三册,第 253 页。
④ 《原旨·原学中》,《刘宗周全集》第三册,第 256 页。
⑤ 《原旨·原道上》,《刘宗周全集》第三册,第 253 页。
⑥ 《学言中》,《刘宗周全集》第三册,第 367 页。

所谓'太极'"①。这也是把太极看成是心体。

最后,对心体的特点进行了阐述。刘宗周明确说:

> 良知不学不虑,万古常寂,盖心之独知如此。②

> 心体尝寂,而流行之机无一刻间断,与天连一般。③

> 心体本无动静,性体亦本无动静,即以未发为性,已发为情,尤属
后人附会。④

在刘宗周看来,心体与良知一样是常寂的,也就是说心体本来是没有动静的,而且是无间断的,人们认为心体有动静就像认为性体有动静一样,都是人们附会的。此外,刘宗周又说:"心无内外,其浑然不见内外处,即天理也。先正云:'心有所向,便是欲。'向内向外皆欲也。"⑤这又认为心体是没有内外之分的,如果有内外之分就不是心体,而是心体所外化出来的欲望了。刘宗周还认为:"此心绝无凑泊处。从前是过去,向后是未来,逐外是人分,搜里是鬼窟,四路把截,就其中间不容髮处,恰是此心真凑泊处。"⑥心体是"无凑泊"的,即心体与心体外化出来的一切事物之间并不是生硬地结合在一起的,心体与万物之间是一体的,二者是紧密结合在一起的。

三、对《中庸》的进一步阐发以及对诸儒和佛、老的评判与批判

刘宗周通过对《中庸》"慎独"的诠释,构建了独体,并最终落实在心体上,同时认为心体与性等之间存在体用一源、体用不二的关系,认为本体即工夫、工夫即本体。刘宗周也以此为基础,对《中庸》进一步阐发,并对诸儒和佛、老

---

① 《人谱正篇·人极图说》,《刘宗周全集》第三册,第2—3页。
② 《学言中》,《刘宗周全集》第三册,第370页。
③ 《会录》,《刘宗周全集》第三册,第467页。
④ 《学言下》,《刘宗周全集》第三册,第410页。
⑤ 《学言上》,《刘宗周全集》第三册,第333页。
⑥ 《学言上》,《刘宗周全集》第三册,第334页。

进行评判和批判。

刘宗周对《中庸》的进一步阐述,主要体现在对"道不远人"、"道心"与"人心"关系、"义理之性"与"气质之性"关系等方面的理解上。对于"道不远人",刘宗周说:"三十年来胡乱走,而今始知道不远人。"①刘宗周感叹说,几十年来一直没有真正理解"道不远人"的含义。那么,何谓"道不远人"呢? 刘宗周说:"学者须是见道分明,见道后方知所谓道不可离者,不是我不可须臾离道,直是道不能须臾离我。"②这就认为"道不远人"是指道我是一体的,即道我不离,道必须在人身上体现出来。此外,刘宗周还指出:"今之言道者,高之或沦于虚无,以为语性而非性也。卑之或出于功利,以为语命而非命也。非性非命,非人也,则皆远人以为道者也。"③道离不开人,它必须要落到实处;道落到实处,就是对道既不能拔高,也不能贬低,拔高和贬低都是"远人"的表现。

对"道心"与"人心"、"义理之性"与"气质之性"之间的关系,刘宗周明确说:"心只有人心,而道心者,人之所以为心也。性只有气质之性,而义理之性者,气质之性之所以为性也。"④心只有人心、性只有气质之性,道心、义理之性只是分别对人心、气质之性的进一步阐述而已。刘宗周又说:"道心即人心之本心,义理之性即气质之本性,千古支离之说可以尽扫。"⑤这再次强调道心与人心、义理之性与气质之性的关系,并认为前人把心分为道心与人心、把性分为义理之性和气质之性的说法,都是支离的表现。对道心与人心的关系,刘宗周还单独进行了阐述。他说:"道心即在人心中看出,始见得心性一而二,二而一。"⑥道心与人心是一体的,道心蕴含在人心中。刘宗周同时又说:"昔人

---

① 《遗编学言》,《刘宗周全集》第三册,第 429 页。
② 《学言中》,《刘宗周全集》第三册,第 387 页。
③ 《人谱·自序》,《刘宗周全集》第三册,第 1 页。
④ 《会录》,《刘宗周全集》第三册,第 469 页。
⑤ 《学言中》,《刘宗周全集》第三册,第 369 页。
⑥ 《学言上》,《刘宗周全集》第三册,第 345 页。

解'人心、道心',说道心为主,而人心每听命焉。如此说是一身有二心矣。离却人心,别无道心"①,"人心惟危,心也;而道心者,心之所以为心也。非以人欲为人心,天理为道心也"②。这一方面认为把心分为道心、人心的观点,以及认为人欲为人心、天理为道心,且认为人心听命于道心的观点都是存在问题的;另一方面则认为心只有一个,心之所以为心取决于道心,道心来源于人心。对于道心与人心、义理之性与气质之性的关系,有学者将其联系慎独说来评价:"刘宗周的慎独说是把人心与道心合为一心,把气质与义理合为一性,心一性一即为本体,识得此本体,则为工夫。而工夫与本体亦一,这即是慎独之说。"③这也说明作为本体独体具体落实的心体和性体,其实都是只有一心、一性,道心与人心、义理之性与气质之性都是为了凸显心体、性体而出现的。

前面讲到,刘宗周把独体看成是天命之性,实际上刘宗周同样也把心体同"天命之谓性"等联系起来。他指出:

心生之谓性,心率之谓道,心修之谓教。④

天得之以为命,人得之以为性,性率而为道,道修而为教,一而已矣,而实管摄于吾之一心。⑤

在这两段话中,前者把心体与《中庸》首句"天命之谓性,率性之谓道,修道之谓教"联系起来,认为性由心体所生、道由心体所率、教由心体所修;后者直接把命、性、道、教看成是心体在不同对象上的落实。另外,刘宗周还说:"天者,无外之名,盖心体也。"⑥这同样把天的实质看成是心体。对于《中庸》的"中和",刘宗周认为:"人心之体,存发一机也。心无存发,意无存发也。盖此心中一点虚灵不昧之主宰,尝尝存,亦尝尝发。所谓静而未始沦于无,动而未始

---

① 《会录》,《刘宗周全集》第三册,第 476 页。
② 《问答上·商疑十则,答史子复》,《刘宗周全集》第三册,第 307 页。
③ 蔡方鹿:《刘宗周"慎独"说与经学相结合的思想》,《天府新论》2008 年第 5 期。
④ 《学言中》,《刘宗周全集》第三册,第 368 页。
⑤ 《学言上》,《刘宗周全集》第三册,第 337 页。
⑥ 《学言中》,《刘宗周全集》第三册,第 368 页。

滞于有也。知此则知《中庸》之说矣。从前解《中庸》者，皆伪也。未发，以所存而言者也。盖曰：自其所存者而言，一理浑然，虽无喜怒哀乐之相，而未始沦于无，是以谓之中；自其所发者而言，泛应曲当，虽有喜怒哀乐之情，而未始著于有，是以谓之和。可见中外只是一几，中和只是一理，绝不以前后际言也。后人以前后言中和，既自说不通，又却千方回护，费许多解说，终属遁辞，与程子体用一原、显微无间之旨，相去千里矣。"①这段话包含了两层意思：第一，心体存在未发、已发，同时也带来了意的未发、已发。第二，前人把心体的未发、已发看成是前后两个阶段，即中与和两个阶段的观点，是存在问题的，因为中、和都是心体的表现，它们本身不存在前后之分，它们是一体的；人们把中、和看成前后两个阶段与程颐所讲的体用一源、显微无间的宗旨是相违背的，即与心体与中和之间是体用一源的、心体要在中和中显现的观点大相径庭。

刘宗周还从心学的角度对诸儒进行了评判。首先，从心体的体现之一——仁的角度来定性诸儒。刘宗周明确说："孔子之道大矣，然其要旨不外乎求仁。……合而观之，孔、孟之书，往往此略彼详，互相发明，无一句蹈袭，而其学以求仁，则若合符节，故曰：'先圣后圣，其揆一也。'后之学圣人者，亦仁而已矣。"②这就认为孔子追求的就是仁道，同时推广开去孔孟乃至后学追求的都是仁道，或者说儒学之道就是仁道。刘宗周还以此来评判周敦颐、张载、程颢、朱熹、王阳明等五子，他说："孔孟既没，诸儒崛起。递溯心极，求仁而已。"③儒学的传承，延续的就是仁道。刘宗周还具体指出：

> 周子之学，尽于《太极图说》。其《通书》一篇，大抵发明立静立极之意，而宗旨不外乎求仁。④

> 《识仁篇》分明是《太极图说》脱出真手眼，而一字不落脚注，可

---

① 《问答上·答董生心意十问》，《刘宗周全集》第三册，第 304—305 页。
② 《孔孟合璧》，《刘宗周全集》第三册，第 154—155 页。
③ 《五子连珠》，《刘宗周全集》第三册，第 170 页。
④ 《五子连珠》，《刘宗周全集》第三册，第 157 页。

谓善发濂溪之蕴。周子说"太极",程子便于此中悟出一个"仁",曰:
"与物无对。"①

在刘宗周看来,周敦颐之学的宗旨就是在求仁,不管是《太极图说》,还是《通书》,都是体现出对仁道的追求;程颢《识仁篇》体现出对周敦颐《太极图说》思想的发展,表现为对周敦颐仁道的发挥。其次,直接从心学出发来评判朱子等人。比如,刘宗周就说:"朱子表章《大学》,于格致之说最为吃紧,而于诚意反草草,平日不知作何解?……朱子一生学问,半得力于主敬,今不从慎独二字认取,而欲掇敬于格物之前,真所谓握灯而索照也。"②这就从心学角度认为朱子对《大学》的诠释过多注重的是"格致",而对"诚意"关注不够;同时从工夫论来看,认为朱子过多关注的是主敬,而对慎独关注不够,也正是由于对慎独关注不够,导致了具体工夫的重复。

刘宗周还从心学的立场对佛、老进行了批判。当然,在刘宗周看来,佛教也并不是一无是处的,有些思想还是可以吸收的。他指出:"今日无父无君可罪也,而明心见性之说可取也,是岐心与迹而二之也。"③刘宗周认为佛教在伦理纲常上与儒家是格格不入的,不过佛教所讨论的"明心见性"之说则是可取的。刘宗周对佛、老的批判,总体上是从心体上来说的。他指出:

心体浑然至善。以其气而言,谓之虚;以其理而言,谓之无。至虚,故能含万象;至无,故能造万有。而二氏者虚而虚之,无而无之,是以蔽于一身之小而不足以通天下之故,逃于出世之大而不足以返性命之原,则谓之无善也亦宜。④

在这段话中,刘宗周从心体及其所显现的特点来区别佛、老。刘宗周认为心体是至善的,它与气结合时虽然体现出虚空的特点,但是它蕴含着天地万物,它

---

① 《圣学宗要·明道程子〈识仁说〉》,《刘宗周全集》第三册,第211页。
② 《学言下》,《刘宗周全集》第三册,第406页。
③ 《问答上·与王右仲问答》,《刘宗周全集》第三册,第302页。
④ 《学言中》,《刘宗周全集》第三册,第370页。

以理的形式显现虽然体现出不可见的特点,但是它能创造出天地万物。而佛、老没有认识到一点,分别持天地万物为虚幻以及无中生有的观点,这就显现出以一己之私来观天地万物,当然也就不可能从天地万物来追寻心体。另外,刘宗周又具体阐述了儒家与佛教在心体上的差别。刘宗周说:"释氏之学本心,吾儒之学亦本心,但吾儒自心而推之意与知,其工夫实地却在格物,所以心与天通。释氏言心便言觉,合下遗却意,无意则无知,无知则无物。其所谓觉,亦只是虚空圆寂之觉,与吾儒体物之知不同;其所谓心,亦只是虚空圆寂之心,与吾儒尽物之心不同。"①儒家和佛教都讲本心,但二者有着本质的差别。具体来说,儒家所讲的本心与具体的意、知会联系起来,并通过格物等具体工夫来凸显,而最终会与天道同一;而佛教所讲的本心完全与外物相脱离,其采取的工夫"觉"也是与外物相脱离。总体来说,就是佛教的本心与现实相脱离,而儒家的本心则是与现实紧密相连。针对这一点,刘宗周进一步指出:"佛氏止言一心,心外无法,万法归空,依空立世界,何等说得高妙!乃其教门,则忍情割爱,逃亲弃君,事事落边际见,此又何等执著,乃言空耶?"②佛教的本体与外在的世界是相脱离的,这与儒家体用一源、体用不离的思维模式也是格格不入的。儒家与现实紧密相连,必然会带来儒家重实践。为此,刘宗周感叹说:"吾儒学问,只见在作揖打恭、开口措足处,无非此道"③,"吾儒学问在事物上磨炼。不向事物上做工夫,总然面壁九年,终无些子得力。此儒、释之分也"④。儒家的学问就是来源于现实,同时也是在现实中来体现。在此基础上,刘宗周还进一步探讨了儒佛心体的不同特点。他说:"吾儒言心,佛氏亦言心。佛氏之言心也,曰'空',其进而言性也,曰'觉',而究竟归其旨于生死……此言心而幻者也,吾请言吾常心焉。常心者何?日用而已矣,居室之

---

① 《学言上》,《刘宗周全集》第三册,第333页。
② 《学言中》,《刘宗周全集》第三册,第384页。
③ 《会录》,《刘宗周全集》第三册,第481页。
④ 《会录》,《刘宗周全集》第三册,第482页。

近,食息起居而已矣。"①与佛教的心相比,儒家心体具有"常"的特点,即心体蕴含在食息起居等日常生活当中。此外,针对有人问"禅家参话头,亦是求放心否",刘宗周回答说:"他是死心法,此中是一股死气。吾这里纯是生生不已之机。"②儒家的心是活泼泼,即生生不已的,而佛教的心由于与现实相脱离,因而它为死心。对此,刘宗周还分别以太阳、镜子来比喻儒、佛之心,从而凸显儒、佛在心上的这点差别。他说:"佛氏以镜喻心,只说尝照尝寂。镜是死物,此为佛氏之偏。若是吾儒,以日喻心,光明尝照,内中自有生生不已之机。"③佛教的心就像镜子一样是寂然不动的,而儒家之心则像太阳一样蕴含着不息的生机。

四、以主静为核心的工夫论

刘宗周通过阐释《中庸》构建的慎独说,包括"独"说与"慎"说两部分,前者主要指的是本体论,后者主要指的是工夫论。上文已经阐述了刘宗周的本体论,即围绕着独体来进行的,最终落实在心体上。这里就对刘宗周的工夫论进行阐述,它以主静为主。

在阐述刘宗周工夫论具体内容之前,有必要先讨论刘宗周重视工夫论的原因。在刘宗周看来,本心由于经常受到众多原因的影响而被遮蔽,这就有必要通过工夫论从而使本心被涵养以及省察。至于这些众多的原因,涉及"气机""过"等。刘宗周说:"天命流行,物与无妄。人得之以为心,是谓本心,何过之有?惟是气机乘除之际,有不能无过不及之差者。有过而后有不及,虽不及,亦过也。过也而妄乘之,为厥心病矣。"④在气大化流行的过程中,天命在人身上的具体体现为本心。不过,由于气大化流行过程中所体现的规律(即

---

① 《原旨·原道下》,《刘宗周全集》第三册,第254页。
② 《会录》,《刘宗周全集》第三册,第483页。
③ 《会录》,《刘宗周全集》第三册,第488页。
④ 《人谱续编二·改过说一》,《刘宗周全集》第三册,第15页。

气机)的变化,必然会带来对本心的影响,外在表现出过与不及的情况。另外,刘宗周又说:"盖本心常明,而不能不受暗于过。明处是心,暗处是过。"①这又指出由于受"过"的影响,带来了本心的"暗"。那么,"过"到底指的是什么呢?"过"主要指的就是欲望。也正是由于欲望,才带来了本心的不明。刘宗周指出:

> 然则人心果有时放外耶? 即放外,果在何处? 因读《孟子》上文云:"仁,人心也。"乃知心有不仁时,便是放……仔细检点,或以思维放,或以卜度放,或以安排放,或以知故放,或以虚空放,只此心动一下,便是放。所放甚微,而人欲从此而横流,其究甚大。盖此心既离自家,便有无所不至者。②

> 渊问:"如何复得心之本体?"先生曰:"其要在于无欲。"……又曰:"论学者大本原在无欲,初学又以变化气质为先。凡人气质有偏驳处,即为物欲所乘……"③

在这两段话中,刘宗周分别从不同角度来讨论了本心与无欲的关系。在第一段话中,刘宗周解释了何为"求放心",认为"放心"就是"不仁",而且"放心"有"思维放"等诸多表现形式,之所以出现"放心"就是由于欲望,因而"求放心"实际上就是要从"灭人欲"入手。第二段话则直接指出由于人们气质的不同才会带来本心被欲望所侵扰,因而要恢复本心关键就在于无欲,就在于摆脱欲望的控制。

刘宗周对工夫论进行了总体阐述,涉及众多方面。首先,对工夫论涉及的内容进行概述。他说:

> 时时存养,时时体验,体验在践履上做工夫。④

---

① 《人谱续编二·改过说二》,《刘宗周全集》第三册,第16页。
② 《求放心说》,《刘宗周全集》第三册,第273—274页。
③ 《问答上·与门人祝开美问答》,《刘宗周全集》第三册,第315页。
④ 《会录》,《刘宗周全集》第三册,第467页。

就性情上理会,则曰"涵养";就念虑上提撕,则曰"省察";就气

质上销镕,则曰"克治"。①

在这两段话中,涉及的工夫有"存养""体验""涵养""省察""克治"等。刘宗周的这些具体工夫实际上是对前人思想的继承和发展,比如"省察"和"克治"二者主要就是王阳明在大力提倡,且把二者合成"省察克治",反身自省去寻找病根就是"省察",除去病根就是"克治";同时,可以发现刘宗周的工夫论主要集中在修养论上,对致知论涉及不多,这也说明刘宗周的工夫论侧重于对心体的涵养。其次,对前人的工夫论进行评判。刘宗周指出:"看来诸公总以未发之中认作已发之和,故谓工夫只在致知上,而却以语言道断、心行路绝,上一层唤作未发之中,此处大段著力不得,只教人致知著力后,自然黑窣地撞著也。此与延平之教正相反。"②这就认为儒者们在未发与已发上,只注重已发,因而其工夫论也只注重致知论,而对于已发之前的未发关注不够,也就是说并没有注重未发时的涵养、省察等,没有注重修养论,当然也就与李侗的观点相悖。再次,强调对心体的认知应该重向内寻求,而非向外驰求。刘宗周说:"孔门明以读书为学,而子路顾反言之云,特其所谓读书者,盖将因此以得吾之心,为求道计耳。"③刘宗周认为子路的读书就是要得心,就是要得吾心,然而读书是向外来求吾心的,可见子路的观点是存在问题的。他进一步说:

求之于躯壳,外矣;求之于口耳,愈外矣;求之于名物象数,外之外矣,所谓一路向外驰求也。所向是外,无往非外,一起居焉外,一饮食焉外,一动静语默焉外,时而存养焉外,时而省察焉外,时而迁善改过焉亦外……学者须发真实为我心,每日孜孜急急,只干办在我家当,身是我身,非关躯壳;心是我心,非关口耳;性命是我性命,非关名物象数。……总之,道体本无内外,而学者自以所向分内外。所向在

① 《学言下》,《刘宗周全集》第三册,第 413 页。

② 《学言下》,《刘宗周全集》第三册,第 411 页。

③ 《读书说》,《刘宗周全集》第三册,第 267 页。

内,愈寻求,愈归宿,亦愈发皇。……所向在外,愈寻求,愈决裂,亦愈消亡。①

人们对心体的认知存在向外和向内两种走向,求之于口耳的读书以及求之于名物象数等都是向外驰求的表现,只有求之于吾身、吾心以及性命等的才是向内寻求。对于心体的认知,我们应该向内寻求,因为只有向内越用功越能体认本心,反之向外驰求越用功越不能认清楚本心,只会使本心逐渐消亡。

可见,刘宗周的工夫论实际上注重的是向内寻求,或者说刘宗周的工夫论注重的不是外在的致知论,而是内在的修养论。对于刘宗周的修养论,涉及了静坐、慎独、诚、敬、觉等具体的方法。这些具体方法都与静有着紧密的关系,所以说刘宗周的工夫论是以主静为核心的。比如,刘宗周认为:"主静,敬也"②。主静就是敬,主静就是要主一。对于主静如何来实行?刘宗周认为:

主静之说,大要主于循理。③

主静之学直透生死关,惟知道者知之。④

在刘宗周看来,主静的实行关键在于要循理,也就是说要按照一定的规律来办,不能随意行事;同时又认为只有得道者,即认知到心体之人才可能看透主静之学。对于何谓主静之"静",刘宗周通过对周敦颐"主静"的分析来得出。他说:"周子主静之静,与动静之静迥然不同。盖动静生阴阳,两者缺一不得,若又于其中偏处一焉,则将何以为生生化化之本乎?然则何以又下个静字? ……亦以见动静只是一理,而阴阳太极只是一事也"⑤,"循理为静,非动静对待之静"⑥。这就认为主静之静与动静之静完全是不同的,动静之静与动是紧密联系在一起的,动静体现出的是规律,而主静之静则是修养论中具体范

---

① 《向外驰求说》,《刘宗周全集》第三册,第278—279页。
② 《学言下》,《刘宗周全集》第三册,第391页。
③ 《学言上》,《刘宗周全集》第三册,第359页。
④ 《遗编学言》,《刘宗周全集》第三册,第428页。
⑤ 《学言上》,《刘宗周全集》第三册,第341页。
⑥ 《学言上》,《刘宗周全集》第三册,第361页。

畴,如何来主静,就必须要循理,也就是说按照一定的规律来进行。

对刘宗周的工夫论,我们主要从静坐和慎独来探讨。对于静坐,刘宗周首先把它同心体联系起来探讨。他说:"静中养出端倪,端倪即意,即独,即天"①,"日用之间,除应事接物外,苟有余刻,且静坐。坐间本无一切事,即以无事付之。既无一切事,亦无一切心,无心之心,正是本心"②。在刘宗周看来,人们通过静坐达到的目的就是实现对独体或本心的涵养。其次,分析了静坐与养气的关系。刘宗周指出:"先儒论静坐有得云:'此是气静,非心静也。'予谓气静亦好,气静正得涵养法,孟子工夫全在养气,以此"③,"静坐是养气工夫,可以变化气质"④。静坐指的是气静,而不是心静,也就是说静坐是在进行养气,就像孟子的养浩然之气,或者说静坐并不是枯坐、并不是没有作为,而是在静坐中来涵养浩然之气,从而使人的气质发生变化。再次,讨论了静坐达到的境界。他形象地描述到:"一炷香,一盂水,置之净几,布一蒲团座子于下,方会平旦以后,一躬就坐,交跌齐手,屏息正容。……顷之,一线清明之气徐徐来,若向太虚然,此心便与太虚同体。乃知从前都是妄缘,妄则非真。一真自若,湛湛澄澄,迎之无来,随之无去,却是本来真面目也"⑤,"吾日来静坐小菴,胸中浑无一事,浩然与天地同流,不觉精神之困惫。盖本来原无一事,凡有事,皆人欲也。若能行其所无事,则人而天矣"⑥。在这两段话中,前者描述了如何来静坐,同时也再次强调静坐就是在养气,当养气达到一定程度时,心体就进入虚灵的状态,此时对外在的认识都十分透彻;后者则认为人通过静坐,达到一种忘我状态,此时不会被任何外在的人欲所困扰,人彻底与心体融合。

对于工夫论的慎独,刘宗周也进行详细的阐述。第一,讨论了如何来进行

① 《会录》,《刘宗周全集》第三册,第466页。
② 《静坐说》,《刘宗周全集》第三册,第274页。
③ 《学言下》,《刘宗周全集》第三册,第393页。
④ 《会录》,《刘宗周全集》第三册,第456页。
⑤ 《人谱续编二·讼过法》,《刘宗周全集》第三册,第13—14页。
⑥ 《会录》,《刘宗周全集》第三册,第492页。

慎独。刘宗周说："心体本自圆满，忽有物以撄之，便觉有亏欠处。自欺之病，如寸隙当堤，江河可决。故君子慎独。慎独之功，只向本心呈露时随处体认去，便得全体荧然，与天地合德，何谦如之！"①圆满的心体受到外物的侵扰从而产生了不足，如果不及时回归就会带来进一步的危害。在这种情况下，就必须要慎独，即慎重地对待独体——心体，认真地去体认心体，也只用通过这种方式才能够使天地万物与心体相融合。第二，确定了慎独的地位。刘宗周明确指出：

> 慎独是学问第一义。言慎独，而身、心、意、知、家、国、天下一齐俱到，故在《大学》为格物下手处，在《中庸》为上达天德统宗，彻上彻下之道也。②

> 或曰："慎独是第二义，学者须先识天命之性否？"曰："不慎独，如何识得天命之性！"

在刘宗周看来，慎独是为学中最关键的，即慎独是学问中的"第一义"，因为通过慎独，即在获悉独体之后，对由独体外化而出的身、心乃至天下的认知就迎刃而解，这也为《大学》的格物提供了目标，也为《中庸》打通天人关系提供了前提。也正是由于慎独是第一义的，所以在慎独之后才谈得上认识"天命之性"，因为天命之性实际上就是独体。第三，讨论了慎独应用的一些特点。比如，刘宗周针对有人所问的"慎独专属之静存，则动时功夫果全无用否"，回答说："如树木有根，方有枝叶，栽培灌溉工夫都在根上用，枝叶上如何著得一毫？如静存不得力，才喜才怒时便会走作，此时如何用工夫？"③这就认为慎独在静时应用，只有静时的慎独应用比较得力，才可能在动时采用其他的工夫。

总之，刘宗周通过对《中庸》的阐述，构建了慎独说。慎独说不仅涉及了本体论，还涉及了工夫论。刘宗周构建的本体为独体，具体来说就是心体，心

---

① 《证学杂解·解三》，《刘宗周全集》第三册，第 234 页。
② 《学言上》，《刘宗周全集》第三册，第 357 页。
③ 《学言上》，《刘宗周全集》第三册，第 336 页。

体与性等之间存在体用一源的关系。刘宗周还以此为基础,对前儒和佛老进行了评判和批判。此外,刘宗周的工夫论主要是修养论,它是以主静为核心的,涉及了静坐、慎独等具体修养方法。刘宗周的本体与工夫之间,又存在着本体即工夫、工夫即本体的关系。

第三节　《中庸》与王夫之的实有论

王夫之作为中国哲学发展史上的高峰,得力于他对宋明时期的理学、心学以及气学的继承和批判。这种继承和批判体现在众多方面,既可以从内在的具体内容来看,也可以从外在的表现形式来看。比如,王夫之就像理学家们一样,对《中庸》也非常重视。他在《四书稗疏》《四书训义》以及《读四书大全说》等中就涉及对《中庸》的阐释。王夫之也正是通过对《中庸》等的研究,推动了儒家形而上学的发展。这种发展,凸显在实有论上。

一、理气观

王夫之的实有论,建立在他对理、气以及天地万物等客观存在特点的归纳上。在探讨王夫之实有论的基础上,有必要先对其理气观等进行探讨。王夫之构建的本体是什么?学界对此有多重看法。有学者都认为王夫之构建的是气本论,比如萧萐父、许苏民[①]。陈来则认为:“船山的理气观认为,天地之间没有离气独存之理,‘理’是‘气之妙者’,也就是说理是造成气的莫测变化的主导和根据。气能够形成有形质之物,而在气形成物体的同时,原来气中的理也随即在物中成为物之理。……由此可见,我们有理由把船山理气观的要点归结为理气互体,理气合一。”[②]有学者也说:“气是一切存在的根源,其全体即是天道之全体。而理本身则不足以尽天道之全体,它只是气化之所显现,显现

---

①　参见萧萐父、许苏民《王夫之评传》,南京大学出版社 2002 年版。

②　陈来:《王船山〈论语〉诠释中的理气观》,《文史哲》2003 年第 4 期。

为条理与性理。然而,虽然理与气有全与不全之别,但在本原的发生层次上,理气二者之间并无截然的界限,而是互相缠绕、纽合为一的,亦即理气二者浑沦凝合于太极之中。归结到底,理气二者都融汇在天道自身的本原发生、流衍之中。"①这都有把王夫之的的本体论认为是理气二元论的趋向,也就是说王夫之建构的既不是理本论,也不是气本论,而是二者的结合。以上的这些观点都具有合理性,同时也存在一些问题。王夫之的本体论存在一个发展过程,可以说他早中期受到理本论的影响,晚年建构的则是气本论。这个转变过程在他的《中庸》研究中具有体现。

在王夫之的《中庸》研究中,既可以发现理本论,还可以发现气本论。然而不管是理本论,还是气本论,实际上都涉及对理气关系的探讨,涉及在理、气二者之间谁是第一性或根本性的问题。就本体论的构建路径来说,王夫之认为:

> "天命之谓性"三句,是从大原头处说到当人身上来。"喜怒哀乐之未发"二句,是从人心一静一动上说到本原去。唯由"天命"、"率性"、"修道"以有教,则君子之体夫中庸也,不得但循教之迹,而必于一动一静之交,体道之藏,而尽性以至于命。唯喜怒哀乐之未发者即中,发而中节者即和,而天下之大本达道即此而在,则君子之存养省察以致夫中和也,不外此而成"天地位、万物育"之功。②

这通过对《中庸》首章"天命之谓性"三句以及"喜怒哀乐之未发"二句的分析,认为本体论的构建有从天道到人性以及从人性到天道两种路径,然而不管哪种路径,最终都实现天道与人性的同一。联系《中庸》来说,作为本体的本原就是"天命",就可以表现为存在于心中的未发之"中"。而这个本原到底是什么呢? 王夫之认为这首先就是天理,这就是王夫之早中期构建的理本论。

---

① 王林伟:《王船山理气论阐微》,《船山学刊》2015 年第 1 期。
② (清)王夫之:《读四书大全说》卷二《中庸》,《船山全书》第六册,岳麓书社 1996 年版,第 467 页。下文出处相同。

他明确地说:"理为天地之主宰,则实有其物矣。其为物也,无在彼在此之殊也,无前古后今之异也,运行不竭而终始常然,岂有间二之者哉? 所以不贰者,无非此一言而尽之理也。唯其然,故发而为大用,则著于生物。故其生物也,万象毕具,而神明妙合,非可以夫人意量测之者也。则甚哉,不贰之德,极乎神明变化而无不尽矣!"①王夫之认为天理为天地万物之主宰,它主宰了天地万物的走向,且这种主宰没有彼此、前古后今的差别,也就是说这种主宰一直都存在、对万物都一样;天理的生万物,就是天理与万物紧密结合在一起,它带来了天地万物的变化莫测,这是人们没办法臆测的。对于天理对天地万物的主宰,王夫之是结合气来说的。他指出:"气之妙者,斯即为理。气以成形,而理即在焉。两间无离气之理,则安得别为一宗,而各有所出? 气凝为形,其所以成形而非有形者为理。"②这就认为在气形成万物形体的过程中,作为主宰天地万物根据的天理也就转化成物理,天理与气是合一的;同时在理与气之间,理具有第一性,气为理之气。

对于天理的本体地位,王夫之还通过对其与具体人伦道德以及人"一念"关系的探讨来凸显。王夫之说:

> 夫性则何如也? 惟天实有此健顺五常之理以命之人,故人得有其虚灵不昧者而知此理焉。③

> 此言仁义礼者,总以实指人道之目,言天所立人之道而人所率由之道者若是。皆为人道之自然,则皆为天理之实然。④

这两段话讨论了天理与仁义等具体人伦道德之间的关系。第一段话指出人性来源于天理的转化,具体说仁义礼智信五常来源于天理的转化,而人也的确得到并知道天理。第二段话则具体讨论了仁义礼等德目与天理的关系,认为仁

① 《四书训义》卷四《中庸三》,《船山全书》第七册,第202—203页。
② 《读四书大全说》卷五《论语》,《船山全书》第六册,第716页。
③ 《四书训义》卷四《中庸三》,《船山全书》第七册,第187页。
④ 《读四书大全说》卷三《中庸》,《船山全书》第六册,第517页。

义礼等道德是人的自然表现,同时天理又是它们的所以然。王夫之又说:"夫君子则有君子之实也。既择乎天理之正,而知无可过者,人不能于性外而有增加;无可不及者,人不能于性中而有缺陷。大中之节,即在吾喜怒哀乐未发之中;日用之常,皆载夫不睹不闻隐微之理。"①这就认为性的过与不及都不是天理之正的表现,在这种情况下,人们就不能在性外有所增加,当然也不能在性中有所缺陷,最好就是追求中正之性;中正之性就来源于未发之中,来源于寄存于心中的中正之理。王夫之还说:"及其一念之动也,是天理之所发见也,而人欲亦于此而乘之;是吾性之所见端也,而情亦于此而感焉。君子既常存养,以灼见此理于未动之先矣,则念之所发,或善或恶,有自知之审者。"②人们的"一念"来源于天理,"一念"之动就是天理的"发见",并且在此过程中,人欲也会乘机产生,这就有必要在天理"发见"为"一念"之前进行存养,从而保证"一念"的善性。

王夫之在研究《中庸》的过程中,也逐步凸显理的本义,向气本论过渡。当然,王夫之的气本论在其晚年的《张子正蒙注》中体现得更为明显。《说文解字注》有:"是理为剖析也。玉虽至坚,而治之得其鳃理以成器不难,谓之理……在物之质曰肌理,曰腠理,曰文理,得其分则有条而不紊,谓之条理。"③理是针对物而言,为事物的规则、条理,也就是把理看成是事物的属性。王夫之对此有众多阐述,如:

> 夫有其人,则必有其事焉;有其事焉,则必有其理焉。无物而无则,无所为而无过不及,则无所为而无至中之大用。故君子之道,事之所至,理必至焉。近而不略,远而不遗,大而不缺,小而不忽,岂不至费矣乎?④

① 《四书训义》卷二《中庸一》,《船山全书》第七册,第 126 页。
② 《四书训义》卷二《中庸一》,《船山全书》第七册,第 106 页。
③ 《说文解字注》,玉部,一篇上,第 15—16 页。
④ 《四书训义》卷三《中庸二》,《船山全书》第七册,第 130 页。

"物之性"，物之理也。其理，人所用之之理，物之才可使之效用
者也；不可用鸟兽草木咸若等套话盖过。①

有物则有事，有事则有理。气机之流行，即有元亨利贞之天德，
为仁义礼智之性体；有形有象之可见闻，即为知之所当致，行之所当
力，明白昭著，在人之能察而已。②

在王夫之看来，有人则必然有事，有事必然就涉及行事的理，即规则；同样，有
物则一方面涉及物之性，即物之所以为物的理，另一方面则涉及人们运用物必
然有其理，即准则、规矩。所以说，人们在行事之时，必然就有理，事和理是紧
密结合在一起的，事不管远近、大小，都有理紧随，人们对事物的认识来源于人
理。王夫之还说："凡言理者有二：一则天地万物已然之条理，一则健顺五常、
天以命人而人受为性之至理。"③这就认为理有二种，一是体现在天地万物上
的条理，二是体现在人身上的性，即人理。人对万物条理的认知，就来源于人
理。王夫之把理看成是事物的属性，这就降低了理的地位。王夫之最终用气
本论代替理本论，表现在理气关系上，就是从最初的理之气变成后来的气之
理。这也就涉及他对理气关系的探讨，凸显的是气的第一性。对此，王夫之
说："天地间只是理与气，气载理而理以秩叙乎气。理无形，气则有象，象则有
数。此理或紊，则象不正而数不均，大而显著，细而微动"④，"气中所有之理是
性，其化育万物以与人相感通者是情，其推行往来以成物者是功，其昭著于上
下而吉凶类应者是效"⑤。前者凸显的是理气相合的特点，理规范着气的走
向，并有理为气属性的趋向，因为只有理作为气属性时才会带来"象不正而数
不均"；后者直接凸显气的第一性，认为气之理就是性，它与情、功、效等有着

---

① 《四书笺解》卷二《中庸》，《船山全书》第六册，第147页。
② 《四书笺解》卷二《中庸》，《船山全书》第六册，第134页。
③ 《读四书大全说》卷五《论语》，《船山全书》第六册，第716页。
④ 《读四书大全说》卷三《中庸》，《船山全书》第六册，第549页。
⑤ 《四书笺解》卷二《中庸》，《船山全书》第六册，第137页。

密切的关系。王夫之还明确地说:"理即是气之理,气当得如此便是理"①,
"天下岂别有所谓理,气得其理之谓理也。气原是有理底,尽天地之间无不是
气,即无不是理也"②。这也再次凸显出气的第一性,认为理只是气之理,在逻
辑上气先理后。王夫之气本论的构建,除了以上所涉及的气第一性的相关论
证外,还有就是气"实有"的论证,这主要是通过对《中庸》"诚"的阐释来实现
的。这将在下文有所论述。

二、对性与天道等关系的探讨

通过对王夫之理气观的讨论,可以知道它存在一个前后过程,这实际上是
与其本体论的演变过程,即从理本论向气本论的发展过程相一致的。然而不
管是理本论,还是气本论,它们都是天道的具体化。讨论性与天道的关系,实
际上就是讨论性与天理本体或与气本体之间的关系。此外,就性来说,按照逻
辑分析理论上应该有人性、物性以及性自身,不过人们只注意到人性、物性。

王夫之对性与天道等关系的探讨,首先就表现在对人性与物性的关系的
探讨上。王夫之明确指出:

> 天命之人者为人之性,天命之物者为物之性。今即不可言物无
> 性而非天所命,然尽物之性者,亦但尽吾性中皆备之物性,使私欲不
> 以害之,私意不以悖之,故存养省察之功起焉。③

> 彼物不可云非性,而已殊言之为马之性、牛之性矣,可谓命于天
> 者有同原,而可谓性于己者无异理乎?④

这就认为人性、物性是同源的,都来自天命,人们尽物之性,一定程度上就是在
尽人性中的物性,从而使物欲不能影响人性;同时对于物性来说,虽然具有马

---

① 《读四书大全说》卷十《孟子》,《船山全书》第六册,第 1052 页。
② 《读四书大全说》卷十《孟子》,《船山全书》第六册,第 1058 页。
③ 《读四书大全说》卷二《中庸》,《船山全书》第六册,第 455—456 页。
④ 《读四书大全说》卷二《中庸》,《船山全书》第六册,第 456 页。

性、牛性等区别,但它们同样都是来源于天命,而且与人性在来源上也是没有差别的。人性、物性同源,都是来源于天命。这个天命,在王夫之早中期思想体系中实际上就是指的天理。所以,可以说人性、物性都是天理在人、物上的具体表现。王夫之说:"夫在天而为理者,在人而为伦;在天而为命者,在人而为性;在天主宰而有其能者,在人赞化育而有其知;一而已矣"①,"上则察乎鸢所戾之天矣,下则察乎鱼所跃之渊矣,而自天以下,自渊以上,充满两间,散而为百物,起而有万事,变蕃流动,不可执为一理,未尝遗乎一端,皆道也"②。前者阐述了人性与天理的关系,后者则具体描述了鸢飞鱼跃所蕴含的物性与道(即理)的关系。这都凸显了性与天道之关系,认为性都是来源于天道,即来源于天理,从而凸显了天理的本体地位。对于天理本体与天地万物之性的关系,王夫之也持理一分殊的观点。他说:"反之于命而一本,凝之为性而万殊。在人言人,在君子言君子。则存养省察而即以尽吾性之中和,亦不待周普和同,求性道于猫儿狗子、黄花翠竹也。"③这就认为天理是唯一的,在转化为天地万物之性时则有区别,人性与物性是不同的;人们存养省察以实现人性之中和时,只能从人性自身入手,而不能从猫、狗、黄花、翠竹等之性入手。同时,王夫之还说:"修身自有修身之事,尽伦自有尽伦之事。理虽相因,而事自殊致。"④就天理在人身上的表现来说,也存在多种,它们之间也存在区别,比如修身之理就与尽伦之理不同;之所以有区别,就是因为对象不同,其体现的理当然也就不同。

王夫之对性与天道等关系的探讨,其次表现在对人性日生日成与天道关系的阐述上。王夫之认为:

夫道何所自出乎?皆出于人之性也。性何所自受乎?则受之于

---

① 《四书训义》卷四《中庸三》,《船山全书》第七册,第230页。
② 《四书训义》卷三《中庸二》,《船山全书》第七册,第132页。
③ 《读四书大全说》卷二《中庸》,《船山全书》第六册,第457页。
④ 《读四书大全说》卷三《中庸》,《船山全书》第六册,第524页。

天也。天以其一真无妄之理为阴阳、为五行而化生万物者曰天道。阴阳五行之气化生万物,其秀而最灵者为人,形既成而理固在其中。于是有其耳目则有其聪明,有其心思则有其智睿,智足以知此理、力足以行此理者曰人道。是人道者,即天分其一真无妄之天道以授之,而成乎所生之性者也,"天命之谓性"也。由此言之,则性出于天。人无不生于天,则性与生俱生,而有一日之生,则一日之性存焉,人固宜法天以建极矣。①

这段话包含了几层意思:第一,再次强调了人性来源于天道,具体来说就是阴阳五行之气在化生万物的过程中,伴随人体的形成,"一真无妄之理"也转化成了人性,而人性又带来了聪明智睿等人道。第二,从"一真无妄之理"到人性的转化,就是《中庸》所说的"天命之谓性",可见人性是来源于天道。第三,认为人性的形成是日生日成的,也就是说人性的形成是一个后天行为,人性是不断发展变化的。对于人性的日生日成,王夫之在《尚书引义》中阐述得更为清楚。他说:"故天日命于人,而人日受命于天。故曰性者生也,日生而日成之也。"②王夫之又说:"以德之成性者言之,则凡触于事,兴于物,开通于前言往行者,皆天理流行之实,以日生其性者也。'继之者善',而成之为性者,与形始之性也;成以为性,而存存以为道义之门者,形而有之性也。"③这就把人性的日生日成与"继善成性"联系在一起来说,认为"继"的对象就是"善",而"善"的内容就是天命,就是"一真无妄之理","成性"就是指"成"的对象是"性",具体来说就是人性。那么,人们所继的"一真无妄之理"到底指的是什么呢? 王夫之认为就是中庸之理。他反复强调说:"夫中庸之理,人人性中之所同得,而显著于日用之间,固尽人皆可与焉,而何以为君子之独至邪? 盖君子之能与中庸合也,实有其修之之功矣","夫中庸之理,既人人性中之所同

① 《四书训义》卷二《中庸一》,《船山全书》第七册,第 105 页。
② 《尚书引义》卷三,《船山全书》第二册,第 300 页。
③ 《读四书大全说》卷三《中庸》,《船山全书》第六册,第 565 页。

得,而日用之所必资,则虽有智力,亦岂能反之哉,而何小人之独悖邪? 夫小人之与中庸动而相违者,固有以成乎其恶矣"①。这就认为中庸之理就是人人所同得的,或者说天道转化为人性,就是指中庸之理转化人性,可是在现实中君子、小人在中庸之理的所得上有很大的差别,同时也带来了君子、小人的善恶得失治乱之别。当然,君子、小人在以上的差别,还与他们各自的存养省察工夫有关。

王夫之对性与天道等关系的探讨的第三点,表现为对"率性之谓道"的理解。王夫之对此的理解,建立在对朱熹观点批判的基础上。他说:

> "天命之谓性"兼人物言,乃程子借中庸以论道,须如此说。若子思本旨,则止说人性,何曾说到物性上。物之性却无父子君臣等五伦,可谓之天生,不可谓之天命。至于"率性之谓道"亦兼物说,尤为不可。牛率牛性,马率马性,岂是道? 若说牛耕马乘,则是人拿著他做,与猴子演戏一般。牛马之性何尝要耕要乘? 此人为也,非天命也。此二句断不可兼物说。②

王夫之认为"天命之谓性"中的"性"在《中庸》中本来只指人性,从程颐开始乃把物性也包括进去,这一定程度上还站得住脚,不过物性与人性有着鲜明的差别,人性是天命(即天道)转化而来的,指的是纲常伦理,而物性指的则是物的自然属性;同时还认为朱熹把"率性之谓道"中"道"的指代对象理解为还包含物,这就存在问题,因为牛耕马乘所体现出来的道并不是遵循牛性、马性的结果,反而是人迫使牛马按照人的意愿所做体现出来的道,也就是说这是人为的结果。王夫之认为"率性之谓道"中的"道"只能是人道,他具体阐述说:"率其阴之至顺者,则能知之道出焉;率其阳之至健者,则能行之道出焉;率其五行之理气各成其能者,而仁义礼智信之道出焉。……由此言之,则道因乎性。人

① 《四书训义》卷二《中庸一》,《船山全书》第七册,第111页。
② 《四书笺解》卷二《中庸》,《船山全书》第六册,第125—126页。

莫不有其性,而性本具道,则道之所从立,即性之所自显焉,道固本性而不可违矣"①。"知之道""行之道"是遵循人"阴之至顺""阳之至健"之性的结果,同样遵循"五行之理气各成其能"的性就会产生仁义礼智信的道。这也说明人性是人道的基础,人道就是人性显现的结果,人道是不能违背人性的。王夫之还反复强调有物性的说法,但是没有物道的说法。如:

> 即可云物有物之性,终不可云物有物之道,故经传无有言物道者。此是不可紊之人纪。

> 今以一言蔽之曰:物直是无道。如虎狼之父子,他那有一条径路要如此来?只是依稀见得如此。万不得已,或可强名之曰德,而必不可谓之道。

这就认为可以称说物性,但不能称说物道,因为这是人们必须遵循的规矩;一定程度上,在迫不得已时可以承认物有道德,但绝不能认为物有道,就像虎狼父子之间感情体现的只是物德,而非物道。王夫之还认为:"若牛之耕,马之乘,乃人所以用物之道。不成者牛马当得如此拖犁带鞍!倘人不使牛耕而乘之,不使马乘而耕之,亦但是人失当然,于牛马何与?……则物之有道,固人应事接物之道而已。是故道者,专以人而言也。"②"物之道"乃是人们用物之道,物之道存在与否关键在人、而不在物,就像牛耕马乘之道乃是人要使牛耕而非乘、马乘而非耕,或者说牛、马是耕还是乘,来源于人的决定,这与牛、马本身毫无关系。当然,牛、马是耕还是乘并不是与牛、马一点关系都没有,一定程度还是根据牛、马的特性来决定,不过这种决定并不占主导地位。所以,王夫之最后认为"物之道"不过是人们应事接物之道而已,道的指代对象只能是人,也就是说只有人道,而没有物道。

王夫之对性与天道等关系的探讨,还表现在对天道与人道关系的阐述上。

---

① 《四书训义》卷二《中庸一》,《船山全书》第七册,第 105 页。
② 《读四书大全说》卷二《中庸》,《船山全书》第六册,第 460 页。

王夫之指出:"夫人之有道,因其有性,则道在性之中;而人之有性,因乎天之有命,则性又在天之内。人受此理于天,天固有其道矣,诚者,则天之道也。……唯天以诚为道,故人得实有其道之体。乃诚为天之道,则道之用非天所为功,而存乎人,于是有诚之者焉。"①这里就通过一系列的逻辑推理把人道归结到天道上,具体来说,认为人性来源于天道,而人性来源于天命,天命指的就是天道。按照《中庸》天道为诚的看法,人道就是人用尽心思去求天道的根本,而且天道之诚的用最终还要落实在人上,人对天道之诚的追求与落实就是诚之者。王夫之还指出天道与人道的内涵是有所区别的,"乃道者,天所固然,而人所当然者也"②。也就是认为天道是天所本有的,体现的是道的本来面目,而人道则是天道结合人特性后的体现。对于天道与人道的关系,王夫之还说:

> 北溪分"天道之本然"与"在人之天道",极为精细。其以孩提之知爱、稍长之知敬为在人之天道,尤切。知此,则知"诚者天之道",尽人而皆有之。

> 北溪虽是恁样分别疏明,然学者仍不可将在人之天道与天道之本然,判为二物。……乃此所云"诚者天之道",未尝不原本于天道之本然,而以其聚而加著者言之,则在人之天道也。③

王夫之对陈淳(字北溪)把天道分"天道之本然"与"人之天道"的观点是非常赞赏的,认为这种划分非常精细。需要说明的是,"人之天道"字面义为人的天道,或者说天道在人身上有体现,但实际上此时已经不再是天道、而是人道了。这种划分,也的确凸显出天道与人道的差别,人道就是天道在人身上的体现,这种体现源于天道的本然,同时又不仅仅局限于此,而且这种体现在结合人之后更为显著。王夫之还讨论"人之天道"与圣人的关系,他说:"'不思而

---

① 《四书训义》卷三《中庸二》,《船山全书》第七册,第 182 页。
② 《四书训义》卷四《中庸三》,《船山全书》第七册,第 207 页。
③ 《读四书大全说》卷三《中庸》,《船山全书》第六册,第 530 页。

得,不勉而中',在人之天道所发见,而非为圣人之所独得。'择善而固执',君子之所学圣,而非圣人之所不用。所以然者,则以圣人之德合乎天道,而君子之学依乎圣功也"①,"圣人可以言诚者,而不可以言天道。非谓圣人之不能如天道,亦以天道之不尽于圣人也"②。这就一方面认为"人之天道"并不是圣人独得,君子也能获得,只不过圣人与君子所学的重心有所不同而已;另一方面则认为圣人虽然拥有"人之天道",可以称之为诚者,但是不能认为圣人之道就是天道,这是因为天道的范围是大于圣人之道的。

对于天道落实为人道,那么人道到底指的是什么呢? 王夫之说:"道者,学术事功之正者也。学术事功之正,大要在五伦上做去。"③道就是保持人为学行事走正确方向的东西,而首当其冲的就是从五伦入手体现出来的东西。这个东西对于人来说就是人道,就是一些具体的道德规范等。对于人道,王夫之又说:"人道有两义,必备举而后其可敏政之理著焉。道也,仁也,义也,礼也,此立人之道,人之所当修者。犹地道之于树,必为茎、为叶、为华、为实者也。仁也,知也,勇也,此成乎其人之道,而人得斯道以为德者。犹地道之于树,有所以生茎、生叶、生华、生实者也。道者,天与人所同也,天所与立而人必由之者也。德者,己所有也,天授之人而人用以行也。"④这就认为人道分为立人之道和成人之道两种,立人之道指的是仁、义、礼,它来源于天,是人必须具有的,也就是说人之为人必须经由的道;成人之道则指的是仁、知、勇,它们是人之品德,其来源于道,是人一定会在现实中运用的。对于成人之道,即人之德,王夫之还讨论中庸。他说:"此中庸之为德,上达天地鬼神,下彻夫妇饮食,俱恰与他诚然无妄之理相为通合"⑤,"中庸之道,圣以之合天,贤以之作

---

① 《读四书大全说》卷三《中庸》,《船山全书》第六册,第532—533页。
② 《读四书大全说》卷三《中庸》,《船山全书》第六册,第532页。
③ 《读四书大全说》卷三《中庸》,《船山全书》第六册,第514页。
④ 《读四书大全说》卷三《中庸》,《船山全书》第六册,第518—519页。
⑤ 《读四书大全说》卷二《中庸》,《船山全书》第六册,第480页。

圣,凡民亦以之而寡过"①。中庸作为成人之道,在人们"上达"与"下彻"的行为活动中都有体现,它与无妄之理也是相一致的;同时,不管是圣人,还是贤人,乃至凡人以中庸之德成就自己,就会使自己有所进步。换句话说,中庸之道对人们修养的提高具有重要的作用。

三、实有论观照下的体用观念等

以上具体阐述了王夫之的理气观以及性与天道的关系,其中都涉及了王夫之本体论,这个本体论一定程度上存在着一个演变过程,由早中期的理本论向晚年的气本论转变。这些研究可以说都是王夫之儒家形而上学思想的具体表现,不过,需要强调的是,王夫之对儒家形而上学的研究还不止于此,他在这些基础上进一步提出了实有论,并在实有论的观照下来剖析体用观念等。

王夫之实有论的提出,建立在他对《中庸》"诚"含义的阐发上。针对王夫之对"诚"的阐发,有学者就研究指出:"王夫之扬弃了诚的伦理学意义,赋予诚以纯粹的哲学本体论内涵,这就是'实有'和'实理'。"②这种看法具有合理性,王夫之也的确把"诚"诠释为"实有"。王夫之就明确指出:

> 鬼神实有此极盛之德,是天道之诚;人之实尽敬、实不射以事鬼神,是人道之诚。道之实有不可须臾离,必见必显者,天道如此。君子之实存养于不睹不闻,省察隐微者,人道如此。总之,《中庸》诚字对虚字,不对伪字。③

> 何物何事唤作诚,诚者无一不诚也。"一"字是一样之意,犹言无所不用其极,无一不诚则一于诚也。④

---

① 《读四书大全说》卷二《中庸》,《船山全书》第六册,第481页。
② 章启辉:《王夫之对传统〈中庸〉观的重新定位》,《中国社会科学院研究生院学报》2002年第5期。
③ 《四书笺解》卷二《中庸》,《船山全书》第六册,第138页。
④ 《四书笺解》卷二《中庸》,《船山全书》第六册,第144—145页。

这里的诚就是指"实有"。上文的两段材料中,前者主要是从天道、人道来论说的,认为天道之诚指鬼神实有盛德、天道也是实实在在存在的,人道之诚则指人在事鬼神之时必会尽敬等、且人也会在不睹不闻中去存养,所以认为"诚"就是"实",其与"虚"相对。后者则是从万事万物都被称为诚来论述的,认为万事万物之所以都被称为诚,就是因为万事万物具有实有的共性。那么,实有的含义是什么呢? 王夫之认为:"诚不诚之分者,一实有之,一实无之"①,"诚也者实也;实有之,固有之也;无有弗然,而非他有耀也"②,"夫诚者实有者也,前有所始、后有所终也"③。实有与实无是相对立的,实有就是指实实在在的、客观的实在,这种客观实在是万事万物都具有的固有属性,不是人为和外力所带来的,而且客观实在还贯穿了整个事物的前后。

王夫之对实有论的建构,还表现在以实有来定性本体以及天地万物。对此,有学者就研究指出:"'诚一实有'还表示一切客观实存的事物,既包括自然现象,也包括社会道德生活现象,还包括人的主观认识能力等。"④对本体的实有定性,就体现在对天理本体和气本体的实有化上。认为天理本体是实有的,一方面体现在对"诚"的进一步界定,认为"诚"就是"实理"。王夫之说:"诚者,天之实理"⑤,"诚者有是实心则有是实理,有是理则有是物。故近而吾身之形形色色,远而万物之生生化化、万事之原原本本,皆诚以成之者也"⑥。这就把"诚"诠释为"实理",且认为人身的多样化、万物的生化以及万事存的原由都是来源于实理之诚。王夫之同时又说:

> 诚者,约天下之理而无不尽,贯万事之中而无不通也。⑦

---

① 《读四书大全说》卷九《孟子》,《船山全书》第六册,第995页。
② 《尚书引义》卷四,《船山全书》第二册,第353页。
③ 《尚书引义》卷三,《船山全书》第二册,第306页。
④ 薛纪恬、周德丰:《王夫之"诚一实有"范畴的主导涵义》,《齐鲁学刊》2001年第3期。
⑤ 《张子正蒙注》卷九,《船山全书》第一二册,第372页。
⑥ 《四书训义》卷四《中庸三》,《船山全书》第七册,第195页。
⑦ 《读四书大全说》卷三《中庸》,《船山全书》第六册,第525页。

诚者,周流乎万事万物,而一有则全真无二者也。一念之诚,一

事之诚,即全体之诚;直至尽性合天,更无增加。①

这就再次强调了实理之诚是客观存在的、独一无二的、非人力能改变的,且实
理之诚一直贯穿了万事万物。王夫之把诚诠释为实理,实际上把实有落实到
理上,认为理是实有之理,这一定程度上把诚也上升为本体。认为天理本体是
实有的,另一方面体现在对《中庸》"诚者物之终始""不诚无物"的诠释上。
王夫之认为:"'物之终始'物字,乃事也。……'诚者物之终始',言凡事皆彻
底是一实之理,成始成终。'不诚无物',是一有不诚则所为不成。故君子在
己有必当为之事,则必择善固执以尽其实理而后已,乃可成。"②他又说:"将
'不诚无物'作无此理则无此物说,岂龟无毛,兔无角,天无两个日头,人无四
只耳朵之谓乎! 又岂虚空中不能忽然生出一个人之谓乎! 其不成话如此。"③
"诚者物之终始"指作为本体的实理贯穿了整个事情的始终,这也意味着事情
本身是实有的、是客观存在的。同时,王夫之还认为把"不诚无物"理解为无
实理就无物的观点根本没有任何价值,因为这种理解与"龟无毛,兔无角"等
说法一样毫无意义;"不诚无物"应该理解为物都是实有的,不从实有来论说,
则物不会获得成功,这也就要求人们必须固守从实有的角度来分析物的立场。

王夫之对本体气的实有定性,是同天地万物的实有定性相联系在一起的。
上文讲到王夫之在晚年构建的是气本论,这个构建其中就涉及对气的实有论
证。对于气来说,在王夫之思想体系中是从多方面来阐述的。首先,认为气是
构成人和万物的根本质料。王夫之说:"夫所取之精,所用之物者,何也? 二
气之运,五行之实也。"④气就是产生万物的"所用之物",就是构成万物的基
本质料;这个基本质料在没有构成万物的时候,就是以阴阳二气的形式存在

---

① 《读四书大全说》卷三《中庸》,《船山全书》第六册,第545页。
② 《四书笺解》卷二《中庸》,《船山全书》第六册,第149—150页。
③ 《四书笺解》卷二《中庸》,《船山全书》第六册,第150页。
④ 《尚书引义》卷三,《船山全书》第二册,第300页。

的。气产生万物的过程,就是阴阳二气交感的自然而然过程,是阴阳二气相互作用的结果,"感者,交相感;阴感于阳而形乃成,阳感于阴而象乃著。……感遇则聚,聚已必散,皆升降飞扬自然之理势"①。其次,认为气具有"太虚"和"客形"两种状态。王夫之说:

> 虚空者,气之量;气弥纶无涯而希微不形,则人见虚空而不见气。

> 凡虚空皆气也,聚则显,显则人谓之有;散则隐,隐则人谓之无。②

> 日月、雷风、水火、山泽固神化之所为,而亦气聚之客形,或久或暂,皆已用之余也,而况人之耳目官骸乎!③

气有两种存在形式,一种是实物的形式,比如日、月、雷风等气的客形;另一种则是太虚的形式,它指气还没有聚集成物时的形式,此时气为一种混沌状态。那么,气的这两种形式有什么特点呢? 王夫之认为它们都是实有的,都是客观存生的。再次,对气的实有论证,就是要对气的"太虚"和"客形"状态进行实有论证,而且通过对二者的论证,最终完成对气本体的实有论证。对于气"太虚"状态的实有论证,就必须要结合"太虚"之气的特点来进行。在王夫之看来,"诚"就是太虚之气的特点,诚就是用来描述气的。王夫之明确说:"诚,以言其实有尔,非有一象可名之为诚也。"④"诚"不一定指有形象的东西,有形象的东西不一定用"诚"来指称。但"诚"是气本身所固有的、本有的,"本有者诚也"⑤。既然诚指实有,以诚为特点的太虚之气必然就是实有的。王夫之对气"客形"的实有论证,就是要对气凝聚而成的具体实物进行实有论证。实际上具体实物的"实有",是完全可以由人的耳目所察觉的。当然,王夫之对客形的实有论证,并不仅限于此,他还通过对"依有""生常"等的反复申述来进

---

① 《张子正蒙注》卷一,《船山全书》第一二册,第28页。
② 《张子正蒙注》卷一,《船山全书》第一二册,第23页。
③ 《张子正蒙注》卷一,《船山全书》第一二册,第34页。
④ 《张子正蒙注》卷二,《船山全书》第一二册,第74页。
⑤ 《尚书引义》卷五,《船山全书》第二册,第369页。

行。"依有""生常",来自"夫可依者有也,至常者生也,皆无妄而不可谓之妄也"①。就"可依者有",王夫之说:

> 既已为人矣,非蚁之仰行,则依地住;非螾之穴壤,则依空住;非蜀山之雪蛆不求暖,则依火住;非火山之鼠不求润,则依水住;以至依粟已饥,依浆已渴。其不然而已于饥渴者,则非人矣。粟依土长,浆依水成。依种而生,依器而挹。以黄种粟粟不生,以块取水水不挹。相待而有,无待而无。若夫以粟种粟,以器挹水,枫无柳枝,粟无枣实,成功之退,以生将来,取用不爽,物物相依,所依者之足依,无毫发疑似之或欺。②

这段话包含了几层意思:第一,自然界为人类提供了赖以生存的基本条件:人依地以行走、依空以居住、依火以御寒、依水以滋润,它们都是实实在在存在的。第二,自然界又不可能完全自动地满足人的生存需要,人需要通过"种粟"和"制器"的实践活动来从自然界获得物质生活资料。人在实践中不仅意识到粟依土长、依种而生,浆依水成、依器而挹;而且认识到以黄种粟粟不生、以块取水水不挹的道理,认识到"枫无柳枝,粟无枣实"等许多关于自然事物的知识;通过"取用不爽"的经验积累,进而认识到"物物相依",确认"所依者之足依,无毫发疑似之或欺"的亲自体验的真实性。第三,在前二者的基础上进一步提升,就必然得出"可依者有",即以物质世界为客观存在之"实有"的结论。总之,在王夫之看来,气是产生万物的质料,但是气又不是指具体的物质形态空气,而且从气的客形和太虚两种状态都能证明气是实有的、是客观存在的。王夫之对气的这些看法,实际上就是把气看成了本体。

王夫之通过实有论的构建,把天理本体或气本体都定性为实有的,同时也把天地万物,即气的客形也定性为实有的。通过这种定性,使实有成为天地万

---

① 《周易外传》卷二,《船山全书》第一册,第887页。
② 《周易外传》卷二,《船山全书》第一册,第887页。

物的共有特性,从而使儒家形而上学得到了长足发展、使儒家哲学有了质的飞跃。同时,王夫之也在实有论的指导下,来观照人们的思维模式,这集中体现在对体用观念等的剖析上。需要说明的是,此时的体用关系中的"体"与"用"概念的含义发生了变化,不再指主要的与次要的,也不是指本体与现象。这就有必要先搞清楚此时体、用的含义是什么。对此,王夫之没有直接进行界定,但是他举例说明何为体、何为用,这也蕴含了体、用的含义。王夫之说:"以实求之:中者体也,庸者用也。未发之中,不偏不倚以为体,而君子之存养,乃至圣人之敦化,胥用也。已发之中,无过不及以为体,而君子之省察,乃至圣人之川流,胥用也。"①他又说:"夫手足,体也;持行,用也。浅而言之,可云但言手足而未有持行之用;其可云方在持行,手足遂名为用而不名为体乎?"②在这两段话中,前者以中为体、以庸为用,后者则以手足为体、持行为用,然而不管是中、手足,还是庸、持行,都是体、用的表现形式。那么,体、用到底指的是什么呢?有学者研究指出:"王夫之的'体用',指实有的事物及其作用。"③这种看法是比较有见地的。此时的体、用确实分别指事物、事物的作用,而且事物及其作用都有一个共性——实有性,也就是它们是客观存在的,这也就是王夫之所说的"以实求之",即用实有性来观照体、用。对此,王夫之反复论说:

> 体之隐也,有其实;无其实,则与虚无寂灭之托妄而失真者同也。
> 是天之道也,性之德也,静存动察之真理也,中和之实用也,智仁勇之所由成也。夫妇之知能亦以此而非妄,圣人之成德亦以此而为依,察乎天地而流行于至极之中者也;则一言以蔽之曰"诚"。④
> 夫其为用也,孰非真一而无妄者乎?则其体可知矣,而所以立其

---

① 《读四书大全说》卷二《中庸》,《船山全书》第六册,第451页。
② 《读四书大全说》卷二《中庸》,《船山全书》第六册,第452页。
③ 章启辉:《"中庸"辨正——王夫之的中庸观》,《湖南大学学报》(社会科学版)2000年第2期。
④ 《四书训义》卷三《中庸二》,《船山全书》第七册,第146页。

体、行其用者亦可知矣。①

这就分别从体、用入手,说明体是实有的、并非幻妄的,就其特点来说就是"诚"(实有),同时对于用来说,其也是"真一而无妄者"。可见,实有就是体、用的立论之本。对此,有学者评价说:"船山的体用观念与朱子的体用观念不同。朱子是以内在之根据为体,以外发之表现为用。而就此处所说,船山则规定凡可以被措之于民的东西都是体,措之于民用的实践则是用。"②这就通过同朱熹体用观念的对比,再次强调王夫之的体用观念是立足于实用性来说的。对于体、用之间的关系,王夫之则说:"体者所以用也,则用者即其体也"③,"但言体,其为必有用者可知;而但言用,则不足以见体"④。体用是紧密结合在一起的,有体必然有用,用紧跟其体;在体、用二者之间,体的地位尤为重要,言体必然知道用,言用则不一定能知体。

在实用论观照下的体用观念,有何表现呢? 这就是王夫之对体用观念的进一步细化。首先体用观念就表现在中庸上,认为中为体、庸为用。这是结合对《中庸》的阐发来进行的。王夫之对《中庸》的体用观念还进行定位,他明确说:"《中庸》一部书,大纲在用上说。即有言体者,亦用之体也。乃至言天,亦言天之用;即言天体,亦天用之体。大率圣贤言天,必不舍用,与后儒所谓'太虚'者不同。"⑤这就认为《中庸》非常重视"用"、重视实践,体用是紧密结合在一起的,言天之体必然言天之用,这与后儒只讲求体而不讲求用是有所不同的。对于王夫之的这个观点,有学者就结合王夫之的《中庸》研究指出:"船山强烈突出《中庸》首章的首三句中《中庸》的实践性质,从而既言简意赅地表达

---

① 《四书训义》卷四《中庸三》,《船山全书》第七册,第 202 页。
② 陈来:《王船山的〈中庸〉首章诠释及其思想》,《武汉大学学报》(人文科学版)2002 年第 6 期。
③ 《四书训义》卷四《中庸三》,《船山全书》第七册,第 202 页。
④ 《读四书大全说》卷二《中庸》,《船山全书》第六册,第 450 页。
⑤ 《读四书大全说》卷三《中庸》,《船山全书》第六册,第 529 页。

了《中庸》的全部内容,又提出了儒家实践哲学的宏观方向。"①这也说明王夫之的学术为实学,其注重实践、注重与现实的结合。对于以"中"为体,王夫之进行细化,指出了"中"的具体表现形式。他说:

> 审此,则"中和"之中,与"时中"之中,均一而无二矣。……然其专以中和之中为体则可,而专以时中之中为用则所未安。
>
> 喜怒哀乐之未发,体也;发而皆中节,亦不得谓之非体也。所以然者,喜自有喜之体,怒自有怒之体,哀乐自有哀乐之体。喜而赏,怒而刑,哀而丧,乐而乐,则用也。虽然,赏亦自有赏之体,刑亦自有刑之体,丧亦自有丧之体,乐亦自有乐之体,是亦终不离乎体也。……中皆体也;时措之喜怒哀乐之间,而用之于民者,则用也。以此知夫凡言中者,皆体而非用矣。②

这就认为不管是中和之"中",还是时中之"中",不管是未发之"中",还是已发之"中",这些"中"都是体,而不是用;当然有体必然就有用,用就是庸,就是中体运用带来的作用,具体体现为赏、刑、丧、乐等,而且用是不可能脱离体的。其次,体用观念还表现为性和道与教的关系、性与诚的关系等。对于前者,王夫之说:"故'性'、'道',中也;'教',庸也。'修道之谓教',是庸皆用中而用乎体,用中为庸而即以体为用"③,"'率性之谓道,修道之谓教。'教者皆性,而性必有教,体用不可得而分也"④。这是结合中庸来说的,以性、道为体,以教为用,且再次强调体、用是不可分的、是相辅相成的。对于后者,王夫之说:"盖诚者性之撰也,性者诚之所丽也。性无不诚,非但言诚而即性。诚以行乎性之德,非性之无他可名而但以诚也。性实有其典礼,诚虚应以为会通。性备

---

① ［韩］金东敏:《王船山〈中庸〉哲学之实践性质———以〈中庸〉首章首三句的诠释为中心》,《衡阳师范学院学报》2010 年第 2 期。
② 《读四书大全说》卷二《中庸》,《船山全书》第六册,第 450 页。
③ 《读四书大全说》卷二《中庸》,《船山全书》第六册,第 451 页。
④ 《读四书大全说》卷三《中庸》,《船山全书》第六册,第 528 页。

乎善,诚依乎性。诚者天之用也,性之通也。性者天用之体也,诚之所干也。"①这就以性为体、以诚为用,认为性是诚的根本、诚是性的运用。

总之,王夫之通过《中庸》的研究,在对理气观探讨的过程中实现了本体论从理本论向气本论的转变;王夫之还对性与天道的关系进行深层剖析,涉及人性与物性、人性日生日成与天道等关系的研究;同时,王夫之还在以上研究的基础上,提出了实有论,并在实有论观照下来考察体用关系,并认为体指的就是中、性、道等,认为用指的就是庸、教、诚等。

综上所述,明清时期以陈献章、湛甘泉、王阳明、刘宗周、王夫之等为代表的儒者,通过对《中庸》的研究,推动了儒家形而上学的发展,此时儒家形而上学的发展体现出多样化的特点。需要说明的是,此时儒家形而上学的发展实际上就是在儒家本体论基础上的进一步深化,其多样化的特点也是儒家本体论发展体现出的多样化。这种多样化尤为明显的就是对本体特点的深层阐释,比如内外合一,在思维模式上就体现为反支离、求合一,又如本体与工夫之间的相即关系,本体即工夫、工夫即本体;同时还提出实有论,这使儒家形而上学的发展有了质的飞跃,并在此观照下来考察本体与现象、体用观念等。可以说,明清儒者通过对《中庸》的研究,特别是通过王夫之的《中庸》研究,使儒家形而上学发展到了高峰,使儒家本体论更加成熟。在王夫之之后,古人们对儒家形而上学的发展没有再实现突破,一定程度上都是对前人的观点进行完善、细化等。

---

① 《读四书大全说》卷三《中庸》,《船山全书》第六册,第 541—542 页。

结　语

　　作为儒家经典之一的《中庸》，在历朝历代都受到学人的重视。学人也正是通过对它的研究，形成了贯穿整个中国儒学发展史乃至中国学术发展史的《中庸》学。《中庸》学在中国儒学史上的地位，可以体现在众多方面。考察《中庸》学与儒家形而上学的关系，特别是凸显《中庸》学是如何推动儒家形而上学的发展，就是其中表现之一。本书就是以《中庸》与儒家形而上学的关系为研究对象，在研究中一直贯穿着一条主线，就是考察《中庸》学如何一步一步地促进儒家形而上学的发展，从而实现儒家本体论的构建与深化等。

　　通过对《中庸》学与儒家形而上学关系的考察，可以得出以下认识：

　　一是《中庸》学与儒家形而上学之间的关系体现出互动性。

　　对《中庸》学与儒家形而上学关系的考察，不仅要考察《中庸》学是如何推动儒家形而上学发展的，同时还要考察儒家形而上学的发展又是如何推动《中庸》学发展的。也就是说，《中庸》学与儒家形而上学之间的关系是互动的，二者互为主体、互为受动者。此外，毫无疑问的是，《中庸》学所蕴含的形而上学思想本身就是儒家形而上学的表现。

　　儒家形而上学思想是先于《中庸》出现的，《中庸》就是在吸收前人形而上学思想的基础上来构建了自己的形而上学，这种吸收当然就包括吸收在它之前已经出现的儒家形而上学思想。《中庸》形而上学思想的出现并不是空穴来风、无本之源,它来源于对前《中庸》时代儒家形而上学思想的吸收和发展。这主要体现在对《论语》以及《郭店楚简》儒家文献形而上学思想的吸收。《论语》的形而上学思想,又来源于对《尚书》《诗经》《易经》等思想的吸收。通过对《尚书》《诗经》《易经》的"中""庸""道"等概念含义的分析,可以发现只有《尚书》的"中""道"具有了形而上的特点。《论语》在《尚书》的基础上,通过对人道的具体表现"仁""中庸"的阐释,构建了儒家形而上学。《郭店楚简》儒家文献,特别是《性》又在《论语》的基础上进一步对道进行探讨,构建了"天—命—性—情—道"的形而上学体系。《中庸》就是在《论语》等的基础上,以道为探讨核心,通过对天道——天命、诚,以及人道——中庸、诚、中和的阐发,再通过对尊德性、道问学等修养论、致知论的探讨,凸显了天人合一的思维模式。从《尚书》的形而上学到《论语》《郭店楚简》的形而上学,再到《中庸》的形而上学,体现的就是儒家形而上学对《中庸》学发展所起的推动作用。儒家形而上学对《中庸》学发展的推动作用,并不仅仅体现在先秦时期。在唐宋之际,随着儒学的复兴以及儒家本体论建构的需要,大批儒者,比如李翱、周敦颐、张载等人都把眼光落在了《中庸》上,从而推动了《中庸》学的兴盛。当然,《中庸》学的兴盛反过来又推动了儒家形而上学的发展,二者之间是一而二、二而一的。

《中庸》学对儒家形而上学发展的推动,是本书探讨的重心所在。在《中庸》出现之后,学人们就开始对其阐发。在先秦时期,孟子、荀子以及《易传》对《中庸》都有研究,由于研究的重心有所不同,体现出了各自的特点。孟子《中庸》学就与心性问题结合起来,实现道的内化;而荀子《中庸》学则与外在的规范结合起来,把道具体化为礼义等;而《易传》则通过对道的界定,来构建儒家形而上学的理论。在汉唐时期,《中庸》学推动儒家形而上学的发展体现出不同的两个层次。董仲舒、郑玄、王通、孔颖达等人从道的界定、天人关系的变化以及对"中道""中和"等问题的阐发入手,形成了自己的《中庸》学。韩愈、李翱等人通过对《中庸》的阐述,推动了儒家形而上学的进一步深化。这种深化主要体现在对《中庸》所讲的天道、人道进行细化，把天道同至诚结合起来，把仁义等看成是人道的核心；更为重要的是通过对诚、性情问题等的研究，体现出对儒家心性之学的重视与回归。北宋时期，周敦颐、张载、二程及后学等通过对《中庸》的阐发，分别构建了诚本论、太虚论、天理论、中本论、道本论等。在南宋时期，朱熹通过对理气论、中和问题等的研究，实现了天理本体的内化，使天理同心性结合起来，对天理本体的涵养、省察一定程度上落实到对心性的涵养、省察上。张栻、陆九渊则通过对《中庸》的研究，分别构建了性本体、心本体，他们对心性的讨论，其目的就是建构本体，此时对心性论的探讨就是对本体论的探讨，二者是同时进行的。在明清时期，陈献章、湛甘泉、王阳明、刘宗周、王夫之等人则通过对《中庸》的研究，进一步推动了儒家形而上学的发展。这种发展主要体现为儒家本体论的发展出现了多样化的特点。这种多样化，一方面体现为陈献章等人用《中庸》的相关概念、命题来佐证或构建本体论，另一方面则体现为王夫之通过对《中庸》的阐发来实现对本体特点的深层阐释，这涉及体用观念等，同时则是对整个世界的特点进行归纳，用实有来统括。

二是《中庸》学与儒家形而上学之间的互动关系，主要通过围绕着道的相关内容的阐述凸显出来。

《中庸》学与儒家形而上学之间，主要是以道的相关内容为纽带将其二者联系起来的。形而上学指的是研究抽象的"道"的学问，儒家形而上学相应地则是指儒家围绕抽象的"道"进行研究而产生的学问。《中庸》学要推动儒家形而上学的发展，必然就是儒者的《中庸》学在"道"上有所突破，这才可能带来儒家形而上学的发展。作为联系《中庸》学与儒家形而上学关系纽带的"道"，它的提出以及涉及的相关内容的最终定型，有一个发展过程。上文讲到，《中庸》形而上学思想来源于对《论语》以及"郭店楚简"儒家文献的形而上学思想的吸收与发展，而《论语》的形而上学思想又来源于《尚书》等。《尚书》的形而上思想，即对道的讨论主要集中在"中道"上，"中道"体现的则是人道。《论语》延续了《尚书》重人道的模式,并将人道落实为"仁""中庸"等。直到《中庸》的产生,才真正确定和完善了儒家形而上学所涉及的相关内容。这个相关内容就是围绕着道而涉及了天道、人道、修养论和致知论以及天人关系四个方面,涉及了天命、中庸、诚、中和、尊德性、道问学、慎独等一系列概念和命题。后来儒者通过对《中庸》的阐发来构建儒家形而上学体系,实际上就是从以上四个方面来入手的,具体来说,就是通过对《中庸》中"天命""诚"以及"慎独"等相关概念的阐发来进行的。比如,周敦颐就非常重视《中庸》的诚,并按照人性哲学化为本体的思路,将诚从人伦道德提高到本体的地位,最终实现天道与人性的真正合一,建构起了内在的天人合一。张载、二程则对《中庸》的天道进行明确化,分别用太虚、天理去诠释天道,并把太虚本体或天理本体转化为具体的人性以及人道,同样也建构起了内在的天人合一。此外,周敦颐、张载、二程等人也无一例外地对《中庸》的工夫论有所阐发,形成一套对诚本体、太虚本体、天理本体行之有效的认知和涵养方法。总之,《中庸》学与儒家形而上学之间的互动关系,主要就是通过对天道、人道、修养论和致知论以及天人关系四个方面的阐发来凸显的。

三是通过对《中庸》学与儒家形而上学之间关系的考察,可以发现儒家形而上学的发展是分时期、分阶段的。

儒者通过对《中庸》的阐发而形成的《中庸》学,不断地推动了儒家形而上学的发展。儒家形而上学从先秦时期到明清时期的发展,是分时期、分阶段的。需要说明的是,儒家形而上学的核心是儒家本体论。这意味着儒家本体论是儒家形而上学的一部分,同时作为儒家形而上学一部分的儒家本体论并不是儒家形而上学产生时就有的,它是儒家形而上学发展到一定时期的产物。儒学形而上学的发展,从整体上就可以划分为两个时期,两个时期之间的划分界限就是儒家本体论的出现。也就是说,在儒家本体论没有产生之前的先秦到汉唐时期,是儒家形而上学发展的第一个时期;而在儒家本体论产生之后的宋至明清时期,则是儒家形而上学发展的第二个时期。而在儒家形而上学发展的第一个时期,本身又是分阶段的。具体来说,《尚书》《论语》以及"郭店楚简"等,特别是《论语》和《性》就构建了初步的儒家形而上学;《中庸》在此基础上,最终构建了结构完整的儒家形而上学;孟子、荀子、《易传》乃至董仲舒、韩愈、李翱等人则通过《中庸》研究,进一步推动儒家形而上学的发展,这一方面体现在使儒家形而上学涉及的相关内容日趋完善,另一方面则是推动了儒家形而上学发展的转向,开始从外在之学转向为内在之学,从外在的礼法之学转向为内在的心性之学,道的重心也从外在规范转为内在修养,从而实现了道的内化。至于儒家形而上学的第二时期,即儒家本体论产生之后的宋至明清时期,本身也是分阶段的。周敦颐、张载、二程等人通过对《中庸》的阐发,构建了儒家本体论;朱熹、张栻、陆九渊通过对《中庸》的研究,实现儒学本体论的进一步深化,把本体论同心性论结合起来;陈献章、湛甘泉、王阳明、刘宗周以及王夫之等人则通过对《中庸》的研究,推动儒家本体论向纵深发展,特别是王夫之实有论的提出,标志着儒家形而上学发展到了顶峰。可以说,在王夫之之后对儒家形而上学的发展没有再实现突破,一定程度上都是对前人观点的完善、细化等。

四是《中庸》学与儒家形而上学之间的关系还与儒学与佛老的关系是联系在一起的。

《中庸》学对儒家形而上学发展的推动,一方面得力于通过对《中庸》的阐发来构建儒家形而上学体系,另一方面则得力于通过对佛老的吸收与批判来凸显儒家形而上学。就两者的关系来说,它们经常是融会在一起的。对后者来说,这就带来了《中庸》学在发展的过程中,在构建儒家形而上学体系的过程中,经常会同佛老产生联系。孔颖达、王通等人在阐发《中庸》时就受到佛老的影响。孔颖达用自然之天来解释"天命之谓性",就是运用了道家的天道自然观点;王通提出的"三教可一"观点,就来源于他对佛、道的看法,特别是来源于对佛教的看法。韩愈、李翱等人在通过对《中庸》道以及诚、性情等相关问题的阐述,来说明"儒之道"的过程中,不仅从经济、伦理道德角度来批判佛老,且开始从学理角度来批判佛教。张载等人在构建儒家本体论的过程中,也对佛老二教的本体论进行批判。比如,张载首先就对道家和佛教的"体用殊绝""物与虚不相资"的情况进行了批判,其次揭示出佛老在对现实、对性的认识上以及对天人关系的认识上存在的缺陷。二程对佛教的批判既有批判外在的表象,又有批判内在的本体论;其中对本体论的批判,既从佛性角度,同时还从本末、内外、上达与下学等角度来进行。总之,《中庸》学与儒家形而上学之间的关系有时还通过儒家与佛老的关系体现出来,这种体现主要指通过辟佛老来明儒道。

五是《中庸》学、易学在儒家形而上学发展史上所起的作用存在差别。

在儒家形而上学的发展过程中,除了《中庸》学外,易学也起到很大的作用。对《中庸》学与易学在儒家形而上学发展史上的地位进行比较,是十分有必要的。通过研究,可以发现儒家形而上学的形成、发展,以及儒家本体论的建构、深化,并用实有论来统括整个世界,从而推动儒家形而上学发展到顶峰,都是来自《中庸》学。之所以会这样,是由《中庸》具有鲜明的形而上学特点所决定的。具体来说,《中庸》围绕着天道、人道以及天人关系等方面构建了一个完整的形而上学体系,其中的天人合一关系中的"天→人"思维模式包含着天命赋予人性以及天道之诚赋予人道之诚两种形式,它们为后学构建本体论,实现本体转化为人性提供了路径;同时,天命、天道、诚、慎独等概念,后来都被直接诠释或者提升为了本体。相比《周易》特别是《易传》虽然提出的"形而上谓之道,形而下谓之器"观点有利于构建儒家形而上学的理论,但是《易传》主要讨论的是宇宙生成论。它虽然有"天→人"的思维模式,但是这个思维模式指混沌未分的气产生天地万物以及人性在气大化流行中产生,这都与儒家本体论构建的方式之一——天道伦理化人性路径所体现的"天→人"有差距。此外,《易传》也有"人→天"的思维模式,不过,它指的是人们效法于天,与儒家本体论构建模式人伦道德哲学化本体完全是不同的。儒家形而上学在发展过程中,对易学的诠释,主要是把其所讲求的宇宙生成论同本体论结合起来,从而把人性在其大化流行中如何产生落到了实处,即把人性归结于本体的转化,本体与气体现出体用不二的特点;此外,还通过对《易传》的相关概念的阐发,来进一步完善儒家形而上学体系构建所涉及的内容。总之,《中庸》学在儒家形而上学,特别是儒家本体论的构建与深化中所起的作用,是易学没办法相比的。

参 考 文 献

一、古 籍

（汉）司马迁：《史记》，中华书局 1982 年版。

（汉）班固：《汉书》，中华书局 1962 年版。

（魏）范晔：《后汉书》，中华书局 1965 年版。

（后晋）刘昫等：《旧唐书》，中华书局 1975 年版。

（宋）欧阳修等：《新唐书》，中华书局 1975 年版。

（元）脱脱等：《宋史》，中华书局 1985 年版。

（宋）李焘：《续资治通鉴长编》，上海古籍出版社 1986 年版。

（清）张廷玉：《明史》，中华书局 2015 年版。

（宋）晁公武：《郡斋读书志》，四库全书（文渊阁本），上海古籍出版社 1987 年影印。

（宋）陈振孙：《直斋书录解题》，四库全书（文渊阁本），上海古籍出版社 1987 年影印。

（元）马端临：《文献通考》，中华书局 1986 年影印。

（清）永瑢等：《四库全书总目提要》，中华书局 1965 年版。

（汉）许慎撰，（清）段玉裁注：《说文解字注》，上海古籍出版社 1988 年版。

（清）蒋廷锡等：《古今图书集成》，中华书局 1934 年版。

《十三经注疏》，上海古籍出版社 1997 年版。

《诸子集成》，上海书店 1986 年版。

（汉）京房著，卢央解读：《京氏易传解读》，九州出版社 2004 年。

（唐）韩愈：《韩昌黎全集》，中国书店 1991 年版。

（唐）李翱：《李文公集》，四部丛刊本。

（唐）柳宗元：《柳河东全集》，中国书店 1991 年版。

（宋）周敦颐著，谭松林、尹红整理：《周敦颐集》，岳麓书院 2002 年版。

（宋）周敦颐著，陈克明点校：《周敦颐集》，中华书局 2009 年版。

（宋）张载著，章锡琛点校：《张载集》，中华书局 1978 年版。

（宋）张载：《张子正蒙》，上海古籍出版社 2000 年版。

（宋）程颢、程颐著，王孝鱼点校：《二程集》，中华书局 2004 年版。

（宋）程颢、程颐：《二程遗书》，上海古籍出版社 2000 年版。

陈俊民辑校：《蓝田吕氏遗著辑校》，中华书局 1993 年版。

（宋）杨时：《龟山集》，四库全书（文渊阁本），上海古籍出版社 1987 年影印。

（宋）杨时：《龟山先生语录》，四部丛刊本。

（宋）游酢：《游廌山集》，四库全书（文渊阁本），上海古籍出版社 1987 年影印。

（宋）谢良佐：《上蔡语录》，四库全书（文渊阁本），上海古籍出版社 1987 年影印。

（宋）罗从彦：《豫章文集》，四库全书（文渊阁本），上海古籍出版社 1987 年影印。

（宋）石𡼖编，朱熹删定：《中庸辑略》，四库全书（文渊阁本），上海古籍出版社 1987 年影印。

（宋）朱熹著，朱傑人等主编：《朱子全书》，上海古籍出版社、安徽教育出版社 2004 年版。

（宋）朱熹：《四书章句集注》，新编诸子集成本，中华书局 1983 年版。

（宋）朱熹：《四书或问》，上海古籍出版社、安徽教育出版社 2001 年版。

（宋）黎靖德编，王星贤点校：《朱子语类》，中华书局 1994 年版。

（宋）胡宏著，吴仁华点校：《胡宏集》，中华书局 1987 年版。

（宋）张栻著，杨世文、王蓉贵校点：《张栻全集》，长春出版社 1999 年版。

（宋）陆九渊著，钟哲点校：《陆九渊集》，中华书局 1981 年版。

（宋）李心传：《道命录》，丛书集成初编本，中华书局 1985 年版。

（明）朱衡：《道南源委》，丛书集成初编本，中华书局 1985 年版。

（明）陈献章著，孙通海点校：《陈献章集》，中华书局 1987 年版。

（明）湛若水：《湛甘泉先生文集》，广西师范大学出版社 2014 年版。

（明）王守仁著，吴光等编：《王阳明全集》，上海古籍出版社 1992 年版。

（明）刘宗周著，吴光主编：《刘宗周全集》，浙江古籍出版社 2012 年版。

（清）王夫之：《船山全书》，岳麓书社，1996 年版。

（清）苏舆撰，钟哲点校：《春秋繁露义证》，新编诸子集成本，中华书局 1992 年版。

（清）黄宗羲、全祖望撰：《宋元学案》，《黄宗羲全集》本，浙江古籍出版社 2005 年版。

（清）黄宗羲：《明儒学案》，《黄宗羲全集》本，浙江古籍出版社 2005 年版。

（清）崔述撰著，顾颉刚编订：《崔东壁遗书》，上海古籍出版社 1983 年版。

（清）王先谦著，沈啸寰等注释：《荀子集解》，新编诸子集成本，中华书局 2013 年版。

唐兰：《殷墟文字记》，中华书局 1981 年版。

郭沫若主编：《甲骨文合集》，中华书局 1982 年版。

李民、王健：《尚书译注》，上海古籍出版社 2004 年版。

程俊英：《诗经译注》，上海古籍出版社 2009 年版。

杨树达：《论语疏证》，吉林出版集团股份有限公司 2017 年版。

杨伯峻：《论语译注》，中华书局 2013 年版。

李零：《郭店楚简校读记》（增订本），中国人民大学出版社 2007 年版。

涂宗流、刘祖信：《郭店楚简先秦儒家佚书校释》，万卷楼图书有限公司 2001 年版。

杨伯峻：《孟子译注》，中华书局 2010 年版。

陈晓芬、徐儒宗译注：《论语·大学·中庸》，中华书局 2015 年版。

黎翔凤撰、梁运华整理：《管子校注》，中华书局 2004 年版。

高亨：《周易大传今注》，齐鲁书社 1998 年版。

陈鼓应等：《周易今注今译》，商务印书馆 2005 年版。

金景芳等：《周易全解》，上海古籍出版社 2005 年版。

杨天才等译注：《周易》，中华书局 2011 年版。

张沛：《中说译注》，上海古籍出版社 2011 年版。

杨遗旗校注：《欧阳詹文集》，华中科技大学出版社 2012 年版。

陈荣捷编著，杨儒宾等译：《中国哲学文献选编》，江苏教育出版社 2006 年版。

二、今人著作

侯外庐、赵纪彬、杜国庠：《中国思想通史》（第一卷），人民出版社 1957 年版。

侯外庐主编：《中国思想通史》（第四卷上、下册），人民出版社 1959、1960 年版。

冯友兰:《中国哲学史》(上、下册),华东师范大学出版社 2000 年版。

蒋伯潜:《诸子通考》,浙江古籍出版社 1985 年版。

姜林祥主编:《中国儒学史》,广东教育出版社 1998 年版。

庞朴:《一分为三论》,上海古籍出版社 2003 年版。

王邦雄等:《中国哲学史》,里仁书局 2015 年版。

张岱年:《中国哲学大纲》,中国社会科学出版社 1982 年版。

张东荪:《知识与文化》,岳麓书社 2011 年版。

张志伟主编:《形而上学的历史演变》,中国人民大学出版社 2010 年版。

王路:《"是"与"真"——形而上学的基石》,人民出版社 2013 年版。

俞宣孟:《本体论研究》,上海人民出版社 2005 年版。

谢维营:《本体论批判》,人民出版社 2009 年版。

杨国荣:《存在之维》导论,人民出版社 2005 年版。

严正:《儒学本体论研究》,天津人民出版社 1997 年版。

方光华:《中国古代本体思想史稿》,中国社会科学出版社 2005 年版。

萧兵:《中庸的文化省察——一个字的思想史》,湖北人民出版社 1997 年版。

陈科华:《儒家中庸之道研究》,广西师范大学出版社 2000 年版。

董根洪:《儒家中和哲学通论》,齐鲁书社 2001 年版。

徐儒宗:《中庸论》,浙江古籍出版社 2004 年版。

吴怡:《中庸诚的哲学》,东大图书股份有限公司 1990 年版。

高柏园:《中庸形上思想》,东大图书股份有限公司 1988 年版。

谭宇权:《中庸哲学研究》,文津出版社 1995 年版。

陈满铭:《学庸义理别裁》,万卷楼图书有限公司 2002 年版。

杨祖汉:《中庸义理疏解》,鹅湖月刊社 1984 年版。

黄秋韵:《中庸哲学的方法性诠释》,文史哲出版社 2010 年版。

杨泽波:《孟子性善论研究》,中国人民大学出版社 2010 年版。

蔡仁厚:《孔孟荀哲学》,台湾学生书局 1984 年版。

黄俊杰:《孟学思想史论》,东大图书股份有限公司 1991 年版。

杜维明主编:《思想·文献·历史——思孟学派新探》,北京大学出版社 2008 年版。

郭沂:《郭店楚简与先秦学术思想》,上海教育出版社 2001 年版。

梁涛:《郭店楚简与思孟学派》,中国人民大学出版社 2008 年版。

李天虹:《郭店楚简〈性自命出〉研究》,湖北教育出版社 2003 年版。

王中江:《简帛文明与古代思想世界》,北京大学出版社 2011 年版。

丁原植:《楚简儒家性情说研究》,万卷楼图书有限公司 2002 年版。

丁四新:《郭店楚墓竹简思想研究》,东方出版社 2000 年版。

《郭店简与儒学研究》,《中国哲学》第二十一辑,辽宁教育出版社 2000 年版。

张汝金:《解经与弘道——〈易传〉之形上学研究》,齐鲁书社 2007 年版。

范良光:《易传道德的形上学》,台湾商务印书馆 1982 年版。

吕绍纲:《周易阐微》,上海古籍出版社 2005 年版。

张茂泽等:《孔孟学述》,三秦出版社 2003 年版。

周桂钿:《董学探微》,北京师范大学出版社 2008 年版。

尹协理、刘海兰:《王通评传》,北岳文义出版社 2016 年版。

卞孝萱等:《韩愈评传》,南京大学出版社 1998 年版。

韩丽华:《回归诚明:李翱〈复性书〉研究》,巴蜀书社 2015 年版。

梁绍辉:《周敦颐评传》,南京大学出版社 1994 年版。

杨柱才:《道学宗主——周敦颐哲学思想研究》,人民出版社 2004 年版。

龚杰:《张载评传》,南京大学出版社 2011 年版。

丁为祥:《虚气相即——张载哲学体系及其定位》,人民出版社 2000 年版。

葛荣晋等主编:《张载关学与实学》,西安地图出版社 2000 年版。

庞万里:《二程哲学体系》,北京航空航天大学出版社 1992 年版。

徐远和:《洛学源流》,齐鲁书社 1987 年版。

文碧方:《关洛之间——以吕大临思想为中心》,中华书局,2011 年版。

李之鉴:《陆九渊哲学思想研究》,河南大学出版社 1985 年版。

张立文:《朱熹思想研究》,中国社会科学出版社 2001 年版。

刘述先:《朱子哲学思想的发展与完成》,吉林出版集团有限责任公司 2015 年版。

陈来:《朱子哲学研究》,华东师范大学出版社 2000 年版。

束景南:《朱子大传》,商务印书馆 2003 年版。

钱穆:《朱子新学案》,九州出版社 2011 年版。

钱穆:《朱子学提纲》,东大图书公司印行 1986 年版。

余英时:《朱熹的历史世界——宋代士大夫政治文化的研究》,生活·读书·新知三联书店 2004 年版。

张运华:《陈献章学术思想研究》,人民出版社 2010 年版。

王文娟:《湛甘泉哲学思想研究》,巴蜀书社 2012 年版。

陈来:《有无之境:王阳明的哲学精神》,北京大学出版社 2013 年版。

张瑞涛:《心体与工夫——刘宗周〈人谱〉哲学思想研究》,人民出版社 2014 年版。

高海波:《慎独与诚意——刘蕺山哲学思想研究》,生活·读书·新知三联书店 2016 年版。

何俊、尹晓宁:《刘宗周与蕺山学派》,中国人民大学出版社 2009 年版。

陈畅:《自然与政教——刘宗周慎独哲学研究》,上海人民出版社 2016 年版。

陈来:《诠释与重建——王船山的哲学精神》,北京大学出版社 2004 年版。

萧萐父、许苏民:《王夫之评传》,南京大学出版社 2002 年。

金春峰:《汉代思想史》,中国社会科学出版社 2012 年版。

徐复观:《两汉思想史》,华东师范大学出版社 2001 年版。

黄朴民:《天人合一——董仲舒与两汉儒学思潮研究》,岳麓书社 2013 年版。

陈钟凡:《两宋思想述评》,上海商务印书馆 1933 年版。

夏君虞:《宋学概论》,上海商务印书馆 1937 年版。

牟宗三:《从陆象山到刘蕺山》,上海古籍出版社 2001 年版。

牟宗三:《宋明儒学的问题与发展》,华东师范大学出版社 2004 年版。

牟宗三:《心体与性体》,上海古籍出版社 1999 年版。

侯外庐等主编:《宋明理学史》,人民出版社 1997 年版。

陈来:《仁学本体论》,生活·读书·新知三联书店 2014 年版。

陈来:《宋明理学》,辽宁教育出版社 1991 年版。

漆侠:《宋学的发展和演变》,河北人民出版社 2002 年版。

蔡方鹿:《宋明理学心性论》,巴蜀书社 1997 年版。

朱汉民:《宋明理学通论——一种文化学的诠释》,湖南教育出版社 2000 年版。

钱穆:《宋明理学概述》,九州出版社 2010 年版。

张立文:《宋明理学研究》,人民出版社 2002 年版。

向世陵:《理气性心之间——宋明理学的分系与四系》,人民出版社 2008 年版。

向世陵:《宋代经学哲学研究·基本理论卷》,上海科学技术文献出版社 2013 年版。

何俊:《南宋儒学建构》,上海人民出版社 2004 年版。

李祥俊:《道通于一——北宋哲学思潮研究》,北京师范大学出版社 2006 年版。

蒙培元:《理学范畴系统》,人民出版社 1989 年版。

蔡仁厚:《宋明理学·北宋篇》,吉林出版集团有限责任公司 2009 年版。

蔡仁厚:《宋明理学·南宋篇》,吉林出版集团有限责任公司 2009 年版。

唐君毅:《中国哲学原论·原教篇》,中国社会科学出版社 2006 年版。

钱穆：《中国学术思想史论丛》，生活·读书·新知三联书店 2009 年版。

周春健：《元代四书学研究》，华东师范大学出版社 2008 年版。

朱汉民等：《宋代〈四书〉学与理学》，中华书局 2009 年版。

余敦康：《内圣外王的贯通——北宋易学的现代阐释》，学林出版社 1997 年版。

王铁：《宋代易学》，上海古籍出版社 2005 年版。

唐君毅：《中国哲学原论·原道篇》，中国社会科学出版社 2006 年版。

卢雪崑：《儒家的心性学与道德形上学》，文津出版社 1991 年版。

吴国武：《经术与性理——北宋儒学转型考论》，学苑出版社 2009 年版。

庞朴：《沉思集》，上海人民出版社 1982 年版。

徐复观：《中国人性论史（先秦篇）》，上海三联书店 2001 年版。

马育良：《中国性情论史》，人民出版社 2010 年版。

陈寅恪：《金明馆丛稿初编》，生活·读书·新知三联书店 2001 年版。

朱伯崑：《易学哲学史》，昆仑出版社 2009 年版。

杨曾文：《宋元禅宗史》，中国社会科学出版社 2006 年版。

韩焕忠：《佛教四书学》，人民出版社 2015 年版。

朱贻庭：《中国伦理思想史》，华东师范大学出版社 1994 年版。

张岂之主编，王宇信等撰述：《中国近代史学学术史》，中国社会科学出版社 1996 年。

三、译著、译文

［美］赫伯特·芬格莱特著，彭国翔等译：《孔子：即凡而圣》，江苏人民出版社 2002 年版。

［美］田浩著：《朱熹的思维世界》，陕西师范大学出版社 2002 年版。

［美］田浩编，杨立华、吴艳红等译：《宋代思想史论》，社会科学文献出版社 2003 年版。

［美］杜维明著，曹幼华等译：《儒家思想新论——创造性转换的自我》，江苏人民出版社 1996 年版。

［美］杜维明著，段德智译：《论儒家的宗教性——对〈中庸〉的现代诠释》，武汉大学出版社 1999 年版。

［美］安乐哲、郝大维著，彭国翔译：《切中伦常——〈中庸〉的新诠与新译》，中国社

会科学出版社 2011 年版。

[英]葛瑞汉著,程德祥等译:《中国的两位哲学家:二程兄弟的新儒学》,大象出版社 2000 年版。

[美]刘子健著,赵冬梅译:《中国转向内在——两宋之际的文化内向》,江苏人民出版社 2002 年版。

[美]包弼德著,刘宁译:《斯文:唐宋思想的转型》,江苏人民出版社 2001 年版。

[德]黑格尔著,贺麟译:《小逻辑》,商务印书馆 1980 年版。

[德]黑格尔著,贺麟、王太庆等译:《哲学史讲演录》第 1 卷,商务印书馆 1995 年版。

[德]康德著,蓝公武译:《纯粹理性批判》,商务印书馆 1960 年版。

[德]谢林著,梁志学、石泉译:《先验唯心论体系》,商务印书馆 1976 年版。

[日]楠本正继著,徐儒宗译:《宋学溯源论要》,《船山学刊》2001 年第 2 期。

四、今人论文

沈顺福:《谈谈什么是形而上学》,《哲学研究》2007 年第 1 期。

宋建平、黄建湖:《关于形而上学的几点思考》,《广西社会科学》2001 年第 2 期。

宫哲兵:《中国古代哲学有没有形而上学——中国哲学史新探之四》,《广西民族学院学报》(哲学社会科学版)1996 年第 4 期。

宫哲兵:《中国古代辩证法与形而上学斗争史质疑——兼论董仲舒不是形而上学哲学家》,《江汉论坛》1997 年第 11 期。

周维功:《形而上学的历史嬗变与当代命运》,《学术界》2010 年第 10 期。

俞吾金:《形而上学发展史上的三次翻转——海德格尔形而上学之思的启迪》,《中国社会科学》2009 年第 6 期。

杨世宏:《对形而上学的几点思考》,《齐鲁学刊》2007 年第 5 期。

俞宣孟:《两种不同形态的形而上学》,《中国社会科学》1995 年第 5 期。

李祥俊:《本体论与中国传统哲学的终极探求》,《阴山学刊》2006 年第 6 期。

刘立群:《"本体论"译名辩正》,《哲学研究》1992 年第 12 期。

谢维营:《本体论研究的几个问题》,《山西师范大学学报》(社会科学版)2009 年第 5 期。

谢维营:《本体论的"本义"与"转义"》,《烟台大学学报》(哲学社会科学版)2008 年第 4 期。

谢维营:《关于本体论演化的历史考察》,《烟台大学学报》(哲学社会科学版)2004

年第 2 期。

钱善刚:《中国语境下的本体论》,《东方丛刊》2008 年第 2 期。

向世陵:《中国哲学的"本体"概念与"本体论"》,《哲学研究》2010 年第 9 期。

谢荣华:《中国古代哲学中的"本体"概念考辨》,《中国哲学史》2005 年第 1 期。

刘力:《天地之道"中和"为美——董仲舒阴阳五行的中和论》,《重庆师范大学学报》(哲学社会科学版)2004 年第 4 期。

张宏斌:《"道之大原出于天"——董仲舒天命信仰下的王道理想》,《世界宗教研究》2013 年第 6 期。

景云:《"中道"——王通哲学的基石》,《船山学刊》2000 年第 4 期。

董虹凌:《试论王通〈中说〉之"道"观》,《华南理工大学学报》(社会科学版)2004 年第 2 期。

林耘:《李翱论"诚"》,《孔子研究》,2003 年第 3 期。

张亚宁:《〈中庸〉"诚"的思想》,《孔子研究》2009 年第 6 期。

雷庆翼:《"中"、"中庸"、"中和"平议》,《孔子研究》2000 年第 3 期。

高尚渠:《〈周易〉中庸思想管窥》,《齐鲁学刊》2003 年第 3 期。

戴劲:《论孔子中庸之道》,《社会科学论坛》(下)2008 年第 2 期。

罗彩:《孟荀对〈中庸〉"诚"思想的继承与发挥》,《理论界》2012 年第 9 期。

徐克谦:《论荀子的"中道"哲学》,《中国哲学史》2011 年第 1 期。

肖永明:《胡宏理学体系的建构与〈四书〉》,《船山学刊》2003 年第 3 期。

闵仕君:《"诚"——周敦颐对天道与人道的贯通》,《聊城大学学报(哲学社会科学版)》2002 年第 4 期。

贾海涛:《孔子的形而上学及其对中国本体论的的贡献》,《暨南学报》(哲学社会科学版)2006 年第 5 期。

郭君铭等:《孔孟天论的形而上学意义》,《江西农业大学学报》(社会科学版)2004 年第 2 期。

商国君:《"中庸"思想辨析》,《陕西师范大学学报》(哲学社会科学版)1997 年第 3 期。

李京:《从中、庸到〈中庸〉》,《孔子研究》2007 年第 5 期。

田文军:《道德的中庸与伦理的中庸》,《武汉大学学报》(哲学社会科学版)2004 年第 5 期。

丁原明:《郭店儒简"性"、"情"说探微》,《齐鲁学刊》2002 年第 1 期。

王博等:《简书〈性自命出〉所论之"道"》,《学术探索》2015 年第 1 期。

陈伟:《郭店简书〈人虽有性〉校释》,《中国哲学史》2000 年第 4 期。

赵建伟:《郭店竹简〈忠信之道〉、〈性自命出〉校释》,《中国哲学史》1999 年第 2 期。

连劭名:《论郭店楚简〈性自命出〉中的"道"》,《中国哲学史》2000 年第 4 期。

郭振香:《〈性自命出〉情论辨析——兼论其学派归属问题》,《孔子研究》2005 年第 2 期。

颜炳罡:《郭店楚简〈性自命出〉与荀子的情性哲学》,《中国哲学史》2009 年第 1 期。

陈代波:《郭店楚简〈性自命出〉篇的人性论简析》,《东疆学刊》2000 年第 4 期。

梁涛:《竹简〈性自命出〉的人性论问题》,《管子学刊》2002 年第 1 期。

杨儒宾:《中庸的"参赞"工夫论》,《湖南大学学报》2016 年第 1 期。

王新水:《"天命之谓性"既非本体论亦非价值论的命题》,《人文杂志》2014 年第 5 期。

陆建猷等:《重识〈中庸〉"天命之谓性"中的"天"范畴》,《理论学刊》2015 年第 6 期。

胡治洪:《〈中庸〉新诠》,《齐鲁学刊》2007 年第 4 期。

田永胜:《中庸伦理思想新探》,《齐鲁学刊》1998 年第 6 期。

许抗生:《〈性自命出〉、〈中庸〉、〈孟子〉思想的比较研究》,《孔子研究》2002 年第 1 期。

任蜜林:《〈大学〉〈中庸〉不同论》,《哲学研究》2015 年第 3 期。

任蜜林:《〈五行〉、〈中庸〉差异论》,《中国哲学史》2013 年第 4 期。

高兵:《〈孟子〉治国平天下与中庸思想》,《船山学刊》2015 年第 5 期。

陈代波:《试论天、命在孟子哲学中不同角色和地位》,《哲学研究》2014 年第 11 期。

谢耀亭:《论荀子对思孟的批判》,《孔子研究》2015 年第 3 期。

张洪波:《〈中庸〉之"诚"范畴考辨》,《武汉大学学报(哲学社会科学版)》2007 年第 4 期。

梁涛:《荀子与〈中庸〉》,《中国社会科学院研究生院学报》2002 年第 5 期。

杨庆中:《论〈易传〉中的"道"》,《中国哲学史》2005 年第 4 期。

梁韦弦:《〈易传〉中的易道与天道、人道及神道》,《齐鲁学刊》2001 年第 6 期。

刘玉建:《〈易传〉宇宙生成论的建构——〈易传〉天人合一哲学体系的基本理论前提》,《周易研究》2009 年第 5 期。

张丽:《论"易"作为〈易传〉的本体概念》,《广东社会科学》2010 年第 3 期。

张沛:《斯文在中:王通〈中说〉大义抉要》,《晋阳学刊》2009 年第 6 期。

张怀承:《王通"道在五常"的思想简论》,《湖南师范大学社会科学学报》2006 年第 6 期。

王永祥:《董仲舒的"和"论》,《社会科学论坛》2010 年第 6 期。

何俊:《论韩愈的道统观及宋儒对他的超越》,《孔子研究》2000 年第 2 期。

章权才:《韩愈道论在经学史上的地位》,《广东社会科学》1996 年第 1 期。

吕美生:《韩愈"文以载道"新探》,《安徽大学学报》(哲学社会科学版)1985 年第 1 期。

吴丹:《李翱"诚"的思想及其意义》,《南通大学学报》(社会科学版)2009 年第 3 期。

汪荣等:《韩愈〈原性〉篇思想渊源探析》,《求索》2011 年第 7 期。

赵源一:《韩愈的天命论探微》,《船山学刊》2007 年第 1 期。

邹旭光:《韩愈天命观辨析与溯源》,《南京社会科学》2001 年第 2 期。

杨世文:《论李翱对传统儒学的继承与改造》,《中华文化论坛》2001 年第 2 期。

林耘:《李翱复性学说及其思想来源》,《船山学刊》2002 年第 1 期。

徐洪兴:《周敦颐〈通书〉、〈太极图说〉关系考——兼论周敦颐本体论思想》,《中国哲学史》2000 年第 4 期。

张培高、杨莉:《论周敦颐对〈中庸〉的诠释》,《中州学刊》2015 年第 7 期。

崔治忠:《周敦颐"诚体"思想研究》,《船山学刊》2012 年第 1 期。

艾冬景、陈天林:《试论周敦颐对〈中庸〉"诚"的思想的继承与发展》,《船山学刊》2004 年第 2 期。

奚刘琴、刘志华:《论周敦颐的"道"》,《船山学刊》2007 年第 1 期。

吴凡明:《周敦颐对"诚"的理论重构》,《南通师范学院学报》(哲学社会科学版)2001 年第 3 期。

丁为祥:《从理学不同的反佛侧重到研究理学之不同进路——以张载、罗钦顺为例》,《中国哲学史》2011 年第 1 期。

徐洪兴:《"太虚无形,气之本体"——略论张载的宇宙本体论及其成因和意义》,《复旦学报(社会科学版)》2005 年第 3 期。

李存山:《"先识造化":张载的气本论哲学》,《中国哲学史》2009 年第 2 期。

林乐昌:《论张载对道家思想资源的借鉴与融通——以天道论为中心》,《哲学研究》2013 年第 2 期。

丁为祥:《张载虚气观解读》,《中国哲学史》2001 年第 2 期。

林乐昌:《张载两层结构的宇宙论哲学探微》,《中国哲学史》2008 年第 4 期。

汤勤福:《太虚非气:张载"太虚"与"气"之关系新说》,《南开学报》2000 年第 3 期。

向世陵:《性两元一元与二性一性——从张岱年先生关于张载性论的分析说起》,《中国哲学史》2009 年第 3 期。

宁新昌:《境界的形而上何以成为可能——张载人生境界论发微》,《孔子研究》2001 年第 3 期。

黄萌、李建群:《张载的"诚"思想及其当代价值》,《江西社会科学》2013 年第 8 期。

卢连章:《二程理学与佛学思想》,《中州学刊》2004 年第 1 期。

杨仁忠:《二程天理论的佛学渊源及其文化学意义》,《河南师范大学学报》(哲学社会科学版)2003 年第 1 期。

高建立:《论佛教的佛性说对二程心性思想的影响》,《郑州大学学报》(哲学社会科学版)2007 年第 3 期。

刘固盛:《二程人性论的道家思想渊源》,《华中师范大学学报》(人文社会科学版)2005 年第 2 期。

曾春海:《二程理学对道家思想之出入》,《湖南大学学报》(社会科学版)2014 年第 1 期。

李承贵:《二程的佛教观及其思想史意义》,《南京大学学报》(哲学·人文科学·社会科学)2005 年第 3 期。

姜海军:《二程对〈中庸〉的表彰与诠释》,《聊城大学学报》(社会科学版)2007 年第 5 期。

董根洪:《"天下之理,莫善于中"——论二程的中和哲》,《中州学刊》1999 年第 1 期。

向世陵:《"生之谓性"与二程的"复性"之路》,《中州学刊》2005 年第 1 期。

向世陵:《二程论仁与博爱》,《孔子研究》2015 年第 2 期。

曾永志:《二程"诚"思想的解析及其现代意义》,《厦门理工学院学报》2009 年第 3 期。

姜海军:《二程对思孟学的推尊与诠释》,《中国哲学史》2009 年第 2 期。

刘玉敏:《敬与静——二程"主敬"思想对先秦儒家之"敬"及佛道"静"的思想整合》,《江汉大学学报(人文科学版)》2006 年第 1 期。

肖永明、朱汉民:《二程理学体系的建构与〈四书〉》,《广西师范大学学报(哲学社会科学版)》2004 年第 4 期。

蔡世昌:《北宋道学的"中和"说——以程颐与其弟子"中和"之辩为中心》,《中国哲学史》2004 年第 1 期。

郭振香:《由朱熹性理学说观"理一分殊"之多重意蕴》,《安徽大学学报》(哲学社会科学版)2003 年第 6 期。

沈顺福:《论朱熹的"理生气"》,《中国哲学史》2016 年第 4 期。

许家星:《朱熹〈中庸章句〉首章"三位一体"的诠释特色》,《中州学刊》2010 年第 5 期。

郭淑新:《论朱熹在理气论上的创造与贡献》,《中国哲学史》2001 年第 2 期。

谢晓东:《宋明理学中的道心人心问题——心学与朱熹的思想比较》,《厦门大学学报》(哲学社会科学版)2009 年第 6 期。

李延仓:《试论朱熹与陆九渊心性论的区别》,《中华文化论坛》2001 年第 3 期。

郭齐:《论小学在朱熹思想体系中的地位》,《四川大学学报》(哲学社会科学版)1999 年第 5 期。

乐爱国:《朱熹〈中庸章句〉对"慎独"的诠释——兼与〈礼记正义·中庸〉的比较》,《中国哲学史》2012 年第 4 期。

张琴:《胡宏与朱熹关于〈中庸〉心性思想之分歧》,《求索》2010 年第 9 期。

陈谷嘉:《论张栻本体论的逻辑结构体系——兼论湖湘学派理学思想的特色》,《孔子研究》1988 年第 4 期。

张琴:《论胡宏性本位宇宙论的建构》,《哲学研究》2012 年第 6 期。

肖永明:《张栻之学与〈四书〉》,《船山学刊》2002 年第 3 期。

肖永奎等:《张栻的性论思想辨析》,《湖北大学学报》(哲学社会科学版)2015 年第 3 期。

张琴:《论张栻理学体系的逻辑结构》,《中国哲学史》2014 年第 2 期。

吴亚楠:《张"太极"即"性"说辨析》,《中国哲学史》2016 年第 2 期。

刘学智:《张栻"儒佛之辨"刍议》,《湖南大学学报》(社会科学版)2014 年第 1 期。

蔡方鹿:《试论张栻的哲学思想》,《社会科学研究》1983 年第 6 期。

王丽梅:《张栻早期工夫论》,《社会科学家》2006 年第 1 期。

王丽梅:《"己丑之悟"新考:张栻晚期工夫论》,《求索》2006 年第 4 期。

肖永明:《陆九渊理论体系的建构与〈四书〉》,《中国哲学史》2004 年第 4 期。

周炽成:《陆九渊之冤:陆学在宋代非心学》,《广东社会科学》2014 年第 5 期。

宋志明:《本心即天理——陆九渊哲学话题刍议》,《孔子研究》2011 年第 5 期。

宋志明:《简论陈献章的"万化我出"说》,《中国人民大学学报》1997年第4期。

杨柱才:《陆九渊心学的两个根本观念》,《江西社会科学》2000年第5期。

杨柱才:《陆九渊心学的方法理论和实学主张》,《南昌大学学报》(人文社会科学版)1999年第2期。

彭启福:《"格物"即是"格心"吗?——陆九渊"格物论"与"本心论"的关系辨析》,《安徽师范大学学报》(人文社会科学版)2013年第3期。

[日]中岛谅:《陆九渊哲学新考——陆九渊是否为"心学"思想家?》,《江南大学学报》(人文社会科学版)2015年第3期。

陈宪猷:《论湛甘泉对陈白沙的继承与扬弃》,《华南师范大学学报》(社会科学版)2005年第4期。

王文娟:《从三个重要主张的阐释看湛若水对师说的继承与发展》,《中国哲学史》2015年第3期。

郭晓东:《致良知与随处体认天理——王阳明与湛若水哲学之比较》,《中国哲学史》1998年第4期。

杨洋:《从"天理"到"良知"——王阳明"良知"思想的演变及其美学意蕴》,《中国文化研究》2016年冬之卷。

翟奎凤:《致良知与致中和——王阳明中和论思想发微》,《安徽大学学报》(哲学社会科学版)2008年第4期。

孟淑媛:《湛若水"体用浑一"修养工夫的思想理路》,《江汉论坛》2013年第6期。

王寄、王月清:《湛若水"浑沦一体"思想探微》,《理论学刊》2013年第5期。

马寄:《"静坐"——陈白沙功夫论探微》,《五邑大学学报》(社会科学版)2013年第4期。

王光松:《陈白沙的"坐法""观法"与儒家静坐传统》,《中山大学学报》(社会科学版)2016年第4期。

余从荣等:《陈白沙的主静路径及特点所受道家思想的影响》,《江西社会科学》2010年第12期。

刘卫红:《陈白沙自然主义哲学的内涵》,《兰州大学学报》(社会科学版)2013年第4期。

张运华:《陈献章"以自然为宗"的学术思想体系》,《五邑大学学报》(社会科学版)2000年第4期。

张运华:《论陈白沙"自然之乐"境界论》,《五邑大学学报》(社会科学版)2006年第2期。

刘长安:《"天理"与"自然":湛甘泉陈白沙新论》,《中国哲学史》2013 年第 1 期。

陈畅:《论刘宗周晚年思想中的"独体"概念》,《哲学动态》2008 年第 9 期。

李丽:《刘宗周"独体"概念辨析》,《孔子研究》2016 年第 4 期。

罗国杰:《刘宗周的"慎独"思想及其在道德修养上的重要意义》,《齐鲁学刊》2013 年第 1 期。

蔡方鹿:《刘宗周"慎独"说与经学相结合的思想》,《天府新论》2008 年第 5 期。

张慕良:《刘宗周"慎独"思想对周敦颐思想的继承与发越》,《学术探索》2015 年第 4 期。

余群:《刘宗周"慎独"与"诚意"之辨》,《船山学刊》2016 年第 8 期。

张立文:《刘宗周慎独诚意的修己之学》,《江南大学学报》2012 年第 2 期。

秦峰:《刘宗周对"十六字心传"的诠释》,《中国哲学史》2014 年第 2 期。

陈来:《王船山〈论语〉诠释中的理气观》,《文史哲》2003 年第 4 期。

王林伟:《王船山理气论阐微》,《船山学刊》2015 年第 1 期。

章启辉:《王夫之对传统〈中庸〉观的重新定位》,《中国社会科学院研究生院学报》2002 年第 5 期。

薛纪恬、周德丰:《王夫之"诚—实有"范畴的主导涵义》,《齐鲁学刊》2001 年第 3 期。

章启辉:《"中庸"辩正——王夫之的中庸观》,《湖南大学学报》(社会科学版)2000 年第 2 期。

陈来:《王船山的〈中庸〉首章诠释及其思想》,《武汉大学学报》(人文科学版)2002 年第 6 期。

[韩]金东敏:《王船山〈中庸〉哲学之实践性质———以〈中庸〉首章首三句的诠释为中心》,《衡阳师范学院学报》2010 年第 2 期。

章启辉:《王夫之的〈四书〉研究及其早期启蒙思想》,博士学位论文,中国社会科学院 2002 年。

孙建伟:《清代〈中庸〉学研究》,博士学位论文,华东师范大学 2015 年。

责任编辑：夏　青　段海宝
封面设计：王欢欢
版式设计：胡欣欣

图书在版编目（CIP）数据

《中庸》学与儒家形而上学关系研究/郑熊 著. —北京：人民出版社，
　2021.6
ISBN 978－7－01－022829－7

Ⅰ.①中…　Ⅱ.①郑…　Ⅲ.①中庸-关系-儒家-形而上学-研究
　Ⅳ.①B222.05

中国版本图书馆 CIP 数据核字（2020）第 250124 号

《中庸》学与儒家形而上学关系研究
ZHONGYONGXUE YU RUJIA XINGERSHANGXUE GUANXI YANJIU

郑　熊　著

人民出版社 出版发行
（100706　北京市东城区隆福寺街 99 号）

环球东方（北京）印务有限公司印刷　新华书店经销

2021 年 6 月第 1 版　2021 年 6 月北京第 1 次印刷
开本：710 毫米×1000 毫米 1/16　印张：23.75
字数：350 千字

ISBN 978－7－01－022829－7　定价：75.00 元

邮购地址 100706　北京市东城区隆福寺街 99 号
人民东方图书销售中心　电话（010）65250042　65289539